narr STUDIENBÜCHER

Jörg Roche

unter Mitarbeit von Elisabetta Terrasi-Haufe,
Martina Liedke, Mohcine Ait Ramdan und
Mirjana Šimić

Deutschunterricht mit Flüchtlingen

Grundlagen und Konzepte

narr\f
ranck
e\atte
mpto

Bibliografische Information der Deutschen Nationalbibliothek

Die Deutsche Nationalbibliothek verzeichnet diese Publikation in der Deutschen Nationalbibliografie; detaillierte bibliografische Daten sind im Internet über http://dnb.dnb.de abrufbar.

© 2016 · Narr Francke Attempto Verlag GmbH + Co. KG
Dischingerweg 5 · D-72070 Tübingen

Internet: www.narr-studienbuecher.de
E-Mail: info@narr.de

Printed in Germany

ISSN 0941-8105
ISBN 978-3-8233-8055-9

Inhalt

Vorwort

Das Erlernen von neuen Sprachen gilt verbreitet als mühsam, langwierig und mit zunehmendem Alter unerreichbar. Dennoch zwingen die unterschiedlichsten freiwilligen und unfreiwilligen Migrationsanlässe immer mehr zu schnellem, kompetentem und nachhaltigem Sprachenerwerb bis ins hohe Alter. Weltweit sind viele Millionen Menschen auf der Flucht vor Gewalt, Hunger, Armut, Not und Krieg. Davon suchen viele Asyl oder eine neue Heimat in den ihnen meist vollkommen fremden deutschsprachigen Ländern. Um dort jedoch eine Chance auf temporäre oder längerfristige Integration und gesellschaftliche Partizipation zu haben, sind gute Deutschkenntnisse zwingend erforderlich. Für manche genügen Sprachkenntnisse für den Alltag und das Zusammenleben, andere benötigen welche für Schule, Ausbildung, Studium oder Beruf.

Dieses Buch gibt allen das nötige Grundlagenwissen an die Hand, die sich für die Vermittlung der deutschen Sprache an Flüchtlinge und Asylbewerber interessieren. Neben den leicht verständlich präsentierten Grundlagen und Konzepten des Sprachenerwerbs und der deutschen Grammatik, enthält es Basiswissen und illustrative Beispiele für die Vermittlung der deutschen Sprache an Flüchtlinge und Asylbewerber in Alltags-, Schul-, Studiums- und Berufskontexten. Zudem werden erfolgreiche berufs- und sozialintegrative Modelle vorgestellt und eine Fülle hilfreicher Ressourcen und Weiterbildungsangebote genannt. Fachbegriffe werden leicht verständlich erklärt. Im Mittelpunkt des Buches steht die Relevanz der Grundlagen für die Praxis. Insofern eignet es sich auch für andere Vermittlungskontexte der Sprache, zum Beispiel unterschiedliche Fort- und Weiterbildungskontexte.

Wenn von dem Erwerb einer fremden Sprache gesprochen wird, so sollte damit immer auch die Kultur im weitesten Sinne gemeint sein, denn Sprache bildet kulturelle und gesellschaftliche Gegebenheiten, Wahrnehmungen, Orientierungen, Werte, Prinzipien und Ziele ab und schafft auch neue. Sprachenerwerb ist also immer Kulturenerwerb und umgekehrt. Wenn dieser Zusammenhang ignoriert wird, etwa weil der Sprachunterricht sich aus Vereinfachungsgründen auf die vermeintlich wichtigen strukturellen Grundlagen der Sprache beschränkt, dann kann daraus eigentlich nur über langwierige Umwege eine alltags- oder berufstaugliche Sprachkompetenz entstehen. Denn anders als es viele traditionelle Sprachfördermethoden versuchen, ist der kulturelle Kontext meist eher eine Hilfe beim Sprachverstehen und bei der Sprachproduktion, nicht zuletzt, weil Sprache dabei in Handlungskontexte eingebunden bleibt und daher – nebenbei – meist auch mit einfacheren, aber angemesseneren Strukturen auskommt. Die Grundlage des Erwerbserfolgs ist die Einbettung der Sprache in authentische Handlungskontexte, nicht ihre Reduktion auf unverständliche, irrelevante Formalismen. Dazu gehört, dass die Lerner als Individuen mit eigenen Interessen und ihrem Weltwissen ernst genommen werden und demnach selbst handeln sollen. Sie sollen dabei nicht nur Stellvertreterrollen übernehmen, wie sie für viele Lehrwerke typisch sind. Das bedeutet, dass neben der Handlungsorientierung (sie ist ein wichtiges Element der Pragma-Linguistik) lernpsychologische Aspekte eine wichtige

Rolle spielen, die gemeinhin als Motivation umschrieben werden. Diese Motivation ist in Wirklichkeit ein dynamisches Geflecht verschiedener interagierender Variablen, bei dem Relevanz eine der größten Rollen spielt. Sind die Themen, Aufgaben und Zielsetzungen des Unterrichts für Lerner subjektiv relevant, werden sie die Sprache in dem Maße lernen, wie es ihnen für die Erreichung ihrer Ziele nötig erscheint. Ist diese Zielsetzung bei den Lernern unklar oder ist der Sprachenerwerb in undifferenzierte, unstetige Lernumgebungen eingebettet (z. B. durch den Mangel an beruflichen oder anderen Integrationsperspektiven oder einen langwierigen unklaren Aufenthaltstitel), dann erschweren diese Bedingungen den Erwerb einer neuen Sprache. Es kommt zu keinem nennenswerten Erwerb oder zu frühen Fossilisierungen. Umgekehrt lässt sich aber oft beobachten, dass junge und ältere Menschen Sprachen sehr schnell zielgerecht lernen, wenn das Relevanzkriterium erfüllt ist und die Lerner zur neuen Gemeinschaft dazugehören wollen.

Der Erwerb von Sprachen kann also am besten „wie im richtigen Leben" erfolgen. Die vielen Sprachimporte und -exporte, die die Internationalisierung mit sich bringt, illustrieren, wie einfach und problemlos Sprachenerwerb verlaufen kann. Man denke etwa an den Anteil des Englischen in der Werbe- und Jugendsprache oder den Anteil des Deutschen in der Techniksprache.

Dieses Buch will dabei helfen, einfache, natürliche Verfahren des Erwerbs von Sprachen mit einer Zielgruppe umzusetzen, die oft wenig Kontakt mit Fremdsprachen hatte und oft unter ungünstigen Umfeldbedingungen für den Sprachen- und Kulturerwerb leidet. Damit sollen Wege aufgezeigt werden, wie eine sprachliche Integration im besten Sinne des Wortes (also ohne Aufgabe der mitgebrachten Sprachkulturen) funktionieren kann und daher der Erwerb des Deutschen als neuer Sprache kein Hindernis für die gesellschaftliche oder berufliche Teilhabe sein muss. In den hier dargestellten Grundlagen und Konzepten liegen nicht nur praktikable Lösungen für den Deutscherwerb von Flüchtlingen und Asylbewerberinnen/Asylbewerbern vor. Sie bieten darüber hinaus Impulse und Chancen für eine deutliche Weiterentwicklung von Förderkonzepten und Anwendungen einer modernen Fremdsprachendidaktik. Kapitel 1, 2.2.4.6 und 3 basieren auf den Darstellungen in J. Roche (2013): Fremdsprachenerwerb-Fremdsprachendidaktik. Tübingen/Basel: Francke. Kapitel 2 wurde aus M. Liedke (2015). Sprache. Grundlagenbaustein 1. In: Roche, Jörg (Hg.), Grundlagen und Konzepte des DaF-Unterrichts. München: Goethe-Institut. angepasst und Kapitel 2.4.5 durch J. Roche (2013a), Kapitel „Fachsprachen" ergänzt. In beiden Fällen handelt es sich um Materialien, die sich in der Lehrerbildung für Deutsch als Zweit- und Fremdsprache vielfach bewährt haben.

Dieses Buch ist gewidmet allen Opfern von Gewalt und Terror, Flucht und Vertreibung.
Es ist geschrieben für all die, die in der deutschen Sprache eine neue Heimat finden wollen.
Von praktischem Nutzen ist es für alle, die ihnen dabei helfen wollen.

1 Grundlagen zum Sprachenerwerb

(Jörg Roche)

Dieses Kapitel stellt die Grundlagen der Spracherwerbsforschung vor. Ziel der Erforschung des Sprachenerwerbs ist es, zu Aussagen über einen besseren Sprachunterricht zu kommen. Anhand von verschiedenen Originalaufnahmen von Lerneräußerungen wird in diesem Kapitel gezeigt, wie sich die Prinzipien des natürlichen Sprachenerwerbs in der Sprache der Lerner abbilden und dabei eine Reihe von strukturellen Gemeinsamkeiten mit bestimmten Sprachregistern und voll entwickelten Sprachen zeigen. Die Struktur dieser Art von Sprache lässt sich als pragmatischer Sprachmodus bezeichnen. Im Laufe der Zeit entwickelt er sich zu einer strukturell stärker ausgebildeten Form, dem syntaktischen Modus. Dargestellt werden in diesem Kapitel auch die wichtigsten Hypothesen zum Einfluss von Ausgangs- und Zielsprachen auf den Sprachenerwerb. Von besonderer Bedeutung ist hierbei das Konzept der Erwerbsstufen, demzufolge Lerner trotz gemischter und chaotisch erscheinender Strukturen systematisch eine Zielsprache erwerben. Es wird darüber hinaus gezeigt, warum der Erfolg des Sprachenerwerbs wesentlich von Sprachverarbeitungserfahrungen abhängt, die Lerner im Rahmen authentischer Interaktionen sammeln. Der abschließende Teil dieses Kapitels beschäftigt sich daher anhand eines authentischen Gesprächs mit den Strukturen der Eingabe im Sprachenerwerb und mit den Prozessen, mit denen sich Lerner und Sprecher der Zielsprache verständlich machen.

1.1 Gesteuerter und ungesteuerter Sprachenerwerb

Ziel der Erforschung der internen (erwerbslinguistischen) Gesetzmäßigkeiten des Spracherwerbs ist es, durch das Studium der natürlichen (zunächst nicht durch Unterricht gesteuerten) Lernprozesse zu einer Optimierung des Sprachunterrichts zu gelangen. Dem liegt die Annahme zu Grunde, dass sich im natürlichen Sprachenerwerb erfolgreiche Verfahren finden, die im Unterricht kopiert und mit unterrichtlicher Steuerung kombiniert werden können.

Als ungesteuerten (Englisch: *untutored*) oder natürlichen Sprachenerwerb bezeichnet man das Lernen von Sprachen außerhalb des Unterrichts oder ohne tutorielle Betreuung. Im Gegensatz dazu bezeichnet der gesteuerte Sprachenerwerb im Unterricht die Steuerung von außen durch Lehrpläne, Lehrmaterialien und Lehrkräfte. Gesteuert sind aber beide Formen des Erwerbs, und zwar durch interne kognitive Prozesse. Natürlich sind beide ohnehin. Fundamentale Unterschiede zwischen Erwerb (*acquisition*) und Lernen (*learning*) sind bisher nicht belegt. Wer diesen terminologischen Problemen ausweichen will, verwendet neutral den Begriff *Sprachenerwerb* und spezifiziert in den weiteren Ausführungen, um welche Art es sich handelt, also zum Beispiel Sprachenerwerb im Unterricht oder am Arbeitsplatz.

Erst-, Zweit- und Drittsprachenerwerb (L1-, L2- und L3-Erwerb) erfolgen oft nicht zeitlich und räumlich getrennt voneinander, sondern parallel, überlappend oder spezifisch in bestimmten inhaltlichen oder funktionalen Domänen. Der Erwerb von Sprachen ist demnach ein **dynamischer Prozess** des Zuwachses, Austausches und der Abnahme sprachlicher Kompetenzen. Denn wenn über Sprachenerwerb gesprochen wird, darf nicht vergessen werden, dass Sprachverlust damit einhergeht. Die Kompetenz in Sprachen, die lange nicht genutzt werden, beginnt bereits nach zwei Jahren zu „erodieren". Das ist darauf zurückzuführen, dass in unserem Gehirn die Aktivierung von Wissensbeständen, auf die lange Zeit nicht regelmäßig zugegriffen wird, aufwendig ist. Wird eine Sprache wieder benutzt, kann sie auch schnell wieder aktiviert werden.

Das, was im ungesteuerten Sprachenerwerb, zum Beispiel am Arbeitsplatz oder auf der Straße, passiert, wurde lange Zeit, wenn überhaupt, nur negativ wahrgenommen. Vor allem fielen die vielen Fehler der Sprecher, das Chaos der Grammatik, die falsche Aussprache, die Sprachmischungen und die falschen Wörter auf. Gerade bei den vielen Menschen, die ungesteuert eine neue Sprache lernen – zum Beispiel auf Grund wirtschaftlicher, beruflicher, politischer oder familiärer Migration – treten diese sprachlichen Probleme auch nach vielen Jahren unverändert wie am Anfang oder stabilisiert auf einer frühen Stufe auf. Da die Wahrnehmung von Bildungschancen, die Beteiligung am gesellschaftlichen und schulischen Leben, der Zugang zum Arbeitsmarkt und berufliche Karrieren von guten mündlichen und schriftsprachlichen (vor allem **bildungssprachlichen**) Kompetenzen abhängen, haben schlechte Sprachkenntnisse negative Folgen für diese Migranten.

Den Sprachenerwerb dieser Menschen als Maßstab für den Sprachunterricht zu nehmen, scheint vielen bis heute nur schwer vermittelbar. Andererseits kann aber gerade die unverstellte Lernersprache darüber Aufschluss geben, wie Sprachenerwerb funktioniert. Die Spracherwerbsforschung der 70er und 80er Jahre des 20. Jahrhunderts hat sich daher bewusst nicht davon abhalten lassen, Lernergruppen in ihrem begrenzten sprachlichen und sozialen Umfeld zu untersuchen, und zwar nicht zuletzt um herauszufinden, warum einige der Sprecher dieser Lernergruppen sehr wohl und sehr schnell in der Lage sind, eine Zielsprache korrekt zu erlernen, während andere es nur schwer, spät oder nie zu schaffen scheinen. Mitunter erreichen Lerner einer fremden Sprache sogar höhere Kompetenzen in der fremden Sprache als die Erstsprachensprecher. Man denke im deutschsprachigen Raum etwa an die Absolventinnen und Absolventen mit sogenanntem Migrationshintergrund in den verschiedenen Schultypen und beruflichen Ausbildungszweigen, die als Beste ihrer Jahrgänge die Ausbildung abschließen, man denke an den subtilen Sprachhumor oder an die höchst differenzierte, stilbildende Sprachkenntnis der vielen Autorinnen und Autoren, die literarische Texte auf Deutsch publizieren, obwohl Deutsch nicht ihre Erstsprache ist (Chamisso-Literatur http://www.chamisso.daf.uni-muenchen.de/bibliographie_autoren/index.html). Aber auch die Gruppe der Lerner, deren Sprachentwicklung schnell zum Stillstand kommt, also stabilisiert oder fossilisiert, ist für die Forschung insofern interessant, als sich daraus die Ursachen der Fossilisierung und Blockade erfahren lassen. Wenn diese bekannt sind, lassen sich auch Reparaturmaßnahmen, also zum Beispiel passende Unterrichtsmethoden, entwickeln.

Ein Blick auf reale Daten des natürlichen Spracherwerbs zeigt dabei, wie (un)chaotisch und (un)strukturiert er wirklich ist. Aufschlussreich ist auch ein Blick auf die einzelnen Faktoren, die den Spracherwerb in seinen Strukturen, in seinem Verlauf und in seiner Geschwindigkeit beeinflussen.

Die folgenden Ausführungen betreffen vor allem den Erwerb des Deutschen und werden anhand authentischer Aufnahmen und Untersuchungen illustriert. Vieles, was dort beobachtet werden kann, ist aber symptomatisch für den Spracherwerb allgemein, gilt also prinzipiell auch für den Erwerb anderer Fremdsprachen.

1.2 Lernersprachliche Entwicklung

1.2.1 Der pragmatische Modus und die Basisvarietät

Das folgende Gespräch ist von einer deutschsprachigen Ärztin und ihrer türkischen Patientin geführt worden.

Ä = deutschsprachige Ärztin; P = türkische Patientin auf niedrigem Erwerbsniveau
(...)
1 Ä: Rauchen Sie noch Frau Eski?
2 P: Ah, nix zu viel (...)
3 Ä: Wie viel?
4 P: Zwei, drei Stück, jeden Tag, nicht so viel.
5 Ä: Zwei bis drei?
6 P: Früher war zwei Pakett.
9 Ä: Huijuijui.
10 P: Wann ich nerven bin, ich rauch weg, ich hab nix lügen (...).
11 Ä: Mhm.
12 P: Aber wann nicht nerven (...).
13 Ä: Mhm.
14 P: ist nichts.
15 Ä: Mhm.
16 P: Aber wenn ich merk irgendwas, Probleme woder was, oder schlecht werd (...)
17 Ä: Mhm.
18 P: hören oder, oder irgendwas (...)
19 Ä: Mhm.
20 P: oder bin ich
21 Ä: Mhm
22 P: krank
23 Ä: Mhm
24 P: Oder irgendwas mag ich rauchen (...) aber sonst (...)
25 Ä: Mhm, mhm sonst nicht.
26 P: Hmhm, nö nö.
27 Ä: Mhm, ja gut. Also füllen wir das nachher aus.
(...)

Transkript 1.1: Sancak, Melek: Techniken und Strategien in der Kommunikation zwischen deutschen Ärzten und türkischen Patienten. Unveröffentlichte Magisterarbeit, LMU München 2004. S. 69/70.

Die türkische Patientin, die in diesem Gespräch mit ihrer Ärztin über ihre Beschwerden spricht, kann sich im Prinzip einigermaßen auf Deutsch verständlich machen. Zumindest versteht sie gut. Allerdings fällt es der Ärztin in diesem Ausschnitt schwer, die Informationen zum Rauchen auf die möglichen Ursachen der Beschwerden zu beziehen. Die Grammatik der türkischen Patientin ist nicht vollständig entwickelt. Zwar verwendet sie verschiedene Verbformen korrekt (*bin, war, merk*), aber diese sind nicht immer vollständig (*war* in Äußerung 6 entspricht hier *habe ich geraucht* oder *waren es, hab nix lügen* in 10 entspricht *habe nichts verschwiegen*). Formen wie *wenn ich nerven bin* in Äußerung 10 sind besonders interessant, weil sie unverständlich erscheinen. Wenn man aber weiß, dass diese Äußerung *wenn ich nervös bin* bedeutet, dann erschließt sich die Form wesentlich leichter. Es ist typisch für die Lernersprache, dass Verläufe und andauernde Aktionen mit Hilfsverben umschrieben werden, auch ohne Adjektive. Klar erkennbar ist trotz verschiedener formelhafter Ausdrücke die vergleichsweise einfache Wortstellung (Syntax): *nix zu viel* (Äußerung 2) zeigt die klare Entwicklungsstruktur einfacher Äußerungen. Das Entscheidende hier ist das Element *zu viel*. Es steht am Ende der Äußerung in der Position, in der das Wichtigste zu stehen hat. Durch die Voranstellung des verneinenden Elementes (Negators) *nix* wird diese einfach negiert, wie auch später *nix lügen* oder *nicht nerven* in den Äußerungen 10 und 12. *lügen* fällt hier also in die Reichweite des Negators. Bekannte Elemente wie *ich* und *rauche* fallen dagegen ganz weg. Ähnlich ist es in Äußerung 6: *Früher (war) zwei Pakett*. Hier erscheint zwar ein verbindendes, leeres Element, nämlich *war* (Copula), das hier tatsächlich nur ein Platzhalter ist, der markiert ‚hier gehört ein Verb hin‘. Ansonsten finden sich nur zwei Elemente: das zeitlich rahmende *früher* und das zentrale und hervorgehobene *zwei Pakett*. Auch in Äußerung 8 ist das so, hier aber mit drei Elementen: *aber – jetzt – nix mehr*.

Typisch für die Lernersprache sind nahtlose Kombinationen von **Phrasen** und **formelhaften Ausdrücken**, die es dem ungeübten Zuhörer schwer machen, Sinneinheiten zu identifizieren. In diesem Ausschnitt wird das an vielen Stellen deutlich: etwa in der Reihung in Äußerung 4, in der sich Antwort und Kommentar nahtlos mischen, oder in den vielen Anbindungen mit *oder* und *aber* und den Verwendungen von Überbrückungsausdrücken wie *irgendwas*.

Hier ein Blick auf die Grammatik der stark reduzierten Äußerungen anhand eines Beispiels aus dem Transkript oben.

früher - war zwei Pakett

Leicht lässt sich hier erkennen, dass die Äußerung aus einzelnen, aneinander gereihten Wörtern besteht, die ohne Endungen und ohne andere Funktionselemente wie Artikel, Präpositionen und Konjunktionen auskommen. Einzelne Wörter vertreten ganze Phrasen oder komplexere Konstituenten. Auch bekannte oder redundante Elemente sind nicht realisiert. Dazu gehören die beteiligten Personen (zum Beispiel *ich*), Hilfsverben (zum Beispiel *haben*) und andere implizierte oder implizierbare Wörter (*rauchen*). Chaotisch sind solche Äußerungen aber keineswegs. Die Anordnung der Elemente folgt einem klaren Informationsprinzip, demzufolge die bekannte oder orientierende Information, das Thema, am Äußerungsanfang steht und die neue oder wichtige Information, der Fokus oder das Rhema, am Ende.

früher	zwei Pakett
Thema	Fokus

Das daraus ableitbare linguistische Grundprinzip bezeichnet der amerikanische Sprachforscher Givón als **pragmatischen Sprachmodus**. Dieser Modus zeichnet sich dadurch aus, dass die Äußerungen eine klare Thema-Fokus-Struktur aufweisen. Die Äußerungen sind höchstens lose aneinander gereiht, Nebensätze gibt es praktisch nicht. Es überwiegen Inhaltswörter. Funktionselemente, Endungen und dergleichen gibt es kaum. Nomen und Verben finden sich als wichtigste Inhaltswörter in ungefähr gleichem Verhältnis. Es wird sehr langsam gesprochen, wobei die Betonung (Intonation) das Thema-Fokus-Prinzip stark unterstützt. Zu diesen pragmatischen Prinzipien der Äußerungsstrukturierung gehört darüber hinaus die Funktion der Intonation, den Satzmodus zu bestimmen. Die gleiche Anordnung von Wörtern kann so mit steigender oder fallender Intonation in eine Frage, einen Befehl (Imperativ) oder einen Aussagesatz verwandelt werden. Dazu kommen noch eine Reihe außersprachlicher Mittel wie Gestik und Mimik, die Wörter und sprachliche Handlungen ersetzen oder diese ergänzen.

Aus dem primär lexikalischen Inventar, also aus den Wörtern, entwickelt sich die Grammatik. Lerner konstruieren sie auf der Basis eines lexikalischen und pragmatischen Bestandes.

Der pragmatische Sprachmodus findet sich nicht nur im Zweitsprachenerwerb, sondern auch im Erstsprachenerwerb. Außerdem liegt er Pidgin- und Kreolsprachen zu Grunde und hilft Patienten, deren Sprache durch einen Unfall oder Schlaganfall gestört ist, sich mit einfachen Mitteln verständlich zu machen oder ihre Sprache zumindest teilweise wieder zu erlernen. Auch verschiedene Register wie SMS, Überschriften, Ansagen oder Werbetexte sind aus unterschiedlichen medialen oder pragmatischen Gründen ähnlich strukturiert. So warb eine Fluggesellschaft aus einem deutschsprachigen Land mit dem folgenden Thema und einem fortlaufenden, dreiteiligen Fokus: *Austrian Airlines: In. Service. Out.* Auch die Anordnung der Elemente in diesem Fokus folgt dem Prinzip der tatsächlichen chronologischen Abfolge.

Nicht nur im Deutschen, sondern auch in vielen anderen Sprachen wird die Bekanntheit oder Präsenz eines Bezugselementes im Kontext nicht explizit ausgedrückt. Das gilt zum Beispiel für die in einem Gespräch anwesenden Personen (*ich, du, er, sie, es*). In manchen Sprachen wie dem Lateinischen, Spanischen, Italienischen, Russischen oder Türkischen gibt es andere Möglichkeiten der Referenzmarkierung, meist am Verb (vergleiche Spanisch *te quiero*/Italienisch *ti amo* – ich liebe dich, Markierung der 1. Person Singular durch -o).

Der pragmatische Sprachmodus hat eine einzige Funktion: ökonomisches Kommunizieren. Er erlaubt es den Sprechern, mit ganz wenigen sprachlichen Mitteln fast alles auszudrücken, was sie wollen. Klein/Perdue 1997 gehen daher davon aus, dass es sich um eine einfache, aber eigenständige natürliche Sprache handelt: die **Basisvarietät**. Entstehende Sprachen, die sich entweder kollektiv aus einer Sprachgemeinschaft (phylogenetisch) oder individuell im Sprachenerwerb (ontogenetisch) bilden, sind auf diesen Modus schlichtweg angewiesen. Erst mit zunehmendem Bedarf an Komplexität verfeinern sich auch die sprachlichen Mittel. Sie erlauben schließlich ein differenzierteres und damit für fortgeschrittene Sprecher ökonomischeres Kommunizieren, und zwar nicht zuletzt deshalb, weil die grammatischen Mittel automatisiert eingesetzt werden können. Es bildet sich ein syntaktischer (grammatischer) Sprachmodus.

1.2.2 Der syntaktische Sprachmodus

Dieser **syntaktische Modus** weist hoch grammatikalisierte Strukturen auf: meist eine klare, strikte und komplexe Satzstruktur mit Subjekt, Verb und weiteren Nomen, die Markierung semantischer Beziehungen und anderer grammatischer Zugehörigkeiten durch Endungen, unterschiedliche Einbettungen durch verschiedene Nebensatzkonstruktionen, eine höhere Sprechgeschwindigkeit und eine differenzierte Intonation. Hier der pragmatische und syntaktische Modus im Überblick (nach Givón 1979: 98):

Pragmatischer Modus	Syntaktischer Modus
(a) Thema-Fokus Struktur	(a) Subjekt-Verb Struktur
(b) lose Verbindungen	(b) strikte Einbettungen
(c) langsame Sprechgeschwindigkeit mit einem Intonationsmuster	(c) schnelle Sprechgeschwindigkeit mit verschiedenen Intonationsmustern
(d) die Wortstellung wird von einem pragmatischen Prinzip gesteuert: alte Information zuerst, neue Information folgt	(d) die Wortstellung signalisiert semantische Kasus-Beziehungen, kann aber auch pragmatische Beziehungen ausdrücken
(e) ein ungefähres 1:1-Verhältnis von Verben und Nomen, wobei die Verben semantisch einfach sind	(e) mehr Nomen als Verben, wobei die Verben semantisch komplex sind
(f) keine grammatische Morphologie	(f) entwickelte grammatische Morphologie (Endungen)
(g) deutlicher Intonationsschwerpunkt markiert die neue Information, die thematische Position ist weniger klar markiert	(g) ähnlich, aber unter Umständen mit weniger funktionaler Bedeutung oder gar nicht vorhanden

Tab. 1.1 Pragmatischer und syntaktischer Modus

Sind die Strukturen voll ausgebildet, werden sie über eine gewisse Zeit erprobt. Da Sprachen dynamische Systeme darstellen, passen sie sich ständig an die Gebrauchsgewohnheiten an. Aus diesem dynamischen Anpassungsprozess ergibt sich in der Regel, dass einige grammatische Mittel redundant sind, dafür aber neue gebraucht und entwickelt werden. Viele kommunikative Situationen verlangen nur nach wenigen sprachlichen oder außersprachlichen Mitteln. Das gilt vor allem, wenn alle Beteiligten die Spielregeln gut kennen, das heißt, die Situation standardisiert oder normiert ist und Sprecher auf Bekanntes zurückgreifen können. Formelhafte Sprache und Börsen- oder Wettertabellen sowie alle Arten fachsprachlicher Kommunikation sind dafür anschauliche Beispiele. Dass diese Entwicklungen nicht nur in einzelnen Teilbereichen von Sprachen gelten, sondern das gesamte Struktursystem einer Sprache betreffen können, lässt sich am Englischen gut zeigen: Es besitzt nur noch ein einfaches Artikel- und Kasussystem, kaum noch Endungen bei der Personenmarkierung und nur noch wenige starke Verben. Dafür hat sich aber im Laufe der Zeit – auch wegen der vielen fremden Einflüsse – der Wortschatz des Englischen stark entwickelt und differenziert. Im Deutschen ist es nicht viel anders, nur etwas zeitversetzt: Genitiv und Dativ sind im Verschwinden begriffen, zunehmend werden starke Verben durch schwache ersetzt (zum Beispiel *backte* statt *buk*), synthetische Formen werden stark von analytischen verdrängt (das Präteritum durch das Perfekt mit den Hilfsverben *haben* und *sein*, der Konjunktiv wird durch *würde*-Formen ersetzt oder fällt ganz weg und Ähnliches), in verschiedenen Regionen verschleifen die Artikel und Präpositionen mit den Endungen (zum Beispiel *ei'm* statt *einem*, *mi'm* statt *mit dem*) oder Verben mit Pronomen und anderen Elementen (*so isses* statt *so ist es*, *musse* statt *musst Du*, *krisse fresse* oder *duischschlagdisch* als Androhung roher Gewalt) und so weiter. Sprachen entwickeln sich wellenartig: Zunächst sind es rein pragmatisch bestimmte Konstrukte, dann entwickeln sie sich bis zur grammatischen Blüte, schließlich verschleifen sie, bis sie sich dem pragmatischen Modus nähern und so weiter. Allerdings sind nicht immer alle Bereiche einer Sprache gleichermaßen betroffen und außerdem entwickeln sich parallel zu dem Abbau in einigen Bereichen neue Mittel in anderen. Ähnlich geht es in anderen gesellschaftlichen Strukturen und Lebensbereichen vor: Aus einem Vakuum entsteht mit viel Nachbarschaftshilfe langsam ein soziales Netz, das sich immer weiter verfeinert, bis es schließlich einen Saturierungs-, Verwaltungs- oder Komplexitätsgrad erreicht, der kaum mehr zu halten ist. Ähnlich ist es auch bei Sprechern, die ihre Sprache voll beherrschen, sie aber im Alltagsgebrauch aus den gleichen Gründen nur in verkürzter Form einsetzen.

Für **frühe Lerneräußerungen** kann Folgendes beobachtet werden:

▶ Bekannte und gegebene Information steht vor neuer Information.
▶ Thematisierende Elemente stehen vor fokussierenden Elementen.
▶ Bedeutungsmäßig zusammengehörige Elemente stehen möglichst nahe beieinander.
▶ In einer Reihung von Nomen hat das erste Element den größten Einfluss.
▶ Funktionale Elemente wie kein, viel, alle werden einheitlich vor (oder einheitlich hinter) die von ihnen bestimmten Elemente gestellt.
▶ Orientierende Elemente wie Orts- oder Zeitangaben stehen am Anfang einer Äußerung.
▶ Ereignisse werden nach ihrer tatsächlichen (chronologischen) Reihenfolge berichtet.
▶ Die Betonung bestimmt, ob es sich um eine Aussage, eine Frage oder eine Anweisung handelt.
▶ Die Betonung markiert auch die fokussierten Elemente.

Mittels dieser Prinzipien entwickelt sich die Sprache zunehmend, und zwar nicht nur in grammatischer Hinsicht, sondern auch in Bezug auf das Zusammenspiel der grammatischen, lexikalischen und pragmatischen Prinzipien untereinander und dabei vor allem auch beim Ausbau des Wortschatzes (Lexikons). Mit dem Fortschreiten des Erwerbs nehmen aber auch die Unterschiede zwischen den Lernern zu. Einige Lerner haben sich dann den zielsprachlichen Normen bereits sehr stark angenähert, während andere noch weit davon entfernt sind und zum Beispiel keine zielsprachlichen Nebensatzkonstruktionen oder andere komplexere Strukturen produzieren können.

Da diese Prinzipien **Übergangsstrukturen** im Sprachenerwerb darstellen, die den Lernern aus anderen Sprachen oder Sprachvarietäten bekannt sind, lassen sie sich auch als Hilfsmittel im Sprachunterricht gut einsetzen. Ansätze dazu finden sich in den Deutsch als Fremdsprache-Lehrbüchern *Tangram* und *Schritte international*.

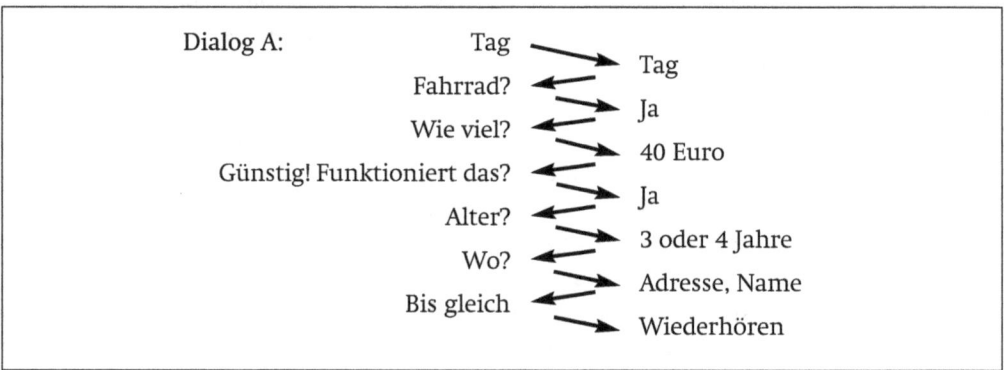

Abb. 1.1 Dialoggerüst zum Verständnis und als Sprechvorlage in Tangram aktuell (2004: 41), angelehnt an die Strukturprinzipien des pragmatischen Modus

Besonders produktiv könnte der pragmatische Sprachmodus bei Lernern eingesetzt werden, in deren Sprachen ähnliche Strukturierungsprinzipien wie die oben dargestellten in der Grammatik wirken.

1.2.3 Vom Chunking zur Regel

Der Rückgriff auf die Prinzipien der Basisvarietät geht einher mit einer Fokussierung auf möglichst prägnante Wörter. Die pragmatischen Prinzipien und die Grammatik brauchen Lerner eigentlich erst, wenn sie feststellen, dass einzelne Wörter ihren Kommunikationsbedarf nicht mehr hinreichend ausdrücken können, wenn es also um die Anordnung verschiedener Elemente und deren Differenzierung oder, einfacher gesagt, um sprachliche Mobilität geht.

Wie kommen Lerner auf ihrer Suche nach mehr Mobilität aber zu den sprachlichen Regeln? Ein geschicktes Verfahren in diesem längeren Prozess ist zunächst die Übernahme von Mehrworteinheiten, Formeln oder Redewendungen, so genannten **Chunks**. Solange Lerner nur geringe Kenntnisse der neuen Sprache besitzen, übernehmen sie einzelne Elemente oder eben größere Chunks, ohne deren grammatische Strukturen zu kennen, kennen zu wollen oder kennen zu müssen. Kinder, die eine Erstsprache lernen, gehen dabei gar nicht anders vor, und auch Erwachsene, die in ihrer eigenen Sprache neue Formulierungen lernen (zum Beispiel in einer Berufs- oder Fachsprache oder im Medienslang) übernehmen oft ganze Chunks und Formeln, ohne sie grammatisch zu analysieren. Solange die Übernahme ausreicht, muss auch keine Analyse und Regelbildung veranlasst werden. Interessierte, sensibilisierte und (durch frühere Sprachlernerfahrungen) geschulte Lerner beginnen in der Regel aber schnell, aus den Chunks Regeln abzuleiten. Das geschieht bezogen auf einzelne Konstruktionen, vermutlich nur selten global und in unterschiedlichen Schritten: von der direkten Übernahme, über das Ausfiltern der Kernstruktur, Analogiebildungen, Differenzierungen und das genaue Überprüfen der Reaktionen der Umwelt auf die eigenen Übernahmen und die eigene Verwendung. Durch den Abgleich der eigenen Produktionen mit der zielsprachigen Umgebung entwickelt sich die Grammatik also in einzelnen Bereichen.

Haben die Lerner Vorerfahrungen mit der Analyse fremder Sprachen und Kenntnis von oder Bewusstheit für sprachliche Elemente, Prinzipien und Regeln, kann dieser Prozess optimiert werden. Kenntnis oder Sprachbewusstheit müssen nicht in Form von metasprachlich abrufbaren Regeln vorhanden sein, es kann sich auch um eine implizite und nicht sprachenspezifische Kenntnis von Strukturen und Prozessen handeln (Tomasello 2006, Haberzettl 2007, Handwerker 2008, Lindstromberg/Boers 2008). Es geht also wieder eher um **Prinzipien und Strategien** der Lerner, nicht um Strukturkenntnisse einer bestimmten Sprache. Diese Kenntnisse können durch jede Fremdsprache und durch sprachliche Variation der eigenen Sprachen erworben oder verstärkt werden, zum Beispiel durch verschiedene Dialekte und Erzählformen. Nötig dafür ist eine sprachreiche und für den Lerner relevante Sprachumgebung. Zu den wichtigsten Strategien der Lerner bei der Analyse der Umgebungssprache und der Synthese eigener Produktionen gehören die folgenden:

- ► Übernahme von Chunks
- ► Auflösen der Chunks anhand von Analogien und Bruchstellen
- ► Feststellen von Kernkonstruktionen
- ► Ersetzen von Elementen (Paradigmabildung und -erprobung)
- ► Anpassungen und Annäherungen
- ► Umschreibungen/Paraphrasen
- ► Neuschöpfungen
- ► Transfer, Übersetzung, Sprachwechsel
- ► Vereinfachungen
- ► Vermeidungsstrategien
- ► Bitten um Hilfe/Verwendung von Hilfen.

1.3 Erwerbshypothesen

In der Spracherwerbsforschung spielen – wie in jedem anderen Forschungsgebiet auch – verschiedene Forschungsrichtungen und -schulen eine Rolle. Die verschiedenen Richtungen der Spracherwerbsforschung sind stark von der jeweiligen Perspektive auf Sprache abhängig, also zum Beispiel, ob Sprache primär als funktionales Kommunikationsmittel, als System phonetischer, grammatischer oder lexikalischer Strukturen, als Textsystem oder als

Ausdruck von Beziehungen zwischen den Beteiligten und den übermittelten Nachrichten angesehen wird. Ein einheitliches Modell des Sprachenerwerbs gibt es nicht. Es soll daher im Folgenden versucht werden, die einflussreichsten Hypothesen zum Sprachenerwerb zu skizzieren, auch wenn sie nur einzelne Aspekte beleuchten und teilweise gegenläufig sind.

1.3.1 Frühe Hypothesen

Zu den frühen Hypothesen der Spracherwerbsforschung gehören die Kontrastivhypothese und die Identitätshypothese. Die behavioristisch geprägte **Kontrastivhypothese** geht davon aus, dass der Zweitsprachenerwerb als Gegenstück zum Erstspracherwerb erfolgt. Die Erstsprache (L1) bildet sozusagen die Folie oder Matrix für den Erwerb weiterer Sprachen. Wo sich die Strukturen der beiden Sprachen unterscheiden, treten dieser Hypothese zufolge die meisten Erwerbsschwierigkeiten auf. Die Schwierigkeiten des Erwerbs, so die Annahme, zeigen sich durch entsprechende Fehler an der Oberfläche, das heißt in der gesprochenen oder geschriebenen Sprache, und zwar besonders dann, wenn die Lerner schon über eine gewisse Menge sprachlicher Mittel verfügen. Wo sich die Strukturen gleichen, sind dagegen kaum Fehler zu erwarten. Es handelt sich um Interferenz oder negativen Transfer, wo Fehler auftreten, und um positiven Transfer, wo die Strukturen der L1 ohne Fehler übertragen werden. Als typischer Interferenzfehler ist zum Beispiel die undifferenzierte Verwendung von *nehmen* durch türkische Lerner bezeichnet worden: „Ich gehe einkaufen und nehme eine Käse." Als Ursache wird hier der Verwendungsbereich von *almak* (*nehmen*, *bekommen*) vermutet. Auch sprachliche Mischungen, übermäßige Verallgemeinerungen der Zielsprache und Auslassungen können als Interferenzen erscheinen.

Die Verwechslung von *nehmen* (أَخَذَ) und *bekommen* (على حَصَل) in ausgewählten Kontexten ist auch für viele Lernende mit Arabisch als Erstsprache typisch, obwohl dafür zwei Lexeme existieren. Typische Interferenzen sind Beispiele wie „*Wie viel nimmst du im Monat?*" oder „*Ich habe einen Termin genommen*", weil in diesen Kontexten im Arabischen *nehmen* (أَخَذَ) eingesetzt wird.

Insbesondere die **Kontrastive Linguistik** der 1960er bis frühen 1980er Jahre hat sich der Kontrastivhypothese verschrieben. Aus dieser Schule sind zahlreiche Arbeiten hervorgegangen, in denen die strukturellen Unterschiede von Sprachpaaren (zum Beispiel Deutsch-Türkisch oder Deutsch-Russisch) herausgearbeitet und anschließend in Lehrübungen thematisiert wurden (Lado 1957, Kaplan 1966, Meyer-Ingwersen 1977, Clyne 1991, Baumann/Kalverkämper 1992). Diese Übungen schließen an die Grammatik-Übersetzungsmethode an, der es schon früher darum ging, durch die Konfrontation von unterschiedlichen sprachlichen Strukturen zur korrekten Verwendung der Zielsprache und zur Ausbildung eines sprachlichen Bewusstseins zu gelangen. Dass diese Hypothese aber nur teilweise trägt, zeigt sich bereits an einfachen Beobachtungen des Sprachenerwerbs. Zwar hilft es natürlich, wenn ein Lerner auf bekannten Strukturen aufbauen kann, nur weiß er zunächst nicht, welche Elemente die Sprachen gemeinsam haben und welche nicht. Das heißt, Lerner müssten bereits über ein metasprachliches Wissen verfügen. Außerdem ist die Kenntnis unterschiedlicher Strukturen nicht gleichbedeutend mit ihrer korrekten Verwendung.

Noch schwerwiegender sind folgende Einwände gegen die Kontrastivhypothese: Erstens treten Fehler häufig und hartnäckig gerade bei ähnlichen Strukturen der beteiligten Sprachen auf. Man denke zum Beispiel an die so genannten **falschen Freunde**, die gerade wegen ihrer Ähnlichkeiten zu Fehlern führen (Englisch *become* und *teller* – Deutsch *werden* und *Bankkassierer*, Niederländisch *bellen* und *verhuren* – Deutsch *klingeln* und *vermieten*, Spanisch *irritar* – Deutsch *ärgern*). Wer also mit *I become a teller soup* im Restaurant etwas zu essen bestellen will, wird „*a blue wonder*" erleben, oder richtig gesagt, *bewilderment* (Verwunderung) ernten.

Auch Abweichungen in der Aussprache selbst bei Sprechern, die schon lange in der Zielkultur leben, illustrieren die Problematik des Ähnlichkeitsargumentes. Das wird zum Beispiel bei den Umlauten im Deutschen deutlich, mit denen Lerner auch dann oft Schwierigkeiten haben, wenn sie in ihren eigenen Sprachen vorkommen, wie in *tu* (*Du*, ü) oder *coeur* (*Herz*, ö) im Französischen, *a* (*ein*, ä) und *yearn* (*streben*, ö) im Englischen, *lütfen* im Türkischen (*bitte*) oder im Städtenamen *Jyväskylä* (*jüväskülä*) im Finnischen. Genauso existieren im Arabischen Diphtonge بَيْت/bait (Haus, ai) حَوْل/haula (um, au). Die Tatsache, dass sie ganz anders verschriftlicht werden als im lateinischen Schriftsystem, bereitet Lernern einer zweiten Schrift mit Arabisch als Erstsprache Mühe bei ihrer Artikulation.

Zu sehen ist das auch an den *th-* (in der Lautschrift als [θ] dargestellt) und *v*-Lauten im Englischen, die Deutsche gerade wegen der Ähnlichkeiten mit den deutschen *s*- und *w*-Lauten oft nicht wahrnehmen und daher auch nicht korrekt produzieren können. Auch syntaktische Ähnlichkeiten wie sie etwa bei der Verbstellung im Deutschen und Niederländischen bestehen, produzieren im Erwerb oft Übertragungsfehler (zum Beispiel … *gehen müssen/lassen* gegenüber … *moeten/laten gaan*).

Zweitens wurde in systematischen Untersuchungen nachgewiesen, dass viele vermeintliche Interferenzfehler auch da auftreten, wo es gar keine Auslöser in der Ausgangssprache gibt. Ähnliche Äußerungen mit *nehmen* wie die obige finden sich so auch bei Lernern mit anderen Ausgangssprachen als dem Türkischen und auch bei solchen, in denen ähnliche Strukturen wie im Deutschen üblich sind (Dulay/Burt 1974, Klein 1984, Kellerman 1986).

So ist die Kontrastivhypothese zunehmend in die Kritik und die kontrastive Linguistik in der Sprachdidaktik in Vergessenheit geraten. Abgelöst wurde die Hypothese durch die nativistisch und kognitivistisch geprägte **Identitätshypothese** in den 80er Jahren, die besagt, dass L1- und L2-Erwerb sich im Wesentlichen gleichen, das heißt, von den gleichen Mechanismen gesteuert werden. Es gibt danach so etwas wie eine universelle Sprachlernfähigkeit, die unabhängig vom Einfluss der jeweiligen Erstsprache operiert. Demnach ist auch sekundär, welche Sprachen überhaupt betroffen sind, das heißt, welche Sprachen erworben werden und welche Sprachen der Lerner bereits erworben hat. Die Tatsache, dass viele Lerner trotz verschiedener Ausgangssprachen beim Erwerb etwa des Deutschen ähnliche Fehler machen, spricht für diese Hypothese. Dass das bereits Erworbene einer anderen Sprache und Kultur keinen Einfluss auf den Erwerb einer zweiten oder weiteren Sprache haben soll, widerspricht jedoch den Regeln der Plausibilität und der Lern- und

Entwicklungspsychologie (vergleiche die Entwicklung des bilingualen Lexikons, Kapitel 1.7.7. Die Organisation des mentalen Lexikons und Liang 1991, Lehker 1997, Roche/Roussy-Parent 2006, Longhi 2010).

Im Sprachenerwerb spielen verschiedene Aspekte eine Rolle, die nicht nur mit den Strukturen der L1 zusammenhängen und daher nicht allein mit der Identitäts- oder mit der Kontrastivhypothese erfasst werden können.

▶ **Eingabe-Aspekte:** Die **Inputhypothese** postuliert, dass die Eingabe erstens verständlich sein muss und zweitens am besten nur eine Erwerbsstufe (i) über dem Erwerbsstand des Lerners liegen sollte, damit Sprachenerwerb optimal ablaufen kann (i + 1). Zusammen mit der Monitorhypothese bildet sie den Kern von Krashens Erwerbs- und Lernmodell (Krashen 1980). In allgemeinerer Form wird sie weit verbreitet praktiziert: Die grammatische Progression, die didaktische Komplexitätszunahme und andere Konzepte von der graduellen Steigerung der Anforderungen an die Lerner basieren auf der gleichen Vorstellung. Das würde jedoch ein ganz genaues Inputmanagement bedeuten, das aber im Unterricht gar nicht leistbar wäre. Im Weiteren wird die Inputhypothese auch durch all die Hypothesen fortgeschrieben und ergänzt, die von einer Steuerbarkeit des Erwerbs durch eine entsprechende Betonung und Aufmerksamkeitssteuerung des Inputs ausgehen (z. B. **Noticing-Hypothese**). Die Struktur und Rolle des Inputs werden in Abschnitt 1.5 genauer beschrieben.

▶ **Psycholinguistische Aspekte:** Die **Monitorhypothese** unterscheidet zwischen einem Lern- und einem Erwerbsmodus. Diese Unterscheidung basiert auf der Annahme, dass sich das Lernen von Strukturen im Unterricht vom Erwerb von fremdsprachlichen Fertigkeiten in ungesteuerten Situationen unterscheidet. Lernen bedeutet demnach eine gezielte Ausbildung des grammatischen Regelapparates im Monitor. Das heißt, die sprachlichen Äußerungen werden vor ihrer Produktion von einem Monitor in Bezug auf die korrekte Anwendung der Regeln überprüft. Erwerben erfolgt dagegen über den intuitiven Sprachgebrauch. Ob es sich dabei aber tatsächlich um verschiedene Arten der Aneignung von Sprache und um unterscheidbare Lernprozesse handelt, konnte bisher an konkreten Daten nicht überprüft werden.

▶ **Interaktionale Aspekte:** Eine Reihe von Spracherwerbshypothesen betont den interaktiven Charakter des Fremdsprachenerwerbs. Sie betrachten ihn als Wechselspiel zwischen den Sprechern der Zielsprache und den Lernern, wobei die Sprache und ihre Symbole zwischen den Beteiligten ausgehandelt werden müssen (symbolischer Interaktionismus). Die allgemeine Variante dieser Forschungsperspektive ist unter dem Namen **Interaktionshypothese** bekannt geworden.

▶ **Motivationale Aspekte:** Die **Akkulturationshypothese** betont den sozialen und psychischen Antrieb der Lerner zum Sprachenerwerb. Dieser wird durch Nähe zur Zielsprache und Zielkultur verstärkt. Je positiver diese durch innere und äußere Faktoren bestimmte Nähe ausgeprägt ist, je größer also die Integrationsmotivation ist, desto erfolgreicher ist der Sprachenerwerb. Ist die Distanz dagegen groß, bleibt der Sprachenerwerb unvollständig.

▶ Stärker auf den Handlungscharakter des Sprachenerwerbs geht die **Outputhypothese** ein. Die aktive Verwendung der Fremdsprache verlangt vom Lerner die aktive Analyse der Sprache und die entsprechenden Anstrengungen zur korrekten Nutzung und Einbettung. Die Notwendigkeit, mit der L2 Ziele umzusetzen, bewirkt, dass der Erwerb vorangetrieben wird.

▶ **Entwicklungsaspekte:** Die **Entwicklungshypothese** besagt, dass im frühen Sprachenerwerb Wörter einer neuen Sprache den Wortkonzepten des bereits vorhandenen Wortschatzes zu- und untergeordnet werden. Im Laufe des Erwerbs entwickeln sich, je nach den Bedingungen der Erwerbssituation, eigene Konzeptknoten für die neue Sprache, die im mentalen Lexikon mit den bereits vorhandenen zunehmend koordiniert und integriert werden (siehe Abschnitt 1.7.7).

▶ Auch bei der Grammatik lässt sich eine Entwicklung darstellen, und zwar als Abfolge regelhafter Sequenzen. Mit der **Interlanguage-Hypothese** wurde der Blick von den Fehlern und dem Transfer auf die eigenen konstruktiven Prozesse des Sprachenerwerbs gerichtet. Der Fremdsprachenerwerb folgt eigenen Gesetzmäßigkeiten, die sowohl von allgemeinen Prinzipien der Sprachverarbeitung als auch von den Einflüssen der Umgebung bestimmt sind. Die Systematik des Sprachenerwerbs drückt sich in Stufen und Sequenzen aus. Diese können je nach Forschungsperspektive stärker oder schwächer festgelegt sein. Ob sie universell im Sinne von angeboren sind oder allgemeine Sprachverarbeitungsprinzipien widerspiegeln, ist noch nicht hinreichend geklärt. In der Forschung ist hier allgemeiner von Erwerbssequenzen oder sich entwickelnden Grammatiken die Rede. In der Folge entwickelten sich verschiedene Modelle des sequenziellen Sprachenerwerbs. Dazu gehören das Konzept der Entwicklungsgrammatik sowie die Lern- und Lehrbarkeitshypothesen. Die **Lernbarkeits-/Lehrbarkeitshypothese** besagt, dass nur das vom Lerner gelernt werden kann, was in einer Erwerbssequenz auf der jeweils nächsten Stufe erscheint. Und nur was gelernt werden kann, kann auch gelehrt werden. Es ergibt daher keinen Sinn, durch eine steilere grammatische Progression schwierigere Strukturen der fremden Sprache vorwegzunehmen.

1.3.2 Erwerbssequenzen

Im Lauf der Zeit hat sich die Sprachenerwerbsforschung zunehmend auf die Prozesse konzentriert, die im Lerner ablaufen. Diese Forschung steht vor allem mit den Begriffen **Interlanguage-Hypothese** und Erwerbssequenzen in Verbindung. Die Forschung geht davon aus, dass sich ein Lerner graduell einer Zielsprache nähert und dabei sowohl von den generischen Prinzipien des Sprachenerwerbs als auch von den Vorerfahrungen mit anderen Sprachen, seinen Persönlichkeitsmerkmalen und den spezifischen Problemen der Zielsprache geleitet wird. Inwieweit das jeweils der Fall ist, welche Faktoren dabei stärker wirken als andere und ob und wie sie beeinflussbar sind, ist jedoch noch strittig. Im Mittelpunkt der sequenziellen Modelle stehen die Prozesse des Erwerbs und nicht die Ausrichtung auf

Fehlerprodukte. Mit dem **konzeptuellen Ansatz**, (vergleiche hierzu Abschnitt 1.2), wurde der grundlegende Verlauf der Erwerbsprozesse bereits beschrieben.

Einige Modelle heben besonders die angeborenen Erwerbsstrukturen hervor. Ihnen zufolge läuft der Erwerb der Fremdsprache auch in Stufen, aber in vorprogrammierten und daher wenig beeinflussbaren Sequenzen ab (siehe Identitätshypothese; Clahsen/Meisel/Pienemann 1983, Selinker 1985, van Patten/Sanz 1995, Bardovi-Harlig 1995, Pienemann 1998 und 2005, Grießhaber 2006, Keßler 2006).

Das lässt sich in vereinfachter und idealisierter Form folgendermaßen darstellen. Horizontal sind dabei die verschiedenen Varianten der Zielsprache (V…) abgetragen. Das können das einfache Deutsch des Arbeitsplatzes, die Umgangssprache oder schrift- und bildungssprachliche Varietäten sein. Vertikal sind die verschiedenen Stufen abgetragen, über die sich der Lerner einer bestimmten Zielvariante nähert.

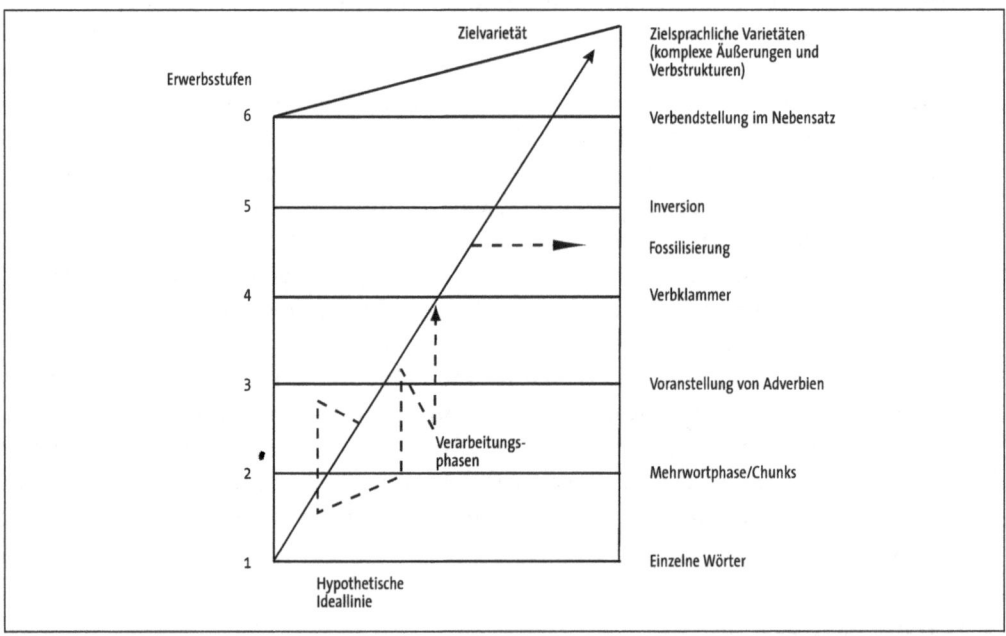

Abb. 1.2 Modell regelhafter Erwerbssequenzen der Grundgrammatik

Wichtig ist vor allem die Abfolge der Erwerbsstufen, die **Erwerbssequenz**. Diese beginnt für das Deutsche im Bereich der Syntax (Wortstellung) mit einzelnen Wörtern (1), Ein- und Zwei- Wortsätzen und einzelnen festen Formeln (Chunks) (2). Soweit besteht auch Einigkeit unter den verschiedenen Ansätzen. Den grammatikbasierten, nativistisch geprägten Ansätzen zufolge führt der Erwerb dann über die adverbiale Voranstellung einzelner Elemente ohne Inversion (3), die Verbtrennung bei mehrteiligen Verben (4), die Inversion (5) und die Verbendstellung in deutschen Nebensätzen (6) zu noch komplexeren Strukturen der Zielsprache. Diesen Ansätzen zufolge kann der Lerner eine Stufe gar nicht oder nur schwer überspringen. Wenn er dennoch zum Überspringen gezwungen wird, kann es zu einer Bruchlandung kommen. Das heißt, der Lerner produziert Fehler, die er ansonsten vermieden hätte. Das passiert zum Beispiel, wenn durch eine lineare Grammatikprogression in den Lehrwerken komplexere Strukturen vor einfacheren eingeführt werden wie etwa Adjektivendungen vor dem einfachen Gebrauch der Adjektive. Der Erwerbsprozess verläuft bei den wenigsten Lernern linear nach oben. Vielmehr machen Lerner in der Regel kreative Pausen, in denen sie das neue Material verdauen oder sich auf eine neue Struktur konzentrieren. Dabei können bereits erworbene Strukturen vorübergehend verloren gehen. Fehlt es am Lerndruck (Interesse und Motivation) oder ist die Eingabe nicht stimulierend genug, dann kommt es zu einer **Stabilisierung** oder Fossilisierung des Sprachenerwerbs auf einer unteren Stufe. Meist haben die Lerner entweder nur wenig Gelegenheit am Arbeitsplatz oder außer Haus die Zielsprache zu verwenden, oder sie suchen die bekannte Umgebung von Freunden und Familienmitgliedern, die ihre eigene Familiensprache sprechen, im Freundeskreis, in Vereinen und in ihrer Wohnumgebung. Fossilisierungen treten verstärkt dort auf, wo wenig auf formale Korrektheit geachtet wird.

Erwerbssequenzen gibt es in allen Bereichen der Grammatik und auch der Wortbildung. Sie können versetzt auftreten, das heißt, eine Position auf Stufe 3 beim Erwerb der Syntax bedeutet nicht, dass alle weiteren Strukturen in den anderen Bereichen der Grammatik auf dieser Position sind. Zwar gibt es eine Reihe erwerbslinguistischer Zusammenhänge zwischen verschiedenen sprachlichen Strukturen, aber in den bisherigen Modellen ergibt sich keine direkte Korrespondenz der jeweiligen Stufen. D.h. die Stufe 2 im Erwerb der Negation muss nicht gleichzeitig mit der Stufe 2 in einem anderen Bereich erreicht werden. Einige Arbeiten zur Sequenzforschung weisen zudem darauf hin, dass die mündlichen und schriftlichen Kompetenzbereiche sich möglicherweise unterschiedlich entwickeln. Eine flüssige Beherrschung mündlicher Kommunikation führt nicht automatisch zu einer ebenso entwickelten Beherrschung der schriftlichen Kommunikation. Umgekehrt lässt sich nicht von fehlenden Fertigkeiten und Kompetenzen in einem Bereich auf Mängel im anderen schließen. Demnach sind auch typische Testergebnisse von sprachlichen Kompetenzen nur bedingt aussagekräftig für die Sprachbeherrschung allgemein (vgl. hierzu die Arbeiten von Terrasi-Haufe (2004) und Diehl et al. (2000). Festzuhalten bleibt, dass der Erwerb von Sprachen eigenen erwerbslinguistischen Gesetzmäßigkeiten unterliegt und keinesfalls chaotisch erfolgt, wie es manchmal den Anschein hat, wenn man Lernern zum Beispiel in offenen Kommunikationssituationen zuhört. Allerdings unterliegen diese Gesetzmäßigkeiten auch verschiedenen Aspekten der Variation. Der Präsentationsmodus spielt demnach eine Rolle (mündlich/schriftlich), die Kommunikationssituation (offen oder gesteuert), der Lern- und Lehrmodus (mit oder ohne unterrichtliche Steuerung, fossilisiert) und die Kommunikationsabsicht und -relevanz (authentisch oder gestellt).

Geht man im Sinne der Erwerbssequenzen davon aus, dass bestimmte Fehler entwicklungsbedingt auftreten müssen, dann relativiert sich auch das Thema Fehlerkorrektur. Wenn es wie auch immer geartete Sequenzen gibt, dann könnten viele Fehler als Zeichen einer Entwicklung, also als **Entwicklungsfehler** oder Entwicklungsstufen angesehen werden. Sie markieren damit eher Fortschritt als Rückschritt. Zum Beispiel zeigt eine typische

Äußerung aus dem Erstspracherwerb im Deutschen, die Verbform *gelügt*, dass der Lerner zwar noch nicht die starke Form des Partizips erworben hat, aber immerhin schon weiß, dass das Zirkumfix *ge…t* das Partizip ausdrückt. Vermeintliche Fehler markieren also einen bestimmten Fortschritt, bestehen nur vorübergehend und verschwinden teilweise ohne weiteres Zutun im Laufe der weiteren Sprachentwicklung. Das entlastet die Lehrkräfte in vieler Hinsicht, vor allem von dem Zwang, jeden Fehler korrigieren zu müssen. Es bleibt allerdings die Frage, wie genau sich die Sequenzen festlegen lassen und wie variabel und veränderbar sie sind.

1.4 Mehrsprachigkeit

Der L2-Erwerb führt günstigstenfalls zu Mehrsprachigkeit. Dabei gilt es zu beachten, dass der Begriff Mehrsprachigkeit sich in Bezug auf den Beherrschungsgrad von Sprachen unterschiedlich weit fassen lässt: von rudimentären und rezeptiven Kenntnissen bis zur **ausgeglichenen Mehrsprachigkeit**. Im Mittelpunkt der Forschung stehen meist die Formen von Mehrsprachigkeit, in denen ein Sprecher sich ähnlich flüssig und problemlos in den wesentlichen Bereichen mehrerer Sprachen ausdrücken kann. Wie verhalten sich dort die erworbenen Sprachen zueinander, was sind die ausschlaggebenden Erwerbs- und Managementfaktoren und welche Effekte hat Mehrsprachigkeit auf die allgemeine Kognition? Eine Zeit lang ist vor allem aus politisch motivierten und ideologischen Gründen angenommen worden, dass Mehrsprachigkeit sich insgesamt negativ auf die beteiligten Sprachen (Pidginisierung, Hybridisierung), die Sprecher (Überforderung, mangelnde Sprachbewusstheit) und die Erstsprache (Unterwanderung durch Fremdeinflüsse) auswirken würde. Auch als politisches Argument gegen die Eingliederung ethnischer Minderheiten oder für die Konservierung von Sprachen wurden und werden diese vermuteten negativen Effekte der Mehrsprachigkeit herangezogen. Damit soll Sprachenkontakt, gelegentlich auch sozialer Kontakt, eingeschränkt oder vermieden werden. In der Nazizeit sind solche Ressentiments etwa gegenüber slawischsprachigen Minderheiten in Deutschland deutlich geworden und in vielen Ländern beschränken heute noch Sprachgesetze den Kontakt und Austausch von Sprachen, entweder um die Dominanz der Mehrheitssprache durchzusetzen oder um Minderheitensprachen zu schützen. Auch die Priorisierung von Einsprachigkeit (im Migrations- und Integrationsdiskurs in Deutschland am deutlichsten von Esser 2006 vertreten) ist von diesen Ängsten bestimmt.

Zu fragen ist in diesem Kontext auch nach den Kriterien für die Wahl einer Fremdsprache in der Schule. Welche Kriterien liegen den Angeboten für internationale Fremdsprachen wie Englisch, Französisch und Latein zugrunde, lassen sich diese durch Forschungsergebnisse stützen, werden die Ziele erreicht? Welche belastbaren Ergebnisse sprächen eigentlich gegen eine stärkere Berücksichtigung der **Bildungssprachen** von Migrantengruppen oder anderer **Nachbarsprachen** in der Schulbildung (siehe die Postulate der EU-Sprachenpolitik)? Durch die Mehrsprachigkeitsforschung der letzten Jahrzehnte sind die skizzierten (bildungs-)ideologischen Einstellungen zur Sprachenwahl nicht belegt worden. Vielmehr erweist sich Mehrsprachigkeit als ein viel differenzierteres, oft konstruktives und kreatives Produkt dynamischer Prozesse, die individuell zum Gewinn von Mehrwerten genutzt und gesteuert werden können.

Trotz der einschlägigen Ergebnisse der Erforschung der individuellen Mehrsprachigkeit wird auch heute nicht immer verstanden, welche Folgen die positiven Effekte gerade mit Blick auf die Entwicklung der kognitiven Fähigkeiten mehrsprachiger Kinder und die Integration von Migranten in Aufnahmegesellschaften haben können.

Wichtige Hinweise lieferten hierzu zunächst zwei Hypothesen, die jedoch inzwischen differenziert worden sind: Die **Schwellenhypothese** und die **Interdependenzhypothese** (Toukomaa/Skutnabb-Kangas 1977, Cummins/Swain 1986, Skutnabb-Kangas 1988). Die **Schwellenhypothese** geht von zwei markanten Schwellen der L1- und der L2-Kompetenz aus, die erreicht sein müssen, damit sich positive Effekte auf die Sprachbeherrschung einstellen. Wird die untere Stufe nicht erreicht, so wirkt sich der Erwerb einer neuen Sprache eher negativ auf beide aus. Wird die obere Stufe erreicht, so ergeben sich dagegen positive Effekte in beiden Sprachen.

Unterhalb der ersten Schwelle zeigen sich eher negative Effekte auf die erworbenen oder im Erwerb befindlichen Sprachen. Das Ergebnis kann bei Zweisprachigen eine **doppelte Halbsprachigkeit (doppelter Semilingualismus)**, eine sehr niedrige und bruchstückhafte Kompetenz in Erst- und Zweitsprachen, sein. Ein typisches Beispiel hierfür sind Kinder von Migranten, die in mehreren sprachlich rudimentären Kontexten aufwachsen. Hier kann die Zweitsprache die negativen Einflüsse auf die Erstsprache verstärken, besonders dann, wenn es den Lernern an Systematik fehlt und im Umfeld wenig auf sprachliche Korrektheit geachtet wird. Zwischen dieser unteren Schwelle und der oberen Schwelle befinden sich die so genannten (meist den Fremdsprachenerwerb in der Schule betreffenden) **Standard-** oder **Normalfälle**, in denen die Erstsprache gut entwickelt ist, die Zweitsprache weniger. Positive und negative Effekte der Sprachen aufeinander halten sich die Waage. Das ist verständlich, denn der Fremdsprachenunterricht bleibt meist eine Akkumulation von neuem Wissen, aber zu einer echten Mehrsprachigkeit mit ähnlichen Kompetenzen wie in der Erstsprache führt er selten. Erst oberhalb der zweiten Schwelle sind die Kompetenzen in beiden Sprachen sehr gut ausgebildet und beeinflussen sich auch gegenseitig positiv (**ausgeglichene** oder **additive Zweisprachigkeit**).

Die **Interdependenzhypothese** geht noch einen Schritt weiter. Sie nimmt an, dass sich beim Erreichen einer hohen Kompetenz in der zweiten Sprache (obere Schwelle) positive Effekte ergeben, die sich nicht nur auf die beteiligten Sprachen auswirken, sondern die übertragbar auf andere kognitive Leistungen sind, zum Beispiel auf künstlerische, aber auch mathematische Fertigkeiten. Sie besagt, dass mit zunehmendem Grad der Sprachbeherrschung die in einer der Sprachen erworbenen Kenntnisse, wie zum Beispiel fachliches Wissen, übertragbar sind und vor allem zunehmend positive Effekte auf die allgemeinen kognitiven Fertigkeiten haben. In dem Schema von Toukomaa/Skutnabb-Kangas (1977) sind beide Hypothesen zur Illustration zusammengefasst:

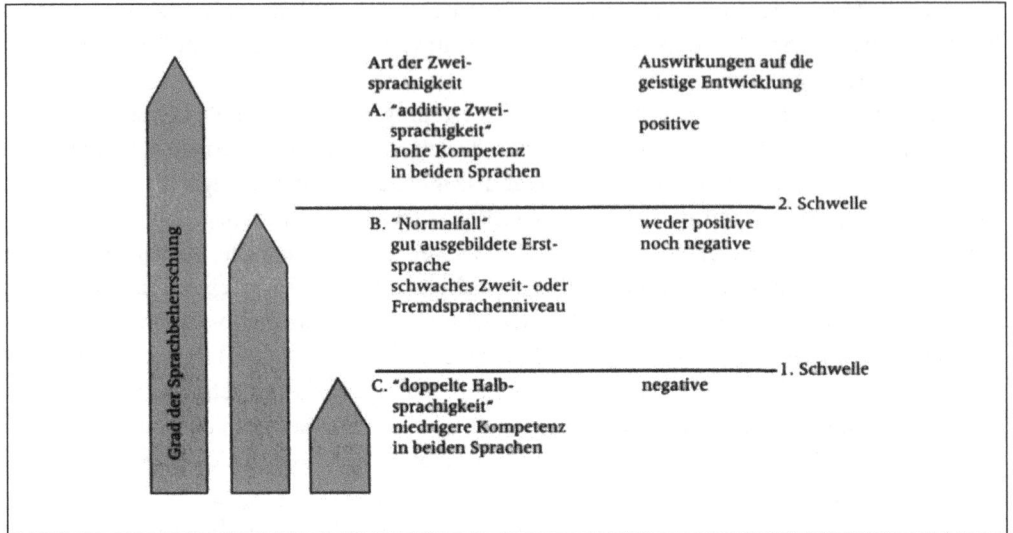

Abb. 1.3 Die Effekte der Mehrsprachigkeit und die Schwellen- und Interdependenzhypothese (Toukomaa/ Skutnabb-Kangas 1977: 92)

Die **Schwellenhypothese** hatte unter anderem in Schulversuchen in Deutschland weitreichende Folgen: sie begründete die Einführung des „muttersprachlichen" Unterrichts für Migrantenkinder als linguistische Grundlage für den Zweitsprachenerwerb. Der muttersprachliche Unterricht hat sich in dieser Form jedoch im Großen und Ganzen nicht bewährt. Das hat mehrere Gründe:

1. zeigen Studien und praktische Lernerfahrungen, dass Fremdsprachen auch ohne Strukturkenntnisse einer Erstsprache erworben werden können. Häufig können Zweit- oder Fremdsprachen die Erstsprache in dieser Hinsicht überholen.
2. ist Sprachbewusstheit nicht auf metasprachliche Kenntnisse beschränkt, sondern drückt sich im pragmatisch richtigen Gebrauch aus.
3. ist die Sprache des muttersprachlichen Unterrichts immer weniger die tatsächliche Muttersprache der dritten oder vierten im Ausland geborenen Generation.
4. gab es für den Unterricht oft keine angemessenen Materialien und hinreichend qualifizierte Lehrkräfte.
5. hat der muttersprachliche Unterricht – wie viele Sprachfördermaßnahmen – (oft unbeabsichtigt) einen verstärkenden segregierenden Effekt: „Ausländerklassen" haben kein hohes Prestige und es werden damit die Kontaktmöglichkeiten zum „Regelunterricht" reduziert.

Diese Befunde sind jedoch keine Einwände gegen den Unterricht in Familiensprachen oder gegen Mehrsprachigkeit. Vielmehr könnten die vorhandenen – oft rudimentären – mündlichen Kenntnisse der Schülerinnen und Schüler in der Schule in nichtsegregierenden, nach den Prinzipien der Mehrsprachigkeitsdidaktik und auf den Erwerb von bildungssprach-lichen Kompetenzen ausgerichteten Verfahren verstärkt berücksichtigt werden.

Die Definition der Schwellen hat sich durch weitere Arbeiten als zu strikt erwiesen. Verantwortlich dafür sind unter anderem die sozio-ökonomischen Faktoren, mit denen versucht wurde, den Sprachentwicklungsstand der untersuchten Kinder zu bemessen. Studien, wie die von Bournot-Trites und Reeder (2001) weisen jedoch eindeutig auf Über-tragungseffekte bei mehrsprachigen Kindern hin. Ob die Ursache dafür in der Ausprägung der Erstsprache, der Zweitsprache oder der Art des Sprachenerwerbs begründet ist, kann bisher nicht zweifelsfrei gesagt werden. Vor allem die größere kognitive Flexibilität von Lernern, die über einen längeren Zeitraum aus unterschiedlichen sprachlichen Systemen Sinn und Strukturen erschließen müssen, spricht für einen direkten Zusammenhang zwischen Mehrsprachigkeit und Kognition. Bei der Bemessung des Interdependenzeffektes spielt vermutlich die Art des Sprachenerwerbs eine wichtige Rolle.

Diesen Aspekt nimmt die von Cummins vorgenommene Differenzierung zwischen Bildungssprache (**Cognitive Academic Language Proficiency**, CALP) und instrumentellen umgangssprachlichen Fertigkeiten (**Basic Interpersonal Communicative Skills**, BICS) auf (Cummins/Swain 1986), die mittlerweile auch in deutschsprachigen Bildungsstudien Eingang gefunden hat. Im Sinne von Cummins' globaler Unterscheidung der beiden Kompetenzpole lässt sich bei BICS-klassifizierten Schülerinnen und Schülern vor allem ein Mangel an Kompetenzen in konzeptioneller Schriftlichkeit feststellen. Die schriftli-chen Arbeiten in der Schule sind demnach von mündlichen Konzepten geprägt, die den Formanforderungen der Schrift- und Bildungssprache nicht gerecht werden. Obwohl die Unterscheidung von allgemeinen mündlichen und schriftlich-bildungssprachlichen Kom-petenzen sinnvoll und konstruktiv ist – und für die Kompetenzdiagnose und die Sprach-förderung weitreichende Folgen hat –, muss berücksichtigt werden, dass BICS und CALP keine linguistisch validierten Kategorien darstellen. Sie können daher in dieser Form auch nicht in der Praxis operationalisiert werden.

Als problematisch haben sich in der Mehrsprachigkeitsforschung auch die Klassifikati-onssysteme und Bezeichnungen erwiesen, die von statischen Bedingungen der Sprecher ausgehen. Die sprachlichen Kompetenzen verändern sich meist im Laufe des Lebens. Es erweist sich daher als Vorteil, die sprachlichen Varietäten und fremden Sprachen, die ein Mensch beherrscht, als dynamisches Modell darzustellen, in dem Erwerbsfortschritte, gegenseitige Einflüsse der erworbenen Sprachen und Kompetenzrückgänge gleichermaßen berücksichtigt werden können. Zudem lässt sich Mehrsprachigkeit nicht nur auf fremde Sprachen begrenzen, sondern vielmehr als Kontinuum von **innerer** (Variation innerhalb einer Sprache) und **äußerer** (fremdsprachiger) **Mehrsprachigkeit** darstellen (List 2004). Die Übergänge zwischen den Sprachen und Varietäten sind oft fließend, wie etwa die Wer-be-, Medien-, Mode-, Wirtschafts- oder Jugendsprachen zeigen. Die individuelle Nutzung und der Erwerb von Sprachen sind zudem von den Anforderungen des Umfeldes abhängig. Die sprachlichen Kompetenzen eines Menschen lassen sich demnach als ein dynamisches und ökologisches System darstellen, das je nach der Bewertung der Relevanz einer Varietät oder Sprache durch den Sprecher oder Lerner von unterschiedlichen Faktoren beeinflusst wird. Ausdruck des **Managements** mehrerer Sprachen sind komplexe Dynamiken von Sprachenwechseln (**Codeswitching**) und sprachlichen Mischungen, die die pragmatischen Kommunikationsbedingungen sowie bewusste und unbewusste Identitätskonstruktionen widerspiegeln. Erwerb und Management der Sprachen verlangen daher nach einem Managementsystem, das die Dynamik der Weiterentwicklung und der Rückentwicklung (Attrition) berücksichtigt (mehr dazu im Abschnitt Lernervariablen). Die Relevanz der Sprachen kann auf rezeptive oder produktive, auf mündliche oder schriftliche Teilkompetenzen beschränkt sein oder das gesamte, elaborierte Inventar einer oder mehrerer Sprachen umfassen (siehe Abschnitt Lernervariablen).

1.5 Die Eingabe

In der bisherigen Darstellung haben die Erwerbsprozesse des Lerners die Hauptrolle gespielt. Wie in 1.2 dargestellt, entwickelt sich Sprachenerwerb entlang der kognitiven Verarbeitung der sprachlichen Umgebung. Im Folgenden sollen daher ihre Merkmale präsentiert werden. Die Eingabe weist bemerkenswerterweise häufig ähnliche Strukturen auf, wie sie in den Äußerungen der Lerner erscheinen. Das lässt sich vor allem aus der Gesprächsabsicht der Sprecherinnen und Sprecher erklären. Sie wird in Aushandlungsprozessen an das ungefähre Niveau der Lerner angepasst und stellt damit ein sehr wirksames Mittel der Erleichterung des Sprachenerwerbs dar. Ähnliches wird für den L1-Erwerb festgestellt, in dem die sogenannte kindgerichtete Sprache (*caretaker talk*) eine ganz zentrale Rolle einnimmt (Bickes/Pauli 2009).

Wie groß der Einfluss des Inputs auf den Sprachenerwerb und seine Fossilisierung ist und wie er sich steuern lässt, um effektiv zu sein, ist allerdings noch nicht vollends geklärt. Es steht fest, dass Lerner von ihrer sprachlichen Umgebung geprägt werden, das heißt, dass die sprachliche Umgebung einen Modellcharakter besitzt, an dem sich die Lerner orientieren. Natürlich sind Lerner nicht nur auf die Imitation des Gehörten angewiesen, wie im Abschnitt zum Chunking gezeigt wurde. Sie tasten sich auch bei den produktiven Fertigkeiten hypothesenprüfend an die Regeln der Zielsprache heran und haben dabei ständig die Möglichkeit, die Sprache kreativ zu verändern. Lerner können, je nachdem wie weit fortgeschritten sie sind, immer nur einen Teil der Eingabe verstehen oder aufnehmen. Deshalb ist zwischen **Intake** im Gegensatz zum Input zu unterscheiden. Das, was sie aufnehmen, ist dabei stark bestimmt von dem, was sie schon kennen oder wissen und was für sie zu einem gegebenen Zeitpunkt relevant ist. Um den Lernern ihre Aufgabe des Verstehens zu vereinfachen, verändern die Sprecher der Zielsprache oft ihre eigene Sprache. Kindern gegenüber zeigt sich das zum Beispiel in Kinderwörtern oder einfachen Lautketten, für die sich manche Leute schämen würden, wenn sie sie vorgehalten bekämen. Ausländern gegenüber verwenden Deutsche in ähnlicher Weise gerne Infinitive und andere Vereinfachungsformen, sehr viel Gestik, auch Lautstärke und eine Menge seltsamer Wortkreationen. Vieles von dem, was Ausländern und Lernern am Arbeitsplatz, in Geschäften oder auch in persönlichen Gesprächen zu Ohren kommt, entspricht nicht gerade den vertretbaren Normen der Grammatik. So soll es vorkommen, dass Fluggäste, denen Flugbegleiterinnen keine basalen Englischkenntnisse unterstellen, nicht gefragt werden, ob sie *chicken or beef* möchten, sondern in youtube-geeigneter Weise mit *quackquack or moo?* abgespeist werden.

Daher könnte auch angenommen werden, wie es zeitweise getan wurde, dass eine dermaßen ungrammatische Eingabe zwangsläufig auch zu falschen Lerneräußerungen führen müsse. Wie sollen die ausländischen Lerner die Sprache verdauen, wenn sie sie ständig roh serviert bekommen?

Echte (authentische) Gespräche mit fremdsprachigen Lernern etwa am Arbeitsplatz zeigen, dass sich die Sprecher der Zielsprache nicht ständig an einem (*Quackquack-*)Register verschlucken. Vielmehr variieren sie ihre Sprache sehr stark, und zwar gemäß den Anforderungen des Gesprächspartners, der Gesprächssituation und der Gesprächsabsicht. Um diese Systematik und ihre Variation begrifflich besser fassen zu können, bietet sich eine Analogie zu anderen -lektalen Variationsformen an, nämlich die Bezeichnung **Xenolekte**. Wie bei der Beschreibung von Lerneräußerungen strebt die Forschung auch bei Xenolekten eine konstruktive Perspektive der Beschreibung an. Es geht also nicht mehr so sehr um die Beschreibung der Fehler im Input, sondern vielmehr um die kommunikativen Konstruktionsprinzipien. Wer sich auf diesen Perspektivwechsel einlässt, kann leicht feststellen, dass das Inventar dieser Sprachform Xenolekt aus vier erstaunlich gut unterscheidbaren Äußerungsebenen (Anpassungsniveaus) besteht:

- ► einer Ebene umgangssprachlicher Strukturen
- ► einer Ebene mit geringerer Sprechgeschwindigkeit
- ► einer Ebene begrenzter Veränderungen oder einzelner Auslassungen: *er geht Bahnhof/ Aldi*
- ► und schließlich einer Ebene von Inhaltselementen ohne Endungen und andere Funktionselemente: *du gehen Bahnhof.*

Hier ein Ausschnitt aus einem authentischen Gespräch, bei dem ein circa 30-jähriger deutschsprachiger Arbeiter, der nach Feierabend als Allianz-Vertreter arbeitet (D), einem jungen türkischen Arbeiter (T) erklärt, was Haftpflichtversicherungen sind (vergleiche Roche 1986: 108 ff.).

```
(...)
5 D:     Du brauchst
         Wenn du hier in Deutschland bist
         Äh
         Jeder - junge Mann der achtzehn Jahre
         äh
         älter wie achtzehn Jahre ist und arbeiten tut
         oder nischt arbeit
         is egal
         brauch Haftpflicht in Deutschland
6 T:     Haftpflicht?
7 D:     Haftpflicht
         Siehst du? Un däs is däs
8 T:     vas Haftpflicht?
```

9 D: is däs
Wohnung
Wenn was passiert
Alles was in Deutschland passiert is über Haftpflicht
abgeschlossen
Gell?
däs is wichtigste Versicherung
in Höchst
türkische Familie
Familie hinter Opel-Fabrik
mal Haus brennen
Die Familie hat nix gehabt.

10 T: Haus?
Haus?

11 D: Ne?
Feuer. Feuer.

12 T: Feuer.

13 D: Ne?
Feuer.
Haus kaputt.
Alles abbrennen unt so.
Alles miteinander.
Siehst du?

14 T: Ja.

15 D: Feuer.
Kinder mit - Streichholz.
Genau wie du oder irgendwas passiert, ne?
Und das is wichtig ne?
Gell?
äh
Jetzt is wichtig für dich.
äh
Kostet.
Ganze Jahr.
Neunundneunzig Mark achtzig, ne?
Däs is ganze Jahr für dich.
Wenn du Frau hättest oder Kinder.
Alles zusammen
Neunundneunzig achtzig, ne?
Für ganze Jahr.
Auch wenn du in Urlaub fährst.
äh
Gildet auf der ganzen Welt.
Überall äh gildet die Versicherung, gell?

16 T: Ja, ich Türkei gehen, ja?

17 D: Türkei gehen
und dir was passiert.
Gildet Versicherung.
Gell?
Weil du ja hier in Deutschland wohnst
Jetzt.
Und wenn du noch Türkei gehst bist du ja in Urlaub in
Türkei, ne?
Gildet auch, ne?
Gell

(...)

Transkript 1.2 Wiedergabe eines freundlichen Gesprächs über Versicherungen

Bemerkenswert sind in diesem Gespräch die stark veränderten Äußerungen des deutsch-sprachigen Versicherungsvertreters (D). Sie entsprechen dem pragmatischen Modus, wie ihn auch die Lerner selbst verwenden (siehe Der pragmatische Modus und die Basis-varietät). Vergleiche zum Beispiel die Ein- und Zwei-Wort-Äußerungen in 13: *Feuer – Haus kaputt – Alles abbrennen und so*, die hier mit wenigen Worten illustrieren sollen, welche Schäden durch die Versicherung abgedeckt sind. In Äußerungen wie 17 werden ganze Texte nach den bekannten pragmatischen Prinzipien von Rahmung, Thema und Fokus produziert: *„Türkei gehen und dir was passiert – Gildet Versicherung".* Da auch der junge türkische Kunde einen ähnlichen Telegrammstil verwendet, liegt die Vermutung nahe, Lerner und Sprecher der Zielsprache imitierten sich gegenseitig (**Pidginisierungshypo-these**). Aber das tun sie nicht. Vielmehr greifen sie aus verschiedenen Gründen auf die gleichen Vereinfachungsprinzipien zurück.

Interessant daran ist, dass die Anpassungen in der Zielsprache besonders dort auftreten, wo es den Sprechern ganz wichtig ist, verstanden zu werden, also etwa in Erklärungen und bei den Kernelementen von Erzählungen. Häufig wird dabei das, was ausgedrückt werden soll, massiv verdichtet. In dem Gespräch ist das zum Beispiel deutlich an der Erzählung des Versicherungsvertreters in der Sequenz 9 bis 11 erkennbar. Dabei will er dem türkischen Kunden eindringlich illustrieren, wie wichtig eine Haftpflichtversicherung ist. Um deren Bedeutung hervorzuheben, greift er einzelne Begriffe aus dem Kontext heraus, wie die Na-men des Ortes und der Fabrik, um zunächst die Grundlagen zu verankern. Schnell kommt er zur dramatischen Pointe: *Mal Haus brennen.* Aber nur für kurze Zeit. Gleich kehrt er zu seiner Umgangssprache zurück, indem er das Geschehen kommentiert: *Die Familie hat nix gehabt.* Denn diese Art reduziert zu sprechen bedeutet für Sprecher, die normaler-weise in ganzen Sätzen und Texten sprechen, eine erhebliche Mühe. Unsere Sprachpro-duktion ist zu stark automatisiert, als dass wir sie leicht verändern könnten. Die Sprecher kehren daher schnellstmöglich wieder zu ihrer normalen Sprache zurück oder verwenden schwächere Anpassungen, die ihnen nicht so viel Mühe machen. So erscheinen vor allem rahmende Äußerungen (hier zum Beispiel in Äußerung 5 *Wenn du hier in Deutschland bist*), Klärungen als Folge von Nachfragen, Kommentare inklusive Schimpfwörter und Exkurse sowie Bewertungen, Bestätigungsbitten und metalinguistische Einleitungen zu direkter und indirekter Rede in der Regel als weniger stark veränderte Äußerungstypen oder umgangssprachlich. In dem Gespräch oben betrifft das unter anderem Nachfragen wie *Gell?, Ne?, Ja?* oder *Siehst Du?*, aber auch Kommentare wie *Alles was in Deutschland passiert is über Haftpflicht abgeschlossen* in Äußerung 9. Zitierte Rede (direkte oder indirekte Rede) erscheint dabei normalerweise in umgangssprachlichen Äußerungen oder der angenom-menen beziehungsweise imitierten Form des Originals (*Türkei gehen* in 17). Zusätzlich finden sich in solchen Gesprächen immer semantische und lexikalische Vereinfachungen, auch wenn gar nicht klar ist, ob die Vereinfachung adäquat ist oder ob sie ihr Ziel erreicht. In dem obigen Gespräch sind das Ausdrücke wie *gildet* statt *gilt*, wohl wegen der besser wahrnehmbaren Silbenstruktur durch den eingeschobenen Vokal *-e*, und *kaputt* statt *abge-brannt*, wohl wegen der angenommenen grammatischen und semantischen Prägnanz oder Internationalität des Begriffes.

Die **Anpassungsniveaus** lassen erkennen, wie der Sprecher die **kommunikative Relevanz des Gesagten** einschätzt. Diese Einschätzung ergibt sich aus den Zielen und Absichten des Sprechers und den von ihm vermuteten Verständnisfähigkeiten des Adressaten.

Dass diese Einschätzungen in der Regel nicht statisch festliegen, sondern häufig erst ausgehandelt werden müssen, zeigen auch in diesem Gespräch die zahlreichen Fehlansätze und Verzögerungsphänomene wie *äh* und so weiter. Zum Beispiel die Erklärung in Äußerung 5, warum Haftpflichtversicherungen sinnvoll sind: *Du brauchst – Wenn du hier in Deutschland bist – äh – Jeder junge Mann, der 18 Jahre – äh – …* Vergleichsuntersuchungen von verschiedenen Sprechern belegen, dass die strukturellen Veränderungen der entsprechenden Äußerungen desto stärker sind, je höher sie die kommunikative Relevanz der Information einschätzen. Allerdings basiert diese Einschätzung auf subjektiven Prozessen, die von einer Reihe von zusammenhängenden Faktoren abhängig sind. Sie muss die tatsächliche Erwerbsstufe des Adressaten daher nicht immer richtig erfassen. Darüber hinaus unterliegt die Realisierung xenolektaler Äußerungen bestimmten sozialen Normen, also situativen Kriterien. Sprecher berücksichtigen, was in einer Kultur als akzeptabel, hilfreich, lustig, höflich oder beleidigend betrachtet wird. Sprachen besitzen verschiedene Möglichkeiten der Anpassung an Sprecher, die die Sprache nicht oder nicht gut sprechen, und sie lassen dabei verschiedene Grade der Anpassung zu. Diese Tatsache kann erklären, warum xenolektale Veränderungen von Sprache zu Sprache variieren. So tauchen die beschriebenen Prinzipien im Deutschen zwar auch bei englischsprachigen Sprechern auf, tendenziell aber mit dem Schwerpunkt auf einer sehr lauten Aussprache.

Was bedeuten die Xenolekte für die Lerner? Fest steht, dass die Lerner im Migrationsalltag keiner beschränkten, sondern einer komplexen Sprachumgebung ausgesetzt sind. Diese wird im öffentlichen Bereich durch Fernsehen, Radio, Presse und dergleichen bestimmt und durch verschiedene Maßnahmen verstehbar gemacht. Zum Beispiel dadurch, dass Bedeutungen ausgehandelt werden, durch Nachfragen, Erklärungen, einfachere Begriffe, kurze Äußerungen und Umschreibungen, Beschriftungen, Untertitel und visuelle Begleitinformation. In xenolektalen Gesprächen lässt sich immer wieder beobachten, dass Sprecher einem Lerner den gleichen Inhalt in verschiedenen sprachlichen Variationen anbieten, bis er ihn verstanden hat. So sind Xenolekte oft ein regelrechtes Lehrmittel, das gleichzeitig auch den Sprecher bei seinen Anpassungsaufgaben entlastet. In ähnlicher Weise

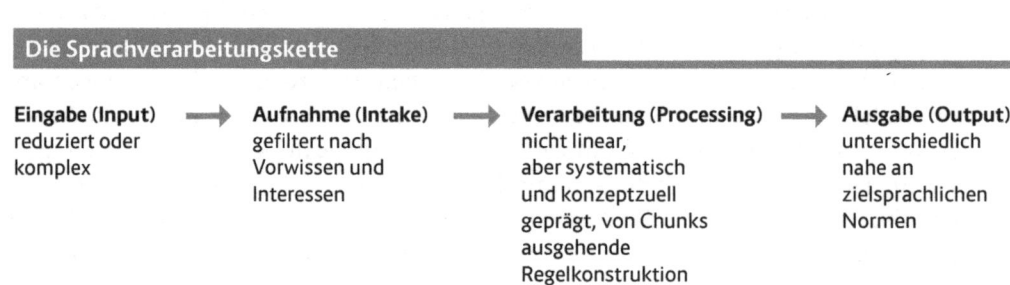

Die Sprachverarbeitungskette

Eingabe (Input)	→	Aufnahme (Intake)	→	Verarbeitung (Processing)	→	Ausgabe (Output)
reduziert oder komplex		gefiltert nach Vorwissen und Interessen		nicht linear, aber systematisch und konzeptuell geprägt, von Chunks ausgehende Regelkonstruktion		unterschiedlich nahe an zielsprachlichen Normen

Abb. 1.4 Die Sprachverarbeitungskette

lässt sich die Eingabe auch im Unterricht gestalten. Verschiedene Vereinfachungsstrukturen könnten so helfen, Brücken zu bauen.

1.6 Lernervariablen

Geschwindigkeit, Verlauf, Qualität und Fertigkeitsniveaus des Sprachenerwerbs werden wesentlich von individuellen Interessen, Motiven, Vorkenntnissen und Anlagen gesteuert. Diese Faktoren interagieren in individueller Ausprägung und sie verändern sich im Laufe der Zeit. Sie bilden also ein dynamisches System, in dem sowohl Sprachenzuwachs als auch Fossilisierung, Sprachenabbau und Mischformen von Sprachen (Hybridisierungen) möglich sind. Zu den Lernervariablen gehören **interne und externe**, von der Umwelt bestimmte Faktoren sowie physiologisch bedingte Faktoren wie das Lernalter oder die Sprachlernfähigkeit. Obwohl gerade den physiologisch bedingten Faktoren und dem vermeintlichen Lerntyp verbreitet ein großer – oder gar ausschließlicher – Einfluss zugeschrieben wird, ist die Wirkung gerade dieser Faktoren in Wirklichkeit schwer bestimmbar.

Sprachenerwerb ist auch in der Erstsprache ein nicht endender Prozess. Selbstzuschreibungen von Menschen, die davon ausgehen, keine ausreichende Sprachlernfähigkeit zu besitzen oder kein Sprachentyp zu sein, haben in dieser Pauschalität keine belegbare Basis, aber sie beeinflussen über die motivationalen Faktoren den Sprachenerwerb. Wie in anderen Bereichen des Lernens nutzen Menschen das ihnen verfügbare Inventar jedoch mit unterschiedlichen Schwerpunkten und in unterschiedlicher Intensität.

1.6.1 Lernerfaktoren

Durch das Lebensumfeld werden bestimmte Anlagen und Möglichkeiten, die jeder Mensch mit sich bringt, aktiviert und im günstigen Fall weiterentwickelt. Je früher dies geschieht, desto früher werden die Weichen für ein nachhaltiges und anhaltendes Lernen gestellt. Das Umfeld ändert sich jedoch ständig und der Mensch passt sich an dieses veränderte Umfeld an. So kann auch die Notwendigkeit, eine Fremdsprache zu lernen, erst später im Leben, zum Beispiel aus beruflichen, familiären oder migrationsbedingten Gründen, auftreten und zum perfekten Erwerb einer neuen Sprache führen. Entscheidend für den Erfolg ist das Vorhandensein einer grundsätzlichen Anpassungs- und Aufnahmefähigkeit. Integrative Motive, die die **Lernmotivation** bestimmen, und die subjektive Einschätzung der Relevanz des Sprachenlernens in Relation zum geschätzten Aufwand spielen eine besonders wichtige Rolle.

Die Lernmotivation ist von verschiedenen Faktoren abhängig, die sich gegenseitig beeinflussen und einer **lernökonomischen Einschätzung** des Lerners unterliegen. Aus der Veränderbarkeit aller Faktoren und ihrer gegenseitigen Abhängigkeit ergibt sich die Dynamik und Ökologie des Faktorensystems. Externe Anreize (Anerkennung und Zertifizierung von Qualifikationen, berufliche Anforderungen, gesellschaftliche Wertschätzung von Sprachen und Sprachkenntnissen) sowie instruktionale Maßnahmen und institutionelle Rahmenbedingungen (Lehrplan, Lehrkraft, Unterricht, Zeit, Prüfungsvorgaben) können die Lernmotivation positiv oder negativ beeinflussen. Um die Wirkung solcher Maßnahmen zu optimieren, bedarf es jedoch einer guten Kenntnis der Interessen und Lernpotenziale der Lerner sowie der Einsicht der Lerner in die Relevanz der zu erwerbenden Sprachkompetenzen. Bereits durch frühes Spielen und Experimentieren mit Sprachen, Dialekten, Registern und Varietäten der Sprache können wichtige Grundlagen für das Interesse an und Bewusstsein für Sprache(n) geschaffen und gefördert werden.

Zu den wichtigen Modellen, die die Dynamik der Lernerfaktoren im Management mehrsprachiger Kompetenzen abbilden, gehören das **Dynamic Model of Multilingualism** (DMM) (Herdina/Jessner 2002), das **biotische Modell/ökologische System** (Aronin/Ó Laoire 2004), das **Faktorenmodell** (Hufeisen 2010) und das **Rollen-Funktionsmodell** (Williams/Hammarberg 1998).

Herdina/Jessner (2002) entwerfen anhand ihres **Dynamic Model of Multilingualism** (DMM) ein äußerst komplexes psycholinguistisches Modell, das versucht, v. a. der für Mehrsprachigkeit charakteristischen Dynamik und Individualität gerecht zu werden. Darin werden die sprachlichen Veränderungen abgebildet, die bei mehrsprachigen Einzelpersonen in mehrsprachigen Kontexten im Laufe der Zeit stattfinden. Hierzu werden nicht nur die Aneignung neuer Sprachkenntnisse gezählt, sondern auch Erscheinungen von Sprachverlust und die Anstrengungen, die erbracht werden, um Sprachkenntnisse aufrechtzuerhalten.

Das Modell berücksichtigt zahlreiche interne und externe Lernervariablen und deren individuelle Wechselwirkungen, aus denen sich ein individuell ausgeprägter „Multilingualismusfaktor" (M-Faktor) ergibt, der für alle Prozesse und Erwerbsphasen wirksam ist und sich ständig verändert. Dieser M-Faktor gilt als das zentrale Merkmal, das mehrsprachige Individuen von monolingualen unterscheidet.

Auch die Normen, die dem sprachlichen Verhalten in mehrsprachigen Gesellschaften zugrunde liegen, wirken sich auf die individuelle Mehrsprachigkeit aus. In ihrem **Ecological Model of Multilinguality** betrachten Aronin/Ó Laoire (2001) das Phänomen der Mehrsprachigkeit aus soziolinguistischer Perspektive und stellen fest, dass jedes einzelne Sprachsystem in einem kulturellen Kontext spezifische Funktionen übernimmt, die durch unterschiedliche Ziele und Zwecke bestimmt werden: In einer Sprache wird eine hohe Lesekompetenz gebraucht, in der anderen mündliche Sprech- und Verstehensleistungen. In ihrem **Faktorenmodell** präsentiert Hufeisen (2003) jene Faktoren, die chronologisch für den L1-, L2-, L3- bis Ln-Erwerb prägend sind, und beim Erwerb der vorherigen Sprache jeweils noch nicht vorhanden waren. Es wird davon ausgegangen, dass der größte lernqualitative Sprung zwischen dem L2- und dem L3-Erwerb stattfindet, da diese Erfahrung sich vom Lernen der L1 grundsätzlich unterscheidet und für das Lernen weiterer Sprachen prägend ist. Berücksichtigt werden neurophysiologische, kognitive und emotionale Faktoren, linguistische, lernerbezogene und fremdsprachenspezifische Faktoren.

Das **Rollen-Funktions-Modell** (Williams/Hammarberg 1998) untersucht aus psycholinguistischer Perspektive die Funktionen, die bei automatischen Sprachproduktionsprozessen der jeweiligen Zielsprache von den verschiedenen Sprachen eines Lernenden übernommen

werden und die sich in den für Mehrsprachige so kennzeichnenden systematischen Sprach-
wechseln (Code-Switching) äußern. Dabei spielen Aspekte wie *proficiency* und *recency* eine
zentrale Rolle (die wichtiger ist als jene der chronologischen Reihenfolge beim Erlernen
der verschiedenen Sprachen), genauso wie die etymologische Verwandtschaft zwischen
den Sprachen. Für eine englischsprachige Lernerin der Zielsprache Schwedisch, die vorher
auch Französisch, Italienisch und Deutsch (auf sehr hohem Niveau) gelernt hatte, wurde
beobachtet, wie sie bei metasprachlichen Äußerungen (Kommentare, Nachfragen) auf ihre
L1 Englisch und bei Wortfindungsschwierigkeiten auf ihre Deutschkenntnisse zurückgriff.

Eine wichtige Rolle beim Sprachenlernen spielen die emotionalen Einstellungen des
Lerners, das heißt die **affektiven Faktoren** des Sprachenerwerbs. Eine besonders weitreichende, aber in der Forschung und in der Praxis oft zu gering bewertete Bedeutung hat
unter diesen Faktoren die emotionale Stabilität des Lerners. Sie bestimmt den Spielraum
eines Lerners oder, anders gesagt, beeinflusst seine Risikobereitschaft und Belastbarkeit.
Angst und Lernpotenziale lassen sich nur vor dem Hintergrund der emotionalen Stabilität
realistisch einschätzen. So kann es sein, dass sich Lerner in ähnlichen Lernumgebungen
unterschiedlich entwickeln: Der eine erreicht schnell und leicht einen fortgeschrittenen
Entwicklungsstand im Unterricht, während ein anderer wegen einer instabilen affektiven
Disposition nur zu einer niedrigen Kompetenz gelangt.

Zu der **Dynamik der Faktoren** gehört auch, dass der Erfolg beim Sprachenlernen nicht
nur durch positive Einstellungen ausgelöst wird, sondern dass er gleichzeitig positive Einstellungen bewirken kann. Schließlich trägt auch das Umfeld entscheidend dazu bei, wie
sich die einzelnen Faktoren entfalten können, zum Beispiel wie Leistung belohnt oder
Fehler bestraft werden.

Zu den Faktoren, die in unterschiedlichen Kombinationen den Sprachenerwerb beeinflussen, zählen die folgenden:

▶ Zielorientierung, Leistungsmotive, Zukunftsperspektiven, Selbstständigkeit, Vorstel-
  lungen von der eigenen Selbstverwirklichung, Selbstbewusstsein, Selbsteinschätzung
  (Selbstkonzept)
▶ Vitalität
▶ Akzeptanz von Offenheit (Ambiguitätstoleranz und Risikobereitschaft)/Angst
▶ Extrovertiertheit/Introvertiertheit
▶ (Un-)Abhängigkeit von einer Regelorientierung
▶ Reflexivität und Impulsivität
▶ Fähigkeit und Bereitschaft zu kritischem Denken und zur Selbstreflexion (kritische
  Kompetenz)
▶ Fähigkeit zu analytischem und ganzheitlichem (holistischem) Lernen, Merkfähigkeit
▶ Empathie/soziale Einstellungen zu Menschen der eigenen und der fremden Kultur,
  Fremdenfreundlichkeit (Xenophilie) oder Fremdenfeindlichkeit (Xenophobie)
▶ Aufnahmefähigkeit aus der Umwelt
▶ Integrative Motivation sich in eine fremde Kultur einzupassen
▶ Einstellungen zum Lernen allgemein

▶ Einstellungen zu Unterricht und Lehrkräften
▶ Präferenzen für bestimmte Aufnahmekanäle und Kenntnis der eigenen Lernorientierung (visuell, analytisch, haptisch und Ähnliches)
▶ Einstellungen zur Sprache, Sprachbewusstsein, sprachliche Sensibilität
▶ Emotionale Stabilität, Emotionen, Stimmungen, Temperament.

1.6.2 Lerntraditionen

Die Art und Weise, wie Menschen aufwachsen, prägt ihr Lernverhalten über Fachgrenzen hinweg sehr nachhaltig. Lernmethoden werden im Laufe der Sozialisation so verinnerlicht, dass sie sich der bewussten Kontrolle oder Reflexion entziehen. Dies ist bei der Curriculumsentwicklung und der Erstellung von Lehrmaterial zu berücksichtigen. Bei der Lehrzielbestimmung und Formulierung von Kompetenzen wird häufig übersehen, dass von außen bestimmte Lehrziele und Lehrmethoden für die Lerner zunächst meist etwas Fremdes darstellen und deshalb auch die Methoden der Lehrzielerreichung nicht unbedingt und für jeden Lerner unmittelbar einsichtig oder nutzbar sind. Lerner, die einen lehrerzentrierten Unterricht gewöhnt sind, müssen daher zum Beispiel erst mit den Methoden und Zielen eines kommunikativen, Autonomie fördernden Sprachunterrichts vertraut werden, wenn der Unterricht erfolgreich sein soll. Kulturspezifische und individuelle Lerntraditionen, die sich eher an der traditionellen Steuerung durch Regeln, am systematischen strukturbasierten Vorgehen, oder an der Autorität der Lehrkraft orientieren, sind daher auch dann im interkulturellen Sprachunterricht zu berücksichtigen, wenn in der Zielkultur eher kommunikative, autonome, auf Kompetenzerwerb ausgerichtete Bildungsziele angestrebt werden. Selbst stark internalisierte Lerntraditionen sind offenbar veränderbar, wenn Lerner aufgabenbasiert und mit Interesse lernen, wie eine einschlägige Studie von Todorova (2009) zeigt.

1.7 Sprachenlernen und Kognition

Grundlage des Erwerbs von Sprache ist ein geeigneter Verarbeitungsapparat im Gehirn, der sprachliche von nichtsprachlichen Signalen trennen und sprachliche Daten und sprachlich vermittelte Informationen identifizieren, klassifizieren, anderen sprachlichen Elementen zuordnen, systematisieren und in bestehende Wissensnetze einsortieren kann. Die Verarbeitung der eingehenden Informationen erfolgt dabei parallel und koordiniert über die zur Verfügung stehenden Kanäle (**Medialität**) und der Art der Information (**Kodalität**) entsprechend. Die Verarbeitung der eingehenden Informationen erfordert eine Anpassung (**Assimilation**) an die bereits vorhandenen Wissensbestände und gleichzeitig eine Anpassung (**Akkomodation**) dieser Bestände an die eingehende Information. Diese Prozesse der Sprach- und Informationsverarbeitung sind Gegenstand dieses Kapitels. Die Struktur unseres Gehirns, seine Zentren und Mittel für die Informationsverarbeitung und die Koordination von Sprach- und Bildverarbeitung werden ausführlich behandelt. Anhand eines psycholinguistischen Modells des Sprachverstehens und der Sprachproduktion wird anschließend illustriert, wie die einzelnen Phasen der Sprachverarbeitung von der Konzeptualisierung über das mentale Lexikon bis zur Grammatik und Aussprache ablaufen. Es wird gezeigt, warum die Organisationsprinzipien des mentalen Lexikons und der Zugang zum Wortschatz beim Sprachenlernen eine herausragende Rolle spielen.

Wie kommt es eigentlich, dass Menschen sprachliche Informationen von unwichtigen Nebengeräuschen unterscheiden können? Wie gelingt es uns, auch unbekannte sprachliche Laute von Tier oder Maschinengeräuschen zu unterscheiden oder unvollständige und unverständliche Sprache zu rekonstruieren? Wieso läuft uns schon das Wasser im Mund zusammen, wenn wir die trockenen Wörter *Mango* oder *Kaviar* hören oder lesen? Wie und warum entstehen Versprecher, wann entdecken wir sie und wie korrigieren wir sie?

Menschen verfügen offenbar über einen gut entwickelten und effizienten **Sprachverarbeitungsapparat**. Dieser Sprachapparat, der aus Wahrnehmungs-, Verarbeitungs-, Produktions-, Organisations- und Speicherprozessen und der dazu nötigen Hardware besteht, erledigt alle anfallenden Aufgaben. Er ist offensichtlich so flexibel und konstruktiv, dass er sich auf verschiedene Sprachen, Akzente und auch Lücken einstellen lässt. Wie wir mit dem angeborenen Inventar umgehen, hängt natürlich von der jeweiligen Umgebung ab, in der wir aufwachsen, leben und kommunizieren, sowie von unserer individuellen Fertigkeit und Bereitschaft, dieses zu nutzen.

Die genannten Komponenten der Sprach- und Informationsverarbeitung, die allen Menschen gemeinsam sind, lassen sich unter dem Begriff der **kognitiven Faktoren** oder **Lernuniversalien** zusammenfassen. Die beteiligten Bereiche im Gehirn und ihre vernetzten Nervenverbindungen, die Hardware also, sowie die dort rapide ablaufenden Prozesse lassen sich nur schlecht direkt beobachten. Man kann ja nicht so einfach in die Köpfe hineinschauen. Zwar gibt es Mess- und bildgebende Verfahren für elektromagnetische Strömungen und Blutströme im Gehirn oder deutliche Anzeichen für Sprachstörungen, wenn bestimmte Teile des Gehirns oder Artikulationsapparates ausfallen. Auch an **Versprechern** lässt sich ablesen, wie, wo und warum Sprache funktioniert und welche Prozesse für korrektes und vollständiges Kommunizieren erforderlich sind. Aber das, was wir bisher wissen, reicht für eine umfassende Theorie, die auf den Sprachunterricht angewendet werden könnte, noch nicht aus. Dennoch gibt es eine Reihe von Erkenntnissen, die für das Sprachenlernen und den Sprachunterricht schon jetzt fruchtbar gemacht werden können.

1.7.1 Gehirnzentren und neuronale Verbindungen

Die beiden Hälften des Gehirns führen spezifische Funktionen aus. Der linken Hälfte werden logisches und analytisches Denken und die lineare Verarbeitung von Information zugeschrieben. Die rechte Hälfte gilt als verantwortlich für die Aufnahme und Erinnerung visueller, taktiler und auditiver Information. In ihr werden ganzheitliche und integrative Informationen sowie Gefühle effizienter verarbeitet als in der linken Gehirnhälfte. Innerhalb dieser groben Unterteilung (**Lateralität**) lassen sich zudem Teilzentren für spezifische Verarbeitungsfunktionen identifizieren. Diese Verarbeitungszentren sind auf vielfältige

Weise miteinander vernetzt und können ihre Funktionen zumindest zu einem bestimmten Grad gegenseitig übernehmen. Für die Sprachverarbeitung sind vor allem zwei Zentren von Bedeutung: das **Broca-Zentrum**, das die Strukturierung von Sprache und sprachlicher Information steuert sowie die Sprachverarbeitung koordiniert und automatisiert, und das **Wernicke-Zentrum**, in dem die Bedeutung der sprachlichen Elemente verarbeitet wird. Sind diese Zentren durch einen Unfall oder durch eine Krankheit beschädigt worden, dann können bei den Patienten bestimmte sprachliche Funktionen beeinträchtigt sein oder komplett ausfallen. Solche Störungen bezeichnet man als Aphasien. Bei den Broca-Aphasikern ist die Fähigkeit, sprachliche Äußerungen zu strukturieren, beeinträchtigt. Das führt vor allem zu grammatischen Ausfällen und Umstrukturierungen, die jedoch nicht immer agrammatisch sind, wie lange angenommen wurde. Bei den Wernicke-Aphasikern ist vor allem die Fähigkeit beeinträchtigt, Äußerungen inhaltlich (semantisch) zu koordinieren (Heeschen 1985, Kolk/van Grunsven 1985). Die oft flüssige und grammatisch korrekt erscheinende Sprache besteht aus Wörtern, die kaum Sinn ergeben und deshalb oft schwer zu verstehen sind. Die wichtigsten Verarbeitungszentren für Sprache lassen sich wie folgt darstellen:

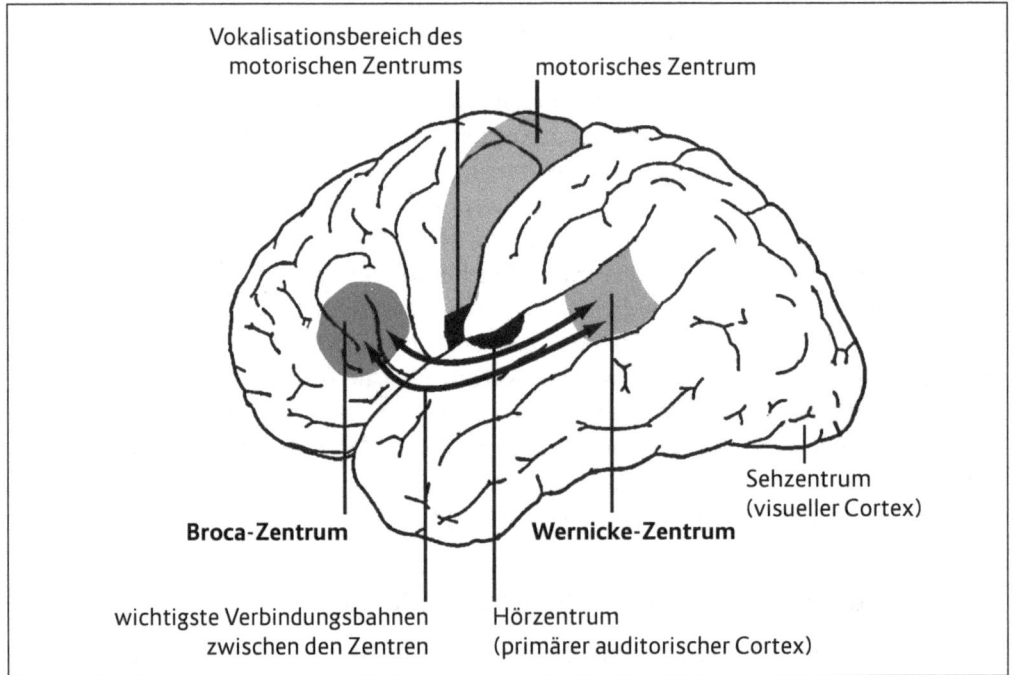

Abb. 1.5 Übersicht über die wichtigsten Verarbeitungszentren des Gehirns

Die wichtigsten Sprachverarbeitungszentren sind über starke Nervenbahnen für den Informationsaustausch und die Koordination von sprachlichen Komponenten verbunden. An der Sprachverarbeitung beteiligt sind zudem die Sehrinde (visueller Cortex), das

Hörzentrum (primärer auditorischer Cortex) sowie verschiedene motorische Bereiche, die die Steuerung der Bewegungen von Armen, Beinen, Artikulationsmuskeln und von Gesichtsausdrücken (Mimik) übernehmen. Die Zentren sind alleine kaum funktionsfähig, können aber bestimmte Funktionen gegenseitig übernehmen. Ist die Verbindung der beiden wichtigsten Sprachzentren gekappt, kann Sprache nur rudimentär oder gar nicht verarbeitet werden. Wie die Informationsübermittlung innerhalb der Zentren und der Zentren untereinander verläuft, zeigt die folgende Abbildung der Struktur der Nervenbahnen (**neuronale Struktur**).

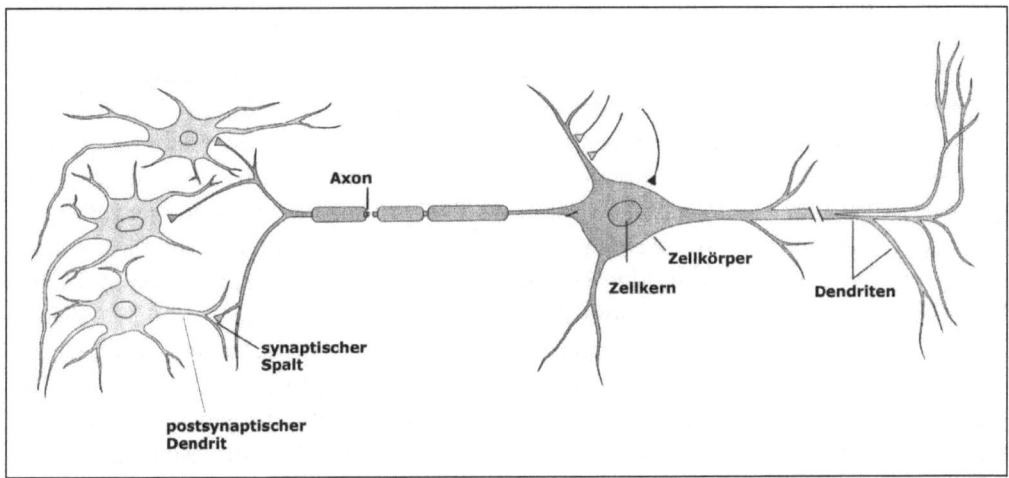

Abb. 1.6 Die Struktur von Nervenzellen (Kandel et al. 1995: 23)

Eine Nervenzelle (**Neuron**) bekommt zunächst über die wurzelartig verzweigten Ausläufer ihrer Zellkörper, die so genannten **Dendriten**, eine Information in Form eines elektrischen Impulses. Entlang ihres langen unverzweigten Fortsatzes, dem **Axon**, gibt sie diese Information an andere Nervenzellen weiter. Durch einen schmalen Zwischenraum, den **synaptischen Spalt**, treten die Nervenzellen in Kontakt. Hier sorgen chemische Botenstoffe, sogenannte **Neurotransmitter**, für die Signalübermittlung, das heißt für die Weitergabe der Stärke und Richtung des elektrischen Impulses. Durch diese elektrische Aktivierung verbreiten sich Informationen nicht willkürlich, sondern in einer durch die synaptische Verbindung wohl definierten Richtung.

Das elektrische Potenzial für die Übermittlung entsteht in der Nervenzelle selbst, indem elektrisch geladene Atome (zum Beispiel Natrium-, Kalium-, Calcium-, Magnesiumione) zwischen dem Inneren und Äußeren der Zelle durch die Zellhülle (**Zellmembran**) strömen. Dabei entsteht ein elektrischer Spannungsunterschied zwischen den Potenzialen auf beiden Seiten der Zellmembran. Bei Überschreitung einer bestimmten Schwelle kommt es zu einer **Spannungsentladung**. Zu ihrer Verstärkung werden die Signale flächenmäßig oder zeitlich gebündelt. Unterschieden werden daher gleichzeitig ankommende Signale durch unterschiedliche synaptische Verbindungen (**räumliche Summation**) und die Kombination zeitlich getrennter Signale (**zeitliche Summation**). Eine Nervenzelle hat zwischen 1.000 und 10.000 Axone. Demnach kann das Aktionspotenzial enorm groß sein. Für den Sprachenerwerb bedeutet das unter anderem, dass über die Nervenzellen eine sinnvolle Koordination der verschiedensten Eingangsimpulse erfolgt. Je mehr Verbindungen in den Nervenzellen bei der Sprach- und Informationsverarbeitung beteiligt sind, desto intensiver ist die **Aktivierung** und desto nachhaltiger wirkt sie.

Die Neuronen gehen keine festen Verbindungen ein, sondern eröffnen nur verschiedene mögliche Verbindungswege zur Aktivierung von anderen Neuronen. Nicht alle Neuronen sind zugleich aktiv. Die Neuronen, die gleichzeitig aktiv sind, bilden ein **Aktivierungsmuster**.

Es ist also grundsätzlich von vernetzten Strukturen und Prozessen des Gehirns auszugehen, auch wenn es bestimmte Zentren mit verstärkten Aktivitäten gibt. Daher kann es Sprechern mit aphasischen Störungen auch gelingen, eine Sprache in einem bestimmten Maße wiederzuerlernen. Dann übernehmen andere Teile des Gehirns die Funktionen der gestörten oder fehlenden Zentren. Obwohl der Mensch mit fast allen Nervenzellen, die er jemals haben wird, auf die Welt kommt, sind die Verbindungen zwischen ihnen noch wenig entwickelt. Diese Verbindungen ergeben sich als Folge von **Lernprozessen.** Lernen heißt dabei, dass bestimmte Verbindungen wiederholt aktiviert werden und sich in diesem Prozess zu Zellverbänden oder Aktivierungsmustern zusammenschließen. Je stärker die Verbände ausgebildet sind, desto stabiler und nachhaltiger sind sie und desto weniger Energie ist nötig, um sie wieder zu aktivieren. Meist genügt dann ein schwacher Reiz, um einen ganzen Verband zu aktivieren. Ein umfangreiches Bedeutungsmuster entsteht offenbar aus einem verzweigten neuronalen Netz. Dazu gehören unter Umständen auch verschiedene Aktivierungsmodi durch die einzelnen Sinnesorgane. Ein Wort wie *Tropical Cocktail* kann so auch durch den Geruch oder den Geschmack mitaktiviert werden, beziehungsweise kann das Wort entsprechende geschmackliche und geruchsbedingte Sinneseindrücke hervorrufen. Unsere Sprache ist also über unterschiedliche Kanäle in mehrere Richtungen vernetzt, zum Sprachverstehen, zur Sprachproduktion und zur ausführenden Handlung. Dies zeigt auch, dass der erste Aufwand bei der Herstellung von Verbindungen zum Informationsaustausch vergleichsweise groß ist und zur schnellen Aktivierung eine gewisse Aktivierungsroutine (Automatisierung) gehört. Sind die Wege eingefahren, reichen minimale Impulse für das Verstehen oder Produzieren von Sprache aus. So wird beispielsweise bei einem geübten Sprecher ein unvollständiger Begriff genügen, um ein ganzes Wort- oder Bedeutungsfeld zu aktivieren. Ein solcher Sprecher wird seine Gesprächspartner oder schriftliche Texte auch dann verstehen, wenn er nicht jedes Wort erkennt.

1.7.2 Bedeutungskonstruktion

Wie aber entsteht Bedeutung? Sie ist nicht objektiv gegeben, wie Glossare es suggerieren, sondern wird von den Kommunikanten aus den übermittelten Informationen, aus der Situation, aus dem Weltwissen und aus den eigenen Absichten konstruiert. Zum anderen bestimmen bestehende Bedeutungsmuster vorab, was wir überhaupt wahrnehmen und wie wir es zu intepretieren haben. Die Dekodierung der eingehenden Informationen erfolgt dabei nicht direkt, sondern vermittelt. Durch die Sinnesorgane werden verschiedene Eingangsinformationen, wie Schall- und Lichtwellen, aufgenommen und zur Weiterverarbeitung an die verschiedenen Bereiche des Gehirns weitergeleitet. So wird visuelle Information als Lichtenergie wahrgenommen und über einen photochemischen Prozess in Nervenimpulse umgewandelt. Über die Nervenbahnen gelangt die Information dann zur Sehrinde ins Gehirn. Ähnliche Prozesse laufen bei der Verarbeitung von Schallwellen (auditive Information), Informationen über den Tastsinn (taktile Information), Informationen über den Geruchssinn (olfaktorische Information) und Informationen über den Geschmackssinn (gustatorische Information) ab. Dabei werden bereits Vorentscheidungen getroffen, welche Teile der eingehenden Informationen wichtig sind und welche nicht. Die erhaltene Information muss anschließend in den zuständigen Bereichen des Gehirns verarbeitet werden. Die Informationen, die zusammengehören, kommen dort in unterschiedlicher Form und unterschiedlich schnell an und werden auch unterschiedlich schnell verarbeitet, dennoch erscheinen sie uns als eine Einheit (vergleiche dazu auch Abschnitt 1.7.6). Die sprachliche Information wird dabei kategorisiert, strukturell, bedeutungsmäßig und funktional zusammengehörige Elemente werden verbunden, unbekannte Wörter oder Strukturen werden analog zu bekannten verarbeitet.

Bei der Interpretation der eingehenden Informationen, dem Erkennen oder Verstehen, folgen wir bestimmten **Wahrnehmungsprinzipien**, die uns das Zusammensetzen der Informationen erleichtern. Diese Prinzipien basieren auf unseren Fähigkeiten,

▶ die Welt in Gegenstände und Domänen zu gliedern und (in Mustern) zu strukturieren
▶ die nichtsprachlichen und später auch die sprachlichen Handlungen und Verhaltensweisen zeitlich zu gliedern und zu strukturieren
▶ diese beiden gegliederten Welten, also die gegenständliche und ereignishafte einerseits und die abstrakte andererseits, lautlich, gestisch und handlungsbestimmt in Beziehung zu bringen
▶ symbolische Beziehungen zu erkennen (zum Beispiel Wörter als Symbole für Gegenstände)
▶ Sprache kreativ zu gebrauchen.

Vorwissen und Kontext spielen bei der Informationsverarbeitung eine ganz wesentliche Rolle, denn das, was wir wahrnehmen, wird von uns instinktiv mit bekannten Mustern oder Elementen (Merkmalen) von Mustern, mentalen Modellen und Schemata abgeglichen und abgestimmt. Bekanntes lässt sich daher auch schneller und besser erkennen. Fehlende Informationen lassen sich bei dieser Mustererkennung meist aus dem Kontext erschließen. Häufig genügen daher wenige Elemente eines Ganzen, um das Erkennen und Verstehen zu sichern, zum Beispiel die ersten Takte einer Melodie oder wenige Wörter eines Slogans. In gleicher Weise sind beim Lernen oder Sprechen von Fremdsprachen wenige Elemente ausreichend, um ein ganzes Wortfeld zu aktivieren oder in eine fremde Sprache zu wechseln.

Wahrnehmung bedeutet allerdings nicht, wie man vielleicht denken könnte, dass objektive Eigenschaften (Formen, Größe, Umfang) eines Gegenstandes erkannt werden. Vielmehr erfolgt die Wahrnehmung in Form von Kontrasten zu einem bestimmten Hintergrund. Das heißt, bei der Wahrnehmung von visuellen Informationen werden die Differenzen zwischen Hintergrundfläche und den davon abgehobenen Objekten wahrgenommen. Die Silhouette einer Bergkette oder einer Stadt erkennen wir zum Beispiel als Differenz zum Hintergrund des Himmels. Buchstaben erkennen wir dadurch, dass sie sich von der meist weißen Hintergrundfläche abheben. Weiß deshalb, weil es maximalen Kontrast und damit optimales Erkennen ermöglicht. Dieses visuelle Verfahren gilt in ähnlicher Form für die Wahrnehmung auditiver Informationen in mündlicher Kommunikation. Für den Sprachenerwerb sind diese Prinzipien höchst relevant: Durch Lautstärke, Betonung oder Herausgreifen einzelner sprachlicher Elemente heben wir das Wichtige in der Sprache aus dem textlichen Hintergrund hervor. Das betrifft besonders die Inhaltswörter und die Hauptsilben der Wörter, die die Hauptinformation tragen. Durch sie lassen sich komplexe Bedeutungen leichter erschließen.

Unser Wahrnehmungsapparat bemüht sich demnach ständig um die Konstruktion von Sinn. Einer bestimmten Größe, Darstellung, Farbmarkierung, Umrahmung und ähnlichen visuellen Elementen, sprachlichen Versatzstücken und selbst fehlerhaften oder durch Geräusche überlagerten Wörtern und Äußerungen wird Bedeutung zugeschrieben. Wir ordnen dabei die wahrgenommenen Elemente – und seien sie noch so rudimentär – sinntragenden, meist bekannten Einheiten zu. So verstehen wir auch Sprache, wenn sie ungrammatisch oder von vielen Nebengeräuschen überlagert ist. Aus dem gleichen Grund können wir Texte und Filme als solche erkennen, obwohl sie ja eigentlich nur aus einer Folge von Buchstaben oder Einzelbildern bestehen.

Mit der Bedeutung bildenden Wahrnehmung befasst sich vor allem die **Gestaltpsychologie**. Sie beschäftigt sich mit der Art und Weise, wie Menschen Probleme lösen. Anhand von Wahrnehmungsgesetzen zeigt sie auf, dass Problemlösen weniger durch zielloses Ausprobieren (*trial and error*, Behaviorismus), sondern durch Einsicht geschieht. Dabei spielt die Berücksichtigung der Wahrnehmung von Beziehungen der beteiligten Elemente eine zentrale Rolle (Koffka 1962, Wertheimer 1967, Köhler 1971). Dazu gehören das menschliche Bestreben, nahe und ähnliche Elemente aufeinander zu beziehen, das heißt eine Zugehörigkeit herzustellen, von glatten Verläufen von Ereignissen auszugehen und auch aus verstreuten Punkten visuelle Muster zu bilden. Diese Erkenntnisse lassen sich in den folgenden Gesetzen zusammenfassen:

- ► das Gesetz der Nähe
- ► das Gesetz der Ähnlichkeit
- ► das Gesetz des glatten Verlaufs
- ► das Gesetz der Geschlossenheit und der guten Gestalt.

Für das Sprachenlernen sind diese Gesetze von großer Relevanz, weil sie uns erlauben, viele Erwerbsfehler der Lerner besser zu verstehen und weil sie es uns ermöglichen, Lehrmaterialien so zu strukturieren, dass Fehler frühzeitig vermieden werden können. Die

Wahrnehmung ist nämlich durch das Vorwissen und durch bestehende mentale Modelle geprägt. So interpretieren Lerner bestimmte Zeichen, Symbole und Bilder vor dem Hintergrund ihres bisherigen Wissens, das heißt, sie konstruieren Bedeutung aus einzelnen Elementen, ohne zu wissen, dass die konstruierten Bedeutungen und Bedeutungsmuster in der fremden Kultur unter Umständen eine andere Funktion haben. Ein umgekehrtes Frage- oder Ausrufezeichen wird Lerner des Spanischen anfangs irritieren oder von ihnen als Schreibfehler interpretiert werden, bis sie gelernt haben, dass diese Markierungen am Anfang eines Satzes den Satzmodus kennzeichnen. Lerner des Deutschen werden auf Grund der Gestaltprinzipien anfangs immer in der Nähe des Verbs seine wichtigsten Teile suchen und ohne Hilfe die Klammerbildung im Deutschen kaum verstehen, widerstrebt sie doch dem Gesetz der Nähe.

Bedeutung und Wissen werden in Form vieler Details repräsentiert, deren Verbindungen zueinander im Gehirn hergestellt werden. Diese Details werden im Sinne des Gestaltprinzips der Geschlossenheit erst wirksam, wenn sie ein zusammenhängendes **mentales Bild** (*mental image*) ergeben, das einen Bezug zu einer visuellen Vorstellung herstellt. So sind die Linien, Striche, Flächen und Objekte einer Landkarte an sich genommen völlig belanglose Elemente. Erst dadurch, dass sie ein Bild von der Natur ergeben, also als Symbole erkennbar sind, lassen sie sich entziffern. Geübte Kartenleserinnen sehen daher kartografische Darstellungen als dreidimensionale Gebilde, als Miniaturlandschaften, während vielen Laien Karten und Stadtpläne als wahlloses Gewirr von Linien erscheinen oder als exzentrisches Strickmuster interpretiert werden.

Die Wahrnehmung ist zwar nicht objektiv, aber sie basiert auf realen Erfahrungen. Die kognitive Linguistik geht davon aus, dass diese realen Erfahrungen symbolisiert in Sprache und Grammatik abgebildet werden. Die Zuordnung von Erfahrungen und Sprache erfolgt dabei in **Domänen**, die das konzeptuelle Gerüst für die Strukturierung von Inhalten bereithalten. Dieses konzeptuelle Gerüst wird oft aus unseren **perzeptuellen** und **körperbasierten Erfahrungen** abgeleitet (Bewegung, Raum, Gravitation, Kraft, Widerstand). Mit der Domäne wird auch eine Struktur oder eine Szene für die Erklärung der grammatischen Phänomene festgelegt. Dabei bilden **Bildschemata** die größte Quelle von Domänen. Bildschemata sind rekurrente Muster aus unserer Perzeption, die für die Strukturierung abstrakter Sachverhalte verwendet werden. Hier ein Beispiel für den Ausdruck von Vertikalität: „Frankreichs größte Bank hat alle Höhen und Tiefen französischer Wirtschaftspolitik durchlebt" (Handelsblatt 2013 Nr. 8, S. 19). Die körperbasierten Erfahrungen werden aber von Sprache zu Sprache unterschiedlich genutzt. So heißt es im Deutschen *im Regen*, im Spanischen und Französischen *unter dem Regen* (*bajo la lluvia*; *sous la pluie*). Dabei werden also unterschiedliche Konzeptualisierungen des Regens zu Grunde gelegt: Im Spanischen und Französischen wird der Regen als eine Entität über uns, und somit nach dem Bildschema oben-unten konzeptualisiert; im Deutschen wird er hingegen als ein Behälter repräsentiert.

Die Mehrdimensionalität von Sprachen lässt sich demnach nur durch mentale Bilder von ihren Kulturen wirklich ergründen. Nirgends wird dies deutlicher als bei **Metaphern** und in **Redewendungen**. Vergleiche zum Beispiel Englisch *To make hay while the sun shines –* Deutsch *Das Eisen schmieden, solange es heiß ist* oder *Sitting on the fence* gegenüber *Zwischen* *den Stühlen sitzen.* Die kognitive Linguistik geht davon aus, dass die gesamte Sprachverarbeitung über **Metaphorisierungsprozesse** abläuft, mit denen die unmittelbaren Erfahrungen der Umwelt sprachlich belegt werden (**Mapping**; Lakoff/Johnson 1980 und Lakoff 1987). Psycholinguistische Experimente zeigen auch, dass insbesondere abstrakte Begriffe wie *Angst, Liebe, Neid* eine Vielzahl von Bildern evozieren (Roche 2006, Grady 2007, Danesi 2008).

Bedeutungen werden als Bedeutungsinhalte oder schematisch gespeichert. Man spricht daher von **propositionalen Repräsentationen** bei den Inhalten und von **Schema-Repräsentationen** bei der schematischen Speicherung. Propositionale Repräsentationen sind Einheiten aus einzelnen Bedeutungselementen (atomare Bedeutungseinheiten), die den Inhalt von Äußerungen oder Sätzen als lineare Kette oder als Netzwerk darstellen. Durch diese inhaltlichen Elemente wird Wissen gespeichert und lässt sich erweitern. Die Bemerkung eines Fußballtrainers „Spieler X spielen wie Flasche leer" stellt ungefähr dar, wie man sich eine solche atomare Aneinanderreihung von Grundbedeutungen vorstellen muss, wobei die Vergleichsfunktion hier durch das Verbindungselement *wie* ausgedrückt wird (van Dijk/Kintsch 1983: 14). Weitere Beispiele finden sich im Abschnitt 1.5.

Bei den Schema-Repräsentationen erfolgt die Speicherung oder Wissensrepräsentation in Form typischer Konzepte, Kategorien oder Muster (Prototypen; zum Beispiel der Schäferhund als prototypischer Hund in westlichen Kulturen; vergleiche auch die Symbolverwendung in Piktogrammen). Anhand der Schemata kann neues Wissen angedockt und abgespeichert werden (dazu vertiefend Rosch/Lloyd 1978, Clausner/Croft 1999, Grady 2005, Aurnague/Hickmann/Vieu 2007, Oakley 2007, Taylor 2008).

Der Sprachenerwerb ist von solchen Symbolen, Modellen und Schemata stark beeinflusst. Das zeigt sich unter anderem im Transfer von Raum-, Zeit- und anderen Konzepten (**konzeptueller Transfer**) sowie in **semantischem** und **pragmatischem Transfer**. An der sprachlichen Oberfläche zeigen sich diese Transfererscheinungen am ehesten in den Wörtern (**lexikalischer Transfer**) und in der Verletzung von Kommunikationsroutinen.

1.7.3 Aufmerksamkeit

Zur Verarbeitung der eingehenden Informationen muss unser Gehirn die nötigen Kapazitäten bereithalten. Mit diesen Kapazitäten (**Aufmerksamkeit**) muss ein Lerner ökonomisch wirtschaften, damit er die anstehenden Verarbeitungsaufgaben bewältigen kann. Daher kann nur eine begrenzte Anzahl von Aufgaben in einem bestimmten Zeitrahmen bearbeitet werden. Dabei spielt die Anzahl von sieben Einheiten eine wichtige Rolle, wobei der Umfang einer Einheit weder zeitlich noch mengenmäßig genau fixiert ist. Es handelt sich also um eine flexible Verarbeitungsgröße, die zum Beispiel auf Silben, Wörter, Aufgaben und Bearbeitungsschritte bezogen sein kann. Bei der Zeiteinteilung von Unterrichtseinheiten empfiehlt es sich davon auszugehen, dass eine Teilaufgabe oder eine besondere Aktivität nicht länger als sieben Minuten dauern sollte, weil dann die Aufmerksamkeit der Lerner stark nachlässt. In diesem Sinne ergeben sich für eine Unterrichtsstunde von 45–50 Minuten sieben Unterrichtsphasen als optimales Gliederungsprinzip. Der Nebeneffekt dieses Prinzips ist ein kurzweiliger und in der Regel effizienter Unterricht für Lehrkräfte und

Schülerinnen und Schüler. Ist der Bearbeitungsaufwand wesentlich größer, kann er dadurch besser bewältigt werden, dass größere Aufgaben in kleinere Teilaufgaben unterteilt werden. Lange Kontonummern, Bankleitzahlen oder Telefonnummern lassen sich besser behalten, wenn wir sie in kleinere Blöcke aufteilen und somit Kapazitäten des Verarbeitungsapparates frei werden (**Chunking Prinzip**). Lange Wörter merken sich Lerner, indem sie sie trennen oder die Anfangs- und Endsilben zusammenziehen. Auch durch visuelle oder akustische Signale, zum Beispiel durch einen Rhythmus oder eine Betonung, können Lernstoff und Bearbeitungsaufwand gegliedert und die Aufmerksamkeit verstärkt werden.

Beim Sprachenerwerb spielen die lautlichen Elemente eine sehr wichtige Rolle, und zwar nicht nur die, die durch Betonung eine Hervorhebung (Salienz) bewirken. Bei der Suche nach Bedeutungen schreiben Kinder im Erstsprachenerwerb (und Lerner im Fremdsprachenerwerb) gemäß den genannten Gestaltprinzipien Lauten ganz allgemein eine große Bedeutung zu. Dieses Prinzip prägt uns offensichtlich derart, dass wir auch später noch unterscheiden, ob jemand einen Akzent hat oder nicht, auch wenn dies für das Verstehen keine Rolle spielt.

1.7.4 Informationsspeicherung

Ein zentrales Element der Sprach- und Informationsverarbeitung ist die Speicherung von relevantem Wissen. Nicht alles, was verarbeitet wird, ist aber wirklich relevant und sollte deshalb schnellstens vergessen, das heißt nicht gespeichert werden.

Wie laufen die Prozesse des Speicherns und Vergessens ab? Wie können sie für das Sprachenlernen besser nutzbar gemacht und im Sprachunterricht gefördert werden, besonders natürlich das Vergessen von Fehlern und das Behalten von korrekten Strukturen?

Um diese Prozesse systematisch zu erfassen, stellen sich Wissenschaftler ein Modell mit verschiedenen Speichern vor, in denen die verarbeitete Information unterschiedlich lange zwischengelagert oder dauerhaft gespeichert wird. Im **Ultrakurzzeitgedächtnis** oder **sensorischen Register** verbleibt die eingehende, bereits gefilterte Information nur sehr kurz, nämlich nur einen Bruchteil einer Sekunde. Im Grunde werden hier die sprachlich relevanten Eingangsinformationen als Input vorverarbeitet und koordiniert. Es entsteht eine vorläufige Konstruktion von Bedeutung auf Grund einer bestimmten Kommunikationssituation. Das daraus entstehende Produkt wird dann an das **Kurzzeitgedächtnis** weitergeleitet, den aktiven Teil des Gedächtnisses. Die Verarbeitung der sprachlichen Information von bis zu sieben Einheiten erfolgt vorwiegend nach der Lautstruktur (phonemisch) und kann bis zu vier Minuten dauern. Die Ergebnisse der Verarbeitungsprozesse im Kurzzeitgedächtnis werden dem **Langzeitgedächtnis** zugeführt. Hier finden die Integration in das bestehende Wissen und die dadurch nötigen Anpassungen sowohl des neuen Wissens als auch des Wissensbestandes statt. Der Langzeitspeicher kann Wissen lebenslänglich speichern, unterliegt durch die neu eingehenden Informationen aber ständigem Reorganisieren. Die Speicher sind keine passiven Informationsschubladen, sondern umfassen verschiedene Verarbeitungs- und Organisationsprozesse. Die Bezeichnung **Arbeitsgedächtnis** (*Working Memory*) bringt die entsprechende Dynamik der Prozesse besser zum Ausdruck.

Sie wird verwendet, um Prozesse der (auch sprachlichen) Informationsaufbereitung, -aktualisierung und -integration, auch über verschiedene Untersysteme des Kurz- und Langzeitgedächtnisses zu benennen (Baddeley 2007, Baddeley/Hitch 2007, Towse/Hitch 2007, Baddeley/Eysenck/Anderson 2009). Ganz wichtig für das Sprachenlernen und den Sprachunterricht: Die Organisation des Wissens erfolgt in erster Linie nach der Bedeutung, also nach **semantischen Prinzipien**, nicht nach der (grammatischen) Form.

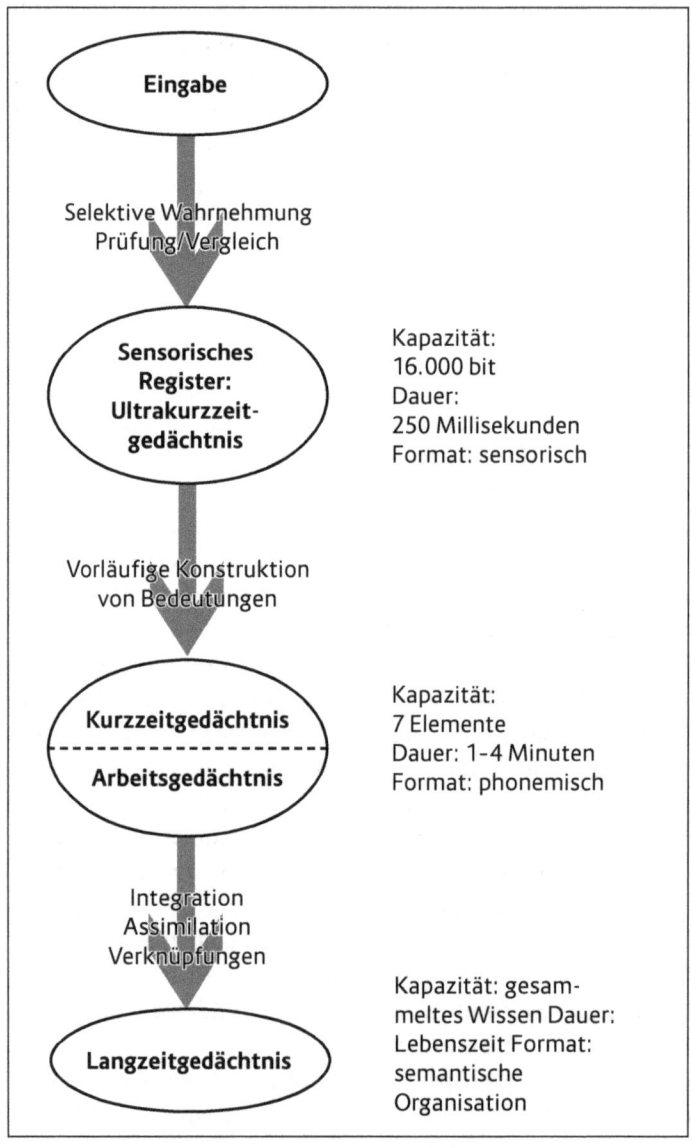

Abb. 1.7 Abbildung des Speichermodells

Bei der Verarbeitung spielt die **Intensität** oder **Tiefe der Aktivierung** im Kurzzeitgedächtnis eine entscheidende Rolle. Je tiefer oder intensiver die Aktivierung eines Musters oder mentalen Bildes/Modelles im Kurzzeitgedächtnis ist, desto besser kann es sich an die schon gespeicherten Muster und Schemata (das bestehende Wissen) im Langzeitgedächtnis andocken. Die inhaltliche Verarbeitung, das heißt die Aktivierung der inhaltlichen und der dafür relevanten grammatischen Merkmale, also vor allem der semantischen und für die Bedeutung wichtigen syntaktischen, morphologischen und phonologischen Information, ist meist besonders intensiv.

Die Verarbeitung der Lautstruktur, die rein phonemische Verarbeitung also, erfolgt in der Regel als mitteltiefe Aktivierung, in kürzerer Zeit und mit weniger Kapazität. Die Verarbeitung lautlicher (phonetischer) und sensorischer Merkmale erfolgt in der Regel als flache Aktivierung, also reflexartig. Hierfür wird wenig Aufmerksamkeit benötigt. Wenn das Lautinventar verankert ist, wird ein hoher Automatisierungsgrad der Verarbeitung erreicht, der sich der bewussten Kontrolle weitgehend entzieht und daher eine flache Aktivierung bewirkt. Das ist ein ungünstiger Befund für alle Methoden, die sich vor allem auf die Vermittlung von Lauten oder das Erinnern von bedeutungsschwachen Lautketten stützen, also zum Beispiel die audiolinguale Methode.

Kann der flache Aktivierungsgrad im Aussprachebereich durch eine erhöhte Wiederholungsaktivität gesteigert werden? Da das Wiederholen eines Musters ein mechanischer Prozess ist, wird der Aktivierungsgrad mit erhöhter Wiederholungsrate eher noch flacher. Ein Lerner kann dann vielleicht Wiederholtes eher wiedererkennen oder imitieren, aber nicht unbedingt besser erinnern und nutzen. Werden aber beim Wiederholen neue Informationen mitverarbeitet und andere Verarbeitungsbereiche mitaktiviert, dann vertieft sich der Aktivierungsgrad, und die Chancen zum Andocken an bestehendes Wissen erhöhen sich. Dies kann zum Beispiel durch die Bildung von Assoziationen geschehen oder durch die Aktivierung neuer semantischer Merkmale im Wiederholungsprozess, etwa wenn Lerner eine Aufgabe auf andere Bereiche übertragen oder anderen Wortschatz dafür verwenden (**zyklisches Lernen** oder **elaborierte Wiederholungen**). Auch bei elaborierten Wiederholungen spielt die Wissensorganisation nach semantischen Kriterien die wichtigste Rolle. Je besser und schneller sie gelingt, desto nachhaltiger ist die Einbettung, das heißt das Behalten.

1.7.5 Sprache und Bildverarbeitung

Visuelle Information spielt bei der Verarbeitung und beim Lernen von Sprache eine sehr wichtige Rolle. Eine der einflussreichsten Theorien ist die **Cognitive Theory of Multimedia Learning**. Sie behandelt drei entscheidende Prinzipien für die Verarbeitung visueller und sprachlicher Information:

1. die duale Kodierung
2. die Auslastung des Arbeitsspeichers und
3. das konstruktive oder generative Lernen.

Das Prinzip der **dualen Kodierung** fasst die Verarbeitung sprachlicher und bildlicher Information in unterschiedlichen Zentren zusammen, die allerdings aufeinander bezogen und koordiniert sind (siehe Abschnitt 1.7.5). Bei der gleichzeitigen Aufnahme von sprachlicher und bildlicher Information werden also zwei unterschiedliche mentale Repräsentationen produziert, so die Annahme. Diese werden in (mindestens) einem weiteren Verarbeitungsschritt zusammen mit dem Vorwissen in ein Gesamtmodell integriert oder regelmäßig abgeglichen. Beide mentalen Repräsentationen werden gleichzeitig im Kurzzeitgedächtnis gespeichert, wodurch eine Verbindung, ein so genannter Kontiguitätseffekt, entsteht.

Das Kurzzeitgedächtnis kann, wie bereits gezeigt wurde, nur eine begrenzte Informationsmenge verarbeiten. Wird diese überschritten, tritt eine **Überlastung** ein. Das ist beispielsweise der Fall, wenn zusammengehörige bildliche (piktoriale) und sprachliche Information zeitlich und räumlich nicht aufeinander abgestimmt ist. Im Unterricht passiert dies häufig dann, wenn neue Begriffe eingeführt werden, aber die Lerner erst später an einem Bild (Parallelinformation) erkennen, um welchen Gegenstand es sich dabei handelt. Um eine Verbindung herstellen zu können, müsste die sprachliche Information lange im Kurzzeitgedächtnis aktiviert bleiben, die maximale Behaltensdauer beträgt hier jedoch nur vier Minuten, und dies auch nur, solange die Kapazitäten nicht anderweitig belegt sind. Je kürzer der zeitliche Abstand zwischen sprachlicher und bildlicher Information ist, desto besser. Wird dagegen die maximale Speicherdauer des Kurzzeitgedächtnisses überschritten, ist ein kombiniertes Erinnern fast aussichtslos. Gleiches gilt, wenn zu viele Informationen auf einmal präsentiert werden und dabei auf die limitierten Aufmerksamkeitsressourcen verteilt werden müssen.

Das **konstruktive** oder **generative Lernen** ergibt sich, wenn die verschiedenen Informationen in ein gemeinsames mentales Modell integriert werden. Das kann aber nur unter Rückgriff auf das Vorwissen und vorangehende Erfahrungen geschehen, also durch Ankoppelung an mentale Bilder und Schemata.

1.7.6 Sprachverstehen und Sprachproduktion

Im Folgenden sollen die spezifischen Elemente und Funktionen der Sprachverarbeitung genauer dargestellt werden. Dazu dient ein Modell aus der **Psycholinguistik**, einer vergleichsweise jungen interdisziplinären Wissenschaft (seit etwa Anfang der 1970er Jahre), als Orientierung. Die Psycholinguistik übernimmt Erkenntnisse aus der Psychologie, wie zum Beispiel zur Informationsverarbeitung und zu den Speicherverfahren des Wissens, und aus der Linguistik, beispielsweise zu den grammatischen Regeln der Teilbereiche der Sprache, und entwickelt daraus Modelle der Sprachverarbeitung. Sie gliedert sich in vier große Teilbereiche: die Erforschung des Sprachverstehens, der Sprachproduktion, des Sprachenerwerbs und des Sprachenverlustes (Aphasie). Das folgende Modell illustriert das Sprachverstehen (Rezeption, links) und die Sprachproduktion (rechts). Derartige Modelle sind Darstellungen von Prozessen. Sie machen keine direkten Aussagen über die Verkabelung des Gehirns oder die Struktur der Wissensspeicher.

Das Sprachverstehen, das hier exemplarisch am Beispiel des Hörens erläutert werden soll, beginnt mit der Wahrnehmung von verschiedenen Lauten, Tonhöhen, Pausen und Ähnlichem, die in Form von Schallwellen auf die Sinnesorgane einströmen. Die Schallwellen müssen nun auf sinnvolle Weise identifiziert werden, und zwar in Form von Lauteinheiten (Silben, Clustern) oder Phonemen. Das heißt, wir nehmen nicht nur die einzelnen Laute wahr, sondern wir lernen als Kinder bereits, Laute zu Lauteinheiten zu gruppieren. In der Regel tragen oder unterscheiden diese Einheiten Bedeutung. Die Äußerung *Ich liebe in Wein* unterscheidet sich so von der Äußerung *Ich lebe in Wien* zwar nur in zwei Lauteinheiten, aber es kann hier schnell erkannt werden, welche gewaltigen Bedeutungsunterschiede eine einzelne Lauteinheit ausdrücken und welche Konsequenzen das haben kann. Sobald die Einheiten identifiziert sind, müssen sie Bedeutungen zugeordnet werden. Wir müssen

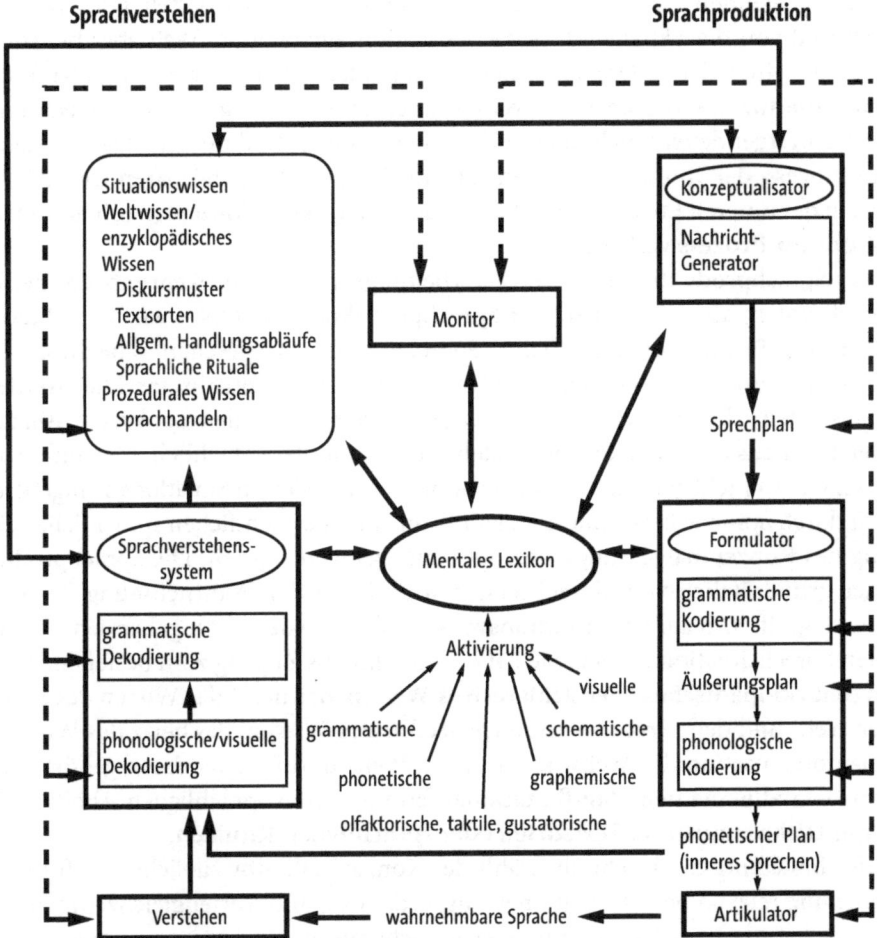

Abb. 1.8 Modell der Sprachverarbeitung: links der Prozessablauf beim Sprachverstehen, rechts bei der Sprachproduktion. Zentrales Element: das mentale Lexikon, das durch verschiedene Kanäle aktiviert wird

also irgendwie verstehen können, dass *Wien* und *Wein* nicht das Gleiche bedeuten. Dazu bilden wir Verbindungen von Lauten (so genannte **Cluster**), die auf unseren Wortspeicher (**mentales Lexikon**) zugreifen und versuchen, dort passende Sinneinheiten zu finden. Dabei hilft einmal der Kontext, durch den bestimmte Bedeutungsmöglichkeiten schon voraktiviert sind, wahrscheinlich werden oder ausgeschlossen sind. Es helfen aber auch grammatische Eigenschaften der gefundenen Begriffe sowie Bedeutungsverwandtschaften. So wissen wir, dass an bestimmten Stellen in deutschen Sätzen ein Verb stehen muss (oder kann) und dass manche Begriffe besser zueinander passen als andere. Zusätzlich können – wie bereits dargestellt – auch Sinneseindrücke die Aktivierung von Begriffen bewirken. Eine Lautkette *essen* wird deshalb in bestimmten Kontexten als das Verb *essen*, in anderen als die nicht essbare Großstadt im Ruhrgebiert interpretiert.

In einem weiteren Schritt müssen wir versuchen, die einzelnen Lautelemente zu einem zusammenhängenden Ganzen zusammenzufügen und in unser bestehendes Wissen von der Welt und von der aktuellen Gesprächssituation einzubetten. Weil aber bei so vielen Aufgaben das eine oder andere übersehen werden oder verloren gehen kann, läuft parallel dazu ein **Monitor** mit, der normalerweise immer dann Alarm gibt und Korrekturen veranlasst, wenn irgendetwas nicht plan- oder schemagemäß funktioniert. Das Verstehen ist also ein Prozess, der von der konkreten sprachlichen, das heißt hörbaren Oberfläche (im Modell auf der unteren Ebene angesiedelt) zu den versteckten Konzepten (oben) führt, also als **Bottom-up-Prozess** verläuft.

Bei der Sprachproduktion läuft der Verarbeitungsprozess umgekehrt ab, das heißt von oben nach unten, also **top down**. Der Sprachproduktionsprozess – wir betrachten stellvertretend die Produktion mündlicher Sprache, also das Sprechen – beginnt mit der Konzeptualisierung oder Planung einer Nachricht im Konzeptualisator. Hier werden die Sprechabsichten (die auf **Schemata** basierenden Pläne) in einen konkreten Ablaufplan umgesetzt, der aus einzelnen **Scripts** besteht. Inwieweit dies sprachlich oder außersprachlich geschieht, ist nicht ganz klar. Da die Produktion aber stets in Situationen eingebettet ist, die auch durch Sprache bestimmt sind, kann von einer beträchtlichen sprachlichen Beeinflussung des Konzeptualisierungsvorganges ausgegangen werden. Die Sprachproduktion ist daher grundsätzlich vom Sprachverstehen und von der Wahrnehmung der Umwelt beeinflusst, greift also auf das **Situationswissen** inklusive den vorangehenden Verlauf der aktuellen Sprechsituation zurück. Sie hat darüber hinaus Zugang zum bestehenden **Weltwissen** (**enzyklopädisches** oder **deklaratives Wissen**, das heißt das Wissen des Sprechers von der Welt) und dem **Prozesswissen** (**prozedurales Wissen**, das heißt das Wissen über die Ablauforganisation des Weltwissens). Zum Welt- und Prozesswissen gehört auch die Kenntnis von **allgemeinen Handlungsabläufen** und ihren sprachlichen Abbildungen in Form von **Diskursmustern**, **Textsorten** oder **sprachlichen Ritualen**.

Bei der Erstellung der Nachricht wählt der Konzeptualisator zunächst die für die Versprachlichung relevanten Informationen aus, ordnet sie und wertet gleichzeitig die eingehenden Nachrichten aus. Der Monitor gleicht nicht nur die eingehenden, sondern auch die geplanten Nachrichten mit den tatsächlich produzierten auf möglicherweise bestehende Diskrepanzen ab.

Das Ergebnis des Konzeptualisierungsprozesses ist der **Sprechplan** (die **präverbale Nachricht**). Er wird anschließend an den **Formulator** weitergeleitet, dessen Aufgabe die Konstruktion von Äußerungen ist. Der Formulator hat Zugang zum **mentalen Lexikon**, in dem lexikalisches Wissen in sogenannten Listemen, das heißt, nicht weiter auflösbaren Einheiten als Form (Lexem) und Inhalt (Lemma) gespeichert ist. Die lexikalischen Konzepte enthalten die Bedeutung der Wörter, eine Beschreibung der möglichen syntaktischen Umgebungen, zum Beispiel welche Ergänzungen ein Verb benötigt, und eine Liste der möglichen Endungen. Unterschieden wird zwischen Inhaltswörtern (Substantiven, Verben, Adjektiven, Adverbien, Pronomen) und Funktionswörtern (Artikel, Präpositionen, Konjunktionen). Die Lexeme enthalten die Information über die äußere Form der Wörter (Phoneme, Morpheme, Silbenstruktur etc.). Dieses Lexikon sieht aber nicht aus wie ein normales Wörterbuch, in dem sich zielsprachliche und muttersprachliche Begriffe gegenüberstehen. Vielmehr muss man es sich als multidimensionales und dynamisches Netz mit zahlreichen semantischen und phonetischen Knoten und Verbindungen vorstellen, das alle Sinneskanäle miteinander verbindet. Wenn ein Element aktiviert wird, schwingen eine ganze Reihe weiterer semantischer Merkmale, lautlicher Beziehungen und Sinneseindrücke mit.

Aufgrund des gelieferten **Sprechplans** werden also im Formulator die Lemmata aktiviert, deren grammatische Spezifikationen zur Auswahl und Produktion eines syntaktischen Rahmens führen (**grammatische Kodierung**). Dieser kann dann vorübergehend in einem so genannten syntaktischen Speicher abgelegt werden, während bereits die Produktionsprozesse für weitere Äußerungen ablaufen. Das Ergebnis dieses Formulierungsprozesses ist der **Äußerungsplan** (Oberflächenstrukturen). Dieser wird an einen Prozessor weitergeleitet, der ihm die äußere Form gibt. Diese Prozesskomponente im Formulator umfasst die **phonologische Kodierung** der einzelnen Äußerungselemente und der Äußerung als Ganzes. Das schließt die Endungen, Umlaute und Weiteres (Flexion) und die Intonation mit ein. Als Produkt entsteht ein **phonetischer Plan** in Form von innerer Sprache. Er wird anschließend im **Artikulator** in Anweisungen an den Artikulationsapparat (die circa 400 Sprechmuskeln) umgesetzt, wobei die Pläne offensichtlich schneller produziert als ausgeführt werden können, das heißt, sie müssen vorübergehend gespeichert werden.

Über diese Umsetzungsprozesse machen wir uns als geübte Sprecher unserer Sprache kaum Gedanken. Sie werden von unserem Monitor überwacht, wenn er nicht durch Alkohol, Müdigkeit oder belangloses Gerede unserer Gesprächspartner benebelt ist. Das heißt, er überprüft, ob unsere **Gesprächsabsicht** korrekt realisiert wird und die gewünschten Ergebnisse produziert. Nötigenfalls veranlasst er auch die entsprechenden Korrekturen von Versprechern und Missverständnissen und löst kommunikative Reparaturstrategien aus.

Die Prozesse der Sprachverarbeitung benötigen Übung. Diese ist aber erst dann sinnvoll, wenn zuvor konzeptuell verankert ist, was Inhalt, Funktion und Ziel der Nachricht sein soll. Reines Nachsprechen ist also denkbar ungünstig zum Sprachenlernen. Auch hat es wenig Zweck, einem Lerner grammatisches Wissen einzurichten, wenn die weiteren Prozesse der Konzeptualisierung, Formulierung und Artikulation vernachlässigt werden. Umgekehrt ist es aber auch sehr schwierig, einmal eingeschliffene Kommunikationsroutinen wieder zu ändern.

Die klassischen, auch heute gelegentlich noch eingesetzten Pattern-Drill-Übungen haben daher am ehesten im Bereich der Automatisierung der Artikulation ihren Einsatzort, und zwar zum Erreichen einer flüssigen und zielsprachengerechten Aussprache oder auch zum Auffinden der nötigen Lemmata und Lexeme, wenn diese im Lexikon der Lerner schon gespeichert sind. Andere Produktionsprozesse wie die Konzeptualisierung der Äußerungen sind dagegen nicht oder nur wenig automatisiert. Sie verlangen **Planung** und binden einen großen Teil der Verarbeitungskapazitäten des Gehirns, und zwar besonders dann, wenn Kreativität und Kontextgebundenheit gefordert sind, also zum Beispiel in Gesprächen oder bei der Bearbeitung von Texten.

1.7.7 Die Organisation des mentalen Lexikons

Im Zentrum der Sprachverarbeitung steht das mentale Lexikon als Speicher unseres Sprachwissens. Die Aktivierung des mentalen Lexikons kann über verschiedene Sinneseindrücke erfolgen, zum Beispiel über die Lautung. Hört ein Sprecher eine Silbe *au*, so werden über die Lautung viele Wörter mit diesem Anlaut aktiviert, also *Au, Auto, autonom, Aurora, Aurelia* und andere. Allerdings ist die **Stärke der Aktivierung** je nach Kontext unterschiedlich. Das heißt, dass inhaltliche Aspekte bei der Auswahl der aktivierten Lemmata und Lexeme eine wesentliche Rolle spielen. Diese Aktivierung funktioniert wie ein Netz von Beziehungen. Zentrale semantische Elemente (Knoten) werden dabei stärker aktiviert, entferntere werden schwächer aktiviert oder ko-aktiviert.

Beim Suchen nach passenden Wörtern für die Konzepte werden somit gleichzeitig benachbarte, das heißt über verschiedene semantische Beziehungen verbundene Kon-

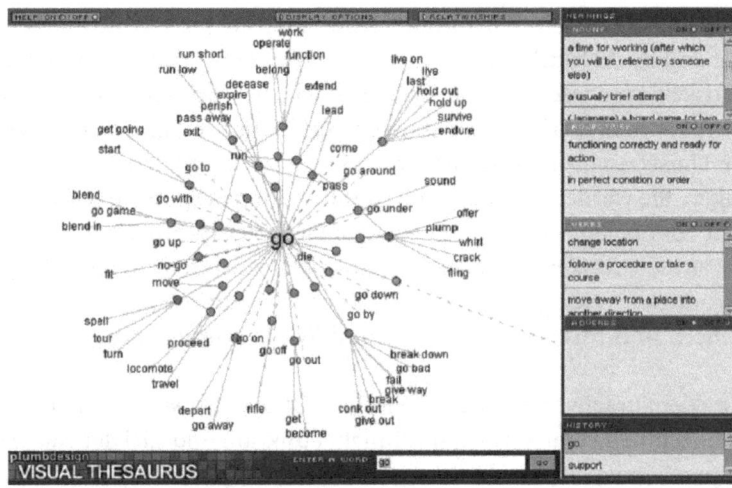

Abb. 1.9 Darstellung eines einsprachigen semantischen Netzes am Beispiel des Visual Thesaurus (webbasiertes dynamisches Programm) zur Illustration der Arbeitsweise des mentalen Lexikons

zeptknoten mitaktiviert. Der *Visual Thesaurus*, ein webbasiertes dynamisches Programm, das ähnlich funktioniert wie das mentale Lexikon, illustriert dies auf anschauliche Weise (vergleiche Abbildung 1.9). Bei der Aktivierung des Wortes *go* werden gleichzeitig benachbarte Wörter ko-aktiviert, die allerdings unterschiedlichen grammatischen Klassen angehören (Nomen, Verben, Adjektive, Adverbien). Verschiebt sich dabei der Schwerpunkt auf andere semantische Elemente, weil *go* vielleicht nicht spezifisch genug ist, so ändert sich die Aktivierung des gesamten Netzes. Es entsteht dadurch ein neues Feld mit anderen und anders gewichteten Knoten. Die lexikalischen Konzepte, die wir normalerweise als Wörter bezeichnen, stellen also Beziehungsgefüge dar, in denen die Bedeutung die Gesamtheit der Verbindungen mit anderen Konzeptknoten umfasst.

Wenn Kinder beginnen, sich mit ihrer Umwelt auseinanderzusetzen, dann versuchen sie als Erstes, Dinge und Vorgänge zu erkennen, von anderen zu unterscheiden und zu benennen. Kinder nehmen dafür einfache Wörter oder Wortfetzen, die sie aufschnappen, weil sie für sie besonders wichtig sind (*Auto, Mama, Papa*) oder weil sie besonders häufig vorkommen. Wichtiger als die Häufigkeit sind allerdings die Inhalte und die Bedeutung, also die Semantik der Wörter. So bauen Kinder zu Beginn ihres Sprachenerwerbs ein Repertoire von Inhaltswörtern auf, später kommen Funktionselemente wie Präpositionen, Endungen und Artikel hinzu. Den Wortschatz erwerben sie dabei zum größten Teil nicht durch explizites Training, sondern eher nebenbei in der Interaktion mit ihrer Umgebung, also **inzidentell**.

Die Inhaltswörter oder Inhaltselemente des frühen Sprachenerwerbs bestehen häufig aus Wortfetzen, also Teilen von Wörtern oder Eigenkreationen der Kinder, die sie verwenden, weil sie sie selbst so wahrnehmen (*Wauwau*) oder noch nicht zielgerichtet produzieren können (zum Beispiel *Schlaganzug* statt *Schlafanzug, Musser* statt *Großmutter*). Hierbei sind die Anfangs- und Endlaute von Wörtern oder Wortkonstituenten für die Kinder am auffälligsten. Sie werden deshalb besser behalten, auch wenn die Kinder sie nicht immer gleich selbst umsetzen können. Ähnlich ist es auch beim Zweitsprachenerwerb von Erwachsenen. Nur unterscheiden sich die Begriffe und es gibt Unterschiede in der Geschwindigkeit des Erwerbs. Aber auch hier gibt es Abkürzungen, Zusammenziehungen, Neuschöpfungen, Lautschöpfungen, Gestik- und Mimik-Begleitungen und Ersetzungen durch andere Begriffe.

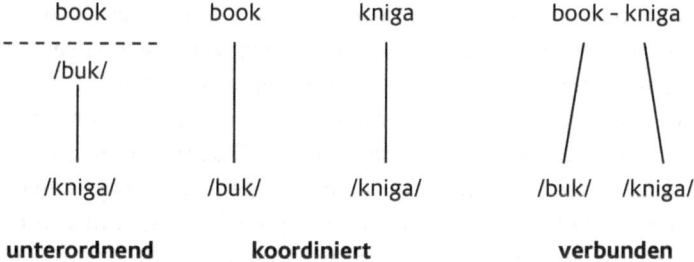

Abb. 1.10 Die drei klassischen Modelle der Organisation des bilingualen Lexikons am Beispiel des englischen und russischen Begriffes für Buch nach Weinreich (1953: 9 f.)

Welche Rolle spielen die Organisationsprinzipien des einsprachigen mentalen Lexikons beim Erwerb des fremdsprachigen Lexikons? Unterstützen sich beide, teilen sie sich die begrenzten Ressourcen der Informationsverarbeitung oder sind sie sich gegenseitig im Weg? Mit den folgenden drei Modellen lassen sich die Beziehungen zwischen einsprachigem und zweisprachigem Lexikon vereinfachend illustrieren.

Die unterordnende Form entspricht der klassischen **Wortassoziation**, wie sie aus Glossaren bekannt ist. Nicht nur auf dem Papier, sondern auch im Gehirn findet eine direkte Zuordnung eines L2-Begriffes zu einem bereits bekannten Konzept und Begriff in der Erstsprache statt. In dem Modell des **koordinierten Bilingualismus** sind die Konzepte der Erst- und Zweitsprache und ihre Begriffe voneinander unabhängig. Die Speicherung und Verarbeitung verläuft also parallel. Das Modell des **verbundenen Bilingualismus** geht dagegen von einer „gemeinsamen" (gemischten) Konzeptquelle aus, die aber zwei unterschiedliche Benennungen ermöglicht. Das Konzept *Buch* in dem Beispiel umfasst demnach Merkmale verschiedener Kulturen, ist also gegenüber einem einsprachigen Lexikon erweitert. Der Begriff aus einer der beteiligten Sprachen aktiviert primär das für seine Kultur typische semantische Feld, die semantischen Elemente des anderen Begriffsfeldes können aber mitaktiviert sein. Der verbundene Zugang zum Lexikon bietet Sprechern einen erweiterten Wortschatzhorizont und mehr Wortauswahl. Geübte Sprecher, wie etwa Bilinguale oder Dolmetscher, können wahlweise und ohne Verzögerungen aus jeder der beteiligten Sprachen Wörter auswählen.

Neueste Untersuchungen zeigen, dass Lerner, die die ganze Schulzeit bis zum Abitur vor allem mittels Wortassoziationen Wörter gelernt haben, kaum über die **unterordnende Form** der Organisation des bilingualen Lexikons hinauskommen (Plieger 2006). Hieraus lässt sich schließen, dass bei diesen Lernern die Zweitsprache nur als oberflächliche Übersetzung der Erstsprache verarbeitet wird. Die Art der Organisation der Wörter entspricht dagegen bei gleichzeitig mit zwei Sprachen aufwachsenden Kindern und solchen, die später in einem echten mehrsprachigen Kontext leben, eher der verbundenen Form. Sie beherrschen beide Sprachen so gut, dass sie auch beliebig zwischen ihnen wechseln können.

Anhand einer Pilotstudie des *Visual Thesaurus* zu den Beziehungen der Wortfelder von *gehen* und *go* lässt sich die Komplexität der Koordinierungs- und Zuordnungsaufgaben des bilingualen Lexikons illustrieren (siehe Abbildung 1.11). Dieses Modell geht von einer verbundenen Struktur des mentalen Lexikons aus. Daher müssten den englischen Begriffen in der Oberfläche des Thesaurus deutsche Entsprechungen zugeordnet werden können, oder es müsste sprachunabhängige Konzepte von *laufen* geben, die unterschiedlich realisiert sind. Diese Zuordnungen funktionieren nur bedingt, etwa bei *go away* und *fortgehen*. Nicht zu allen Begriffen der einen Sprache gibt es Entsprechungen in der anderen. Im oberen Teil der Abbildung gibt es mehrere Verbindungen zu der englischen Bedeutung von *to go steady* (*travel*, *move*, *locomote*), aber nur einen Eintrag zum Deutschen (*fortbewegen*), auch wenn *reisen* mit vielen Varianten (*bereisen*, *verreisen*, *abreisen*, *anreisen* …) denkbar wäre. Zu *funktionieren* im Sinne von *gehen* im unteren Teil der Abbildung gibt es mehrere kontextabhängige Ausdrücke im Englischen (*operate*, *function*, *work*). Hieraus ergibt sich, dass die Speicherung von Wörtern im bilingualen Lexikon von fortgeschrittenen Sprechern

- ▶ stark abhängig vom Kontext
- ▶ differenziert
- ▶ und dynamisch ist.

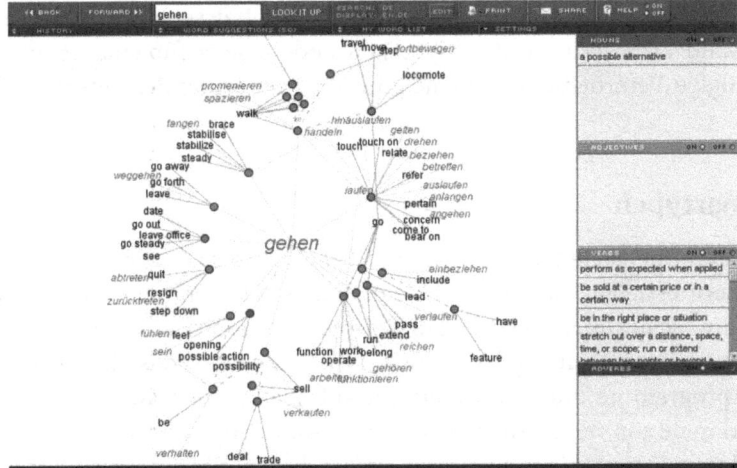

Abb. 1.11 Versuch der Koordinierung der Wortfelder von *gehen* und *go* in einer Pilotstudie des Visual Thesaurus

Für L2-Lerner ist der Wortschatzerwerb wegen der Differenzierung, Dynamik und Kontextabhängigkeit so schwierig.

Auch bei den Lernern, die relativ spät beginnen, fremde Sprachen in mehrsprachigen Lernumgebungen zu erwerben, kann davon ausgegangen werden, dass sie den Zweitsprachenerwerb mit dem unterordnenden Modus beginnen. Bei ihnen ändert sich im Laufe des Erwerbsprozesses die Form des Erwerbsmodus vom unterordnenden über den koordinierten bis zum verbundenen, wenn die Sprachen in entsprechenden Kontexten genutzt werden.

Aufnahmen von den Zentren des Gehirns, die an der Verarbeitung von Sprache beteiligt sind, bestätigen diese Beobachtung (Kim/Relkin/Lee/Hirsch 1997): Bei ausgeglichen Mehrsprachigen sind die beteiligten Sprachen (je nach Kontext) stärker vernetzt und zeigen eine stärkere **Ko-Aktivierung**, auch wenn nur eine der Sprachen aktiv verwendet wird. Bei der Aktivierung und Ko-Aktivierung der Sprachen unterscheidet Green (1993) verschiedene Stärken: die ausgewählte (**Selective**) oder Matrixsprache, weitere mitlaufende, aber nur nach Kommunikationsbedarf aktivierte Sprachen (**Active languages, Embedded Languages**) und nicht aktivierte/nicht benötigte Sprachen (**Dormant Languages**). Um Sprachen zu aktivieren oder zu reaktivieren, bedarf es einer Mindestkompetenz (Grosjean 2010) in diesen Sprachen.

Inwiefern diese Sprachen und ihre mentalen Lexika tatsächlich sprachenspezifisch oder unspezifisch im Gehirn gespeichert und koordiniert sind, ist Gegenstand weiterer Forschungen: möglicherweise sind die Sprachen über eine zentrale Schaltstelle, den Sprachenknoten (**Language Node**) hierarchisch geordnet und werden sowohl allgemein im Konzeptualisator als auch spezifisch in den einzelnen nachgeschalteten Verarbeitungsmodulen aktiviert (**Subset-Hypothese** von de Bot 2004). Die großen strukturellen, semantischen und pragmatischen Unterschiede von Sprachen, die bei separater Verarbeitung einen hohen Aufwand erfordern würden, sprechen andererseits für eine gemeinsame, sprachenunabhängige Verarbeitung und eine gute Koordinierung der unterschiedlichen Teilsysteme.

1.7.8 Lernertypen

Durch die Zusammenstellung von mehreren Personenmerkmalen lassen sich Einzelprofile von Lernern erstellen, die man im Idealfall einem bestimmten **Lernertyp (Lernstil)** zuordnen kann. Man unterscheidet zum Beispiel den auditiven/visuellen, globalen/analytischen, haptischen/erfahrungsbezogenen Typ. Auf diese Weise lassen sich Lehrmaterialien, Lehrprogramme und der Unterricht auf Lernertypen ausrichten. Wenn gleiche Faktorenmerkmale von verschiedenen Lernern zusammengefasst werden, entsteht eine Art **Lernertypologie**. Die gängigen Lernertypologien beschreiben zwischen drei und fünfzig verschiedene Typen. Jeder Lernertypus verlangt eine besondere Art von Aufmerksamkeit im Unterricht. Ein reflektierender Lerner ist beispielsweise nicht unbedingt zurückhaltend oder ängstlich. Unter Umständen benötigt er lediglich etwas mehr Zeit, eine bestimmte Art von Ermutigung oder bessere Gelegenheiten zu Wort zu kommen. Andererseits fordert ein gesprächiger Typ in der Regel ein etwas strikteres Moderieren durch die Lehrkraft, und zwar vor allem aus folgenden Gründen: erstens, weil er dazu neigt, die anderen Kursteilnehmer einzuschüchtern, und zweitens, weil er seine Stärken nutzen kann, um mangelnde Kompetenzen in anderen Bereichen auszugleichen. Eines der bekanntesten und am besten ausgearbeiteten Klassifikationssysteme von kognitiven Lernstilen stammt von Kolb (1984). Es bildet zwei Achsen (Dimensionen) ab: eine horizontale zwischen den Polen aktives Experimentieren und reflektiertes Beobachten und eine vertikale zwischen den Polen konkrete Erfahrung und abstrakte Begriffsbildung. Demnach ergeben sich vier Haupttypen: die Akkomodeure, die mit aktivem Experimentieren am besten durch konkrete Erfahrungen lernen, die Konverger, die theoriegeleitet aktiv experimentieren, die Assimilatoren, die durch Beobachtungen und Erfahrungen theoriegeleitet einen Sachverhalt erschließen und die Diverger, die vor allem mittels konkreter Erfahrungen und reflektierendem Beobachten lernen. Das in weitere Typen unterdifferenzierte Grundmodell lässt sich folgendermaßen darstellen:

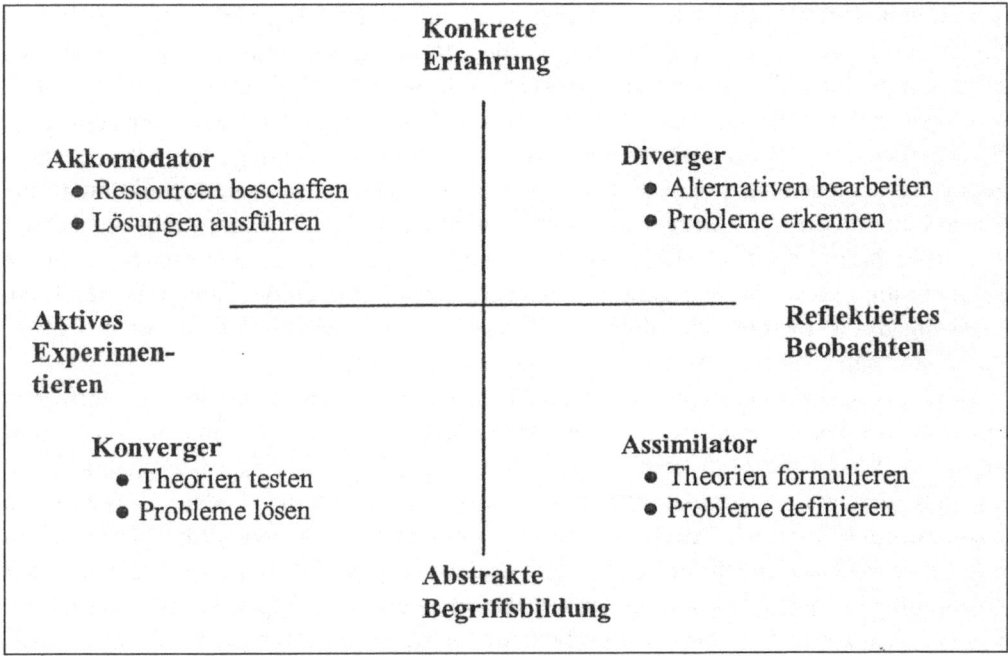

Abb. 1.12 Kognitive Lernstile nach Kolb 1984 (Todorova 2009: 50)

Die bisherigen Versuche, Lerner nach Stilen oder Typen zu klassifizieren, wie das Modell von Kolb, sind jedoch immer wieder an der Komplexität der Lernerfaktoren und ihrer vielfältigen Kombinationen gescheitert. Es gibt sehr viele Merkmale und ihre Konturen sind nicht immer deutlich erkennbar. Außerdem verändert sich die Ausprägung und Gewichtung der Merkmale von Kultur zu Kultur. Mit den **Dimensionen des Lernens** kann zumindest die genannte Variationsbreite von Lernern und Lernkulturen abgebildet werden. Überprüfbare Kriterien einzelner oder kombinierter Lernerfaktoren erlauben die dafür nötige Messbarkeit unterschiedlich ausgeprägter, dynamisch veränderbarer Tendenzen der Lerner. Statische Typologien sind dafür wenig geeignet.

Zur Illustration des Einflusses physiologisch bedingter Faktoren im Sprachenerwerb können die folgenden dienen: das Alter, geschlechtsspezifische Unterschiede und die Sprachanlage. Spielen diese physiologisch bedingten Faktoren beim Sprachenerwerb eine Rolle und wenn ja, wie wirken sich diese auf die Lernerfaktoren aus?

1.7.9 Alter, Geschlecht und Sprachanlage

Es wird weithin angenommen, dass Alter ein wichtiger Einflussfaktor beim Sprachenlernen ist. Mit steigendem Alter lasse die Fähigkeit zum Sprachenlernen nach. In jüngeren Jahren falle dagegen das Sprachenlernen leichter, weil es spielerisch erfolge. Diese Vermutung hat sich aber nur bedingt als haltbar erwiesen. Kinder, besonders in Kindergarten oder Vorschule, lernen tatsächlich spielerisch. Sie lernen in dieser Zeit aber praktisch alles spielerisch und haben dafür auch genügend Zeit. Außerdem ist das, was sie lernen, anfangs jedenfalls noch von geringer Komplexität und konkret erfahrbar. Mit Schule und Beruf fallen diese günstigen Rahmenbedingungen häufig weg. Mit dem eigentlichen Lebensalter und dem Sprachenlernen hat dies aber nur indirekt zu tun. Natürlich bringt der Alterungsprozess gewisse Nebeneffekte mit sich. Die Wahrnehmung, die Gedächtnisfunktionen, die Flexibilität und die Reaktionsgeschwindigkeit können im Alter bekanntlich beeinträchtigt sein, aber das gilt für das Denken und Lernen allgemein, ist also keine sprachspezifische Erscheinung und in der Wirkung (oft) weniger verheerend als weitläufig angenommen. Birdsong (2009) wendet sich daher deutlich gegen eine Überbetonung des Alters als Einflussfaktor und schlägt die Bezeichnung ‚age-related effects‘ vor.

Das Lernen wird mit fortgeschrittenem Alter in verschiedener Hinsicht sogar einfacher, zum Beispiel dadurch, dass man an bereits erworbenes Wissen, erprobte Strategien und komplexe Wissensnetze, Schemata und Modelle sowie an Sprachlernerfahrungen aus anderen Sprachen besser anknüpfen kann. Für das Sprachenlernen bedeutet das konkret, dass bestimmte Sachverhalte oder Vorgänge, die einem erwachsenen Lerner aus der ersten oder einer weiteren Sprache bereits bekannt sind, von ihm in der zweiten Sprache schneller angewandt oder angepasst werden können als von einem Kind. Logische Abläufe, kausales Denken, Raum und Zeitkonzepte und abstrakte Sachverhalte gehören genauso dazu wie die gesamte Begriffswelt und das Strategienrepertoire (Weltwissen), die bei einem Erwachsenen auf Grund der Lebenserfahrung viel ausgeprägter sind als bei einem jungen Lerner. Das Weltwissen stellt wichtige, zeitsparende Brücken, die älteren Lernern den Erwerb einer Fremdsprache erleichtern, zur Verfügung.

Eingeschränkt werden diese positiven Effekte nur insofern, als bekanntes Wissen und eingespielte Verhaltensweisen immer auch den Zugang zu Neuem verbauen können. Am deutlichsten wird das im Bereich der Aussprache. Hier müssen wir uns im Deutschen mit einem limitierten Inventar von 37 Lauten in einem eingeschränkten Variationskanal behelfen. Dieses Inventar wird naturgemäß so häufig benutzt, dass es schnell zu einer Verfestigung der Ausspracheroutinen kommt. Ist das Inventar erst einmal fest eingefahren (fossilisiert), kann dadurch unter Umständen das akkurate Erlernen des Lautinventars einer fremden Sprache erschwert werden. Ein Lerner produziert dann eine nicht ganz zielgerechte Aussprache, die zu der Annahme verleiten kann, er beherrsche die fremde Sprache nicht richtig. Inwiefern der Lerner den Wortschatz und die Grammatik wirklich beherrscht, kann auf Grund der Aussprache von außen jedoch kaum entschieden werden.

Das Alter spielt damit als pauschale Größe des Sprachenerwerbs nur eine untergeordnete Rolle. Viel produktiver ist es, den **sekundären Effekten des Alters** mehr Aufmerksamkeit zu schenken: der zur Verfügung stehenden Lernzeit, der Lernmotivation, dem Vorwissen und den fördernden oder hemmenden Einflüssen der zuvor erworbenen Sprachen. So kommt es, dass erwachsene Lerner aufgrund ihrer Lebenserfahrung und ihrer damit verbundenen fokussierten Einstellung zum Lernen sowie einem stärkeren Interesse im Unterricht häufig erfolgreicher als jüngere Lerner sind und sich aktiver beteiligen. Wegen ihrer Lebenserfahrung fällt es ihnen meist leichter, über einen größeren Themenbereich zu sprechen und Verbindungen zu anderen Aspekten des Weltwissens und Interessen zu erkennen. Dadurch spüren sie den kommunikativen Druck, die nötigen sprachlichen Mittel effizient und akkurat zu erlernen (siehe hierzu die Arbeiten von Berndt 2003, Häcki Buhofer/ Hofer 2003, Singleton/Ryan 2004, Aguado/Grotjahn/Schlak 2005, Grotjahn 2006, Pagonis 2009, Molnár 2010, Schmelter 2010, Stemmer 2010, Edmondson 2010, Wegmann/Pomino 2010).

Auch bei den geschlechtsspezifischen Unterschieden entscheiden – Stereotype hin oder her – weniger die genetische Prägung als die sekundären Effekte (Lernstoff, Art, Aufmachung und Vermittlung des Lernmaterials, Zeit) über den Zugang zur fremden Sprache und den Erwerbserfolg.

Unter **Sprachanlage** wird gewöhnlich zweierlei verstanden: im weiteren Sinn der gesamte Spracherwerbsapparat mit seiner Hardware und Software (vgl. Kap. 1.6), im engeren Sinn auch das Talent, eine Sprache zu erwerben. In der Literatur wird der Erwerbsapparat, also die Sprachlernfähigkeit, auch **Language Acquisition Device** (LAD) genannt. Jeder Mensch besitzt die genetischen Grundanlagen dazu von Geburt an. Im Laufe der Entwicklung werden diese allerdings durch die verschiedenen lernerinternen und lernerexternen Faktoren unterschiedlich aktiviert und ausgeprägt. Diese Ausbildung des Grundinventars spielt eine besonders wichtige Rolle beim Grad und der Geschwindigkeit des Erwerbs. Beide Faktorenbündel sind durch Umweltfaktoren wie zum Beispiel den Unterricht beeinflussbar. Die ausschließende Wirkung einer (vermeintlich) begrenzten Sprachanlage wird jedoch weitgehend überschätzt. Es gibt keinen plausiblen Grund, warum eine L2 grundsätzlich nicht erlernbar sein sollte.

1.8 Aufgaben

1. Welche sind die wichtigsten Lernerfaktoren beim Fremdsprachenlernen, wie ermittelt man Lernstile?
2. Wie würden Sie bei der Konzeption eines Sprachunterrichts auf die verschiedenen Interessen und Lerngewohnheiten von weiblichen und männlichen Lernern eingehen?
3. Wie würden Sie die Lerntraditionen einer Lernergruppe ermitteln und im Fremdsprachenunterricht darauf reagieren?
4. Welche Rolle spielt der Aktivierungsgrad beim Behalten und wie kann damit im Unterricht umgegangen werden?
5. Wie lassen sich Bilder lernfördernd im Unterricht einsetzen?
6. Wie ist das bilinguale mentale Lexikon organisiert und welche Rolle könnte es im Unterricht spielen?
7. Welche Funktionen hat der Visuelle Thesaurus?
8. Warum ist es sinnvoll, von Sprachentwicklung auszugehen und welche unterschiedlichen Ansätze gibt es dazu?
9. Welche Rolle spielen Chunks im Sprachenerwerb?
10. Welche Mehrwerte kann Mehrsprachigkeit produzieren und worauf gründen sich diese Annahmen?

2 Grundlagenwissen über den Lerngegenstand deutsche Sprache

(Martina Liedke unter Mitarbeit von Elisabetta Terrasi-Haufe)

In diesem Kapitel wird das linguistische Grundlagenwissen präsentiert, das erforderlich ist, um Deutsch an Lernende anderer Herkunftssprachen zu vermitteln. Im Vordergrund steht die Frage, welche Gemeinsamkeiten das Deutsche mit anderen Sprachen der Welt besitzt, welche Besonderheiten es aufweist und welche Konsequenzen sich daraus für das Lehren und Lernen des Deutschen ergeben. Zunächst geht es um allgemeines Wissen über die deutsche Sprache, ihre Verbreitung und ihre sprachsystematische Stellung. Sie erhalten einen Überblick über den Umfang des deutschen Wortschatzes und seine historisch bedingten Merkmale. Danach werden die Eigenschaften der mündlichen und schriftlichen deutschen Sprache in den Bereichen Phonologie, Syntax und Morphologie vorgestellt, wobei über die Einheiten Phonem, Morphem, Wort und Satz hinaus auch größere sprachliche Einheiten, Texte und Diskurse in den Blick kommen. Im Anschluss wird das Deutsche als Fach- und Berufssprache angesprochen.

2.1 Sprachenpolitische Stellung des Deutschen

Deutsch als Fremdsprache steht vor dem Hintergrund einer international und national präsenten Sprachenvielfalt. Dafür, wann welche Sprache gelernt wird, und warum gerade das Deutsche als Fremdsprache gewählt wird, gibt es verschiedene Gründe. Ein wichtiger Aspekt ist dabei die kommunikative Reichweite.

Deutsch ist die EU-Sprache mit den meisten Sprechern innerhalb Europas und nimmt in der Liste der Weltsprachen laut Austin (2009) den 10. Rang ein. In mehreren europäischen Ländern besitzt das Deutsche den Status einer Amtssprache. In Europa kommt dem Deutschen daher eine wichtige Stellung als Verkehrs- und Handelssprache zu. Aufgrund ihrer Stellung als Amtssprache in verschiedenen Ländern wird die deutsche Sprache als plurizentrische Sprache bezeichnet (vgl. Kap. 3). Die Anzahl der Sprecher wird für das Deutsche von Austin (2009) mit 128 Millionen und von Crystal (1997) mit 123 Millionen angegeben. Damit ist Deutsch von der Sprecheranzahl her mit dem Japanischen vergleichbar. Die meisten Deutschsprechenden leben in Deutschland (rund 81 Millionen), rund 7,6 Millionen in Österreich und rund 4,2 Millionen in der Schweiz. Recht große Sprechergruppen des Deutschen finden sich zudem in den USA, in Frankreich, Kasachstan und Russland (jeweils ca. 1 Million Sprecher). Deutschsprachige Minderheiten finden sich auch in Italien (ca. 0,28 Millionen Sprecher), Ungarn (rund 0,25 Millionen Sprecher) und Tschechien (ca. 0,15 Millionen Sprecher).

2.1.1 Deutsch als Fremdsprache

Der Bezeichnung „Fremdsprache" steht im alltäglichen Sprachgebrauch die „Muttersprache" gegenüber, die in der Familie und im Lebensalltag gesprochen wird. Allein die Vielfalt der in manchen Ländern genutzten Amtssprachen zeigt, dass dies eine auf Einsprachigkeit hin vereinfachende Betrachtungsweise ist, der die tatsächliche Mehrsprachigkeit großer Bevölkerungsgruppen in den meisten Ländern der Welt gegenübersteht. In der Linguistik wird auf den Ausdruck „Muttersprache" weitgehend verzichtet. Stattdessen spricht man in Übernahme der angloamerikanischen Terminologie von der L1, der **Erstsprache** (*language one*), die ein Mensch erwirbt, und zählt dann alle weiteren, im Verlauf des Lebens angeeigneten Sprachen in chronologischer Reihenfolge als L2, L3, L4, L5 usw. Von „Deutsch als Fremdsprache" wird dann gesprochen, wenn Deutsch als L2 oder spätere Sprache erworben wird. In anderen Ländern wird Deutsch als Fremdsprache häufig an staatlichen Schulen unterrichtet. Darüber hinaus finden sich Deutschlernende an Universitäten und Sprachenschulen. Eine zentrale Stellung nimmt hier das Goethe-Institut ein. Neben zahlreichen Angeboten im Sprachkursbereich für Erwachsene betreut das Goethe-Institut auch die Lehre des Deutschen an ausländischen Schulen, bietet Deutschlehrerfortbildungen an und bildet mit einem umfangreichen Kulturprogramm die wichtigste Informations- und Kontaktstelle zur deutschen Sprache und den deutschsprachigen Ländern in über 60 Staaten. Aktuelle Statistiken zu den Zahlen der Deutschlerner weltweit können über die Webseiten des DAAD und des Goethe-Instituts abgerufen werden.

Wird das Deutsche in der Kindheit zeitlich parallel zu einer anderen Erstsprache erworben, spricht man von „bilingualem" bzw. **„parallelem Erstspracherwerb"**. Aufgrund der kommunikativen Reichweite wird zumeist Englisch als L2 erlernt. In diesem Zusammenhang spricht man von **Deutsch als Tertiärsprache** und bezieht sich damit zusammenfassend auf alle Konstellationen, in denen Deutsch als L3, L4, L5 usw. erworben wird.

2.1.2 Deutsch als Zweitsprache

Deutsch als Zweitsprache bezeichnet eine Sprachlernkonstellation im Inland, die dadurch gekennzeichnet ist, dass die Sprechenden eine andere Familiensprache nutzen. In Bezug auf ihren sprachenpolitischen Status unterscheidet man zwischen Binnenfremdsprachen, die auf historisch frühe Ansiedlungen größerer Sprechergruppen in bestimmten Regionen des deutschsprachigen Raumes zurückgehen, und sogenannten Migrantensprachen, deren Verbreitung sich aus Einwanderungen nach Deutschland seit der zweiten Hälfte des 20. Jahrhunderts ergeben hat. Die Anzahl der Sprecherinnen und Sprecher des Deutschen als Zweitsprache ist unklar. In der aktuellen Statistik des Statistischen Bundesamts werden Personen, in deren Familien eine Einwanderung nach 1945 stattgefunden hat, als Personen mit Migrationshintergrund geführt; viele von ihnen besitzen einen deutschen Pass. Als Zahl angegeben werden rund 16,4 Millionen 2014[1], dies entspricht einem Gesamtbevölkerungs-anteil von rund 20 %. Daten zur Sprachenverwendung wurden dabei nicht erhoben. Zwar ist bekannt, dass viele der sogenannten „Personen mit Migrationshintergrund" in ihren Familien weiterhin ihre ehemaligen Herkunftssprachen verwenden. In welchem Ausmaß in der Familienkommunikation auf die verschiedenen Sprachen zurückgegriffen wird und ob bei wie vielen Personen von einem bilingualen Erstspracherwerb gesprochen werden kann, ist aber eine bislang ungeklärte Forschungsfrage.

Daneben hat seit 2014 eine beträchtliche Einreise von **Geflüchteten** nach Deutschland stattgefunden. Es handelt sich dabei hauptsächlich um Kriegs- und Wirtschaftsflüchtlinge aus Syrien, dem Irak, Afghanistan, dem Iran und Albanien. Tabelle 1 zeigt die jeweils fünf Herkunftsländer mit der größten Anzahl von Geflüchteten aus den Jahren 2014, 2015 und 2016[2].

2014			2015			2016		
1. Syrien	39.332	22,7%	1. Syrien	158.657	35,9%	1. Syrien	60.661	51,7%
2. Serbien	17.172	9,9%	2. Albanien	53.805	12,2%	2. Irak	16.621	14,2%
3. Eritrea	13.198	7,6%	3. Kosovo	33.427	7,6%	3. Afghanistan	12.404	10,6%
4. Afghanistan	9.115	5,3%	4. Afghanistan	31.382	7,1%	4. Iran	2.719	2,3%
5. Albanien	7.865	4,5%	5. Irak	29.784	6,7%	5. Albanien	2.471	2,1%
gesamt	173.072		gesamt	441.899		gesamt bisher	17.392	

Tab. 2.1 Anzahl der Asyl-Erstanträge nach Herkunftsländern (vgl. BAMF 2014a, 2015a, 2016a)

Diese Lernergruppe bringt meistens nur sehr geringe oder gar keine Deutschkenntnisse mit. Da Geflüchtete in Deutschland Deutsch lernen, wird davon ausgegangen, dass sie Deutsch als Zweitsprache lernen. Allerdings ist die schulische Deutsch als Zweitsprache-Didaktik auf ihre Bedürfnisse kaum eingestellt, denn bei diesen Lernern handelt es sich oft um Zweitschriftsystemlernende, die kaum Erfahrungen mit mitteleuropäischen So-zialisierungsmethoden haben. Für die meisten unter ihnen ist Deutsch erstmal eine sehr „fremde Sprache".

2.1.3 Varietäten und Varianten

Zur Erfassung verschiedener Existenzformen von Sprachen werden in der Linguistik die Begriffe „Variante" und „Varietät" verwendet. In diesem Zusammenhang spricht man auch von „sprachlichen Subsystemen", „koexistierenden Systemen" oder „Diasystemen". Die Begriffe „Variante" und „Varietät" werden dabei zum Teil gleichbedeutend verwendet, in jüngster Zeit zeichnet sich allerdings eine zunehmende Differenzierung ab. Während varia-

---

1   Statistisches Bundesamt, www.destatis.de
2   Die Zahlen für 2016 ergeben sich nur aus den beiden bereits vergangenen Monaten Januar und Februar. Die prozentuale Verteilung der Herkunftsländer ist dennoch aussagekräftig.

tionslinguistische Überlegungen zunächst vor allem auf die Phonologie und die Dialektforschung bezogen waren, ist das Untersuchungsspektrum der heutigen Varietätenlinguistik wesentlich breiter.

Als **Varietäten** werden überindividuelle Formen des Sprachgebrauchs bezeichnet, die sich durch lexikalische, phonologische, morphologische, syntaktische oder pragmatische Kriterien von der überregional gültigen Standardsprache, dem „im öffentlichen Sprachgebrauch als angemessen und korrekt geltenden" Deutsch (Ammon et al. 2004: XI) bzw. der „vorwiegend schriftliche(n) Sprache der öffentlichen, formellen Kommunikation" (Schlaefer 2009: 45) unterschieden.

Dabei geht man davon aus, dass die meisten Sprecher über Kenntnisse mehrerer Varietäten verfügen und davon in ihrem sprachlichen Handeln Gebrauch machen. In diesem Zusammenhang spricht man auch aus monolingualer Perspektive von einer „inneren Mehrsprachigkeit" (u. a. Schlaefer 2009: 43). Das in der Lexikologie genutzte Modell des Wortschatzes als Diasystem aus mehreren, sich überschneidenden Teilsystemen zeigt Abbildung 2.1.

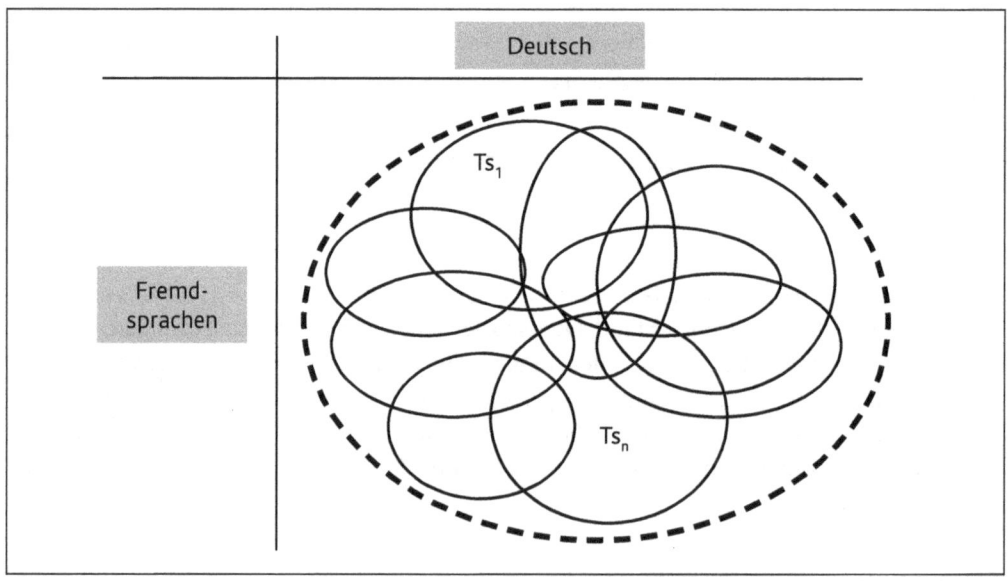

Abb. 2.1 Wortschatz als Diasystem (Schlaefer 2009: 44)

Wie die Grafik visuell verdeutlicht, wird das lexikalische System des Deutschen von „Fremdsprachen" abgegrenzt und als Einheit konzipiert, die in sich verschiedene Teilsysteme (TS1-n) birgt. Innerhalb des Diasystems wird die Standardsprache als „Leitvarietät" betrachtet und ihr ein Status als „sozial maßgebliche Gebrauchsnorm" zugesprochen (Schlaefer 2009: 45).

Die in dem Modell postulierte grundlegende Abgrenzung zwischen dem Deutschen und den „Fremdsprachen" stellt sich ausgehend von Forschungsergebnissen der Sprachkontaktforschung und zum Deutschen als Zweitsprache allerdings als brüchig dar. So sind einige Varietäten durch Sprachmischungen und Code-Switching gekennzeichnet, die Sprachkompetenzen der Sprecher zumeist plurilingual geprägt. Varietäten wie die Fachsprachen weisen große interlinguale Ähnlichkeiten auf und sind möglicherweise eher durch andere Kriterien als durch ihre Zuordnung zu den Einzelsprachen als funktionale Subsysteme abzugrenzen (vgl. Kap. 2.4).

Ein sehr viel weiterer Begriff von „Varietät" findet sich demgegenüber in der Spracherwerbsforschung, in der von verschiedenen **„Lernervarietäten"** gesprochen wird. Der Ausdruck bezieht sich hier – teils individualistisch, teils verallgemeinert gefasst – auf unterschiedliche Kompetenzgrade der Sprachbeherrschung. Im verallgemeinerten Sinn bezeichnet „Lernervarietät" die von der Standardsprache und auch den verschiedenen Varietäten des Deutschen abweichenden Sprachproduktionen von Sprachenlernern, die als dynamische sprachliche Regelsysteme erfasst und beschrieben werden.

Die Anzahl und interne Abgrenzung verschiedener Varietäten, ihr Bezug auf das Sprachwissen und den Sprachgebrauch einzelner Sprachnutzer und Nutzergruppen ist insgesamt also bislang alles andere als klar. Vielmehr ergibt sich für die Varietätenlinguistik hier ein umfangreiches Forschungsprogramm, wobei für verschiedene der differenzierten Arten von Variation und Varietäten ein unterschiedlicher Stand der Beschreibung zu verzeichnen ist.

2.1.3.1 Stilistische Differenzierungen

Die Differenzierung verschiedener sprachlicher **Subsysteme** nach stilistischen Kriterien ist relativ alt und ergibt sich unter anderem aus den praktischen Ansprüchen von Wörterbüchern, zur Allgemeinbildung beizutragen und Fremdsprachensprechende des Deutschen mit Informationen zu versehen, die einen situationsangemessenen Sprachgebrauch ermöglichen. In der Lexikologie wird hier auch von „symptomwertiger Lexik" gesprochen (Schlaefer 2009). Für die lexikologische Praxis spielen neben diachronen Aspekten (Veraltung eines Lexems) insbesondere stilistische Kategorisierungen eine große Rolle. Dabei wird zumeist eine Einteilung in drei Schichten genutzt (Standard, Suprastandard, Substandard). Die standardsprachliche Lexik gilt als unmarkiert, **Supra- und Substandard** umfassen hingegen markierte lexikalische Formen. Beide Kategorien werden bei Schlaefer (2009) wiederum in Untergruppen (poetisch, gehoben, bildungssprachlich sowie salopp, derb, vulgär) eingeteilt, wobei fließende Übergänge und Unschärfen angenommen werden. Ähnliche Differenzierungen finden sich in allen gegenwärtigen Wörterbüchern.

2.1.3.2 Räumliche Differenzierungen

Neben stilistischen Kriterien bildet die räumliche Verbreitung von Sprachformen ein häufig und früh genutztes Kriterium der **Binnendifferenzierung** von Sprachen, wobei kleinräumig verbreitete ländliche Sprachformen (Dialekte, Mundarten) der überregionalen Gemeinsprache (Hoch- oder Literatursprache) gegenübergestellt werden. Die Dialektvarietäten des Deutschen sind lexikalisch und phonologisch recht gut beschrieben, ihre Verwendung wird allerdings gegenwärtig als stark rückläufig eingeschätzt. Die Stellung der Dialekte in den verschiedenen deutschsprachigen Ländern ist dabei unterschiedlich (vgl. Kapitel 2.1.3.3).

Eine umfangreiche Beschreibung der deutschen Dialekte wurde in dem Ende des 19. Jahrhunderts begonnenen „Sprachatlas des Deutschen Reichs" vorgenommen, der auf einer von Georg Wenker durchgeführten Fragebogenuntersuchung mit 40 deutschen Sätzen beruht, die an zahlreiche Dörfer und Schulen verschickt wurden. Mit rund 40.000 Erhebungsorten gilt der heutzutage am Forschungszentrum Deutscher Sprachatlas an der Universität Marburg angesiedelte Sprachatlas als das umfangreichste kartografische Dokument der Dialektgeografie.

Im „Sprechenden Sprachatlas von Bayern" (http://sprachatlas.bayerische-landesbibliothek-online.de), einer an verschiedenen bayerischen Universitäten in Zusammenarbeit mit der Bayerischen Staatsbibliothek erarbeiteten Dokumentation, werden gebräuchliche Wortungen, Konsonanten und Vokale im Nord-, Mittel- und Südbairischen, Thüringischen, Rheinfränkischen, Unterost- und Oberostfränkischen, Ostschwäbischen und Niederalemannischen auch durch Tonaufnahmen dokumentiert.

Neben den Dialekten werden nach geografischen Kriterien gegenwärtig weitere, enger oder weiträumiger gefasste regionale Varietäten unterschieden. So bildeten sich in den Städten durch Zusammentreffen von Sprechenden verschiedener Dialekte in Ausgleichsprozessen eigene Normen heraus, die in der gegenwärtigen Linguistik unter der Kategorie „Stadtsprachen" erfasst und beschrieben werden.

Zudem werden regionale Großräume differenziert, die einzelne Bundesländer und Dialekträume übergreifen. Ammon et al. (2004) beispielsweise unterscheiden für Deutschland die Sprachräume Nordost, Nordwest, Mittelost, Mittelwest, Südost und Südwest; ein eigenständiger Sprachenstatus als „Niederdeutsch" wird dabei der Gruppe der niederdeutschen („plattdeutschen") Dialekte zugesprochen, zu denen u. a. die verschiedenen Auftretensformen des Niedersächsischen, Westfälischen und Pommerschen gerechnet werden.

2.1.3.3 Varianten des Deutschen

In der derzeitigen Diskussion um Variation in der Sprache wird zumeist zwischen „Varianten" und „Varietäten" des Deutschen unterschieden. Dazu beigetragen hat insbesondere das 2004 erschienene „Variantenwörterbuch des Deutschen" (Ammon et al. 2004), das mit rund 12.000 Worteinträgen verschiedene lexikalische Ausprägungen des Deutschen in Österreich, der Schweiz, Deutschland, Liechtenstein, Luxemburg, Ostbelgien und Südtirol erfasst. Als **„Varianten"** werden verschiedene Erscheinungsformen der deutschen Standardsprache bezeichnet. Dem entspricht die Auffassung, dass es sich bei Deutsch ebenso wie bei dem Englischen, Französischen oder Spanischen um eine plurizentrische Sprache handelt, die in verschiedenen nationalen Kontexten unterschiedliche standardisierte Formen angenommen hat. Ausgehend von bereits bestehenden Erfassungen der jeweiligen Norm in eigenständigen Wörterbüchern unterscheiden Ammon et al. zwischen nationalen

Vollzentren (Deutschland, Österreich und der Schweiz) sowie Halbzentren (Liechtenstein, Luxemburg, Ostbelgien und Südtirol), in denen zwar eigene Ausprägungen des Deutschen auf der Ebene der Standardsprache vorliegen, für die jedoch bislang keine Kodifizierung erfolgt ist. Die verschiedenen Varianten des Deutschen weisen nicht nur Unterschiede in ihrem Lexikbestand sowie in Lautung und Schreibung auf, sondern auch hinsichtlich Genus und Wortbildung.

Die folgende Tabelle ist ein Auszug aus einer Auflistung von **Genusunterschieden** zwischen den verschiedenen Varianten des Deutschen (Ammon et al., 2004, S. LXIII).

Österreich	Schweiz	Deutschland	
Ausschank (Schankraum)	fem.	mask.	
Bikini	mask.	neutr.	mask.
Gulasch	neutr.	mask.	mask./neutr.
SMS	neutr.	neutr.	fem.

Tab. 2.2 Genusunterschiede im Deutschen

Die beiden folgenden Einträge stammen aus dem Variantenwörterbuch.

Ba̱dzimmer CH das; -s,: ⬈Badestube D-nord ›für die Körperpflege eingerichteter Raum in der Wohnung; Badezimmer‹: *Installieren Sie keine scharfkantigen Armaturen, Überläufe, Stöpsel oder andere Sanitäreinrichtungen im Badzimmer* (Blick 15. 9. 1994, 29)	**Bahnhofbuffet** CH das; -s, -s […'byfɛ]: ⬈Bahnhofsrestaurant A D, ⬈Bahnhofsgaststätte D, ⬈Bahnhofswirtschaft D-süd ›Restaurant in

Abb. 2.2 Einträge aus dem Variantenwörterbuch (Ammon et al. 2004: 85)

Mit Blick auf die Wortbildung werden Sie feststellen, dass in den schweizerdeutschen Varianten *Badzimmer* und *Bahnhofbuffet* im Unterschied zu anderen Varianten (*Badestube/Badezimmer*, *Bahnhofsrestaurant/Bahnhofsgaststätte*) keine Fugenelemente verwendet werden (vgl. Kap. 2.2.3.2).

Das Verhältnis der Standardvarianten zu den lokalen Dialekten ist in den verschiedenen Ländern unterschiedlich. Ammon et al. (2004) konstatieren für Deutschland einen weitgehenden Gebrauch der Standardsprache in öffentlichen und privaten Kontexten, was eine Abgrenzung von Standard- und Umgangssprache oft schwierig gestaltet. Für den Norden Deutschlands konstatieren sie einen nahezu vollständigen Dialektschwund, wobei sich allerdings noch Dialektrelikte als auffällige Grammatikabweichungen finden lassen (z. B. *ohne ihr, mit sie*), die zumeist als Anzeichen für eine niedrige Bildung gedeutet werden (Ammon et al. 2004: XLV). Im Süden hingegen ist demgegenüber der Dialektgebrauch verbreitet, seine Verwendung allerdings mündlich zumeist auf die Privatsphäre und nicht-öffentliche Kommunikation am Arbeitsplatz beschränkt. Die Übergänge von Dialekt und Standardsprache gestalten sich zudem fließend, sodass von einem „Dialekt-Standard-Kontinuum" gesprochen werden kann, das sich über verschiedene Sprechsituationen hinweg erstreckt (Ammon et al. 2004: XLVII).

Eine etwas andere Sprachenlage ist laut Ammon et al. (2004) in Österreich gegeben. Neben der in den Medien und in öffentlichen Kommunikationssituationen verwendeten Standardsprache findet sich auch eine informelle Standardvariante, die ebenfalls zum Teil im öffentlichen Raum verwendet wird und in verschiedenen Ausprägungen auftreten kann. Ähnlich wie in Süddeutschland ist die gesprochene Umgangssprache zudem durch einen fließenden Übergang zwischen Standard und dialektalen Formen gekennzeichnet, wobei die Wahl des jeweils dominanten Registers von verschiedenen sozialen Parametern, u. a. dem Bildungsgrad und Vertrautheitsgrad der Sprecher, dem Thema und emotionalen Faktoren abhängt (Ammon et al. 2004: XXXVI).

Für die Schweiz wird demgegenüber eine **diglossische Situation**, ein Nebeneinander bei gleichzeitiger deutlicher funktionaler Trennung von Standardsprache und Dialekt angenommen. Die Standardvarietät Schweizerhochdeutsch kommt nur in stark formellen Situationen zur Anwendung und ist oft mit dem vorlesenden Vortrag verbunden, z. B. vor Gericht, in der Kirche, in Nachrichtensendungen und universitären Vorlesungen). Gespräche in Standardsprache sind nahezu ausschließlich auf den Kontext der Bildungsinstitutionen und das Gespräch mit nicht Dialektsprechenden beschränkt. Der alltägliche sprachliche Umgang ist durch die Verwendung der örtlichen Dialekte gekennzeichnet, fließende Übergänge sind nicht festzustellen.

2.1.3.4 Soziale Aspekte von Variation

Während in der Dialektforschung und Lexikografie vor allem lexikalische Aspekte im Vordergrund der Untersuchung stehen, nimmt die Untersuchung und Beschreibung anderer Varietäten wie Soziolektenn, Genderlekten oder Ethnolekten in sehr viel stärkerem Maße auf soziale Praktiken Bezug. In einem weiteren Sinn werden Varietäten wie die genannten als **„Gruppensprachen"** erfasst, die eine bestimmte soziale Gruppe an ihrem Sprachgebrauch kenntlich werden lassen. Hinsichtlich ihrer individuellen Stabilität unterscheidet man zwischen habituellen (dauerhaften, gewohnheitsbildenden) und transitorischen Varietäten (Spiekermann 2011).

Ausgehend von einer Außenperspektive sind die Varietäten an soziale Vorurteile gebunden. Aus einer Innenperspektive hingegen liegt ihre Funktion in der Stärkung des Gemeinschaftsgefühls der Gruppe und dem Ausdruck der individuellen Identität (Fiehler 2005: 1241).

Der Begriff **Soziolekt** wird zumeist in einem engen Verständnis auf festzustellende Sprachunterschiede zwischen verschiedenen gesellschaftlichen Klassen bezogen. Allerdings lässt sich nach Spiekermann (2011) die diastratische (vertikale) Variation im Deutschen anders als im Englischen nur sehr begrenzt auf die gegebenen sozialen und wirtschaftlichen Verhältnisse abbilden. So können zwar stilistische Unterschiede in Abhängigkeit von der sozialen Herkunft und Bildung aufgewiesen werden, die verschiedenen Varietäten werden jedoch über soziale Grenzen hinweg gebraucht.

Eine relativierte Sicht wird auch im Blick auf die sogenannten **Genderlekte** vertreten, die auf einen unterschiedlichen Sprachgebrauch zwischen Männern und Frauen Bezug nehmen, wobei als Kennzeichen der „Frauensprache" Abschwächungen und Einschränkungen von Aussagen angenommen werden. Anders als z. B. im Japanischen, wo ein deutlich unterschiedliches lexikalisch-morphologisches Repertoire für den geschlechtsspezifischen Sprachgebrauch ausgearbeitet ist, lassen sich im Deutschen keine klaren Zuordnungen von Sprechweisen zu Männern oder Frauen treffen. In der neueren Soziolinguistik zieht man es daher vor, von *doing gender* zu sprechen und dies als einen interaktiven (Selbst- oder Fremd-) Zuweisungsprozess zu Geschlechterrollen zu verstehen.

Von den transitorischen, sprachalterbezogenen Varietäten ist insbesondere die Jugendsprache gut untersucht. Arbeiten zum Sprachgebrauch von Senioren liegen hingegen bislang kaum vor. Bei der Herausbildung von **Jugendsprache** wird den Medien eine zentrale Rolle zugeschrieben. Ein gegenwärtiges Forschungsfeld betrifft den Vergleich zwischen jugendsprachlichen Varietäten in verschiedenen Nationalsprachen vor dem Hintergrund gesellschaftlicher Pluralität, globalisierter Medieninhalte und grenzüberschreitender Kommunikationsmöglichkeiten durch das Internet.

> he leute,was gehdn? Endlich steht unsere seite im netz. hier wollen wir uns vorstellen und euch zeigen was bei uns so geht. wir sind zwar noch wenige und stehen am anfang aber wir hoffen das wir größer werden und das projekt auf stylische art und weise growen wird! (falls ihr interesse habt schreibt an den webmaster dieser seite).
> (Androutsopoulos 2003: 285)

Verstärkte Aufmerksamkeit ist in der linguistischen Forschung der jüngsten Zeit den sogenannten jugendlichen Ethnolekten gewidmet worden. Mit dem – insbesondere aus deutscher Perspektive nicht unproblematischen – Begriff der „Ethnie" wird dabei die biografische Konstellation der Einwanderung aus anderen Sprachräumen in deutschsprachige Länder erfasst. Die Bezeichnung **Ethnolekt** wird auf die Sprache der 2. und 3. Generation von Einwanderern bezogen. Alternative Bezeichnungen greifen auf sozial-räumliche Kategorisierungen („Kiezsprache", „unsere Ghettosprache") zurück, ferner finden sich nationalitätsbezogene Benennungen wie „Türkendeutsch" oder kategorisierende Einschätzungen als „Türkenslang".

Die in verschiedenen Arbeiten (vgl. u. a. Wiese 2006, sowie die Übersicht bei Kern 2011) aufgewiesenen phonologischen Kennzeichen ethnolektaler Sprechweisen umfassen u. a. die Verwendung eines Zungenspitzen-R und den Verzicht auf die Vokalisierung von /r/ am Wortende, die Umsetzung des Reibelauts [ç] als [ʃ] und die Reduktion des Konsonantenclusters [ts] auf [s]. In der morphosyntaktischen Dimension fallen Simplifizierungen und Reduktionen, der Ausfall von Artikelformen, Präpositionen und der Verzicht auf syntaktische Inversion sowie abweichende Genuszuweisungen auf. Ferner gilt der gehäufte Einsatz von Partikeln und verschliffenen Formeln wie *so, un so, weißdu, verstehsdu* und die Verwendung von Diskurspartikeln, die aus anderen Sprachen übernommen wurden (z. B.

Türkisch *lan – Mann, Alter, Mensch*; *kız – Mädchen*; *hadı – los*; *wallah – wirklich*), für eine ethnolektale Sprechweise als typisch. Während Ethnolekte zunächst genderspezifisch mit männlichen Jugendlichen in Verbindung gebracht wurden, haben empirische Arbeiten gezeigt, dass auch Sprecherinnen diese Varietät tragen.

Im folgenden Ausschnitt aus einem authentischen Gespräch zwischen Mädchen (Kern/ Simsek 2006: 115) finden sich diese Merkmale wieder.

```
240 Gül:   nAch der Arbeit,
241        isch geh so DINGS zu ah-ä zum AUto; weißt du, ( . )
242        daNACH- ( . )
243        vor meinem FENster,
244        ist so BRIEF; ( - )
245        isch GUCK so,
246        isch dachte erstmal so STRAFzettel;
247 Zel:   ((lacht))
248 Gül:   isch GUCK so,
249        <<p> (da ist) lIE(gt) > also BRIEF;
250        von <<p> Taner>;
251        da STEHT so-
252        isch würde Akzeptieren wenn du auch SCHLUSS machen
253        würdest und so; =
```

„Ethnolektale Merkmale", so schreibt Keim (2011: 452), „erwecken aus der Außenperspektive den Eindruck, der Sprecher spreche die jeweilige Landessprache inkorrekt." Im öffentlichen und Bildungsdiskurs bilden sie daher ein Politikum. Tatsächlich weisen die **ethnolektalen Sprechweisen der 2. und 3. Generation** Ähnlichkeiten mit den Lernervarietäten der 1. Migrantengeneration auf. Empirische Untersuchungen haben allerdings gezeigt, dass die Ethnolekt sprechenden Jugendlichen sich ihrer abweichenden Sprechweise durchaus bewusst sind und gegebenenfalls auf andere Varietäten „umschalten" können. Kern/Simsek (2006) und Wiese (2006) machen vor allem auf die innovativen Momente ethnolektaler Varietäten aufmerksam, die zum Teil bestehende Tendenzen des Deutschen (z. B. die Bildung von Funktionsverbgefügen wie *Urlaub machen, nass machen* etc.) kreativ aufnehmen (*ich mach dich Messer*). In der Sprachkontaktforschung werden sie daher als Motor von Sprachwandel aufgefasst (Riehl 2009).

Ein zu beobachtendes Phänomen ist, dass nicht nur Jugendliche mit Migrationshintergrund ethnolektale Varietäten verwenden. Auer (2003) differenziert in einem typologischen Vorschlag zwischen „primären", „sekundären" und „tertiären Ethnolekten". Als primären Ethnolekt bezeichnet er dabei den Sprachgebrauch durch die Jugendlichen selbst, als sekundären Ethnolekt dessen mediale Verarbeitung und Stilisierung, wie sie z. B. in Filmen und Comedys vorgenommen wird. Die Zitierung und Übernahme des sekundären Ethnolekts durch deutsche Jugendliche wird von Auer als tertiärer Ethnolekt erfasst und zugleich soziolinguistisch als **„De-Ethnisierung"** gewertet. Keim (2011) geht hingegen von vornherein von „multiethnolektalen Formen" aus, die sich im Kontakt von jugendlichen Sprechenden unterschiedlicher Herkunftssprachen herausbilden.

In diesem Kapitel haben Sie den Unterschied zwischen „Variante" und „Varietät" kennengelernt. Sie haben Einblick in die unterschiedlichen Ausprägungen der deutschen Standardsprache in verschiedenen Ländern erhalten. Sie haben grundlegende Einteilungen von Varietäten kennengelernt, einen Einblick in die dialektal geprägte Vielfalt der deutschen Sprache erhalten und sich mit den Konzepten Jugendsprache und Ethnolekt näher beschäftigt.

In systemischer Hinsicht beeinflussen folgende Faktoren Sprachvariation und Sprachwandel (nach Roche 2013a: 159 f.):

▶ Funktion (Register, Textsorte ...)
▶ Soziales Umfeld (Soziolekte)
▶ Regionales Umfeld (Dialekte, Regiolekte, Ethnolekte)
▶ Individuelle Präferenzen (Idiolekte)
▶ Berufliches Umfeld (Berufssprachen, Fachsprachen)
▶ Geschlechtsspezifische Präferenzen (Genderlekte)
▶ Fremdsprachliche Einflüsse (Hybridsprachen, Pidgins, Entlehnungen)
▶ Mehrsprachigkeit (Codewechsel)
▶ Ungleiche Kommunikationssituationen
  – mit Ausländern: Xenolekte
  – mit Kindern (kindgerechte Sprache)
  – mit Alten
▶ Eingeschränkte Kommunikationssituationen (einseitige Kommunikation, mediale Einschränkungen ...)
▶ Sprachenerwerb (Erwerbsstufen)
▶ Externe Normung (DIN, Sprachakademien)
▶ Stil und Ästhetik (Literatur, Film, Parodie, Cartoons, Rap-Sprache ...)
▶ Zensur(indirekte/direkte, eigene oder externe)
▶ Medien (SMS, Twitter-Deutsch, Chat, Mails, Morsecode ...)
▶ Medialität (schriftliche, mündliche, schriftlich-mündliche Sprache, Zeichensprachen)
▶ Zeit (Epochen, Register ...)
▶ Krankheiten (Aphasiesprachen, Zeichensprachen, Tastsprachen ...)
▶ Reduktionssprachen (Kryptolekte, Krankheiten, Medien).

2.1.4 Sprachsystematische Stellung des Deutschen

Die Sprachen der Welt werden typologisch in verschiedene „Sprachfamilien" eingeteilt, wobei die Metapher der „Familie" historische und formale Gemeinsamkeiten erfasst. In einer anderen, der Biologie entnommenen Metapher spricht man auch von „Wurzeln", „Zweigen", „Stämmen" oder „Ästen", um gemeinsame diachrone Entwicklungen von Sprachen zu erfassen.

2.1.4.1 Deutsch im Kanon der indoeuropäischen Sprachen

Deutsch gehört zu den sogenannten indoeuropäischen Sprachen, die sich als Sprachgruppe z. B. von den Turksprachen, den uralischen, sinotibetischen, afroasiatischen und austronesischen Sprachen unterscheiden. Wenngleich die Namen von Sprachen oft schon Hinweise auf die Region geben, in der diese gesprochen werden, bedeutet die Bezeichnung „indoeuropäisch" nicht, dass alle in Europa gesprochenen Sprachen indoeuropäische Sprachen sind. Ungarisch, Finnisch, Türkisch und Baskisch gehören beispielsweise nicht der indoeuropäischen Sprachgruppe an. Die Klassifikation ist sprachtypologischer, nicht geografischer Natur. Für die verschiedenen indoeuropäischen Sprachen wird eine gemeinsame **Ursprache** (Indoeuropäisch) angenommen, die vermutlich 5.000 v. Chr. gesprochen wurde. Sie ist jedoch nicht schriftlich belegt, sondern wurde aufgrund von Sprachvergleichen und Untersuchungen zu systematischen Lautveränderungen rekonstruiert. Aus dem gemeinsamen Sprachraum spalteten sich in der sogenannten **„ersten Lautverschiebung"** (ca. 1.500 v. Chr. bis ca. 500 v. Chr.) die germanischen Sprachen ab. Das Deutsche und Englische trennten sich als eigenständige Sprachen ca. 500 n. Chr. in der sogenannten „zweiten" oder „althochdeutschen" Lautverschiebung. Diese Lautverschiebung erfasste nicht den gesamten deutschen Sprachraum und zeigt sich heutzutage in dem Vorhandensein verschiedener niederdeutscher Dialekte.

Neben Sprachverwandtschaft sind Entlehnungen ein zweiter Grund für Ähnlichkeiten zwischen Sprachen. Wörter, die in verschiedene Sprachen der Welt aus einer gemeinsamen Spendersprache übernommen wurden, bezeichnet man als **Internationalismen**. Einem türkischen Satz wie *Ona telefon edeyim mi?* kann z. B. auch bei Unkenntnis des Türkischen entnommen werden, dass es irgendwie um das Telefon geht (Übersetzt bedeutet der Satz: *Soll ich ihn/sie anrufen?*). Die Lehre der modernen Fremdsprachen, so auch des Deutschen, setzt heutzutage oft bei den Internationalismen an, um einen Zugang zur Fremdsprache zu eröffnen.

Bei Übernahmen von Wörtern aus anderen Sprachen unterscheidet man zwischen einer Übernahme als Fremdwort und als Lehnwort. Fremdwörter behalten ihre Lautung bei, auch wenn diese z.T. an das Lautsystem der betreffenden Sprache angepasst wird. (So wird der *Gameboy* z. B. im Deutschen meist mit langem „e" gesprochen. Von einem Lehnwort spricht man hingegen, wenn ein Wort in die andere Sprache „übersetzt" wurde (z. B. *Wolkenkratzer* für *skyscraper*). Fremd- und Lehnwörter haben den Wortschatz des Deutschen in großem Ausmaß geprägt. Spendersprachen bildeten dabei insbesondere Latein, Französisch und das moderne Englisch. Überlegungen, sich Ähnlichkeiten zwischen Sprachen bei ihrem Erwerb zunutze zu machen, finden sich bereits im 19. Jahrhundert, wurden allerdings nicht in systematische Sprachlehrprogramme umgesetzt. In der gegenwärtigen Fremdsprachenlehre spielen sie in der **Tertiärsprachendidaktik** eine wichtige Rolle. Den bislang fortgeschrittensten Ansatz bietet das Projekt EuroCom, das mit der Methode der „7 Siebe" arbeitet[3].

---

3   www.eurocomgerm.de

2.1.4.2 Der Wortschatz des Deutschen

Dass Sprache untrennbar mit der Kultur ihrer Sprecher verbunden ist, zeigt sich besonders deutlich in ihrem Wortschatz. „Jede Gesellschaft hat die Wörter, die für die Verständigung benötigt werden," schreibt Astrid Stedje (2007: 36). „Daher spiegelt der aktuelle, lexikalisierte Wortschatz einer Sprache auch die jeweilige materielle und mentale Kultur."

2.1.4.2.1 Historische Entwicklung

Bei der Entwicklung des deutschen Wortschatzes spielte vor allem das Lateinische eine zentrale Rolle. In der germanistischen Sprachwissenschaft spricht man von **drei lateinischen Wellen**, die die deutsche Sprache im Verlauf ihrer Entwicklung geprägt haben. Die **erste lateinische Welle** ging einher mit der Expansion des römischen Staatsgebildes von ca. 50 v. Chr. bis 500 n. Chr. und veränderte die germanischen Stammessprachen. Die zahlreichen materiellen Neuerungen durch Kontakt mit der römischen Kultur betrafen den Haus- und Ackerbau, die Verwaltung und militärische Organisation. Aus dieser Zeit stammen Wörter wie *Pflanze* (*planta*), *Keller* (*cellarium*), *Zoll* (*tolonium*), *Spiegel* (*speculum*), *Pfanne* (*panna*) oder *Käse* (*caseus*) (Stedje 2007: 70). Diese Wörter unterlagen dann auch der zweiten Lautverschiebung, die die Abtrennung der germanischen Sprachen von der indoeuropäischen Gemeinsprache kennzeichnete.

Zu einer **zweiten lateinischen Welle** kam es nach der Ablösung der althochdeutschen Dialekte aus dem gesamtgermanischen Sprachraum im Zusammenhang der Christianisierung der germanischen Stämme (ca. 500–800 n. Chr.). In den Klöstern (*clostrum*) lernten die Germanen zu schreiben (*scribere*), sie kleideten sich in Mäntel (*mantellum*) und aßen Brezeln (*brachitum* = wie verschlungene Arme). Ende des 8. Jahrhunderts findet sich auch erstmals die Bezeichnung *theodiscus* in der Bedeutung von *volkssprachlich*, aus der sich *diutisk* bzw. *Deutsch* entwickelte (Stedje 2007: 84). Aus dieser Zeit stammen auch erste Übersetzungswörterbücher. Eine **dritte lateinische Welle** im 15. und 16. Jahrhundert brachte der Humanismus mit sich. In dieser Zeit ist vor allem ein Zuwachs im Fachwortschatz des Deutschen zu beobachten, dessen lateinisches Substrat wiederum zu großen Teilen auf das Griechische zurückgeht: *Studenten* und *Professoren* machten *Examen* an der *Akademie*, *Patienten* wurden *Rezepte* ausgestellt, es wurde *multipliziert* und *konjugiert*, um *Probleme* zu lösen (Stedje 2007: 160 f.). Einen sprachlichen Meilenstein bildete der „*sixteenth – century best seller*" (Sanders 2010: 140), die Luther'sche Bibelübersetzung in das Deutsche, die als Gesamtausgabe 1534 in Wittenberg veröffentlicht wurde. Im 17. Jahrhundert kam es zu ersten sprachwissenschaftlichen Beschreibungen des Deutschen als „*lingua ipsa Germanica*", so Schottel (1663). Als Universitätssprache setzte sich Deutsch allerdings erst im 18. Jahrhundert durch.

Die kurze Skizze der deutschen Sprachgeschichte lässt verständlich werden, „warum wir alle Lateinisch reden, ohne es zu wissen" (Weeber 2008). Nicht nur einzelne Wörter, sondern auch Prinzipien der Wortbildung wurden in das heutige „Rom-Deutsch" aus dem Lateinischen übernommen, so etwa das Prinzip der Wortschatzerweiterung durch Präfixe und Suffixe (s. Kap. 2.2.3.2). Im Blick auf die heutige Tendenz des Deutschen, Fremdwörter aus dem Englischen zu entnehmen, kann sogar von einer **vierten lateinischen Welle** gesprochen werden, denn der Wortschatz des Englischen ist zu rund 50 % lateinisch basiert. Auch der *Computer* (lat. *computare – rechnen*) mit seinen *Bits* (lat. *bis – zweimal*) geht linguistisch auf das Lateinische zurück.

Seit dem Mittelalter findet sich auch eine Übernahme französischer Wörter in das Deutsche, vor allem in Bezug auf Gepflogenheiten der höfischen Lebensweise. Bis heute prägen französischstämmige Wörter das Vokabular für äußere und innere Haltungen, z. B. *Attitüde, Postur, Pose, Allüre, Nonchalance* (vgl. Wandruzska 1954).

2.1.4.2.2 Wörterbücher des Deutschen

Der Wortschatz des heutigen Deutsch wird auf rund 300.000 bis 500.000 Lexeme geschätzt (Schlaefer 2009). Das bekannteste Wortverzeichnis bildet mit rund 360.000 Einträgen das Deutsche Wörterbuch der Brüder Grimm, mit dessen Erarbeitung 1854 begonnen und das 1964 abgeschlossen wurde. Das Wörterbuch ist mittlerweile in digitalisierter Form über das Internet zugänglich (http://www.woerterbuchnetz.de/DWB). Der Wortschatz des modernen Deutsch wird im Projekt „Digitales Wörterbuch der deutschen Sprache des 20. Jahrhunderts" dokumentiert, das mehrere, umfangreiche Wörterbücher inkorporiert und auf der Auswertung verschiedener Korpora (Datensammlungen, u. a. Bücher, Zeitungen, wissenschaftliche Artikel usw.) beruht (http://www.dwds.de/). Ein korpusbasiertes Wörterbuch des Deutschen ist auch das „Online-Wortschatz-Informationssystem Deutsch (OWID)" des Instituts für deutsche Sprache Mannheim (http://www.owid.de/). Das „Deutsche Wortschatzportal" der Universität Leipzig bietet über Wortinformationen zum Deutschen hinaus mit tagesgenauen Häufigkeitszählungen auch Zugang zur korpusbasierten Wortsuche in 135 Sprachen an (http://wortschatz.uni-leipzig.de/).

Den Texteintrag zu einem Wort im Wörterbuch bezeichnet man als **Lemma**. Hinsichtlich des Aufbaus und Umfangs ihrer Einträge gestalten sich verschiedene Wörterbücher unterschiedlich. Die meisten Wörterbücher bilden den Wortschatz einer Sprache alphabetisch ab und enthalten unter anderem neben Angaben zu seiner Bedeutung auch Angaben zur phonologischen Gestalt des Wortes sowie Beispiele für Verwendungszusammenhänge. Es gibt aber auch sogenannte „rückläufige Wörterbücher", die den Wortschatz von den Wortendungen her sortieren. Dies ist insbesondere im Zusammenhang morphologischer Fragen, z. B. nach typischen Wortbildungsmorphemen, nützlich (vgl. Kap.2.2.3.2).

Der Ausdruck **Lexem** bezeichnet die Gestalt eines Wortes, wie sie in einem Wörterbuch vorzufinden ist. Davon unterschieden wird das Satzwort bzw. Textwort (Römer 2006), das verschiedene Formen annehmen kann. Wörter, die als grafisch abgegrenzte Einheiten, in der Schrift durch Leerzeichen voneinander getrennt werden, bezeichnet man demgegenüber als graphemisches Wort.

Der Umfang des in verschiedenen gegenwärtigen Wörterbüchern aus dem Gesamtwortschatz erfassten Ausschnitts ist unterschiedlich. Dies hängt zum einen damit zusammen, dass in unterschiedlichem Ausmaß auch historischer Wortschatz oder Fachwortschatz erfasst wird. Zum anderen unterscheiden sich Wörterbücher im Blick auf das Ausmaß, in dem Komposita aufgenommen werden. Ein Nachschlagewerk wie der Rechtschreibduden verzeichnet z. B. rund 120.000 Einträge. Wie stellt sich vor diesem Hintergrund das Wortwissen des Einzelnen dar? Für einen durchschnittlichen Erstsprachensprechenden wird angenommen, dass er rund 6.000 bis 10.000 Wörter aktiv verwendet und sein passiver Wortschatz, d. h. die Wörter, die er verstehen kann, bei rund 50.000 Wörtern liegt. Der in der Didaktik für Lerner einer Fremdsprache angesetzte Wortschatzrahmen liegt bei rund 4.000 Wörter für die ersten Lernjahre (Niveaustufen A1-B1 GER) und bei bis zu 15.000 Lexemen in höheren Stufen (C1, C2). Eine allgemein akzeptierte Normierung von Lernerwortschätzen gibt es bislang allerdings nicht.

Im Zusammenhang der Fremdsprachenlehre wird oft von einem „**Grundwortschatz**" gesprochen, den Lerner beherrschen müssen. Trotz seiner Popularität in den Lehrwerken ist das Konzept allerdings bislang kaum fundiert und, abgesehen von einem *common sense*, der sich aus der kommunikativen Orientierung der Fremdsprachenvermittlung ergibt, in verschiedenen gegenwärtigen Curricula und Lehrwerken auch wenig systematisch, geschweige denn einheitlich erfasst. Zwar hat sich eine Praxis etabliert und es liegen für einzelne Bereiche (z. B. den „Deutschtest für Zuwanderer") explizite Wortschatzlisten vor. Diese sind allerdings lexikologisch – mit Ausnahme von Tschirner (s. unten) – bislang nicht validiert. Eine empirisch begründete Wortzusammenstellung für Deutsch als Fremdsprache auf der Basis eines umfangreichen Korpus legen Jones/Tschirner (2006) vor. In einer statistischen Auswertung von rund 4.2 Millionen Wortvorkommen in schriftlicher und mündlicher Sprache ermittelten sie die häufigsten 4.000 Lexeme. Eine didaktisierte Zusammenstellung nach Sachgebieten bietet Tschirner (2008). Wörterbücher und Lernerwörterbücher des Deutschen sind nach verschiedenen Kriterien erstellt. Je nach ihrer Zwecksetzung unterscheidet man u. a. zwischen ein- und zweisprachigen Wörterbüchern, alphabetischen Wörterbüchern, Wörterbüchern nach Sachfeldern und Bildwörterbüchern. Die Arbeit mit einem Wörterbuch, so Engelberg/Lemnitzer (2009), will gelernt sein. Dazu gehört auch ein Wissen über die Informationen, die den Einträgen in Wörterbüchern entnommen werden können.

2.2 Strukturelle Merkmale des Deutschen

In diesem Kapitel geht es um die klassischen und neueren Gegenstände der Grammatikschreibung. Sie erhalten einen Überblick über phonologische, morphologische und syntaktische Kennzeichen des Deutschen, über kommunikative Handlungsformen, Text- und Gesprächstypen.

2.2.1 Grammatik und Grammatiken

Neben dem Wortschatz einer Sprache gehört deren Grammatik zu den klassischen Gegenständen des Sprachenunterrichts. Lernende müssen über grammatisches Wissen der Fremdsprache verfügen, Lehrkräfte dieses Wissen vermitteln und in der Lage sein, Grammatikfehler zu korrigieren. Das Alltagsverständnis von „Grammatik" ist allerdings recht vage. Im Folgenden wird zunächst der Begriff „Grammatik" präzisiert.

2.2.1.1 Zum Begriff „Grammatik"

Der Ausdruck „Grammatik" ist im täglichen und auch im wissenschaftlichen Sprachgebrauch mehrdeutig. Zum einen bezeichnet „Grammatik" ein abstraktes sprachliches Regelsystem, das für eine bestimmte Einzelsprache spezifisch ist. In diesem Sinne lässt sich z. B. von „der Grammatik des Deutschen, Türkischen usw." sprechen. Allerdings liegen diese Regelsysteme nicht per se vor; sie sind – wie de Saussure es ausdrückte – vielmehr nur über die *parole*, über die Anwendung der Regeln im Sprachgebrauch zugänglich. In diesem Zusammenhang spricht man auch von der „internen" oder **„internalisierten" Grammatik**, die den sprachlichen Äußerungen der Sprecher zugrunde liegt. Von besonderem Interesse ist für die Sprachlehre die Beschreibung der **„Lernergrammatik"**, die die Lerner in einem bestimmen Lernstadium in ihren Produktionen nutzen und die sich oft erheblich von denen der Zielsprache unterscheiden kann (vgl. Kap. 1.3.2).

Sprecher einer Sprache können die Regeln, die sie praktisch anwenden, oft nicht explizit formulieren. So ist es nicht notwendig, Begriffe wie „Substantiv" und „Subjekt", „Verb" und „Prädikat", „Adverb" oder „Adverbiale" zu kennen, um sich auf Deutsch äußern zu können; sie sind ein Bestandteil der linguistischen Meta-Sprache. Der Sprachenunterricht verfolgt u. a. das Ziel, die Lerner dabei zu unterstützen, internes grammatisches Wissen aufzubauen. Zu diesem Zweck greift man auf die Beschreibungen der Sprachwissenschaft zurück, die – und dies ist die dritte Bedeutung des Ausdrucks „Grammatik" – in Form von (oft dicken) Büchern materiell vorliegen.

2.2.1.2 Typen von Grammatiken und ihre Zielsetzungen

Der Grammatikschreibung kommen drei wesentliche Aufgaben zu. So muss eine Grammatik:

1. die grundlegenden Einheiten einer Sprache und ihre Eigenschaften beschreiben,
2. die Regularitäten des Aufbaus dieser Einheiten beschreiben,
3. die Möglichkeiten der Verknüpfung dieser Einheiten beschreiben.

Die mehrfache Verwendung des Verbs „beschreiben" weist auf das Selbstverständnis der modernen Grammatikschreibung hin: Die heutigen Grammatiken verstehen sich nicht als normative (vorschreibende) Instrumente, sondern als **deskriptive Grammatiken. Normative Grammatiken** stehen im Kontext der Standardisierung einer Sprache und zielen darauf ab, den Sprachgebrauch zu vereinheitlichen. Eine deskriptive Grammatik geht demgegenüber von den in der Sprache vorfindlichen Strukturen aus. Eine Konstruktion wie „dem Otto seine Operation" (der sogenannte „Dativus possessivus") ist bei einem deskriptiven Ansatz also nicht als „falsches" oder „schlechtes Deutsch" zu beurteilen, sondern wird als eine vorwiegend mündlich gebräuchliche Alternative zum „Genitivus possessivus" (Ottos Operation) erfasst, die mit der Informationsprozessierung in der gesprochenen Sprache zusammenhängt.

Grammatiken des Deutschen, z. B. die dreibändige „Grammatik der deutschen Sprache" (Zifonun/Hoffmann/Strecker 1997) und die Duden-Grammatik (2009), beziehen in ihre Beschreibungen nicht nur die geschriebene, sondern auch die gesprochene Sprache ein. Die Einheiten geschriebener und gesprochener Sprache sind parallel, aber nicht deckungsgleich: Für die geschriebene Sprache lassen sich vier, für die gesprochene Sprache hingegen fünf grundlegende Einheiten unterschiedlicher Größe differenzieren (Fiehler 2005).

EINHEITEN GESCHRIEBENER SPRACHE	EINHEITEN GESPROCHENER SPRACHE
Der Buchstabe	Der Laut
Das Wort	Das Wort
Der Satz	Die funktionale Einheit
Der Text	Der Gesprächsbeitrag
	Das Gespräch

Abb. 2.3 Einheiten der geschriebenen und gesprochenen Sprache (Duden 2009: 1165)

Der Beschreibungsrahmen der Grammatiken umfasst die sprachwissenschaftlichen Teilgebiete der Phonologie, Morphologie und Syntax; darüber hinaus werden auch größere sprachliche Einheiten (Texte und Gespräche) behandelt. Andere Grammatiken beschränken sich demgegenüber z.T. auf morphologische und syntaktische Aspekte.

Grammatiken des Deutschen erfassen „die Grammatik des Deutschen" also unterschiedlich. Je nach dem sprachwissenschaftlichen Ansatz einer Grammatik unterscheidet man zudem u. a. zwischen sogenannten „traditionellen" Grammatiken (aufgrund ihrer Vermittlung im Schulunterricht auch **„Schulgrammatiken"** genannt), **Valenzgrammatiken**, generativen Grammatiken, **funktionalen Grammatiken** oder **Textgrammatiken** (vgl. Kap. 2.2.4.3). Eine besondere Rolle für die Sprachlehr-/Sprachlernforschung spielen kontrastive Grammatiken, in denen Sprachen mithilfe externer grammatischer Kategorien (eines *tertium comparationis*) miteinander verglichen werden. Ein kurzer Überblick über verschiedene Perspektiven der Grammatikschreibung findet sich bei Roche (2013a: 172–174).

Für den Fremdsprachenunterricht ist insbesondere die Differenzierung von Grammatiken nach ihrer Zwecksetzung interessant. Hier unterscheidet man zwischen wissenschaftlichen und pädagogischen Grammatiken (vgl. Kap. 3.3). **Pädagogische Grammatiken,** auch als didaktisierte Grammatiken oder Lernergrammatiken[4] bezeichnet, richten sich demgegenüber an die Sprachnutzer.

Die Ziele einer pädagogischen Grammatik können unterschiedlich sein. Pädagogischen Grammatiken für muttersprachliche Nutzer geht es vor allem um die Bewusstmachung von Strukturen und die Vermittlung eines kategorialen Basiswissens, das beim Fremdsprachenlernen oder beim Erwerb komplexerer Sprachformen, etwa der Fach- oder Wissenschaftssprache, genutzt werden kann. Die neuere Didaktik spricht in diesem Zusammenhang auch von **language awareness** (Sprachbewusstsein). Dazu gehört auch ein Wissen um Unterschiede zwischen gesprochener und geschriebener Sprache, um die Variationsmöglichkeiten sprachlicher Formen im Zusammenhang mit Höflichkeit oder Öffentlichkeit, Sachlichkeit oder Emotionalität und ein Wissen um die Funktionen und formalen Kennzeichen bestimmter Text- oder Gesprächstypen.

Lernergrammatiken, die sich an fremdsprachliche Nutzer richten, geht es demgegenüber zunächst einmal um die Vermittlung der sprachlichen Strukturen, darüber hinaus aber auch um die Ziele, wie sie oben für muttersprachliche Nutzergruppen angesprochen wurden.

Pädagogische Grammatiken können vorwiegend darstellend oder als Übungsgrammatiken konzipiert sein. Eine knappe darstellungsorientierte Lernergrammatik für Deutsch als Fremdsprache ist z. B. die „Mini-Grammatik Deutsch als Fremdsprache" (Roche/Webber 2009, vgl. Kap. 3.3); eine ausführliche Darstellungs- und Übungsgrammatik z. B. Dreyer/Schmitt (2009). Zu vielen modernen Lehrwerken finden sich eigene Lernergrammatiken, die in ihrer Beschreibungssprache und dem in den Beispielen oder Übungen verwendeten Vokabular an das jeweilige Lehrwerk und den Lernstand der Lerner angepasst sind. Eine besondere Rolle in pädagogischen Grammatiken spielt die visualisierte Darstellung grammatischer Regeln (s. dazu ausführlicher Storch 1999: 77 ff.).

---

4   Der Terminus „Lernergrammatik" wird allerdings auch für die internalisierte Grammatik von Lernenden verwendet.

§ 3 Gebrauch des Artikels

I Der bestimmte Artikel

1. Der bestimmte Artikel wird gebraucht, wenn eine Person oder Sache bekannt ist oder vorher genannt wurde (siehe § 3, II, 2.) oder wenn es sich um allgemein bekannte Personen, Sachen oder Begriffe handelt.

Der Lehrer schreibt an *die Tafel.*

Die Tafel hängt an *der Wand.*

Das Parlament hat *die Sommerpause* beendet.

2. Der bestimmte Artikel steht immer bei Superlativen (siehe § 40, I, 2.).

Der Mount Everest ist *der höchste* Berg der Erde.

3. Manche Präpositionen können mit dem Artikel zusammengezogen werden.

Die Sonne geht *im* Osten auf und im Westen unter.

Wir gehe *am* Freitag ins Kino.

Präposition + *dem* (Dat. Sg. m und n): *am, beim, im, vom, zum*
Präposition + *der* (Dat. Sg. f): *zur*
Präposition + *das* (Akk. Sg. n): *ans, ins*

II Der unbestimmte Artikel

Abb. 2.4 Auszug aus „Lehr- und Übungsbuch der deutschen Grammatik" (Dreyer/Schmitt 2009: 19)

2.2.2 Phonologische Merkmale des Deutschen

2.2.2.1 Buchstaben und Laute

Wie das Englische und viele andere indoeuropäische Sprachen wird Deutsch in der lateinischen Buchstabenschrift verschriftlicht, die die Laute der Sprache wiederzugeben versucht. Da es sich bei Latein um eine lautlich anders strukturierte Sprache handelt, ergeben sich zwangsläufig Lücken, die durch die Einführung von Sonderzeichen oder Zeichenkombinationen gefüllt wurden. Im Lehr-Lern-Zusammenhang des Deutschen als Fremdsprache stellt sich dies als Frage nach der „Aussprache der Buchstaben" dar, die in den verschiedenen, mittels lateinischer Alphabetschrift verschriftlichten Sprachen zum Teil unterschiedlich ist.

Ein für die Lehre der modernen Fremdsprachen wichtiges Instrument ist daher das Internationale Phonetische Alphabet (IPA). Als **lautschriftliches Notationssystem** ermöglicht IPA die orthografieunabhängige Darstellung des Lautbestands verschiedener Sprachen. Grundlage von IPA bildet die artikulatorische Phonetik, die sich mit der Bildung von Sprachlauten, ihrem Artikulationsort und ihrer Artikulationsweise befasst. Eine Aussprachennotation in IPA ist in gegenwärtigen Wörterbüchern üblich. Um diese effektiv benutzen zu können, sollten sich sowohl Lehrende als auch Lernende mit der Lautschrift befassen.

Grafisch ist eine phonetische Notation durch eckige Klammern gekennzeichnet und wird von der orthografischen Notation differenziert, die durch Spitzklammern angezeigt wird. ['foːtoː] ist also eine phonetische, <Foto> eine orthografische Umschrift. Notiert wird in IPA auch die Wortakzentuierung. Ein Strich vor einem Buchstaben gibt an, dass die folgende Silbe betont wird.

Bei der Umschrift des Deutschen in IPA treffen die verschiedenen Grammatiken und Aussprachewörterbücher allerdings z.T. eine unterschiedliche Auswahl der phonetischen Zeichen. Dies gilt insbesondere für die phonetische Umschrift von <a> sowie der Diphthonge, deren zweiter Lautbestandteil zum Teil auch noch durch Subskript als transitorisch gekennzeichnet wird. Eine Übersicht über die Laut-Buchstaben-Kombinationen im Deutschen mit Angabe alternativ verwendeter phonetischer Notationen gibt folgende Tabelle.

2.2.2.2 Zum Normierungsgrad der Aussprache des Deutschen

Während die Orthografie des Deutschen durch verschiedene amtliche Regelungen eine überregional gültige Normierung erfahren hat, ist die Normierung der Aussprache des Deutschen bis heute nicht vollständig abgeschlossen.

Ein von Siebs (1961) zunächst unter dem Titel „Deutsche Bühnenaussprache", später unter dem Titel „Deutsche Hochsprache" herausgegebenes **Aussprachewörterbuch** wurde bereits zum Zeitpunkt des Erscheinens als unrealistisch kritisiert. Die gegenwärtigen Aussprachewörterbücher, das jüngste unter ihnen von Krech/Stock/Hischfeld/Anders (2009), unterscheiden sich in der von ihnen angegebenen Aussprache und sind bislang nur ansatzweise empirisch validiert. Ein genereller Streitpunkt ist dabei das Ausmaß, in dem norddeutsche und süddeutsche Aussprachegewohnheiten in die normierte Aussprache eingehen. Hinzu kommt die Frage, welche Sprachverwendungssituationen die Grundlage für die normierte Aussprache bilden sollen. Das Duden-Aussprachewörterbuch (2015) unterscheidet zwischen **„Standardlautung"**, **„Umgangslautung"** und **„Überlautung"**. Das „Deutsche Aussprachewörterbuch" (Krech/Stock/Hirschfeld/Anders 2009) spricht von verschiedenen phonostilistischen Erscheinungsformen der Standardaussprache mit unterschiedlicher Artikulationspräzision (sehr hoch, hoch bis mittel, vermindert).

Wie sprechen Sie selbst das Wort *Verstand* aus?

    a) mit kurzem „e" am Anfang, gefolgt von „r" [fɛɐ'ʃtant]
    b) mit kurzem „e" am Anfang, gefolgt von einem „a"-Laut [fɛɐ'ʃtant]
    c) ohne „e", nur mit einem abgeschwächten „a"-Laut [fɐ'ʃtant]

Deutschlehrende und -lernende werden bei der Frage, wie ein bestimmtes Wort auszusprechen ist, in verschiedenen Wörterbüchern unter Umständen also auf unterschiedliche Angaben treffen: Im Duden-Aussprachewörterbuch wird die Aussprache b), im Deutschen Aussprachewörterbuch wird die Aussprache c) angegeben.

BUCHSTABE	SONDERZEICHEN	LAUTE/E	ALTERNATIVE NOTATION	WORTBEISPIEL/E
a		[aː], [a]	[ɑ], [a]	Bahn, Bann
	au	[aʊ]	[ao]	
	ä	[ɛː], [ɛ]	[æ]	Bär, Dächer
b		[b]		Baum
c		[k]		Café
	ch	[ç]		ich
		[x]		ach
		[k]		wachsen
d		[d]		du
e		[eː], [ɛ], [ə]		Meer, Berg, Sonne
	ei	[aɪ]	[ae]	Eis
	eu	[ɔɪ]	[ɔY]	Leute
f		[f]		Farbe
g		[g], [ʒ]		Geld, Garage
h		[h], [ː]		Haus, Reh
i		[iː], [ɪ]		Miete, Mitte
j		[j], [dʒ]		Junge, Jeep
k		[k]		Karte
l		[l]		Welle
m		[m]		Mensch
n		[n], [ŋ]		Name, Sprung
o		[oː], [ɔ]		Ofen, offen
	ö	[øː], [œ]		Höhle, Hölle
p		[p]		Puppe
q				
	qu	[kv]		Qualle

Tab. 2.3 IPA-Tabelle (Liedke 2015: 31/32)

BUCHSTABE	SONDERZEICHEN	LAUTE/E	ALTERNATIVE NOTATION	WORTBEISPIEL/E
r		[ʁ], [ɐ]	[r], [R]	Regen, hier
s		[s], [z]		Wasser, Besen
	sch	[ʃ]		waschen
t		[t]		Tisch
u		[u:], [ʊ]		Fuß, muss
	ü	[y:], [Y]		Füße, Schüssel
v		[f], [v]		Vater, Vase
w		[v]		Wasser
x		[ks]		Hexe
y		[y], [i]		Xylophon, Handy
z		[ts]		Zange

Tab. 2.3 IPA-Tabelle (Liedke 2015: 31/32)

2.2.2.3 Umfang des Phonembestandes

Als Phoneme bezeichnet man die bedeutungsdifferenzierenden Laute einer Sprache. Werden sie gegeneinander ausgetauscht, ändert sich die Wortbedeutung. Den Nachweis, dass ein Laut (Phon) ein Phonem darstellt, erbringt man über sogenannte „Minimalpaare", Wortpaare, die sich nur in einem Laut voneinander unterscheiden. So weist ein Wortpaar wie *Hand – Band* z. B. nach, dass [h] und [b] im Deutschen Phoneme sind.

Das Lautsystem des Deutschen umfasst etwa **37 Phoneme**; die angegebene Zahl schwankt. Dies ist zum einen auf unterschiedliche Beschreibungszugänge zurückzuführen, die z. B. die Länge von Lauten und den Status von Lautkombinationen wie <au> oder <pf> unterschiedlich werten. Ein anderer Grund ist das unterschiedliche Ausmaß, in dem die Lautung von **Entlehnungen** (s. Kap. 2.1.4.2.1) in die Beschreibung der Aussprache mit einbezogen wird. So werden in einigen Darstellungen z. B. auch die nasalierten Vokale von französischstämmigen Wörtern wie *Balkon, Salon* etc. als Bestandteile des deutschen Lautsystems aufgeführt. Neuere Entlehnungen aus dem Englischen in Wörtern wie *Mail* oder *Jeep* finden hingegen meist keine Aufnahme. Bei der Aussprache der übernommenen Wörter ist oft eine „Eindeutschung" zu beobachten.

Wie sprechen Sie selbst das Wort *Balkon* aus? Das Duden-Aussprachewörterbuch nennt alle drei Möglichkeiten, das Deutsche Aussprachewörterbuch nur a) und b).

a) mit Nasalvokal: [balkõ:]
b) mit nasalem Konsonanten: [balkɔŋ]
c) ohne Nasalierung: [balko:n]

Deutsch gilt als eine „phonetisch flache" Sprache, in der – anders als z. B. im Englischen – das Prinzip „Schreib, wie du sprichst!" recht weitgehend befolgt werden kann, wenngleich sich auch im Deutschen einige Schwierigkeiten finden.

Englisch: *fair* (fair), *there* (dort), *share* (teilen)[3]
Deutsch: *fort, dort, Hort, Mord*

2.2.2.4 Vokale, Konsonanten, Konsonantencluster

Als besonders charakteristisch für das deutsche Vokalsystem gilt die Vielzahl der Vokale. Ein besonderes Lernproblem bilden für Lerner vieler Herkunftssprachen die sogenannten gerundeten Vorderzungenvokale, für deren Bildung eine Hebung der Vorderzunge und gleichzeitige Lippenrundung kennzeichnend sind. In der Buchstabenschrift werden sie durch die alphabetischen Sonderzeichen <ü> und <ö> erfasst.

Die Vokale des Deutschen unterscheiden sich nicht nur in ihrer klanglichen Qualität, sondern auch in ihrer Länge. Wenngleich einige phonologische Arbeiten zum Deutschen dieses Phänomen auf Silbenstrukturen und Akzentuierungen zurückführen (z. B. Maas 2006), führen die phonologischen Darstellungen des Deutschen aufgrund der Differenzierung langer und kurzer Vokale meist 15 Vokalphoneme an. Da sich lange und kurze Vokale nicht nur in ihrer Länge, sondern auch in der Ausgeprägtheit der zu ihrer Produktion erforderlichen Muskelbewegungen unterscheiden, bevorzugt man für die Langvokale den Terminus „gespannt", für die Kurzvokale die Bezeichnung „ungespannt".

Die gespannten Vokale des Deutschen umfassen die Laute [a:], [e:], [ɛ:], [i:], [o:], [u:], [y:], [ø:], die ungespannten die Laute [a], [ɛ], [ɪ], [ɔ], [ʊ], [Y], [œ]. Als Diphthonge treten [aʊ], [aɪ] und [ɔɪ] auf, weitere Diphthonge finden sich im Zusammenhang von Entlehnungen. Hinzu kommen zwei Laute, die keinen phonologischen Status besitzen, sondern als abgeschwächte Formen anderer Phoneme standardisiert auftreten: der als *Schwa* bezeichnete Vokal [ə], der in unbetonten Nebensilben zur Aussprache von <e> verwendet wird (z. B. in *Rose*) sowie ein a-Laut [ɐ], der als Aussprache von <r> nach vokalischen Vorgängerlauten sowie als artikulatorische Umsetzung der Endung <er> verwendet wird. Diese Laute werden aufgrund ihrer ungespannten Realisierung auch als „Zentralvokale" bezeichnet.

Die Aussprache des durch <ä> erfassten Langvokals, z. B. in *Mädchen*, im nord- und süddeutschen Raum schwankt:

a) langes, helles „e" [e:] (Norddeutschland)
b) langes, dunkleres „ä" [ɛ:] (Süddeutschland)

---

5   Noch besser ist dies nachzuvollziehen anhand des Gedichts „Dearest Creature in Creation": http://www.learnenglish.de/pronunciation/pronunciationpoem.html [22. 03. 2016].

Sowohl für die Länge als auch für die Kürze der deutschen Vokale liegen orthografische Prinzipien vor, die allerdings nicht durchgehend Anwendung finden.

a) Die Vokallänge wird durch ein sogenanntes „Dehnungs-h" oder „Dehnungs-e" angezeigt. Didaktisierte Darstellungen des Deutschen sprechen hier von einem „stummen h" oder „stummen e", da den Buchstaben kein Lautwert entspricht, sondern sie nur das Qualitätsmerkmal „Länge" verschriftlichen.

b) Die Vokalkürze wird durch Doppelschreibung des Folgekonsonanten angezeigt. Eine Ausnahme findet sich bei dem Buchstaben <k>, der dann als <ck> verschriftlicht wird.

In der **Verschriftlichung der Diphthonge** <eu>, <ei>, <au> weist <eu> die größte Abweichung vom „Schreib, wie du sprichst"-Prinzip auf.

Das Konsonantensystem des Deutschen umfasst stimmlose (manche Autoren sprechen hier auch von „Fortes", Singular „Fortis") und stimmhafte Laute (Lenes). Besonders charakteristisch für das Deutsche ist die Vielzahl der Reibelaute, unter ihnen auch das sogenannte „Reibe-R" [ʁ], das als nicht regional markierte Standardaussprache von <r> üblich ist. Ein besonderes Lernproblem für Deutsch als Fremdsprache bildet der „ich-Laut" [ç], der in den Sprachen der Welt – anders als der sogenannte „ach-Laut" [χ] – nicht sehr häufig vertreten ist. Zur Verschriftlichung beider Laute wird im Deutschen die Buchstabenkombination <ch> verwendet. Aufgrund der Lautverteilung ([χ] findet sich nur nach dunklen, [ç] nur nach hellen Vokalen sowie als Umsetzung in der Kombination <rch>) werden die beiden Laute phonologisch als Allophone betrachtet.

Auch das Schriftzeichen <s> steht für verschiedene Laute, die allerdings nicht in einem allophonischen Verhältnis zueinanderstehen ([s] und [z]). In den Kombinationen <sp> und <st> an Wortanfängen wird das Graphem <s> als „sch" ausgesprochen. Für den Laut [ʃ] wird ansonsten in der Orthografie des Deutschen die **dreiteilige Graphenkombination** <sch> gewählt, während dieser Laut im Englischen durch <sh> verschriftlicht wird. Die Schriftzeichen <f>, <v> und <w> stellen ein Aussprachproblem für Lernende des Deutschen als Fremdsprache dar, da sie zum Teil dieselben Reibelaute bezeichnen. Die Aussprache von <v> ist überdies vom Wortkontext abhängig (vgl. *Vater* vs. *Vase*).

Bei der Graphenkombination <ng> in Wörtern wie *Schlange* weicht die Aussprache von der Schreibung ab; gesprochen werden hier nicht zwei aufeinanderfolgende Laute [n] und [g], sondern ein stimmhafter nasalierter Plosiv [ŋ]. Die Schriftzeichen <b>, <d> und <g> werden als Fortes ausgesprochen, wenn sie am Wortende stehen („Auslautverhärtung"). Die Auslautverhärtung kommt auch bei Wortzusammensetzungen wie *Abfahrt*, *Wandschrank* etc. zur Anwendung.

Nicht durch ein eigenes Schriftzeichen erfasst wird der sogenannte **„Knacklaut"** [ʔ]. Er besitzt keinen Phonemstatus, sondern kommt als obligatorisches Grenzsignal bei einem vokalischen Wortneueinsatz vor, z. B. in *Amt* [ʔamt]. Wie die Auslautverhärtung operiert dieses Prinzip auch bei Wortzusammensetzungen, z. B. in Wörtern wie *aufessen*. Lernenden des Deutschen als Fremdsprache ist die Wortabgrenzung durch den Knacklaut oft unbekannt. Ihr Fehlen lässt dann Wörter wie *Arbeitsamt* und *arbeitsam* in der Aussprache nahezu gleich klingen.

In einer umfangreichen Fragebogenuntersuchung, an der Lehrkräfte aus verschiedenen Ländern teilnahmen, hat Ortmann (1976) aufgezeigt, dass das größte Lernproblem für Deutsch als Fremdsprache allerdings nicht die Aussprache der Einzellaute ist. Am schwierigsten erscheinen vor allem die für das Deutsche charakteristischen Konsonantenclusterungen, die an Wortanfängen und Wortenden auftreten. Die Silbenstruktur des Deutschen erlaubt die Kombination von bis zu fünf Konsonanten: (K) (K) (K) V (K) (K) (K) (K) (K). Bei den Verben treten in der 2. Person Singular häufig drei- bis vierteilige Kombinationen am Wortende auf, z.B. *läufst, kommst, lernst, klopfst.* Am Wortanfang sind Kombinationen aus Plosiven und Reibelauten häufig, z.B. *Brot, Traum, Freude, Streit, Sprache.* Lernende des Deutschen als Fremdsprache lösen solche Konsonantenhäufungen oft in K-V-K Abfolgen auf und fügen sogenannte „Sprossvokale" ein, oder sie lassen Teile des Konsonantenclusters einfach aus. Dies ist nicht nur ein Ausspracheproblem, sondern auch ein Wahrnehmungsproblem: Lernende, die keine Konsonantencluster gewohnt sind, „hören" diese Sprossvokale dann oft tatsächlich nicht bzw. nehmen Teile der Cluster nicht wahr. Entsprechend spiegelt sich die Wahrnehmung in der Wortschreibung wider.

2.2.2.5 Standardisierte Assimilationen und Elisionen

In den neueren Aussprachewörterbüchern werden auch standardisierte Assimilationen und Elisionen angegeben, die bei der Kombination von Lauten in Wörtern auftreten.

Progressive Assimilationen werden im Deutschen bei Graphemkombinationen wie <nk> vorgenommen, bei denen <n> als nasalierter Plosiv realisiert wird, z.B. *Schrank* – [ʃʁaŋk]. Charakteristisch für das Deutsche ist ferner die Tendenz, Folgelaute partiell zu entstimmlichen, wenn ihnen stimmlose Laute vorangehen. So wird das <s> in Wörtern wie *Bandsalat* beispielsweise fast wie [s] ausgesprochen.

Ein typisches **Elisionsphänomen**, die sogenannte „Schwa-Elision", betrifft die Endung <en>, die auch in stark regulierten Sprechsituationen wie Nachrichtensendungen standardisiert rein konsonantisch umgesetzt wird. Ein Wort wie *lesen* wird als [ˈleːzn] ausgesprochen. Eine Aussprache der Endung <en> mit abgeschwächtem Vokal [ən] gilt bereits als Überlautung, die nur in bestimmten Handlungssituationen, z.B. beim Diktieren eines Textes, Anwendung findet.

Neben den standardisierten Lautanpassungen und -auslassungen werden Lernende des Deutschen in der alltäglichen Umgangssprache mit weiteren, nicht standardisierten Klangveränderungen bei der Wortaussprache konfrontiert, die mit der Sprechgeschwindigkeit und der als notwendig eingeschätzten Artikulationsgenauigkeit zusammenhängen. Ein häufig zu beobachtendes Phänomen ist die Auslassung des Lautes [t] am Wortende oder in Konsonantenclustern wie bei *nicht* (*nich*) und Verben in der 2. Person Singular (*sprichst, kommst, hältst, – sprichs, komms, häls*). Typisch sind auch Zusammenziehungen und Assimilationen über Wortgrenzen hinweg (*haben wir – hamma, haben Sie/sie – hamse*).

2.2.2.6 Prosodische Charakteristika

Viele deutsche Wörter sind zweisilbig und tragen Anfangsbetonung. Die Wortakzentuierung im Deutschen folgt dem sogenannten **„Stammprinzip"**. Diejenige Silbe im Wort, die den größten Teil des Wortstamms trägt, wird akzentuiert. Dadurch kommt es im Deutschen bei mehrsilbigen Wörtern oft zu Akzentuierungsverschiebungen auf die zweite Silbe, z. B. *árbeiten – geárbeitet, verárbeiten*. Bilden Halbpräfixe einen Teil des Wortes, verschiebt sich der Akzent auf diese (z. B. *áusarbeiten*). Weniger systematisch ist demgegenüber die Akzentuierung von einigen in das Deutsche eingewanderten Fremdwörtern. Einige Endungen, z. B. <-al>, <-tät>, <-ion>, ziehen immer den Wortakzent auf sich.

Der Wortakzent ist im Deutschen in einigen Fällen bedeutungsdifferenzierend (z. B. *übersétzen – 'übersetzen*).

Bei zusammengesetzten Wörtern fällt die Hauptakzentuierung auf das sogenannte „Bestimmungswort"; bei längeren zusammengesetzten Wörtern wie *Integrationskursvereinbarung* werden z. T. auch Nebenakzente gesetzt.

Bei der Realisierung von Wortakzenten in Äußerungen (Phrasen oder Sätzen) fällt die Akzentuierung meist auf Nomen oder Verben. Funktionswörter wie Pronomen, Artikel, Präpositionen und Konjunktionen werden in der Äußerungsrealisierung im Deutschen meist nicht betont. Eine Ausnahme bildet der sogenannte **Kontrastakzent**. Für die Aussprache der gespannten Vokale ist charakteristisch, dass sie nur dann das Qualitätsmerkmal [+ lang] aufweisen, wenn sie in akzentuierten Silben auftreten. So wird das Wort *die* in Satz 1 z. B. mit Langvokal gesprochen, in Satz 2 hingegen nicht.

Satz 1:	Bitte gib mir die da.
Satz 2:	Die Sonne scheint.

Die phonetischen Mittel, die zur Realisierung von „Betontheit" im Deutschen herangezogen werden, sind vielfältig und liegen meist in Kombination vor. Zu ihnen gehören Länge, Druck sowie Tonhöhenveränderungen nach oben oder unten.

Die Stimmführung am Ende einer Äußerung wird auch als **Satzintonation** bezeichnet. Für das Deutsche werden fünf mögliche Verlaufsformen unterschieden, die mit unterschiedlichen Illokutionen (vgl. Kap. 2.3.1.3) und Satztypen in Verbindung gebracht werden können:

▸ Ein fallender oder steigend-fallender Endtonverlauf kennzeichnet im Deutschen Aussagen, Ergänzungsfragen und Ausrufe:
Heute ist Sonntag.↓ Woher kommen Sie?↓ Was für ein wunderbares Wetter!↓

▸ Zudem findet sich ein fallender Endtonverlauf bei geschlossenen Alternativfragen, die als Antwort eine der beiden Alternativen fokussieren:
Möchten Sie ein Einzel- oder Doppelzimmer?↓ Möchten Sie Tee oder Kaffee?↓ (Antwort: *Ein Einzelzimmer/ einen Kaffee, bitte.*).

▸ Ein steigender oder fallend-steigender Tonverlauf am Ende einer Äußerung kennzeichnet Entscheidungsfragen und Alternativfragen, die nicht nur Alternativen, sondern auch Grundsätzliches erfragen:

Kommen Sie morgen?↑ Möchten Sie Tee oder Kaffee?↑ (Paraphrase: *Möchten Sie etwas zu trinken?* Antwort: *Ja, bitte./ Nein, danke.*).

▶ Ferner findet er sich im Zusammenhang mit sogenannten Anhangfragen (*Sie kommen aus der Türkei, nicht wahr?↑*).

▶ Ein gleichbleibender Tonverlauf am Ende einer Äußerung ist charakteristisch für Aufzählungen, geplante Äußerungsfortführung und sogenannte „offene Alternativfragen", die eine Alternative nur andeuten, aber nicht nennen:
Wir haben Tee→, Kaffee→, Wasser und Saft. Es ist schade→, aber da kann man nichts machen. Sind Sie aus geschäftlichen Gründen hier oder ...?→

Aus den verschiedenen Möglichkeiten, die das Deutsche zur Kennzeichnung einer Äußerung als Frage bereitstellt (neben einer prosodischen auch die syntaktische Kennzeichnung), ergeben sich zudem einige Mischformen.

Lerner des Deutschen als Fremdsprache haben je nach Herkunftssprache unterschiedliche Schwierigkeiten beim Erwerb der deutschen Prosodie. Die Prosodie der Herkunftssprache Russisch beispielsweise erstreckt sich über einen größeren Tonraum, was im Deutschen zum Eindruck einer emotionalen Sprechweise führen kann. Lerner mit Herkunftssprachen, in denen Töne phonematisch genutzt werden, weisen im Deutschen hingegen manchmal eine sehr flache prosodische Äußerungsrealisierung auf, die als „ausdruckslos" oder „leiernd" empfunden werden kann (Liedke 2007).

In den Darstellungen des Deutschen wird die prosodische Realisierung einer Äußerung z.T. nicht nur rudimentär durch Pfeile notiert, sondern silbenbezogen durch Notenzeichen auf einer 5–6 stufigen Tonskala erfasst (Zifonun/Hoffmann/Strecker 1997).

2.2.3 Morphologische Kennzeichen des Deutschen

In diesem Kapitel geht es um die Charakteristika der Einheit „Wort" im Deutschen. Behandelt werden die verschiedenen sprachlichen **Möglichkeiten der Wortschatzerweiterung** durch Komposition, Derivation und Konversion sowie die grammatisch bedingten Veränderungen von Wörtern in Satz und Äußerung.

2.2.3.1 Morphem und Silbe

Die kleinste bedeutungstragende Einheit ist in Sprachen wie dem Deutschen nicht das Wort, sondern das **Morphem**. Morpheme können mit Wörtern identisch sein, meist sind Wörter jedoch aus mehreren Morphemen zusammengesetzt. Die funktionale Einheit Morphem ist auch nicht mit der Spracheinheit Silbe identisch, beide können aber – wie die Einheiten Morphem und Wort – manchmal zusammenfallen.

Man unterscheidet für Sprachen wie das Deutsche zwei morphologische Teilgebiete: die Wortbildungslehre und die Flexionslehre.

2.2.3.2 Wortbildung

Die Wortbildungslehre geht der Frage nach, welche Prinzipien eine Sprache nutzt, um ihren Wortbestand zu strukturieren und zu erweitern.

Ein häufig genutztes Verfahren, um Ableitungen von Wörtern aus anderen Wörtern zu erfassen, ist die Zusammenstellung von **Wortfamilien**. Wörter einer Wortfamilie besitzen einen gemeinsamen semantisch-formalen Kern, der als Basismorphem oder als Wortstamm bezeichnet wird. So umfasst die Wortfamilie *fahr-* z. B. die Wörter *fahren, abfahren, verfahren, Fahrgestell, Fahrgeschäft, Fahrt, Fahrtenbuch, Abfahrt, Ausfahrt, Vorfahrt, Fuhrwerk, Fuhre, fahrbar, befahrbar* etc. Charakteristisch für das Deutsche ist, dass der Wortstamm dabei seinen Vokal wechseln kann (*fahr → fuhr*).

Im Deutschen werden vorwiegend zwei Verfahren der Wortbildung genutzt: die **Zusammensetzung** bestehender Wörter zu einem neuen Wort (Komposition) und die **Ableitung** neuer Wörter aus bestehenden Wörtern durch Hinzufügen von Präfixen oder Suffixen (Derivation).

Bei der Komposition werden zwei oder mehr lexikalische Morpheme zu einem Gesamtwort zusammengesetzt. Meistens handelt es sich dabei um sogenannte freie Morpheme, d. h. eigenständige Wörter (z. B. *Eis + Torte = Eistorte*). Es finden sich im Deutschen allerdings auch eine Reihe von sogenannten Konfixen. Konfixe sind wortähnliche Einheiten, die jedoch nicht als eigenständiges Wort vorkommen, z. B. *Schwieger-, Stief-, Finanz-, expert-*). Häufig stammen sie aus anderen Sprachen.

Verfahren der Komposition können im Deutschen bei verschiedenen Wortarten angewendet werden. Das am häufigsten genutzte Verfahren betrifft die Bildung von substantivischen Determinativkomposita. **Determinativkomposita** lassen sich in ein Grundwort, das den Bedeutungskern trägt, und ein Bestimmungswort zerlegen, das diese Bedeutung näher eingrenzt. Bei der Aussprache der Determinativkomposita fällt der Hauptakzent grundsätzlich auf das Bestimmungswort. Das Grundwort kann einen Nebenakzent tragen, wenn es selbst aus mehreren Teilen besteht. Einige Determinativkomposita des Deutschen werden aus Pluralformen gebildet, z. B. *Herrenausstatter, Eiersalat, Staatengemeinschaft, Menschenrechte*. Die Pluralform ist dabei teilweise semantisch begründet, zum Teil wird ihr jedoch bloße Fugenfunktion zugeschrieben (Römer 2006). Eine Besonderheit bei der Bildung von Determinativkomposita ist das Auftreten des sogenannten **Fugen-s**. Das Fugen-s wird nicht als Morphem betrachtet, da es keine bedeutungstragenden Eigenschaften besitzt. Zwar lässt sich das eingeschobene „s" in einigen Fällen als Genitivendung des Bestimmungsworts erfassen, z. B. *Vorstandsvorsitzender – des Vorstands*. Man spricht dann von einem „paradigmatischen" oder „paradigmischen Fugen-s" (Römer 2006, Donalies 2007). Oft ist das „s" aber kein Bestandteil des Flexionsparadigmas des betreffenden Wortes, d. h. es kommt nicht in der Genitivform des Wortes vor. Ist dies der Fall, handelt es sich um ein „unparadigmatisches/unparadigmisches Fugen-s".

Wieso kommt es zu Fugenelementen, wann treten sie auf? Eine allgemeine Gesetzmäßigkeit lässt sich für dieses Phänomen nicht angeben, allerdings einige Tendenzen. Nach Donalies (2007: 30 f.) kommt es bei Zusammensetzungen von einfachen Wörtern (sogenannten Simplicia) meist nicht zu einem Fugenphänomen. Sind die Wörter selbst jedoch komplexer aufgebaut und bestehen bereits aus mehreren Morphemen, so wird ein „s" als Trennhilfe eingefügt. Wörter wie *Buch* und *Text* lassen sich demnach ohne Fugen- element miteinander verbinden (*Buchtext*), anders ist es, wenn komplexe Wörter wie *Gesetz, Verfassung* oder *Anzeige* das Bestimmungswort bilden.

Häufig kommen im Deutschen nicht nur zweifache, sondern mehrgliedrige Wortzusam- mensetzungen vor (z. B. *Verbraucherschutzgesetz, Bundeshaushaltsdebatte* usw.). Semantisch decken Determinativkomposita im Deutschen ein breites Spektrum von Relationen zwi- schen Grund- und Bestimmungswort ab.

Die Bildung von Determinativkomposita ist im Deutschen nicht auf Substantive be- schränkt, sondern findet auch bei anderen Wortarten Anwendung. Möglich sind unter anderem Kombinationen aus Substantiv und Adjektiv (*sonnenklar, geheimnisvoll, spül- maschinenfreundlich, …*), Adjektiv und Adjektiv oder Adverb und Adjektiv (*dunkelblau, hellgrün, superschön, …*), Verb und Adjektiv (*trinkfest, lernfähig, …*), Verb und Substantiv (*Bindfaden, Sprechstunde, …*) oder Zusammensetzungen mit Konfixen (*bioaktiv, biblio- phil, …*).

In einigen wenigen Fällen, den sogenannten unikalen Einheiten, kann einem Teil der Wortzusammensetzung kein eigenständiger Sinn mehr entnommen werden (z. B. *Schorn-, Him-* in *Schornstein* und *Himbeere*).

Unter Derivation versteht man die Ableitung neuer Wörter aus bestehenden Wörtern oder Wortstämmen durch Formveränderungen. Die Derivation kann, muss aber nicht mit einem Wechsel der Wortart verbunden sein.

Ein durch Derivation entstandenes Wort nennt man **Derivat**. Das Wort *Schönheit* bei- spielsweise ist ein Derivat aus der Basis *schön* und dem **Derivationssuffix** *-heit*, das Wort *unschön* ein Derivat mit der Basis *schön* und dem Derivationspräfix *un-*. Derivate werden zum einen ausgehend von ihrer Basis, zum anderen ausgehend von ihrer eigenen Wort- artenzugehörigkeit beschrieben. Das Wort *Schönheit* ist ein deadjektivisches Derivat: Seine Basis bildet ein Adjektiv. Das Ergebnis der Derivation ist ein Substantiv. Das Wort *unschön* ist ebenfalls deadjektivisch, das Ergebnis der Derivation ist hier aber ebenfalls ein Adjektiv. Die jeweils „rechte"[6] Einheit eines Derivats legt die grammatischen Eigenschaften des Wortes fest.

Ein Derivat kann durch mehrere **Derivationsstufen** gekennzeichnet sein. So liegt z. B. dem Wort *Unterschiedlichkeit* ein deverbales substantivisches Derivat mit dem Basismor- phem *scheid-* (Grundform der Präteritumsform *schied*) und dem Derivationspräfix *unter-* zugrunde (*Unterschied*), das durch *-lich* in ein Adjektiv und durch *-heit* wiederum in ein Substantiv überführt wird.

Die Derivation von Substantiven und Adjektiven geschieht im Deutschen zumeist durch Suffixe. Neben nativen Elementen (*-schaft, -ling, -heit, -er, -bar, -lich, -ig, …*) finden sich häufig auch fremdsprachliche Derivationssuffixe (*-(t)ion, -and, -ität, -(i)al, …*). Charakte-

---

6   Dies ist natürlich eine schriftbezogene Bestimmung.

ristisch für die Derivation von Verben ist die Verbindung mit Präfixen (*be-, ent-, zer-, …*) oder Halbpräfixen (*aus-, an-, auf-, …*).

In manchen Fällen lässt sich eine semantische Grundbedeutung der verschiedenen **Wortbildungsaffixe** bestimmen (s. dazu ausführlicher Donalies 2007). So dient etwa eine Reihe von **Suffixen** (z. B. *-er, -ist, -in*) der Personenbezeichnung (Nomen agentis). Die **Präfixe** *un-, miss-* oder *a-* drücken eine antonymische semantische Relation aus und werden auch als „Negativa" oder „Falsifikata" bezeichnet. Präfixe wie *be-* und *ver-* bezeichnen typischerweise eine Tätigkeit, durch die eine Eigenschaft herbeigeführt wird (*be-freien, be-grünen, ver-schönern*). Eine Präfigierung durch *ent-* oder *zer-* hingegen drückt aus, dass durch die Tätigkeit eine Eigenschaft entfernt oder ein Zustand verändert wird (*ent-fernen, ent-haaren, zer-schneiden, zer-setzen*). Oft lässt sich allerdings nur eine sehr vage semantische Umschreibung ihrer Bedeutung geben, die keine einfache Entschlüsselung des Derivats erlaubt (vgl. z. B. *be-stellen, be-weisen, ent-gegnen, ver-stehen*).

Hinsichtlich des Verfahrens der Ableitung unterscheidet man zwischen **expliziter und impliziter Derivation**. Bei der expliziten Derivation geschieht die Ableitung durch Kombination bestehender Wörter oder Wortstämme wie oben beschrieben mit Wortbildungsaffixen (z. B. *-ung, un-, be-, zer-* usw.). Bei der impliziten Derivation bildet man die Derivate durch interne Ablautung. Das Verfahren der impliziten Derivation findet sich im Deutschen bei der Bildung der sogenannten Kausativa (z. B. *trinken – tränken, sinken – senken, sitzen – setzen*), kommt insgesamt jedoch selten zur Anwendung.

Die implizite Derivation zählt ebenso wie die sogenannte Konversion zu den intern verändernden Verfahren der Wortbildung (Donalies 2007). Als Konversion bezeichnet man die Bildung neuer Wörter durch Wortartenwechsel, wobei die Wortform abgesehen von einer möglichen Umlautung keine weiteren Veränderungen erfährt. Die dadurch entstandenen Wörter bezeichnet man als **Konvertate**. Substantivische Konvertate aus Verben lassen sich bilden, indem man diese mit dem Artikelwort *das* verbindet und groß schreibt: *laufen – das Laufen, lachen – das Lachen* etc. Häufiger sind aber substantivische Konvertate, die nur den Wortstamm aufnehmen (z. B. *fluchen – der Fluch, greifen – der Griff* etc.). Bei der Bildung von Konvertaten kann es zu einer Umlautung des Wortstammes kommen (z. B. *beißen – der Biss*). Beispiele für verbale Konvertate aus Adjektiven sind *bleichen* und *heilen*, Beispiele für verbale Konvertate aus Substantiven *schälen* oder *gärtnern*. Donalies (2007) betrachtet auch die adjektivische Verwendung von Partizipien als Konversion.

2.2.3.3 Flexion

Während die Morphologie mit der Wortbildung einen Beitrag zur Beschreibung des Lexikons einer Sprache leistet, ist die Flexionslehre Teil ihrer grammatischen Beschreibung. Als Flexion bezeichnet man die grammatisch bedingte Veränderung von Wortformen, wobei sich keine 1:1-Beziehung zwischen Morphem und grammatischer Funktion aufweisen lässt. Als **synthetisches** („zusammensetzendes") **Verfahren** des Sprachbaus unterscheidet sich die Flexion von **analytischen Verfahren**, bei denen eine 1:1-Relation von Wort und grammatisch-lexikalischer Bedeutung besteht (sogenannten „isolierenden" Sprachen). Von dem ebenfalls synthetischen Verfahren der Agglutination (des „Anklebens") unterscheidet sich die Flexion durch die Polyfunktionalität der verwendeten Affixe.

Eine **isolierende** Sprache ist z. B. das Chinesische. Zu den **agglutinierenden** Sprachen gehören z. B. Japanisch, Koreanisch, Ungarisch und Finnisch. Als **flektierende** Sprachen sind neben dem Deutschen z. B. Latein, Griechisch, Russisch oder Arabisch zu nennen.

Die Einteilung der Sprachen geschieht nach den in ihnen vorwiegend vorherrschenden Bauprinzipien. Sie bedeutet allerdings nicht, dass in der jeweiligen Sprache nur analytisch oder synthetisch verfahren wird. Auch kann sich das Bauprinzip im Laufe der Sprachgeschichte ändern. Dies ist z. B. beim Englischen der Fall, das sich von einer flektierenden zu einer vorwiegend isolierend verfahrenden Sprache verändert hat. Auch für das Deutsche, das immer noch als flektierende Sprache charakterisiert wird, lassen sich Übergangstendenzen beobachten, die sowohl seine gegenwärtige Nominal- als auch Verbalflexion bestimmen.

Betrachten wir als Beispiel eine Nachfrage am Telefon aus dem Türkischen, einer agglutinierenden Sprache. Das folgende Beispiel zeigt die Äußerung *Alo, kiminle konuşuyorum?*[7] (*Hallo, mit wem spreche ich?*) morphologisch segmentiert in einer direkten Übertragung in das Deutsche.

Türkisch	Alo,	kim-in-le	konuş-uyor-um?
Direktübertragung	Hallo,	wer-[Dativ]-mit	sprech-[Präsens]-ich?
Deutsch	Hallo,	mit wem	spreche ich?

Vergleicht man die beiden Sätze, so lassen sich folgende Unterschiede feststellen:

1. Der deutschen Dativform *wem* entspricht im Türkischen die Form *kimin*. Während im Deutschen das Einzelwort *wer* verändert wird, wird im Türkischen die Anzeige des Kasus (*-in*) an das Wort angehängt. Das Dativmorphem ist in der agglutinierenden Sprache als eigenständiges Morphem erkennbar und nicht mit der Wortform verschmolzen.

2. Die Präposition *mit* wird im Deutschen dem Fragewort vorangestellt (*mit wem*), im Türkischen hingegen nachgestellt und mit diesem zu einem Wort verbunden (*kiminle*). Deutsch verwendet hier also ein isolierendes, Türkisch ein synthetisches Verfahren.

3. Die Verbform *sprech*e wird im Türkischen durch zwei Morpheme wiedergegeben, von denen eines das Präsens ausdrückt (*yor*), das andere die 1. Person Singular (*-um*). Im Deutschen wird das Präsens nicht durch ein eigenständiges Morphem ausgewiesen. Zusätzlich zur Verbform findet sich das Personalpronomen *ich*, das in der türkischen Fassung nicht auftritt.

4. Die Einteilung der Wörter nach Wortarten greift auf das Kriterium ihrer Flektierbarkeit zurück. Unterscheiden lassen sich dabei Wörter, die nach Genus, Numerus und Kasus flektieren (Substantive, Adjektive, Artikelwörter, einige Pronomina), komparierbare Wörter (Adjektive, einige wenige Adverbien) und Wörter, die nach Person, Numerus,

---

7 Die Schreibung des Türkischen ist lautgetreu. Der Buchstabe <ş> wird als [ʃ] ausgesprochen (*konuschuyórum*).

Tempus und Modus flektieren (Verben). Die Flexion ist abhängig von syntaktischen Kriterien und bestimmt ihrerseits den Satzbau (vgl. Kap. 2.2.4).

2.2.3.3.1 Flexion in der Nominalgruppe

Die Unterscheidung von drei grammatischen Geschlechtern der Substantive gilt als ein besonderes Problem für Deutschlernende. Zum einen weisen viele Herkunftssprachen nur eine zweigliedrige oder gar keine **Genusdifferenzierung** auf. Zum anderen ist die Genuszuweisung für viele Wörter in den verschiedenen Sprachen unterschiedlich. Zum dritten gibt es im Deutschen zwar formale Anzeichen für die Genuszuweisung, oft lässt die Endung des Substantivs aber keinen eindeutigen Rückschluss auf das Genus des Substantivs zu. Deutschlerner wird daher im Allgemeinen empfohlen, Substantive gemeinsam mit dem bestimmten Artikel zu erlernen, der das Genus des Substantivs ebenfalls anzeigt.

Neben der Genuszuweisung stellt insbesondere die **Pluralbildung** ein Problem beim Erwerb der deutschen Nominalflexion dar. So lassen sich für das Deutsche mindestens neun verschiedene Möglichkeiten aufzeigen, wie der Plural gebildet werden kann; weitere finden sich im Zusammenhang mit eingewanderten Fremdwörtern, insbesondere in der Wissenschaftssprache (z. B. die Endung -*a*).

Endung	Singular	Plural	Kommentar
1. -*e*	der Berg das Flugzeug das Tier	Berge Flugzeuge Tiere	viele Nomen
1.a. -*e* + Umlaut	der Stuhl die Kunst	Stühle Künste	einige Nomen
2. -*(e)n*	die Frau die Schule der Mensch	Frauen Schulen Menschen	viele feminine Nomen auf -e mit 2–3 Silben; einige andere Nomen
3. -*er*	das Feld das Haus	Felder Häuser	einsilbige Neutrum-Nomen und einige maskuline Nomen
3.a. -*er* + Umlaut	der Wald das Glas	Wälder Gläser	wie 3.
4. -*s*	das Auto die Pipeline der Fan	Autos Pipelines Fans	viele Fremdwörter (besonders aus dem Englischen)
5. ohne Endung	der Sessel der Redner der Wagen das Mädchen das Häuslein	Sessel Redner Wagen Mädchen Häuslein	viele Nomen auf -*el, -en, -er* -*chen, -lein*
5.a ohne Endung, mit Umlaut	der Apfel der Garten die Mutter	Äpfel Gärten Mütter	wie 5.

Tab. 2.4 Übersicht Pluralendungen im Deutschen (Roche/ Webber 2009: 27 f.)

Unter den verschiedenen Möglichkeiten ist auch der Verzicht auf die Markierung des Plurals. Um dieses „Nichts" im Rahmen eines grammatischen Paradigmas zu erfassen, spricht man von einem **Nullmorphem**. Nullmorpheme werden auch in anderen Zusammenhängen als Hilfsmittel der grammatischen Beschreibung angesetzt.

Das Kasussystem des Deutschen umfasst eine Unterscheidung von vier Fällen. Für Substantive lassen sich im Deutschen drei Deklinationstypen unterscheiden, die meist als „S-Deklination", „N-Deklination" und „Nulldeklination" bezeichnet werden.

Tabelle: Artikelendungen

Singular				Plural
	maskulin	Neutrum	feminin	
Nominativ	der	das	die	die
	dieser	dieses	diese	diese
	ein	ein	eine	(-)
	kein	kein	keine	keine
Akkusativ	den	das	die	die
	diesen	dieses	diese	diese
	einen	ein	eine	(-)
	keinen	kein	keine	keine
Dativ	dem	dem	der	den
	diesem	diesem	dieser	diesen
	einem	einem	einer	(-)
	keinem	keinem	keiner	keinen
Genitiv	des	des	der	der
	dieses	dieses	dieser	dieser
	eines	eines	einer	(-)
	keines	keines	keiner	keiner

Tab. 2.5 Übersicht über die Artikeldeklination (Roche/Webber 2009: 31)

Kasus	maskulin	Neutrum	feminin	Plural
Nominativ	-e	-e	-e	-en
Akkusativ	-en	-e	-e	-en
Dativ	-en	-en	-en	-en
Genitiv	-en	-en	-en	-en

Tab. 2.6 Übersicht über die Adjektivdeklination (Roche/Webber 2009: 32)

Die in den Artikelformen auftretenden Endungen *-r*, *-s*, *-m*, *-n* etc. lassen sich auch in den Fragewörtern *wer*, *wes(sen)*, *wem*, *wen* wiederfinden.

Demgegenüber ist das Flexionsparadigma des unbestimmten Artikels *ein*, *eine* weniger ausgeprägt. Im Singular flektieren die Possessivpronomina (*mein*, *dein*, ...) sowie die Negation *kein* wie der unbestimmte Artikel. Eine Pluralform des unbestimmten Artikels gibt es nicht. In der systematischen Beschreibung wird auch hier eine Nullform angesetzt: der sogenannte „Nullartikel".

Charakteristisch für die deutsche Sprache ist das Prinzip der **Monoflexion** in einer aus Artikelwort, Adjektiv und Substantiv gebildeten Nominalgruppe. Die Anzeige von Kasus und Numerus wird dabei nur einmal geleistet. Übernimmt das Artikelwort diese Aufgabe, flektiert das Adjektiv nach der N-Deklination (schwache Adjektivdeklination). Kann das Artikelwort diese Aufgabe hingegen nicht leisten, nimmt das Adjektiv die starken Flexionsendungen des bestimmten Artikels an.

2.2.3.3.2 Verbalflexion im Deutschen

Die Verbalflexion des Deutschen umfasst die Veränderung des Verbs nach den Kategorien **Person, Numerus, Tempus und Modus**; zudem unterscheidet man mit dem Aktiv und dem Passiv zwei Genera verbi. Eine durch Flexion gekennzeichnete Verbform bezeichnet man als finites Verb. Zudem finden sich als Charakteristikum des Deutschen auch mehrgliedrige Verbformen als Kombinationen finiter und infiniter Elemente (z. B. *hat gesehen, muss arbeiten*). Zu den infiniten Verbformen gehören der Infinitiv, das Partizip I und das Partizip II.

Im Satz kongruiert das finite Verb in Person und Numerus mit dem Subjekt des Satzes. Typisch für das Deutsche ist die Obligatorik des Personalpronomens in Sätzen, in denen die Subjektposition nicht durch ein Nomen bzw. eine Nominalgruppe ausgefüllt wird. Dies ermöglicht die Disambiguierung potenziell mehrdeutiger Endungen.

Für das Tempussystem des Deutschen werden meist analog zum Lateinischen **sechs Tempora** angenommen. Häufig wird allerdings auch die Ansicht vertreten, dass es im Deutschen nur zwei echte Tempora (Präsens und Präteritum) gibt. Anders als im Lateinischen, das auch für andere Tempora Flexionsformen bereitstellt, ist im Deutschen für das Perfekt, Plusquamperfekt, Futur I und Futur II die Bildung mit Hilfsverben (*haben, sein, werden*) kennzeichnend. Man kann hier also von einem analytischen Bildeverfahren sprechen. Da die Hilfsverben finite Formen annehmen und insofern auch Person und Numerus kennzeichnen, wird allerdings der Terminus „periphrastische" (umschreibende) Bildeweise bevorzugt.

Hinsichtlich der formalen Merkmale ihrer Konjugation werden für das Deutsche starke Verben, schwache Verben und Mischverben unterschieden. Das Konjugationsparadigma starker Verben ist durch Stammvokalwechsel im Präteritum gekennzeichnet. Die Bildung des Partizip II erfolgt durch **Zirkumfigierung** des Verbstamms mittels [ge-][-en]. Die schwachen Verben bilden ihr Präteritum durch Anfügen des Suffixes -te, weisen keinen Stammvokalwechsel auf und bilden das Partizip II mithilfe des Zirkumfixes [ge-][-t]. Mischverben weisen Vokalwechsel auf, flektieren ansonsten jedoch wie schwache Verben. Oft finden sich in Lehrwerken des Deutschen Zusammenstellungen von starken Verben und Mischverben in Form von Stammformentabellen, in denen der Präsensstamm, Präteritumstamm und die Partizip-II-Form aufgeführt werden.

Infinitiv	Präsens	Präteritum	Partizip II
bleiben	bleibt	blieb	geblieben
bringen	bringt	brachte	gebracht
finden	findet	fand	gefunden
fliegen	fliegt	flog	geflogen
kennen	kennt	kannte	gekannt
laufen	läuft	lief	gelaufen
schreiben	schreibt	schrieb	geschrieben
singen	singt	sang	gesungen
wissen	weiß	wusste	gewusst

Tab. 2.7 Stammformen unregelmäßiger Verben

Das **Präsens** der Verben wird im Deutschen durch Anhängen der Personalendungen an den Verbstamm gebildet. Viele Verben weisen zudem als Besonderheit einen Umlautwechsel in der 2. und 3. Person Singular auf (z. B. *ich sehe – du siehst, ich laufe – du läufst, …*). Sehr unregelmäßige Präsensformen besitzen die Verben *sein, haben, werden* sowie die Modalverben (*wollen, sollen, müssen, können, dürfen, mögen*). Im Unterschied z. B. zum Englischen wird das Präsens im Deutschen auch zum Ausdruck zukünftiger Handlungen oder Ereignisse verwendet. Demgegenüber tritt das durch *werden + Infinitiv* gebildete Futur I in deutschen Texten seltener auf. Zudem erfolgt der Ausdruck von Zukunftsbezug auch durch Modalverben. Das deutsche Präsens kann zudem auch genutzt werden, wenn über Vergangenes gesprochen wird (historisches Präsens). In der mündlichen Sprache wird auf diese Weise ein erzähltes Geschehen „vergegenwärtigt" (*Gestern treffe ich den Peter, da sagt der zu mir …*). Das Präteritum ist demgegenüber eine in der mündlichen Erzählung eher selten verwendete Form, bevorzugt wird das Perfekt. Das Präteritum findet vorwiegend in schriftlichen Texten Anwendung.

Perfekt und **Plusquamperfekt** werden im Deutschen als Verbalperiphrase gebildet, wobei die Hilfsverben *haben* oder *sein* in Verbindung mit dem Partizip II herangezogen werden (*habe/hatte gesagt, bin/war gefahren*). Die Entscheidung, welches der beiden Hilfsverben *haben* oder *sein* zur Bildung des Perfekt und Plusquamperfekt herangezogen wird, ist unabhängig von den oben angeführten Momenten. Sie gründet sich auf semantische Kriterien. Nur Verben, die eine Bewegung oder Veränderung ausdrücken, bilden ihr Perfekt und Plusquamperfekt mit dem Hilfsverb *sein* (z. B. *fahren, fliegen, aufstehen*). Bei einigen Verben sind auch beide Hilfsverben in Gebrauch (*Gestern bin ich durch den See geschwommen. Gestern bin/habe ich drei Bahnen geschwommen*). Zudem gibt es regionale Variationen.

Besonderheiten bei der Bildung des **Partizips II** weisen die **Präfix- und Halbpräfixverben** auf. Bei Präfixverben (nicht trennbaren Verben) wie *bestehen, entscheiden, verkaufen, erzählen* etc. wird das Partizip II nicht durch ein Zirkumfix, sondern nur durch Suffigierung des Verbstamms mittels [-en] oder [-t] gebildet (*habe bestanden, entschieden,* *verkauft, erzählt*). Bei den Halbpräfixverben (trennbaren Verben) ist demgegenüber zu beobachten, dass sich der erste Bestandteil der Zirkumfixe [ge-][-en] und [ge-][-t] zwischen Verbstamm und Halbpräfix schiebt: *mitnehmen – mitgenommen, einkaufen – eingekauft*.

Untrennbar sind *be, emp-, ent-, er-, miss-, ver-. zer-: begreifen, empfehlen, entfernen, erzählen, misslingen, vergessen. zerfließen.*
Sie bleiben immer beim Verb und sind unbetont:

> *Ich bestelle gleich ein Taxi.*
> *Bestellen Sie mir bitte ein Taxi!*
> *Ich habe das Taxi schon bestellt.*

Die meisten anderen Präfixe sind **trennbar** und betont: *ab-. an-, auf-, aus-, bei-, ein-, mit-, nach-, vor-, zu- ...: abfahren, ankommen, aufstehen, aussehen, beibringen, einkaufen, mitfahren, nachforschen, vorliegen, zumachen ...*
In Aussage, Frage und Befehl steht das Präfix am Ende des Satzes:

> *Ich **stelle** mir **vor**, dass wir bald damit anfangen.*
> ***Stell'** dir das mal **vor**!*

Steht auch das Verb am Ende, so steht das Präfix bei ihm.

> *So habe ich mir das Ganze nicht **vorgestellt**!*
> *So etwas kann man sich kaum **vorstellen**.*

Einige Präfixe können sowohl als untrennbare, unbetonte Präfixe auftreten, als auch als trennbare, betonte Präfixe: *durch-, hinter-, über-, um-, unter-, wider-, wieder- ...*
wiederholen (etwas noch einmal tun): *Wiederholen Sie bitte! wiederholen* (zurückholen): *Du wirst sehen, mein Geld hole ich mir wieder!*
Die beiden Verben haben dann unterschiedliche Bedeutungen.

| nicht trennbar | | trennbar | |
Infinitiv	Partizip II	Infinitiv	Partizip II
verstehen	verstanden	aufstehen	aufgestanden
entfernen	entfernt	einschlafen	eingeschlafen
besuchen	besucht	umsteigen	umgestiegen
zerbrechen	zerbrochen	anrufen	angerufen
umfahren	umfahren	umfahren	umgefahren
vermuten	vermutet	zumuten	zugemutet
besprechen	besprochen	absteigen	abgestiegen
zersetzen	zersetzt	aufsetzen	aufgesetzt

Tab. 2.8 Auflistung einiger trennbarer und untrennbarer Verben

Zur Bildung des **Futur I** und des **Futur II** wird das Hilfsverb *werden* genutzt. Das Bedeutungsmoment der aus der Zukunft heraus fokussierten Vergangenheit im Futur II wird durch den Infinitiv *haben* ausgedrückt: *Morgen werde ich die Prüfung schreiben. – Morgen um diese Zeit werde ich die Prüfung überstanden haben.* Beide Formen werden allerdings eher selten verwendet, bevorzugt werden präsentische Ausdrucksformen: *Morgen schreibe ich die Prüfung. – Morgen um diese Zeit habe ich die Prüfung überstanden.*

Die Bildung des Passivs geschieht im Deutschen ebenfalls periphrastisch mithilfe der Hilfsverben *werden* und *sein*. Das sogenannte **Vorgangspassiv** wird durch eine zweigliedrige Verbperiphrase (*werden + Partizip II*) ausgedrückt: *Die Tür wird gestrichen.* Dabei kann das Verb *werden* in den verschiedenen Tempora ebenfalls periphrastische Bildungen aufweisen (*Die Tür ist/war gestrichen worden. Die Tür wird gestrichen werden. Die Tür wird gestrichen worden sein.*). Das sogenannte **Zustandspassiv** wird mit *sein* gebildet und fokussiert einen Endzustand. (*Die Tür wird gestrichen.* → *Die Tür ist gestrichen. – Der Fall wird erledigt.* → *Der Fall ist erledigt.*)

Die Häufung von Verbformen, die sich durch die Verbalperiphrasen ergeben, ist ein besonderes Problem für Deutschlernende. Hinzu kommt, dass sich auch durch die Modalverben Verbhäufungen ergeben können (*die Tür wird wohl gestrichen werden müssen*), sodass sich die Frage nach der Reihenfolge der Verben stellt. Da die Hilfsverben *sein, haben* und *werden* zudem auch als Vollverben genutzt werden, ist es für Deutschlernende oft schwierig zu entscheiden, welche grammatische Form vorliegt:

1. Hier <u>wird</u> nicht gelacht.
2. Das <u>wird</u> sich schon alles regeln.
3. Sie <u>wird</u> Lehrerin.
4. Das <u>wird</u> schon alles wieder <u>werden</u>.
5. Sie <u>wird</u> stark kritisiert <u>werden</u>, wenn sie auf dieser These besteht.

Neben dem Indikativ der Verben liegen im Deutschen mit dem Konjunktiv I und II zudem noch zwei weitere Modi vor, die in der Verbflexion ausgewiesen werden. **Der Konjunktiv I** wird zur Distanzierung von der Sprecherrolle genutzt. Er zeigt an, dass es sich um überlieferte, wiedergegebene Rede handelt. Gebildet wird er, indem die Personalformen des Konjunktivs an den Verbstamm angehängt werden. Das Paradigma der Personalformen für den Konjunktiv I (*–e, –est, –e, –en, -et, -en*) unterscheidet sich teilweise, aber nicht vollständig von denen des Indikativ Präsens.

Bei Formengleichheit wird der **Konjunktiv II** als Ersatzform für den Konjunktiv I herangezogen. Der Konjunktiv II dient im Deutschen dem Ausdruck von Vermutungen, Annahmen und Wünschen. Er wird bei den starken Verben durch Umlautung aus dem Präteritumstamm abgeleitet (*kam → käme*).

Die Regeln für die Setzung des Konjunktivs I werden allerdings von Sprechenden des Deutschen im alltäglichen Sprachgebrauch nicht immer befolgt. Für den Konjunktiv II wird im heutigen Deutsch zudem oft die Ersatzform *würde + Infinitiv* verwendet (*Er sagte, er käme/würde kommen.*).

2.2.4 Syntaktische Kennzeichen des Deutschen

In diesem Kapitel geht es um grundlegende Eigenschaften des Satzes. Zunächst werden einige syntaktische Kategorien und Beschreibungsansätze zur Erfassung syntaktischer Strukturen vorgestellt. Neben traditionellen Grammatiken wird auch auf Valenzgrammatiken und generative Grammatiken eingegangen. Angesprochen werden dann Fragen der Satzgliedbestimmung und Satzgliedstellung sowie die Herstellung von Zusammenhang in Texten.

2.2.4.1 Syntaktische Kategorien und Beschreibungsmodelle

Der Satzbau des Deutschen gilt allgemein als schwierig. Als besonders irritierend empfinden viele Lernende das „Warten auf das Verb". Schwierigkeiten ergeben sich insbesondere aus den Verbalperiphrasen und der Notwendigkeit, Kasusbeziehungen in Nominalgruppen zu kennzeichnen. Als weitere Schwierigkeit kommt hinzu, dass Lerner oft nicht über das kategoriale und terminologische Wissen verfügen, das zur Beschreibung von Satzstrukturen herangezogen wird (vgl. Roche 2013a: 176 f.).

In Kapitel 2.2.1.2 wurden bereits verschiedene Ausrichtungen und Ansätze der Grammatikschreibung genannt, die den Satz und seine Bestandteile zum Teil unterschiedlich erfassen. Die Grammatikdarstellung in Lehrwerken greift meist auf die Kategorien der griechisch-lateinischen Grammatikschreibung zurück, die seit mehreren Jahrhunderten an (zunächst lateinisch-, dann auch deutschsprachigen) Universitäten und Schulen unterrichtet wird. Zum traditionellen Bestand der Grammatiklehre gehört die Lehre der Wortarten und der Satzglieder. Die Einteilung der Wortarten stützt sich zum Teil auf morphologische Kriterien, zum Teil auf die Positionen, die Wörter im Satz einnehmen können.

Die Einheiten Wort und Satzglied sind nicht ohne Weiteres aufeinander abbildbar. Zum einen bilden oft mehrere Wörter oder gar Sätze gemeinsam ein Satzglied. In der neueren Grammatikschreibung wird als vermittelnde Einheit die Wortgruppe (Phrase) angesetzt. Zum anderen lassen sich einige Wörter im Satz keinem Satzglied zuordnen, z. B. Kommentaradverbien (Satzwörter, Modalwörter) wie *vielleicht, vermutlich, natürlich* etc. und Modal- bzw. Abtönungspartikeln wie *halt, eben, ja, aber, doch.*

2.2.4.2 Phrase (Wortgruppe)

Die Phrase wird als eine Einheit mittlerer Größenordnung angesetzt, die eines oder mehrere Wörter umfassen kann. Das Wort, das die Eigenschaften einer Phrase bestimmt, wird als „Kopf" der Phrase bezeichnet. Nach ihrem Kopf unterschieden werden die Nominalphrase (NP), die Präpositionalphrase (PP), die Partizipialphrase, die Adjektivphrase und die Adverbphrase.

Die **Nominalphrase** umfasst typischerweise die Kombination eines Artikelworts und Substantivs. Weitere Wörter, z. B. das Substantiv näher bestimmende Adjektive, können hinzutreten. Für den Aufbau der Nominalphrase im Deutschen ist das Prinzip der **Klam-**

mer charakteristisch (Weinrich 2006). Artikel und Substantiv „klammern" weitere Bestandteile ein: *das große Haus, diese alte verschmutzte Hose, der laut prasselnde Regen*.

Nominalphrasen können sehr komplex aufgebaut sein und weitere Nominalphrasen oder Präpositionalphrasen umfassen, z. B. *das alte Haus meiner Schwester* (Nominalphrase bestehend aus Artikel, Adjektiv, Substantiv und einer weiteren Nominalphrase im Genitiv), *das alte Haus am Ende der Straße* (Nominalphrase bestehend aus Artikel, Adjektiv, Substantiv und einer Präpositionalphrase). Die in einer Nominalphrase über ihren substantivischen Kern und das Artikelwort hinausgehenden Bestandteile werden im Rahmen der Satzgliedbestimmung als Attribute bezeichnet.

Präpositionalphrasen sind Nominalphrasen, die durch eine Präposition eingeleitet werden: *neben das Haus, mit dieser alten schmutzigen Hose, im prasselnden Regen* usw. Das Bauprinzip einer Präpositionalphrase lässt sich also als [Präp. + NP] erfassen. Da die Präposition den Kasus des Nomens bestimmt, wird sie als Kopf der Präpositionalphrase betrachtet. In Lehrwerken des Deutschen als Fremdsprache werden die Kasus daher häufig im Zusammenhang mit Präpositionen eingeführt. Eine Erscheinung des heutigen Deutsch ist, dass das Artikelwort mit der Präposition verschmolzen wird (z. B. *ins, ans*), diese Tendenz hat sich allerdings noch nicht für alle Präpositionen durchgesetzt (vgl. Szczepaniak 2009).

Von einer **Partizipialphrase** spricht man, wenn ein Partizip I oder II durch weitere Wörter ergänzt wird: *das leicht beschädigte Haus, der laut prasselnde Regen*.

Adjektiv- und Adverbialphrasen ergeben sich durch die Verbindung eines Adjektivs oder Adverbs mit vorangestellten Gradpartikeln (Intensitätspartikeln) wie *sehr, wenig, äußerst, zu* (vgl. Duden 2009: 594 f.): *ein ganz neuer Film, der wenig bekannte Roman*.

Im Satz können Phrasen Satzglieder oder Satzgliedteile bilden. Für Lernende des Deutschen als Fremdsprache ist es besonders wichtig, die Struktur von Phrasen schnell überschauen zu können, insbesondere, wenn Fertigkeiten wie das globale Lesen angestrebt werden.

2.2.4.3 Unterschiedliche terminologische Ansätze zur Erfassung des Satzbaus

Das Konzept der Phrase wird in allen gegenwärtig gebräuchlichen Grammatiken verwendet. In ihrer Terminologie zur weitergehenden Erfassung des Satzbaus unterscheiden sich allerdings traditionelle Grammatiken, Valenzgrammatiken und generative Grammatiken voneinander.

In der **traditionellen Grammatik** werden mit Subjekt, Prädikat, Objekt und Adverbiale vier Satzgliedtypen unterschieden, zudem spricht man von Attributen als Satzgliedteilen. Bei der Analyse des Satzes wird gefragt, wie diese Satzgliedpositionen besetzt sind. Nominalphrasen finden sich typischerweise als Subjekt oder Objekte des Satzes sowie als attributive Ergänzungen zu den beiden Satzgliedern. Präpositionalgruppen können die Position eines Objekts oder eines Adverbiales besetzen und treten außerdem ebenfalls als attributive Satzgliedteile auf. Das Prädikat bildet ein finites Verb einschließlich seiner infiniten Verbformen.

In der **Valenzgrammatik**, die das Verb in den Mittelpunkt des Satzes stellt, wird hingegen nicht vom Prädikat, Subjekt und von Objekten, sondern vom Verbalkomplex und seinen Aktanten gesprochen. Dabei wird zwischen „Ergänzungen" (Komplementen) und „Angaben" (Supplementen) unterschieden. Die Anzahl und Art der Komplemente ist durch die Valenzstruktur des Verbs obligatorisch festgeschrieben: Verben mit einer einwertigen Valenz erfordern nur eine Ergänzung im Nominativ, zwei- oder dreiwertige Verben erfordern als weitere Ergänzungen Nominalphrasen im Akkusativ, Dativ oder Genitiv oder eine Präpositionalphrase. Von den obligatorischen Bestandteilen des Verbs terminologisch als Supplement abgetrennt ist das Adverbiale, wobei noch einmal zwischen „freien" und „obligatorischen Angaben" unterschieden wird. Freie Angaben können weggelassen werden, ohne dass die Grammatikalität des Satzes gefährdet ist, obligatorische Angaben hingegen nicht. Angaben sind meistens nicht vom Verb bestimmt und können mit vielen Verben frei kombiniert werden.

Gegenwärtige grammatische Beschreibungen des Deutschen, z.B. die Duden-Grammatik, greifen häufig auf eine Kombination aus traditionellen und valenzgrammatischen Überlegungen zurück.

5.20	Verben mit Ergänzung: Nominativ und Akkusativ *Ich bringe den ‚Kurier'.*	84
5.21	Verben mit Ergänzung: Dativ *Die Schuhe gefallen mir. Aber sie passen mir nicht.*	86
5.22	Verben mit Ergänzung: Akkusativ und Dativ *Ich gebe Ihnen Geld!*	88
5.23	Verben mit Ergänzung: Präpositionen *Ich interessiere mich nicht für die Liebe.*	90

Tab. 2.9 Inhaltsverzeichnis der Übungsgrammatik Schritte (Hueber, 2010: 4)

Nach Roche (2013a: 177–180) ergeben sich aber bei der Anwendung des valenzgrammatischen Ansatzes im Sprachenunterricht Probleme bezüglich der eingesetzten Terminologie. Lernende verfügen oft über schulgrammatisches Wissen und müssen neue, oft komplizierte Begriffe erlernen (z.B. obligatorische Akkusativergänzung). Zudem setzt der valenzgrammatische Ansatz ein hohes semantisches Vorwissen voraus. Die Bezugsgröße der grammatischen Beschreibung ist der Einzelsatz, größere Einheiten wie Texte und Gespräche werden nicht berücksichtigt.

Von dem traditionellen und dem valenzgrammatischen Ansatz unterscheidet sich der Ansatz der **generativen Grammatik**. Generative Ansätze spielen aufgrund ihrer sprachtheoretischen Vorannahmen in der Fremdsprachendidaktik zumeist keine Rolle (vgl. Kap. 3.3), sie finden sich jedoch häufig im Rahmen von Studien zum Fremdsprachenerwerb (vgl. Kap. 1.3). Ebenso liegen generative Modelle auch praktischen Computeranwendungen zugrunde, die menschliche Sprache simulieren. Generative Grammatiken sind Erzeugungsgrammatiken. Sie zielen darauf ab, ein Regelsystem zur Verfügung zu stellen, das in Verbindung mit einem Vokabular zur Erzeugung einer potenziell unbegrenzten Anzahl von Sätzen führen soll. Generative Grammatiken gehen davon aus, dass dazu mindestens zwei Bestandteile nötig sind: eine Nominalphrase und eine Verbalphrase. Unter dem Terminus

„Verbalphrase" werden dabei nicht nur der Verbalkomplex bzw. das Prädikat, sondern auch seine Ergänzungen und Angaben bzw. die Objekte und Adverbiale des Satzes erfasst. Für den Bau der Nominal- und Verbalphrase werden Erzeugungsregeln angegeben, die Auskunft über die notwendigen Bestandteile zum Bau der betreffenden Einheit geben. Elemente, die fakultativ auftreten können, werden dabei durch Klammerung erfasst. Eine generative Beschreibung des Satzes „Hans sieht einen Vogel." sieht z. B. folgendermaßen aus:

REGEL	ERLÄUTERUNG
1. S → NP + VP	Um einen Satz zu bilden, benötigt man eine Nominalphrase und eine Verbalphrase
2. NP → (Art) + N	Um eine Nominalphrase zu bilden, benötigt man ein Nomen, zu dem fakultativ ein Artikelwort hinzutreten kann
3. VP → V + NP	Um eine Verbalphrase zu bilden, benötigt man ein Verb und eine Nominalphrase

Tab. 2.10 Beispiel für die generative Beschreibung eines Satzes

Diese Regeln lassen sich nun auf ein Lexikon anwenden, dessen Einträge den entsprechenden Basiskategorien (Art=Artikel, N=Nomen und V=Verb) zugeordnet werden:

Art =	einen
N =	Hans, Vogel
V =	sehen

Tab. 2.11 Beispiel für die generative Beschreibung eines Satzes

Unsere Grammatik kann dann nicht nur den Satz „Hans sieht einen Vogel." erzeugen, sondern ebenso die Sätze „Hans sieht Hans.", „Einen Vogel sieht einen Hans." usw. Um ungrammatikalische Bildungen auszuschließen, sind dann noch weitere Regeln erforderlich.

2.2.4.4 Satzgliedbestimmung

Zur Ermittlung der Bestandteile eines Satzes werden verschiedene Proben (Tests) angewendet. Die wichtigsten unter ihnen sind die **Umstell- bzw. Verschiebeprobe** (Permutationstest), die **Ersatz- bzw. Austauschprobe** (Substitutionstest) und die **Weglassprobe** (Exklusionstest). Durch Permutations- und Substitutionstests kann z. B. der Umfang einer komplexen Nominalphrase ermittelt werden: Wörter, die gemeinsam einen Satzteil konstituieren, können auch nur gemeinsam verschoben und durch ein Pronomen ersetzt werden. Durch den Exklusionstest kann oft festgestellt werden, ob es sich bei einer Phrase um eine Ergänzung bzw. ein Objekt oder um eine freie Angabe bzw. ein Adverbiale handelt. Über einen Exklusionstest kann der (nicht weglassbare) Kern einer Nominalphrase von ihren (weglassbaren) Attributen unterschieden werden.

Prädikat
Subjekt
Objekt ▪ Akkusativobjekt ▪ Dativobjekt ▪ Genitivobjekt ▪ Präpositionalobjekt
Adverbial ▪ Lokaladverbiale ▪ Temporaladverbiale ▪ Kommentaradverbiale ▪ Kasusadverbiale ▪ Konzessivadverbiale ▪ Instrumentaladverbiale ▪ Finaladverbiale ▪ Konditionaladverbiale ▪ Konsekutivadverbiale ▪ Adversativadverbiale ▪ Benefaktivadverbiale
Prädikativ
Attribut

Tab. 2.12 Satzgliedarten des Deutschen (Imo 2016: 161 ff.)

Wenn Sie unter Zuhilfenahme der genannten Proben den folgenden Satz analysieren, werden Sie feststellen, dass er aus vier Satzgliedern besteht:

Die Kursleiterin empfiehlt den Teilnehmern ein Buch mit Übungen zur deutschen Syntax.

Permutationsprobe: *Ein Buch mit Übungen zur deutschen Syntax empfiehlt die Kursleiterin den Teilnehmern.* Nicht möglich ist z. B.: **Mit Übungen empfiehlt die Kursleiterin zur deutschen Syntax ein Buch.*
Ersatzprobe: *Sie empfiehlt es ihnen.*
Weglassprobe: *mit Übungen zur deutschen Syntax* ist weglassbar, daher Attribut.

Subjekt ist „die Kursleiterin", Prädikat „empfiehlt", Dativobjekt „den Teilnehmern", Akkusativobjekt „ein Buch". „mit Übungen zur deutschen Syntax" ist ein (präpositionales) Attribut zum Akkusativobjekt, „zur deutschen Syntax" ist dabei ein Attribut zur NP des präpositionalen Attributs.

Einen Teil bzw. eine Ergänzung des Prädikats bildet das **Prädikativ**. Als „Prädikativ" bezeichnet man Satzkonstruktionen mit dem Verb *sein*, ferner treten Prädikative nach den Verben *werden, bleiben, nennen* und *halten für* auf. Sie weisen die Besonderheit auf, dass unter Umständen zwei Satzergänzungen im Nominativ oder Akkusativ gefordert sind: *Die Dame dort* (Nominativ, Subjekt) *ist meine Lehrerin* (Nominativ, Prädikativ). *Sie nannten ihn* (Akkusativ, Objekt) *einen Lügner* (Akkusativ, Prädikativ). Anders als z. B. in Sprachen wie dem Italienischen werden Adjektive im Deutschen nicht dekliniert, wenn sie prädikativ verwendet werden: *Die Pizza ist gut. *Die Pizza ist gute.* Dies gilt auch, wenn Adjektive adverbial verwendet werden, z. B. in Sätzen wie „Die Kinder schrien laut. Peter läuft schnell."

Satzglieder können nicht nur durch Phrasen ausgefüllt werden, sondern auch durch andere Sätze. Die traditionelle Grammatik spricht hier von **Hauptsatz und Nebensatz**. Neben diesen Termini sind heute auch die Bezeichnungen Matrixsatz und Gliedsatz gebräuchlich, die die Rahmen setzende Eigenschaft des Hauptsatzes und die Funktion des Nebensatzes im Satzgefüge deutlicher erkennen lassen. Gliedsätze lassen sich je nach Satzgliedposition, die sie im Matrixsatz einnehmen, als „Subjektsatz", „Objektsatz", „Adverbialsatz" oder „Attributsatz" (Relativsatz) bestimmen. Bei der Bestimmung des Satzgliedstatus von Gliedsätzen sind die verschiedenen Proben hilfreich, z. B. die Ersatzprobe (Ersetzung durch ein Pronomen): „Ich verstehe nicht, was du meinst." → „Ich verstehe es nicht." Es handelt sich um einen Objektsatz (Wen oder was verstehe ich nicht?). Mit *dass* eingeleitete Objektsätze kommen insbesondere nach Verben des Sagens, Meinens und Denkens häufig vor. Der Duden (2009) bezeichnet sie auch als „Inhaltssätze".

In der Funktion von Nebensätzen treten im Deutschen häufig auch satzwertige, subjektlose Infinitivphrasen auf: „Es ist schön, wenn man Zeit hat." → „Es ist schön, Zeit zu haben." Typische einleitende Konjunktionen für solche Infinitivsätze sind im Deutschen *um, ohne, außer* und *(an)statt*.

Nach semantischen Kriterien wird weiter zwischen temporalen, kausalen, konditionalen, konzessiven, finalen und modalen Adverbialen und Adverbialsätzen unterschieden; z.T. werden noch weitere semantische Unterarten differenziert.

Nebensatz	Konjunktionen
temporal	während, bevor, als, nachdem, seit, bis
kausal	weil, da
konditional	wenn, falls
konzessiv	obwohl
final	damit
modal	indem
adversativ	wohingegen
konsekutiv	dass, sodass
lokal	wo, woher, wohin

Tab. 2.13 Nebensätze und Konjunktionen

2.2.4.5 Stellung der Satzglieder im Satz

Die Stellung der Satzglieder im Satz gilt im Deutschen als relativ frei, die Stellung des Prädikats ist allerdings klar geregelt. Möglich sind drei Stellungen des finiten Verbs, auf die man sich mit den Kürzeln „V-Erst" (Verberststellung), „V-Zweit" (Verbzweitstellung) und „V-letzt" (Verbletztstellung) bezieht.

In **Aussagesätzen und bei Ergänzungsfragen** tritt das finite Verb als zweites Satzglied auf. An erster Stelle steht es in Sätzen, die eine Entscheidungsfrage ausdrücken, sowie in

Imperativsätzen. Verbletztstellung ist in Nebensätzen zu beobachten. In der gesprochenen Sprache tritt in Nebensätzen allerdings auch oft Verbzweitstellung auf (vgl. Fiehler 2009).

VORFELD	FINITE VERBFORM	MITTELFELD	ÜBRIGE VERBFORMEN	NACHFELD

SATZKLAMMER

Abb. 2.5 Die Feldgliederung des Satzes

Als syntaktische Besonderheit des Deutschen gilt die sogenannte **Verbklammer**. Damit erfasst man, dass das Prädikat im Deutschen häufig in zwei Teile zerfällt, von denen sich der eine (das finite Verb oder sogenannte Vorverb) im vorderen Teil, der andere (der infinite Bestandteil der Verbform, das sogenannte Nachverb) im hinteren Teil des Satzes befindet. Die Position vor dem finiten Verb bezeichnet man als „**Vorfeld**", den von Vorverb und Nachverb umschlossenen Teil als „**Mittelfeld**", die Position nach dem Nachverb als „**Nachfeld**".

Die Vorfeldposition kann im Deutschen jeweils nur ein Satzglied einnehmen, das das Subjekt, ein Objekt oder auch ein Adverbiale sein kann. Bei Verberststellung ist das Vorfeld unbesetzt.

Im Mittelfeld des Satzes sind die übrigen Satzglieder angesiedelt, wobei die Reihenfolge „Dativobjekt vor Akkusativobjekt" gilt, falls diese Satzgliedpositionen nicht nur durch ein Pronomen ausgefüllt werden (vgl. „Die Lehrerin hat dem Schüler die Satzklammer erklärt." → „Sie hat sie ihm erklärt."). Adverbiale Angaben können zwischen Dativ- und Akkusativobjekt treten oder, z. B. wenn sie hervorgehoben werden sollen, auch dahinter („Die Lehrerin hat dem Schüler gestern die Satzklammer erklärt." → „Die Lehrerin hat dem Schüler die Satzklammer gestern erklärt.").

Das Nachfeld des Satzes bleibt oft unbesetzt oder wird von adverbialen Nebensätzen eingenommen, diese finden sich im Deutschen aber auch oft als erstes Satzglied im Vorfeld. Außerdem finden sich im Nachfeld besonders in der gesprochenen Sprache oft Nachschübe („Die Lehrerin hat dem Schüler die Satzklammer erklärt, und zwar erst gestern.").

Nach Weinrich (2006) umfassen die im Deutschen auftretenden Klammerstrukturen im Verbalbereich neben der **Tempusklammer** die **Modalklammer**, **Valenzklammern** (Passivklammer und Infinitivklammer) sowie verschiedene Typen **lexikalischer Klammern**, zu denen er neben den Halbpräfixverben auch Funktionsverbgefüge wie *zur Verfügung stellen*, *Anklage erheben* und Kombinationen wie *still sitzen* zählt. Zudem erfasst er die in Nebensätzen auftretende Subjunktion in Verbindung mit der Verbletztstellung als „Junktionsklammer". Treten in einem Satz mehrere Klammern auf, werden sie nacheinander „abgearbeitet", wobei Modal- und Tempusklammern in der Reihenfolge der Inkorporation vor Valenz- und Lexikalklammern stehen:

▶ Man *stellte* die Akte allen Beteiligten *zur Verfügung*. (Lexikalklammer)
▶ Die Akte *wird* allen Beteiligten *zur Verfügung gestellt*. (in eine Passivklammer integrierte Lexikalklammer)

▶ Die Akte *ist* allen Beteiligten *zur Verfügung gestellt worden*. (in eine Temporalklammer integrierte Passivklammer mit integrierter Lexikalklammer)

2.2.4.6 Die Herstellung von Zusammenhang in Texten *(Jörg Roche)*

In der Textgrammatik von Weinrich bildet nicht der Satz, sondern der Text den Ausgangspunkt der grammatischen Beschreibung. Damit werden Überlegungen aufgenommen, die seit den 1970er-Jahren die linguistische Forschung bestimmen. Bei der textlinguistischen Analyse geraten Wörter und Wortarten in den Blick, deren Bedeutung über den Einzelsatz hinausweist und die ohne Kenntnis der Sprechsituation nicht verstanden werden können.

Die Textlinguistik untersucht Sprache in **satzübergreifenden Einheiten**. Damit sollen die Beschränkungen der Grammatiken überwunden werden, die sich mit Sätzen als den größten Einheiten befassen. Die Textlinguistik geht von der Grundannahme aus, dass Sprache überhaupt nur in Texten vorkommt, schriftlichen und mündlichen. Ein besonderes Verdienst der Textlinguistik ist die systematische Erfassung von **Verweisstrukturen**, die auch als „Kohäsionszeichen" bezeichnet werden. Hierzu gehören vor allem **Verweise auf vorangegangene (anaphorische) und folgende (kataphorische) Information** wie sie zum Beispiel in Pronomen oder bestimmten Artikeln ausgedrückt werden. Neue Personen oder Gegenstände werden in der Regel mit dem unbestimmten Artikel *ein, eine* eingeführt und dann mit dem zurückverweisenden bestimmten Artikel oder Pronomen wieder aufgenommen:

Es war einmal ein kleines Mädchen ... ⟶ Es/Das Mädchen war treu und lieb ...

Auch **zeigende (deiktische) Verweise** auf die jeweilige Sprechsituation wie *heute, ich, du, hier* bauen Texte, das heißt Netze, auf. Sie haben keine eigenständige Bedeutung, sondern bekommen diese erst durch den situativen Bezug auf die entsprechenden Referenten.

So kann *hier* unendlich viele Orte betreffen, von den Favelas in Rio, bis zum fürstlich geschmückten Präsidentenpalast in Ouagadougou. Über sieben Milliarden Menschen könnten mit Fug und Recht den Begriff *ich* für sich als Patent anmelden, und es werden jede Sekunde mehr. Ähnliche Verweisstrukturen gibt es auch in anderen Bereichen der Sprache, zum Beispiel beim Tempus (indem auf Sprech- und Ereigniszeit verwiesen wird).

Schließlich bilden sich in Texten bestimmte typische Strukturen aus, die zur Ausbildung von Textsorten führen. Textualität entsteht durch solche sprachlichen Mittel und den jeweiligen Verwendungskontext. Aus der expliziten Verbindung von Wörtern, Teilsätzen und Sätzen durch sprachliche Mittel wie Pronomen, Konjunktionen, Konjunktionaladverbien oder Artikel ergibt sich die Kohäsion eines Textes. Durch einen nachvollziehbaren inhaltlichen Zusammenhalt logischer, zeitlicher oder anderer semantischer Beziehungen, die nicht ausdrücklich markiert sein müssen, entsteht die Kohärenz eines Textes.

Neben den textzentrierten Kriterien bestimmen vor allem die folgenden verwenderzentrierten Kriterien die Textualität sprachlicher Produktionen (Roche 2013a: 181): die Einstellung und Absicht des Textproduzenten (**Intentionalität**), die Relevanz des Textes und seine Einbettung in eine bestimmte Situation (**Situationalität**), die Erfüllung bestimmter Akzeptabilitätsansprüche und Normen (**Akzeptabilität**), der Informationsgehalt (**Informativität**) und die Übereinstimmung von Merkmalen einer Textklasse und Textsorte (**Intertextualität**). Da Sprache in Texten und nicht in einzelnen Sätzen oder Wörtern vorkommt und dabei viele Kriterien eine Rolle spielen, die kulturell bedingt (Situationalität, Akzeptabilität, Intentionalität und Informativität) beziehungsweise sprachkulturell genormt sind (Intertextualität, Textsorten), kann Sprache auch nicht nur anhand der formellen Eigenschaften erfolgreich vermittelt werden. Woher sollten die Lerner die nötigen kulturellen und kontextuellen Kenntnisse haben? In den Ausgangssprachen der Lerner werden die genannten Textualitätskriterien oft anders gewichtet und realisiert.

Textsorten sind Muster von bestimmten Verwendungsarten von Sprache. Nur die Füllung des Musters ist unterschiedlich, so wie in dem Beispiel der Textsorte Kontaktanzeige. Zeitungsartikel, Anzeigen, Protokolle, Gedichte, Fernsehberichte, Beratungsgespräche, Reden, kurzum die ganze Sprache ist in Textsorten organisiert (Adamzik 2000, Fix/Habscheid/Klein 2001). Textsorten sind in verschiedenen Kulturen meist unterschiedlich ausgeprägt, können aber auch international – etwa in Fachsprachen – genormt sein. Die typischen Merkmale von Textsorten ermöglichen das schnelle und angemessene Erfassen und Produzieren von Sprache und sind damit für den Sprachenunterricht als Vermittlungsgegenstand besonders wichtig (Adamzik 2004, Schnotz 2006, Reeg 2009, Scheel 2007, Weinrich 2007, Venohr 2008, Fandrych/Thurmair-Mumelter 2011).

Während Satzzeichen im Deutschen nur am Ende von Sätzen gesetzt werden, werden sie in anderen Sprachen als Zirkumfixe verwendet (vgl. Spanisch *¿Qué pasa?* Wie geht's?) oder sogar über den betreffenden Wörtern notiert (z. B. im Armenischen). Die Kennzeichnung der direkten Rede geschieht anders als im Deutschen in vielen Sprachen nicht durch Anführungsstriche, sondern durch vorangestellten Gedankenstrich. Bei der Lehre des Deutschen als Fremdsprache sind also auch vermeintlich „unscheinbare" Momente zu berücksichtigen, besonders, wenn es um die eigenen Textproduktionen der Lernenden geht.

Ein besonderes Problem beim Erwerb des Deutschen bilden die Bezugnahme auf vorher Gesagtes oder Vorausverweise auf Folgendes sowie die Setzung des bestimmten und unbestimmten Artikels, z. B. für Lernende mit Erstsprachen ohne Artikelwörtern (wie etwa das Russische). Die Kohäsion eines Textes wird durch verschiedene sprachliche Mittel erreicht, zu denen neben dem Artikel insbesondere die deiktischen (zeigenden) Ausdrücke (*ich, du, hier, da, dieser, jener* etc.) und mit ihnen zusammengesetzte, in der traditionellen Terminologie als Pronominaladverbien bezeichnete Wörter gehören (*diesbezüglich, daher, darum, deswegen* etc.). Neben anderen Verfahren, z. B. der Wiederholung von Wörtern, spielen sie auch bei der Rekonstruktion des inhaltlichen Zusammenhangs eines Textes eine wesentliche Rolle. Allerdings werden die inhaltlichen Bezüge zwischen Sätzen oder Äußerungen nicht immer sprachlich ausgedrückt. Bei der **Herstellung von Kohärenz** spielen Erwartungen und Kenntnisse in Bezug auf die Informationsstruktur (Thema – Bekanntes, Rhema – das darüber Ausgesagte) ebenso eine Rolle wie das allgemeine Weltwissen.

2.3 Mündliche und schriftliche Sprache

2.3.1 Zur Analyse von Texten und Gesprächen

In diesem Kapitel erhalten Sie einen Überblick über die Charakteristika größerer sprachlicher Einheiten, die seit den 1970er-Jahren einen zentralen Gegenstand der linguistischen Analyse bilden. Damit verbunden ist eine Auffassung von Sprache als Bestandteil des menschlichen Handelns. Methodisch sind die neueren linguistischen Forschungen durch Empirie gekennzeichnet: Bei der Beschreibung geht man von einer Datensammlung (Korpus) aus.

2.3.1.1 Kommunikative Praktiken

„Jedes Sprechen und Schreiben", so schreibt Fiehler (2009: 1170), „geschieht in und ist Bestandteil einer Vielzahl von kommunikativen Praktiken." Das Erlernen dieser Praktiken ist Teil der gesellschaftlichen Sozialisation.

Kommunikative Praktiken haben sich aus gesellschaftlichen Bedürfnissen heraus entwickelt und können sich von Gesellschaft zu Gesellschaft ebenso wie auch innerhalb einer Gesellschaft unterscheiden. So ist z. B. zu fragen, ob in einer bestimmten Situation überhaupt sprachliches Handeln erforderlich ist oder ob sie weitgehend sprachfrei abgewickelt werden kann. Eine zweite Frage ist, ob die betreffende Handlungssituation vorwiegend mündlich bewältigt wird oder ob schriftliche Texte in ihr eine Rolle spielen. Ein Einkauf im Dorfladen oder auf dem Markt unterscheidet sich in diesen Hinsichten z. B. von einem Einkauf im Supermarkt oder einem Einkauf im Internet. Das Beispiel zeigt zugleich, dass kommunikative Praktiken **historische Praktiken** sind und sich auch innerhalb einer menschlichen Lebensspanne verändern können. Neue Praktiken sind in den letzten zwei Jahrzehnten aufgrund technischer Veränderungen hinzugekommen, andere sind weitgehend entfallen Insbesondere PC und Internet haben zu neuen Praktiken geführt, z. B. E-Mail, Webseite, Blog oder Chat. Sie ersetzen zum Teil ältere Kommunikationsformen wie den Brief oder die Zeitungsanzeige. Hinzu gekommen ist ferner die SMS als neue Möglichkeit, Nachrichten über das Telefon zu übermitteln.

Für Deutschlehrkräfte ist es sehr wichtig, sich Unterschiede zwischen den kommunikativen Praktiken, die Lerner in ihren Herkunftsländern erworben haben, und denen des zielsprachigen Landes bewusst zu machen. Insbesondere, wenn die Lernenden aus weniger literal geprägten Herkunftsgesellschaften stammen, erfordert dies oft einen ungewohnten Blick auf das Detail: So kann z. B. das Bedienen eines Bankautomaten für nicht alphabetisierte Lernenden von zentralem Interesse sein.

Auf die Umstände des sprachlichen Handelns bezieht man sich mit dem Terminus **sprachliche Handlungssituation**. An einer sprachlichen Handlungssituation kann eine Person als Sprecherin/Sprecher bzw. Schreiberin/Schreiber oder als Hörerin/Hörer bzw. Leserin/Leser beteiligt sein. Unter Umständen wechselt die Rolle, die die betreffende Person einnimmt. „Gesprochen wird im Rahmen eines Kaffeeklatsches, einer Dienstbesprechung, einer telefonischen Vereinbarung eines Arzttermins, einer Rede, einer Theaterrolle etc.; geschrieben wird ein Brief, ein Aufsatz, ein Protokoll, ein Einkaufszettel etc.", führt Fiehler (2009: 1170) aus.

Sprachliche Handlungssituationen haben eine **Vorgeschichte** und eine **Nachgeschichte** und sind oft miteinander verkettet (vgl. Graefen/Liedke 2012: 281 ff.). Einem schriftlichen Text des Typs Mahnung beispielsweise gehen eine Reihe von Situationen voraus (Kauf, Rechnung), und eine Reihe weiterer Situationen (Banküberweisung, Mahnschreiben eines Rechtsanwalts, Gerichtsverfahren) können ihm folgen.

2.3.1.2 Die Handlungskonstellationen Text und Diskurs

Im Alltag einer literalen Gesellschaft ist die Bezeichnung „Text" mit der Vorstellung eines schriftlichen Erzeugnisses, die Bezeichnung „Gespräch" mit der Vorstellung mündlicher Rede verbunden. Die linguistische Terminologie verfährt hier allerdings anders und ist in den verschiedenen gegenwärtig genutzten Beschreibungsansätzen auch nicht einheitlich. Im Rahmen der Textlinguistik wird jedes sprachliche Erzeugnis, also auch ein Gespräch, als Text betrachtet (vgl. Kap. 2.2.4.6). Dabei greift man zum einen auf die inhaltliche Bedeutung von „textus" (das Gewebe) zurück: Ein **Text** ist demzufolge alles, was umfangreicher ist als ein Satz. Andererseits wurde diese Bestimmung zugleich stark relativiert. Als Texte angesehen werden z. B. auch Hinweisschilder wie „Betreten verboten" oder eine kurze Äußerungsfolge wie „Gesundheit!" – „Danke".

Im Rahmen der **Textlinguistik** werden Gespräche als „mündliche Texte" klassifiziert. Eine etwas andere Terminologie findet sich demgegenüber in der Pragmatik und der Gesprächsanalyse. Zwar ist auch hier von „mündlichen Texten" die Rede, allerdings werden diese von Gesprächen abgegrenzt (vgl. Graefen/Liedke 2012). Der Terminus „Text" wird dabei zur Kennzeichnung einer Grundkonstellation des sprachlichen Handelns benutzt, in der sich Produzentin/Produzent und Rezipientin/Rezipient einer sprachlichen Äußerung in einer **„zerdehnten Sprechsituation"** über Raum und Zeit hinweg verständigen. Die Überlieferung kann durch Schrift geschehen. In aliteralen Gesellschaften werden Texte jedoch nur mündlich überliefert.

Der Grundkonstellation „Text" wird die Handlungskonstellation **„Diskurs"** gegenübergestellt, bei der sich Sprechende und Hörende der Äußerung in einer gemeinsamen Sprechsituation befinden, d. h. raum-zeitlich kopräsent sind. Die **Kopräsenz** eröffnet Möglichkeiten der Rück- und Nachfrage, bringt allerdings auch mit sich, dass das Sprechen und Hören im Unterschied zum Schreiben und Lesen durch die zeitliche Anforderung geprägt ist, Planung und Realisierung von Äußerungen miteinander zu koordinieren. Das Erzeugnis kann nicht nachträglich korrigiert oder präzisiert werden, vielmehr müssen solche **„Reparaturen"** online erfolgen und werden von der Interaktionspartnerin/dem Interaktionspartner wahrgenommen.

Die zentrale Bezugsgröße bei der Analyse von Texten und Diskursen bzw. Gesprächen ist die sprachliche Handlung. Diese kann sich mit den Einheiten „Satz" oder „Gesprächsbeitrag" decken; dies ist aber nicht immer der Fall. Manchmal werden in einem Satz oder einem Gesprächsbeitrag mehrere sprachliche Handlungen vollzogen; in anderen Fällen tragen verschiedene Äußerungen zur Realisierung einer sprachlichen Handlung bei. Als **Handlungsmuster** (in der Gesprächsanalyse spricht man von Handlungsschema) wird eine Größeneinheit oberhalb der sprachlichen Handlung bezeichnet. Erfasst werden damit standardisierte Handlungsabfolgen, deren verschiedene Positionen in einem Text oder einem Gespräch abgewickelt werden, z. B. Frage – Antwort, Gruß – Gegengruß, Vorwurf – Rechtfertigung. Häufig sind sprachliche Handlungen in mehrgliedrigen Sequenzen organisiert und als zu erwartende Beiträge auf die Beteiligten verteilt. In schriftlichen Texten findet sich oft eine Vorwegnahme möglicher Hörerreaktionen oder eine prophylaktische Bearbeitung möglicher Verstehensprobleme.

2.3.1.3 Illokutionen

Dass Sprache unterschiedliche Funktionen erfüllt, wurde bereits von Bühler (1934) angesprochen. Sprache ist nach Bühler ein *organon*, ein **Werkzeug**, mit dem nicht nur Dinge und Sachverhalte dargestellt werden, sondern auch das eigene Befinden des Sprechers zum Ausdruck gebracht (Kundgebung) und etwas von dem Hörer verlangt wird (Appell). In den 1960er- und 1970er-Jahren wurde die Überlegung, dass man „mit Worten Dinge tut", in den als „Sprechakttheorie" bekannt gewordenen sprachphilosophischen Arbeiten von John Austin (u. a. 1962) und John R. Searle (u. a. 1969) weiter ausgeführt. Die Sprechakttheorie unterscheidet zwischen dem Inhalt einer Äußerung (**Proposition**) und ihrer Handlungsqualität (**Illokution**). Beide sind auf konventionalisierte Weise miteinander verbunden. Die Anzeige der illokutiven Qualität einer Äußerung z. B. als Versprechen, Frage, Aufforderung, Drohung oder Warnung wird zum Teil durch explizite sprachliche Mittel, sogenannte illokutive Indikatoren, geleistet: Partikeln wie *wohl* oder *vielleicht* treten z. B. typischerweise im Zusammenhang von Vermutungen auf („Er ist wohl krank. Vielleicht hat er sich bei dir angesteckt."), ein steigender Endtonverlauf und Verberststellung weisen Äußerungen als Fragen aus usw. Allerdings ist die illokutive Qualität nicht immer aus der äußeren Form der Äußerung ersichtlich.

Eine systematische Übersicht über verschiedene Illokutionsumsetzungen im Deutschen ausgehend vom gegenwärtigen germanistischen Forschungsstand gibt die „Grammatik der deutschen Sprache" (Zifonon/Hoffmann/Strecker 1997). Die dort aufgeführten **Illokutionstypen** umfassen unter anderem Quaestive (Fragen), Assertive (Aussagen, Behauptungen, Begründungen), Direktive (Aufforderungen, Bitten, Befehle, Drohungen, Warnungen, Vorschläge), Kommissive (Versprechen, Ankündigungen, Erlaubnis, Wetten) und Expressive (Ausrufe, Wunschbekundungen). Diese werden den drei zentralen Zweckbereichen von Sprache, Transfer von Wissen, Handlungskoordination und Ausdruck von Empfindungen, zugeordnet. Angesprochen werden dabei nicht nur einzelne Sätze oder Äußerungen, sondern auch umfassendere Großformen sprachlichen Handelns, z. B. assertive Text- und Diskursarten wie die Erzählung, der Bericht und die Beschreibung sowie kommissive Großformen wie der Vertrag.

Die kontrastive Untersuchung von Illokutionen ist ein wichtiges Desiderat, wurde allerdings bislang erst ansatzweise angegangen. Insbesondere für das Englische im Vergleich zu anderen Sprachen wurden einige Unterschiede herausgearbeitet. Den Diskussionsrahmen bildet zumeist das Konzept der **Höflichkeit**, wobei **Direktheit und Indirektheit** des Ausdrucks thematisiert werden.

Aufforderungen durch Imperativsätze ohne weitere Modifikationen durch Partikeln sind im Deutschen unüblich, nach Angaben von Sprecherinnen und Sprechern des Griechischen in ihrer Herkunftssprache hingegen durchaus normal. Formulierungen mit eingebetteten Fragen wie in „Ich frage mich, ob …" gelten als charakteristisches Format von Aufforderungen im Englischen. Die Unkenntnis der sprachspezifischen Illokutionsumsetzungen kann in der interkulturellen Kommunikation zu **Missverständnissen** und Fehldeutungen von Kommunikationsabsichten oder der Sprecherpersönlichkeit führen.

Die sprachlichen Realisierungen verschiedener Illokutionen spielen daher auch in der fremdsprachendidaktischen Diskussion eine zentrale Rolle. So bietet z. B. die Kontaktschwelle Deutsch zur Beschreibung des Sprachniveaus B1 (vgl. Kap. 3) eine umfangreiche Auflistung von Illokutionen, die allerdings intuitiv-introspektiv begründet und nicht durch linguistische Forschungen abgedeckt ist. In der neueren Didaktik spricht man daher oft etwas vorsichtiger von „Mitteilungsabsichten".

2.3.2 Charakteristika von Texten und Gesprächen

2.3.2.1 Charakteristika von Texten

Texte sind Großformen sprachlichen Handelns, die häufig in übergreifende institutionelle Zusammenhänge eingebettet sind. Das Wissen über den Aufbau und die sprachliche Gestaltung von Texten ist Teil der gesellschaftlichen Sozialisation und ein zentraler Bestandteil des schulischen Lehrplans. Verschiedene Texttypen werden dabei als „musterhafte Ausprägungen zur Lösung wiederkehrender kommunikativer Aufgaben" (Thurmair 2010: 284) angesehen, die in einer Sprachgemeinschaft historisch entwickelt worden sind.

Zur Erfassung übergreifender Charakteristika von Texten werden die Begriffe „Textarten" und „Textsorten" verwendet; zudem findet sich auch der Terminus Texttyp. Die Bezeichnung **Textart** wird zumeist in der Pragmatik genutzt; die Analyse von Texten ist dabei auf ihre institutionelle Zweckgebundenheit hin ausgerichtet. Die Bezeichnung **Textsorte** wird zumeist in der Textlinguistik genutzt, wobei der institutionelle Rahmen ein eher untergeordnetes Kriterium der Texttypologie bildet. Bei der Klassifikation von übergreifenden Gemeinsamkeiten zwischen Texten unterscheidet man dann zwischen sogenannten „textinternen" und „textexternen" Merkmalen, wobei die institutionelle Einbindung zu letzteren gerechnet wird.

Ein konkreter Text lässt sich als Bündel verschiedener Merkmalsausprägungen beschreiben, die ihrerseits „textsortenkonstitutiv" oder „textsortenspezifisch" sein können. Die Gliederung in Orts- und Datumsangabe, Anrede, Abschiedsformel und Unterschrift beispielsweise wird als konstitutiv für die Textsorte „Brief" angesehen (Duden-Grammatik

2009: 1164). Ein Text des Typs „Geschäftsbrief/ offizielles Anschreiben" hingegen enthält als weitere obligatorische Bestandteile die Angabe der Empfängeradresse und Absenderadresse auch im Schreiben nach einem standardisierten Schema (Institution, gegebenenfalls Name, Straße, Ort) sowie eine Betreffzeile, die auf den Zweck des Schreibens Bezug nimmt und häufig eine institutionelle Kategorisierung des Falls enthält (z. B. Auftragsnummer o. Ä.).

Das Ausmaß der Standardisierung von Texten ist unterschiedlich. So handelt es sich bei dem Texttyp „Haftbefehl" beispielsweise um einen stark standardisierten Text, während dies für einen Texttyp wie „Tagebucheintrag" nicht gilt (Thurmair 2011). Eine in der gegenwärtigen Forschung breit thematisierte Frage ist, inwieweit die neuen Medien eigene Textformen hervorbringen bzw. bestehende Texttypen verändern. Charakteristisch für Texte ist unter Umständen nicht nur ein bestimmter Textaufbau, es finden sich häufig auch spezielle abkürzende Wortbildungen, die Nichtmuttersprachlerinnen/Nichtmuttersprachlern Probleme bereiten können.

Zur Illustration hier ein Beispiel (Roche 2013a: 181) der Textsorte Kontaktanzeige. Sie verfügt über folgende Komponenten:

1. Informationen zum Inserenten
2. sucht oder ähnliche Begriffe
3. Adressat
4. Ziele
5. Kommentar
6. Adresse und Sonstiges

Hierzu eine Annonce aus dem Oberbayerischen Volksblatt vom 1. 1. 2005. Die Nummerierung und Zeilenaufteilung ist zur besseren Illustration geändert worden.

(1.) Katja, 26 J., bin ein sehr hübsches, natürliches Mädl mit toller, schlanker Figur, kein Discotyp, deshalb schon länger allein.
(2.) Ich hätte auch gerne
(3.) einen netten, treuen Freund,
(4.) der zu mir hält, es ehrlich meint und der sich auch Zeit für
(5.) mich nimmt.
(6.) Hab Mut und melde Dich gleich, ich freu mich,
(7.) üb. Single-Service, kostenlos 0800 – 4 466 500

Diese Kontaktanzeige ist als Text von einer wahllosen Ansammlung von Wörtern unterscheidbar, weil sie alle Textualitätskriterien (vgl. Kap. 2.2.4.6) erfüllt: Sie ist kohärent, weil sich die einzelnen Elemente sinnstiftend aufeinander beziehen lassen. Dabei entsteht unter anderem durch die Verwendung pronominaler Elemente (*Ich, mir, mich, Dich, der*), Artikel (*ein, einen*) und das Präsens eine innere Kohäsion des Textes. Dass diese Anzeige auf der Annoncenseite einer Zeitung erschienen ist und die typischen Merkmale einer Kontaktanzeige erfüllt, unterstreicht die authentische Intention der Schreiberin (Partner finden) in der Situation (Suche) mit der dafür wichtigsten Information und in der textsortentypischen

Gestaltung und Anordnung. Die textuelle Akzeptabilität ist für Schreiberin, Zeitung und Leser erfüllt.

Auch die grafische Gestaltung von Texten bildet ein wichtiges Gliederungsmittel. Zudem finden sich in Texten häufig auch Abbildungen oder andere Bildelemente, die u. U. mehr Raum einnehmen können als sprachliche Verbalisierungen (z. B. bei Werbeanzeigen oder Aufbauanleitungen für Möbel). Nicht nur die sprachliche Seite von Texten, sondern auch Abbildungen können interkulturell unter Umständen problematisch werden, z. B. wenn unterschiedliche Leserichtungen in den Sprachen bei Vorher-Nachher-Abbildungen nicht berücksichtigt werden. In verschiedenen kontrastiven Analysen wurden Unterschiede zwischen Bauformen und sprachlichen Umsetzungen von Texten in verschiedenen Sprachen herausgearbeitet. Zu den untersuchten Texttypen gehören u. a. der wissenschaftliche Artikel, Geschäftsberichte und Bewerbungsschreiben. Im Zusammenhang des globalen und regionalisierten Marketings zunehmend thematisiert werden auch Unternehmenswebsites und audiovisuelle Werbespots.

2.3.2.2 Charakteristika von Gesprächen

Gespräche gehören zu den **mündlichen Großformen sprachlichen Handelns**. Unter der Bezeichnung „Gespräch" werden nicht nur dialogische, sondern auch monologische mündliche Kommunikationsformen wie eine Fernsehansprache oder das Besprechen eines Anrufbeantworters erfasst; zudem wird zwischen schriftlich konzipierten und spontanen mündlichen Produktionen differenziert. Weitere typologische Abgrenzungen umfassen verbal dominierte versus praktisch dominierte Gesprächsformen (z. B. Anleitungsgespräche, wie eine Maschine zu bedienen ist), institutionelle Gespräche (z. B. Beichte, Arzt-Patienten-Gespräch) versus nicht institutionelle Gespräche, technisierte Gesprächsformen (z. B. Telefongespräche, Videokonferenz) versus nicht technisierte Gesprächsformen, interaktive versus nicht interaktive Gesprächsformen sowie Gespräche mit Fremdadressierung versus Selbstgespräche (vgl. Fiehler 2009: 1236 f.).

Ebenso wie Texte sind Gespräche gegenwärtig Gegenstand der empirischen linguistischen Forschung. Die für verschiedene Gesprächstypen relevanten Merkmale und Eigenschaften werden dabei über den Vergleich einer Vielzahl einzelner Vorkommen hinweg ermittelt. Das methodische Vorgehen umfasst die Aufzeichnung und Transkription einer Vielzahl von Gesprächsereignissen. Verschriftlicht wird in einer sogenannten **„literarischen Umschrift"** genau das, was gehört wird, z. B. *hamma* (statt *haben wir*), *isses* (statt *ist es*) usw. Neben dem verbalen Anteil werden auch nicht sprachliche Handlungen, Unverständliches, Pausen, Lachen und andere Phänomene, zunehmend auch der gestische Anteil von Kommunikation, mit erfasst. Gegenwärtig sind verschiedene Transkriptionsverfahren in Gebrauch, die in unterschiedlichem Ausmaß Sonderzeichen zur Notation der genannten Phänomene nutzen. In einigen Transkriptionen wird auch auf orthografische Prinzipien wie Großschreibung und Zeichensetzung verzichtet, wie in einigen der später zitierten Beispiele deutlich werden wird.

2.3.2.3 Verzögerung und Reparaturen

Ein allgemeines Charakteristikum gesprochener Sprache ist ihre Flüchtigkeit, die eine lineare zeitliche Prozessierung bedingt. Korrekturen des Gesagten sind nur im Nachhinein möglich, die Rezeption der sprachlichen Handlung kann nicht wiederholt werden, sondern fordert ihren erneuten Vollzug. Die Anforderung zeitgleicher **Sprechplanung und -ausführung** hinterlässt ihre Spuren: Authentische aufgezeichnete Gespräche weisen typischerweise eine Vielzahl von Formulierungsveränderungen, Versprechern, Korrekturen, Abbrüchen und Neuansätzen auf. Im folgenden Beispiel sind zahlreiche Verzögerungen und Korrekturen enthalten.

Situation: Videokonferenz zwischen Studierenden, Diskussion über das Deutschlandbild in Filmen; S = Studentin

Sonderzeichen der Notation:
/ = Abbruch einer syntaktischen Konstruktion
: = Langziehen von Lauten
● = kurze Pause

S: ja, der is nichmal so alt, der Film, und ich/ ich fands einglich schrecklich. Also: ich bin immer/ immer noch ä:hm ● schockiert von/ von solchen Filmen, die immer noch gezeigt werden, ● und wo die Deutschen immer noch: die: ● ä:h/ ja, die Feinde sind.
(Graefen/Liedke 2012, CD-Anhang)

In Gesprächen ergeben sich auch oft hörerseitige Nachfragen und Nebensequenzen, in denen Unverstandenes bearbeitet wird. In der Linguistik werden solche Fälle von Selbstkorrekturen oder hörerseitigen Verstehensnachfragen als **Reparaturen** bezeichnet. Je nachdem, ob der Sprechende (Selbst) oder der Hörende (Fremd) die Reparatur anfordert und wer sie durchführt, unterscheidet man zwischen selbstinitiierten Selbstreparaturen, fremdinitiierten Selbstreparaturen (z. B. durch *wie bitte?*), selbstinitiierten Fremdreparaturen (z. B. durch *wie heißt das nochmal/auf Deutsch?*) und fremdinitiierten Fremdreparaturen. Der Fall, dass der Hörende den Sprechenden auf einen Fehler bzw. ein zu bearbeitendes Problem hinweist und die Reparatur dann selbst durchführt (fremdinitiierte Fremdreparatur), ist im Alltag der am wenigsten präferierte Reparaturtyp. Eine gegenwärtig didaktische Forschungsfrage ist, wie Lehrkräfte ihr Korrekturverhalten im Unterricht gestalten sollten (vgl. Kap. 3.9).

2.3.2.4 Syntaktische Besonderheiten mündlicher Sprache

Die zeitliche Linearität gesprochener Sprache bringt eine Reihe weiterer Besonderheiten mit sich, durch die die Syntax gesprochener Sprache gekennzeichnet ist. Ein typisches Merkmal sind beispielsweise Referenz-Aussage-Strukturen, die Ausgliederung und Wiederaufnahme von Satzgliedern (Fiehler 2009: 1198 ff.):

den ausweis den brauch ich dann auch noch

aber der der doktor wolf oder wie der heisst der alte das muss auch a ganza prima kerl sein

Oft treten auch sogenannte Apokoinu-Konstruktionen auf, die einen gespiegelten Aufbau besitzen:

er hat ihm millimeterweis hat er ihm eingestochen

Ein häufiges Phänomen ist ferner der Einsatz sogenannter Operator-Skopus-Strukturen. Ein kurzer Ausdruck (z. B. *ich meine, ich finde, nur, weil, obwohl*) wird einer Äußerung als Verstehensanweisung vorangestellt:

ich weiß, du kannst das
ich will das Geld nicht weil was soll ich damit

Als Operator-Skopus-Struktur wird auch das ausgehend von schriftsprachlichen Normen ungewohnte Auftreten von Subjunktionen (*weil, obwohl, während*) in Verbindung mit Verb-zweitstellung analysiert, das sich in der gesprochenen Sprache neben der Verwendung mit Verbletztstellung findet. Bei einem solchen Einsatz dient die Subjunktion als Verstehens-anweisung, die den illokutiven Status der folgenden Aussage erläutert. Ausgehend von der Schriftsprache könnte man in solchen Fällen einen Doppelpunkt ansetzen.

ich will das Geld nicht weil: was soll ich damit

Das vorangestellte *weil* zeigt, dass die nächste zu prozessierende Äußerung oder Äu-ßerungsabfolge eine Begründung darstellt, das vorangestellte *obwohl*, dass eine vorherige Aussage nur eingeschränkte Geltung besitzt. Darüber hinaus können den Ausdrücken auch noch weitere Gesprächsfunktionen zugeschrieben werden, z. B. als Diskursmarker zur Ein-leitung eines thematischen Wechsels.

Ein anderes typisches Phänomen gesprochener Sprache bilden Partikeln und Partikel-kombinationen wie *ja, na ja, also, ja aber, nicht, nicht wahr, ne, oder* usw., die einer Äu-ßerung vor- oder nachgeschaltet werden und die auch als Sprechhandlungsaugmente bezeichnet werden. Vorangestellte Sprechhandlungsaugmente treten häufig am Anfang eines Redebeitrags bei Übernahme der Sprecherrolle auf. Durch vorangestellte Sprech-handlungsaugmente wird ein Anschluss zu einer vorhergehenden Äußerung hergestellt, wobei allerdings der semantische Gehalt der Partikeln weitgehend abgeschwächt sein kann. So impliziert eine mit *ja* eingeleitete Äußerung z. B. nicht notwendigerweise Zustimmung zu dem vorher Gesagten. Nachgeschaltete Sprechhandlungsaugmente, auch als Anhang-fragen bezeichnet, legen dem Hörenden eigenständiges Nachdenken über die Geltung der sprachlichen Handlung nahe. In Grammatiken des Deutschen werden solche Elemente in der neuen Wortart Gesprächspartikeln erfasst (vgl. Duden 2009).

Situation: Interview mit einem Zeitungsverkäufer
V: Äh Studenten sind im Großen und Ganzen ganz nette Leute, ne? • • Sie haben aber auch kein leichtes Leben, • weil sie müssen auch viel lernen, weil v/ äh auch in der Freizeit viel von ihnen gefordert wird, • ja? • • ((Gesprächsteil in der Transkription ausgelassen))

Und grad' vor Prüfungen und so sind sie halt voll im Stress, ne? • • Das merkt man halt manchmal auch. Gell?
(Graefen/Liedke 2012, CD-Anhang)

Die als Sprechhandlungsaugmente genutzten Einheiten unterscheiden sich in den Einzelsprachen z.T. erheblich. So wird das englische *yes* z. B. anders als *ja* nicht als Vorschaltung verwendet, das deutsche *nein* hingegen kann nicht wie das spanische *no* einer Äußerung nachgeschaltet werden usw. Da sie zentrale „Schmiermittel" in Gesprächen bilden, haben Gesprächspartikeln in den letzten Jahren auch Eingang in die Fremdsprachenlehre gefunden.

2.3.2.5 Die Ablaufstruktur von Gesprächen

Ein wichtiger, in Transkriptionen festgehaltener Aspekt ist das zeitliche Verhältnis, in dem Äußerungen verschiedener Gesprächspartner zueinander stehen. In wissenschaftlichen Transkriptionen wird dieser Bezug oft grafisch durch Partiturschreibung repräsentiert. Das Transkript liest sich wie eine Musikpartitur: Für jeden Beteiligten (jedes Instrument) werden jeweils eigene Gesprächszeilen verwendet, die dann relativ zueinander grafisch Einsatz und Umfang der Gesprächsbeteiligung und auch paralleles Sprechen abbilden. Der folgende Transkriptauszug zeigt ein telefonisches Reklamationsgespräch, das in Partiturschreibung verschriftlicht wurde.

Reklamationsgespräch

Gesprächsbeteiligte:

K = Kundin
M = Mitarbeiter des Unternehmens

Sonderzeichen:

( )   = Unverständliches
V   = Interjektion wird mit fallend-steigendem Tonverlauf gesprochen
....   = silbisch abgehacktes Sprechen
((pikiert)) = Meta-Kommentar des Transkribenten

1	K	( ) Wir haben auf dem Mai-Markt in H bei einem ihrer Vertreter eine
2	K	X-Maschine bestellt. und haben die auch zugeschickt bekommen. V V
	M	Hmhm hm
3	K	Aber die falsche. Wir haben den Diabolo. Was wir dem Vertreter
		....
4	K	ausdrücklich gesagt haben. Und jetzt wurde die X-Maschine V V V
	M	Hmhm hm hm
		....
5	K	von uns schon <u>drei</u> Wochen, <u>morgen</u> drei Wochen an Ihr Werk zurück-
6	K	geschickt. Weder noch eine Antwort, noch <u>Geld</u>, noch irgend etwas
7	K	zurück. ((pikiert)) (Nein, die hab
	M	(Klein/kleinen/) Äh Frau K, haben Sie noch die Rechnung zur Hand?

Abb. 2.6 Reklamationsgespräch in Partiturschreibung (Becker-Mrotzek/Brünner 2006: 50)

Reklamationsgespräche sind typologisch als verbal dominierte, institutionelle Gespräche zu klassifizieren, die interaktiv abgewickelt werden. Dies zeigt sich in einem Wechsel von Sprecher- und Hörerrollen. Für den einzelnen Gesprächsbeitrag verwendet man auch den englischen Fachterminus *turn*. In Bezug auf die Verfahren des **Sprecherwechsels** unterscheidet man zwischen „Selbstwahl" und „Fremdwahl". Eine Selbstwahl liegt dann vor, wenn der nächste Sprechende von sich aus das Wort ergreift. In unserem Beispiel ist das in Fläche 7 der Fall: Der Mitarbeiter beginnt unaufgefordert zu sprechen und unterbricht die Kundin in ihrer Darstellung durch die Frage *Äh, Frau K, haben Sie noch die Rechnung zur Hand?* Demgegenüber spricht man von Fremdwahl, wenn der vorhergehende Sprechende den nächsten Sprechenden bestimmt. In unserem Beispiel weist der Mitarbeiter durch seine Frage z. B. der Kundin wieder die Sprecherrolle zu; es wird erwartet, dass sie antwortet. Nicht als eigener Gesprächsbeitrag betrachtet werden sogenannte Hörerrückmeldungen, kurze Äußerungen wie *hmhm, ah ja* usw. Das Ausmaß, in dem die Gesprächsbeteiligten parallel zueinander sprechen, die Frage, ob der Sprecherwechsel „glatt" oder „überlappend" verläuft, die Anzahl der Unterbrechungen und Unterbrechungsversuche geben ebenso wie die Art und Häufigkeit der verwendeten Hörerrückmeldungen Aufschluss über den Grad der Kooperativität, mit der ein Gespräch abgewickelt wird.

Ausgehend von Sprachvergleichen bilden sowohl Verfahren des Sprecherwechsels als auch **Hörerrückmeldungen** ein Problempotenzial interkultureller Kommunikation. So gestaltet sich z. B. die Länge von Pausen, die während eines Gesprächsbeitrags auftreten können, und solchen, die die Beendigung eines Gesprächsbeitrags anzeigen, in verschiedenen Sprachen unterschiedlich (etwa im Deutschen und Finnischen). Als besonders problematisch haben sich auch die Tonverläufe erwiesen, die mit Hörerrückmeldungen verbunden sind und die Bedeutung einer funktionalen Einheit wie *hm* entscheidend bestimmen.

Ton	Verlauf	Form	Paraphrasen
/	steigend	/ hm	*Wie bitte? Was? Ich verstehe nicht.* (meist bei akustischem Verstehensproblem)
\	fallend	\ hm	*Seltsam. Ich verstehe nicht. Ich bin nicht einverstanden. Ich bin ratlos.*
—	gleichbleibend	— hm	*Ich bin irritiert. Ich plane noch, was ich sagen will.*
\/	fallendsteigend	\/ hm	*Ich höre zu, verstehe. Ja, sprich weiter.*
/\	steigendfallend	/\ hm	*Ich verstehe nicht ganz, aber - na ja.*

Tab. 2.14 Übersicht Tonverlauf bei *HM* (nach Ehlich 1986, Graefen/Liedke 2012: 264)

In Gesprächstypen wie dem oben angesprochenen Reklamationsgespräch sind Sprecherwechsel durch den Zweck des Gesprächs bereits als notwendige Bestandteile vorgegeben. Dabei bestimmen die institutionelle Einbindung und der Zweck des Gesprächs auch die verschiedenen Handlungsschritte und Gesprächsphasen, die von den Beteiligten durchlaufen werden. Konstitutive Elemente eines Reklamationsgesprächs sind beispielsweise neben einer Phase der Gesprächseröffnung, in der das Gespräch als Reklamationsgespräch ausgewiesen wird, die Bearbeitung des Sachproblems (Klärung der personellen Zuständigkeit, Problemdarstellung und Prüfung, Klärung der Problemursachen, insbesondere der Schuldfrage). Zu einem Reklamationsgespräch gehört ferner die Erarbeitung einer Problemlösung, insbesondere eine Verständigung über ihre Dringlichkeit und Fragen der Rekompensation, sowie die Phase der **Gesprächsbeendigung**. Zudem ist ein typischer Bestandteil von Reklamationsgesprächen die Manifestation und Bearbeitung von Emotionen (Enttäuschung, Ärger).

Allgemeine, in verschiedenen Gesprächen und Gesprächsphasen genutzte Handlungsmuster umfassen sequenzielle Abfolgen von Illokutionen wie Gruß-Gegengruß, Frage-

Antwort, Vorwurf-Rechtfertigung, Begründen oder Argumentieren. Sie werden unter Umständen innerhalb einer Gesprächsphase auch mehrfach durchlaufen.

Transkripte bieten „Zeitlupenaufnahmen" eines Gesprächs. Sie erfassen Handlungswissen, das von den Gesprächsbeteiligten weitgehend automatisiert angewendet wird. Wenig bewusst ist auch der Umfang alltäglicher Gespräche.

Im Folgenden sehen Sie eine auszugsweise Gegenüberstellung eines Dialogs aus einem Lehrwerk und aus einem authentischen Gespräch. In beiden Fällen geht es um die telefonische Vereinbarung eines Arzttermins. Wiedergegeben werden jeweils die Phase der Gesprächseröffnung und -beendigung. Im Lehrwerk fehlt in der Eröffnungsphase die Sequenz Gruß-Gegengruß, in der Beendigungsphase fehlt der Dank.

STUDIO D A1, 2005	MOLL, 1997
Praxis Dr. Glas. Albertini, ich hätte gern einen Termin.	A: Praxis Professor H..., guten Tag. M: Ja, Grüß Gott. Moll hier. Ich bräucht' bitte 'n Termin.
Ja, das geht auch. Also, am Montag um 15 Uhr. Auf Wiederhören Auf Wiederhören.	M: Komm' ich heut' um zwölf Uhr fünfundvierzig. A: Gut. M: Dank' Ihnen. A: Bitte. M: Wiederhören. A: Wiederhören.

Tab. 2.15 Lehrwerksdialog vs. authentisches Gespräch (Liedke 2013)

2.3.2.6 Präsuppositionen und Inferenzen

Sowohl in Texten als auch in Gesprächen spielen Annahmen und Unterstellungen in Bezug auf das gemeinsame Wissen von Sprechern und Hörern bzw. Lesern und Schreibern eine wichtige Rolle.

Mit dem Terminus Präsupposition werden in der Linguistik **unausgesprochene Annahmen** erfasst, die einer Äußerung zugrunde liegen, jedoch selbst nicht explizit ausgedrückt werden. So unterstellt z. B. eine Äußerung wie „Für deine Verhältnisse ist das hier ja richtig ordentlich.", dass der Sprecher den Angesprochenen normalerweise für unordentlich hält.

In der sprachlichen Handlung kann auf solche Präsuppositionen Bezug genommen werden. Diesem Zweck dienen im Deutschen Wörter wie *ja, aber, auch, sogar* etc., die kategoriell den Fokuspartikeln und Abtönungs- bzw. Modalpartikeln zugeordnet werden. Ihre Bedeutung liegt in der Bezugnahme auf das unterstellte Vorwissen des Hörers. So zeigt z. B. ein äußerungsinternes *ja* an, dass der betreffende Sachverhalt als dem Hörer bekannt vorausgesetzt wird, ein *aber* weist auf eine widersprüchliche Annahme, ein *sogar* auf das Übertreffen unterstellter Erwartungen usw.

Als Inferenzen bezeichnet man demgegenüber notwendige Schlussprozeduren, durch die ein Zusammenhang zwischen Äußerungen hergestellt wird, die ansonsten scheinbar keinen Bezug zueinander haben, z. B. eine Abfolge wie die folgende:

A Wir haben keine Milch mehr.
B Die Tankstelle hat noch auf.

Die Reaktion von B ist nur verständlich, wenn man weiß, dass

1. die Geschäfte in Deutschland nicht über Nacht geöffnet sind,
2. an deutschen Tankstellen auch Milch verkauft wird und
3. Tankstellen bis spät in die Nacht oder sogar rund um die Uhr geöffnet sind.

Inferenzen setzen also oft umfangreiches kulturelles Wissen voraus.

2.4 Fachsprache und Berufssprache

In diesem Kapitel geht es um das Deutsche als Fach- und Berufssprache. Angesprochen werden Modelle der horizontalen und vertikalen Gliederung von Fachsprachen, der Wortschatz und Spezifika der fachsprachlichen Syntax. Handlungsformen der Fach- und Berufskommunikation werden verdeutlicht.

2.4.1 Fachsprache im Alltag

Fachsprachen werden häufig als Varietäten einer Sprache betrachtet und zu den Gruppensprachen gerechnet (Roelcke 2010: 15). Ein nicht unerhebliches Problem bildet in diesem Zusammenhang der unklare Begriff des „Fachs". Eine strittige Frage ist zudem, ob von „der Fachsprache" oder besser von „den Fachsprachen" geredet werden sollte; z.T. abgrenzend, z.T. parallel verwendet werden u.a. Begriffe wie „Wissenschaftssprache" oder „Berufssprache".

Texte und Diskurse können **unterschiedliche Grade an Fachlichkeit** aufweisen. In der Fachsprachenlinguistik hat sich daher der Untersuchungsfokus auf die Beschreibung verschiedener Konstellationen von Produzentinnen/Produzenten und Rezipientinnen/Rezipienten und auf die fachliche Handlungspraxis verschoben. Thielmann (2011: 1052) bestimmt Fachsprachen entsprechend als „Varietäten, die geeignet sind, die spezifischen sprachlichen Bedürfnisse abgeleiteter Praxen zu bedienen." Das Spezifikum von Fachsprachen liegt somit in den Handlungsbedürfnissen und Wissensvoraussetzungen der Beteiligten. Auch Roelcke (2010) stellt den Erwerb und die sprachliche Vermittlung von Kenntnissen in den Mittelpunkt der Fachsprachenforschung. Im Lehrkontext Deutsch als Fremdsprache/Zweitsprache finden sich einerseits explizit fachbezogene Ansätze (z.B. Buhlmann/Fearns 1980), andererseits wird häufig allgemein von „Deutsch im Beruf" oder „Deutsch am Arbeitsplatz" gesprochen.

2.4.2 Horizontale und vertikale Gliederung von Fachsprachen

Ein Interesse der Fachsprachenlinguistik ist die Typologie und Klassifikation fachlicher Kommunikationsereignisse, wobei unterschiedliche Kriterien herangezogen werden können. In diesem Zusammenhang spricht man von einer „horizontalen" und „vertikalen" Gliederung der Fachsprachen.

Die **horizontale Gliederung von Fachsprachen** bezieht sich auf die Unterscheidung verschiedener Fächer und Fachbereiche, also auf ein sprachexternes Kriterium. Als Fachbereiche werden dabei die verschiedenen fachinternen Spezialisierungen erfasst, also z. B. innerhalb der Medizin die Anatomie, Pathologie, Pharmazie usw. Über die Anzahl der Fächer und Fachbereiche gibt es keine genauen Angaben; sie wird auf ca. 300 geschätzt (Fluck 1996). Die horizontale Gliederung ausgehend von den unterschiedlichen Fächern und Fachbereichen an Universitäten erfasst folgende Abbildung. Geht man von den Fächern aus, ist die Anzahl der verschiedenen Fachsprachen also sehr hoch und erweitert sich in Anbetracht des fachlichen Wissenszuwachses und des Entstehens neuer Disziplinen ständig.

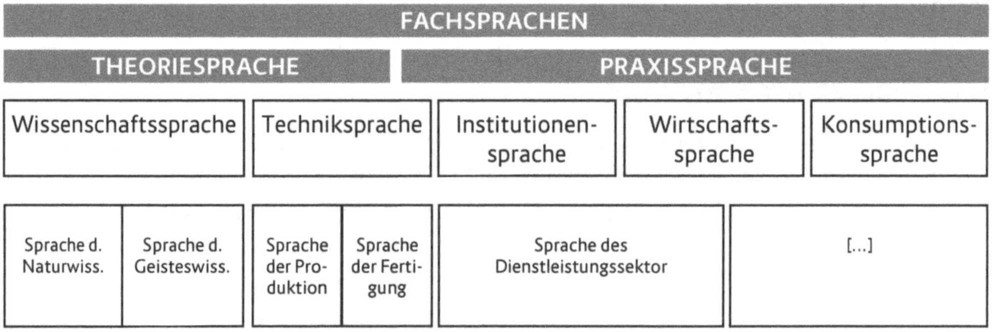

FACHSPRACHEN				
THEORIESPRACHE		PRAXISSPRACHE		
Wissenschaftssprache	Techniksprache	Institutionen-sprache	Wirtschafts-sprache	Konsumptions-sprache
Sprache d. Naturwiss. / Sprache d. Geisteswiss.	Sprache der Pro-duktion / Sprache der Ferti-gung	Sprache des Dienstleistungssektor	[...]	

Abb. 2.7 Horizontale Gliederung von Fachsprachen (Roelke 2010: 31)

Unklar ist, inwieweit dieser äußeren Vielfalt über den fachspezifischen Wortschatz hinaus innersprachliche Merkmale entsprechen. Ein Untersuchungsinteresse der Fachsprachenforschung liegt daher im Aufweis fachübergreifender sprachlicher Gemeinsamkeiten und Unterschiede. Eine Zusammenstellung verschiedener, in der Fachsprachenforschung genutzter Typologien gibt Rölcke (2010: 31). Sie umfassen zwei- oder mehrgliedrige Modelle, die unter anderem klassische Kategorien wie Geisteswissenschaft und Naturwissenschaft oder Wissenschaft und Technik aufnehmen.

Neben der horizontalen Gliederung der Fachsprachen wird in der Fachsprachenlinguistik auch von einer **vertikalen Gliederung** gesprochen. Dabei geht es um die Unterscheidung verschiedener sprachlicher Abstraktionsebenen innerhalb der einzelnen Fächer bzw., pragmatisch gefasst, um die Differenzierung verschiedener Kommunikationssituationen und Handelnder. Zu den bekanntesten vertikalen Fachsprachengliederungen gehört die Unterscheidung zwischen der **Wissenschaftssprache**, derer sich die Fachwissenschaftler in ihren Texten bedienen, der fachlichen Umgangssprache, die zur mündlichen Verständigung von Fachleuten benutzt wird, und der Werkstattsprache (Verteilersprache), die in Produktion, Verwaltung oder Verkauf eingesetzt wird.

In der gegenwärtigen Fachsprachenlinguistik werden horizontale und vertikale Schichtungsmodelle problematisiert. Die aufgeworfenen Fragen nach Art und Umfang von Fachsprachlichkeit werden auf den Wissenstransfer zwischen Experten und Laien bezogen und als Forschungsaufgaben re-interpretiert. Dabei geht es insbesondere um die Eigenschaften, die Fachsprachen im Allgemeinen zugesprochen werden: Klarheit und Eindeutigkeit (Fluck 1996), Verständlichkeit, Ökonomie, Anonymität (Roelcke 2010: 24ff.). Eine wichtige Differenzierung im Blick auf die Beteiligten ist die Unterscheidung von „fachexterner" und „fachinterner" Kommunikation (vgl. Kap. 2.4.5).

2.4.3 Der fachsprachliche Wortschatz

Eine Abgrenzung von Fachwortschatz und gemeinsprachlichem Wortschatz ist schwierig, da die Fachkommunikation einerseits auf der Gemeinsprache ruht, andererseits auch Ausdrücke aus dem Fachwortschatz in diese zurückfließen können. Auch die Abgrenzung verschiedener Fachwortschätze untereinander bildet ein Problem, da sich der Fachwortschatz einzelner Fächer mehr oder weniger stark überschneidet. Eine vierteilige interne Gliederung der Fachwortschätze wird bei Roelcke (2010: 56f.) vorgestellt, der je nach Ausmaß der Fachspezifik zwischen dem nichtfachlichen, dem extrafachlichen, dem interfachlichen und dem intrafachlichen Fachwortschatz unterscheidet. Der **Umfang** des intrafachlichen Fachwortschatzes der einzelnen Fächer und Fachbereiche ist unterschiedlich. Als besonders umfangreich gilt der intrafachliche Fachwortschatz der Medizin; er wird auf über 500.000 Lexeme geschätzt, unter ihnen rund 60.000 Begriffe für Krankheiten und Behandlungsmethoden (Roelcke 2010: 58). Für den intrafachlichen Fachwortschatz der Kraftfahrzeugtechnik wird demgegenüber ein Gesamtumfang von rund 50.000 deutschen Fachwörtern angenommen (Roelcke 2010: 59f.).

2.4.3.1 Terminologisierung

Die Herausbildung eines fachsprachlichen Lexems bezeichnet man als „Terminologisierung". Ein Terminus zeichnet sich dadurch aus, dass der begriffliche Inhalt des Fachausdrucks im Rahmen eines Theoriesystems präzise definiert ist. Der **genau festgelegte Bedeutungsumfang von Lexemen** gilt als wesentliches Kennzeichen des Fachwortschatzes, der oft als „eindeutig", „exakt" und „ökonomisch" charakterisiert wird (Fluck 1996, Roelcke 2010). Im Rahmen der Terminologisierung verlieren Wörter der Gemeinsprache teilweise oder gar vollständig ihre ursprüngliche Bedeutung. In diesem Zusammenhang kommt es zu **Homonymen**, d. h. zu einer Bedeutungsverschiedenheit gleichlautender Ausdrücke. Da verschiedene Fachsprachen dasselbe Grundsubstrat nutzen, finden sich Homonyme sowohl zwischen Fachsprachen und Gemeinsprache als auch fachsprachenübergreifend, ja, sogar z.T. innerhalb der einzelnen Fachbereiche. Neben den Einzelsprachen, die die Basis der Fachsprachen bilden, streben die Fächer in ihrer Terminologiebildung auch sprachübergreifende Internationalisierung an, vor allem durch Rückgriff auf die Spendersprachen Griechisch und Latein, in jüngerer Zeit zunehmend auch auf das Englische. Dadurch kommt es in den Fachsprachen oft zu synonymischen Benennungen eines Sachverhalts, sogenannten Dubletten, z. B. *Appendix* und *Blinddarm*, *Linguistik* und *Sprachwissenschaft*. Auch der besonders große Umfang des medizinischen Fachwortschatzes ist u. a. auf die hohe Zahl von **Dubletten** zurückzuführen: Allein für die Bezeichnung von Körperteilen sind rund 10.000 Bezeichnungen griechisch-lateinischer Herkunft in Gebrauch, für die es deutsche Synonyme gibt.

Die Herausbildung der Terminologie eines Faches ist ein komplexer Prozess der **Begriffsbildung** aufgrund von fachlichen Erkenntnissen. Erkenntnistheoretisch ist ein Begriff eine „komplexe Gesamtheit von Gedanken über Unterscheidungsmerkmale eines untersuchten Objekts, die in Urteilen ausgesprochen werden und im Kern die allgemeinsten und gleichzeitig wesentlichsten Eigenschaften des Objekts angeben sollen" (Wörterbuch der Logik 1975: 72). Ein häufig verwendetes Verfahren der Begriffsbildung ist die definitorische Festlegung durch Angabe der **Gattung** (*genus proximum*) und der **artspezifischen Merkmale** (*differentia specifica*). Ein solches Vorgehen findet sich z. B. in folgendem Auszug aus einem Medikamenten-Beipackzettel („Waschzettel"):

Paracetamol comp. STADA® ist ein Schmerzmittel (Analgetikum)	Genus proximum
zur Behandlung von mäßig starken bis starken Schmerzen.	Differentia specifica

Nicht alle Fachwörter besitzen den Status eines Terminus, es finden sich auch zahlreiche sogenannte Halbtermini, Ausdrücke, die nicht durch Definitionen standardisiert sind, aber dennoch eine eindeutige Bedeutungszuweisung aufweisen. Fluck (1996: 22) rechnet zu den Halbtermini Fachwörter aus der Berufslexik (Professionalismen) wie *Bandsäge*, *Beißzange* u. a. sowie Markennamen wie *Chlorodont* oder *Trabant*.

Als eine eigenständige Schicht in der fachsprachlichen Lexik werden die sogenannten **Nomenklaturen** (Namenslisten) betrachtet, in denen Begriffsbezeichnungen eines bestimmten Fachs zusammengestellt sind, die durch präskriptive Normung verbindlich vereinheitlicht sind. Entsprechende Institutionen sind z. B. das Deutsche Institut für Normung (DIN), das Österreichische Normungsinstitut (ÖN) und die International Organization for Standardization (ISO). Als wissenschaftliche Disziplinen haben sich in diesem Zusammenhang die Terminologielehre und die Terminografie entwickelt (vgl. einführend Schmitz 2011). Auch innerhalb einzelner Institutionen, z. B. bei Autoherstellern, bildet die Terminologiearbeit einen wichtigen Arbeitsbereich (Göpferich 2011a). Ziel ist die Erstellung von Terminologie-Datenbanken sowie von elektronischen Terminologie-Prüfprogrammen. Neu entstanden ist das Berufsfeld technische Dokumentation.

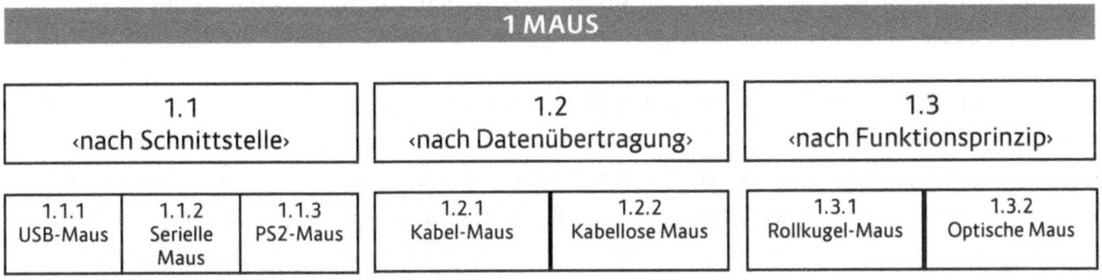

1 MAUS		
1.1 ‹nach Schnittstelle›	**1.2** ‹nach Datenübertragung›	**1.3** ‹nach Funktionsprinzip›

1.1.1 USB-Maus	1.1.2 Serielle Maus	1.1.3 PS2-Maus	1.2.1 Kabel-Maus	1.2.2 Kabellose Maus	1.3.1 Rollkugel-Maus	1.3.2 Optische Maus

Abb. 2.8 Abstraktionssystem in der Terminologiearbeit (Schmitz 2011: 497)

Abbildung 2.9 zeigt beispielhaft ein terminologisches Abstraktionssystem für den Fachausdruck *Maus* in der Computerbranche. Ordnungssysteme, wie das in Abbildung 2.9 erfasste, spielen insbesondere für die Fachübersetzung eine wichtige Rolle.

2.4.3.2 Wortbildungsverfahren in der Fachsprache

Die Morphologie der Fachsprachen ist insbesondere im Bereich der Wortbildung gut untersucht. Dabei ist es vor allem die Häufigkeit bestimmter Verfahren, die die Fachsprachen kennzeichnet.

Als besonders typisch für die fachsprachliche Lexik gilt die Bildung von Komposita, wobei oft **drei- oder gar viergliedrige Zusammensetzungen** zu beobachten sind (z. B. *Codeinphosphat-Hemihydrat, Wärmeschutzverglasung, Rollkugelmaus*). Als typisch gilt auch die Abkürzung von Komposita, zumeist in Form von Initialwörtern (z. B. *DVD – Digital Versatile Disk, DIN – Deutsches Institut für Normung, ABS – Antilock Braking System*).

Häufig sind aus dem Lateinischen oder Griechischen entlehnte Konfixe, Präfixe und Suffixe Bestandteil der Wortbildung (z. B. *therm-, elektr-, anti-, a-, -ion, -ik, -al, -tiv*). Zudem finden sich frei vereinbarte Symbole (z. B. ® für „eingetragener Markenname"), Abkürzungssymbole (z. B. W für *Watt*) und Eigennamen (*Ohm, Röntgen*), die auch einen Wortartenwechsel erfahren können (*röntgen*). In der naturwissenschaftlichen Sprache finden sich häufig Adjektivbildungen mittels *–arm, –reich, –fest, -förmig, -haltig, -artig* u. a. Als typisch gilt auch die Verwendung konvertierter Verben (*das Einlesen, Erhitzen* etc.) sowie die Agentisierung mittels *-er* (*der Erzeuger, Verbrenner* etc.).

Einige der oben aufgeführten Wortbildungsverfahren findet man in folgendem Textauszug aus der chemischen Verfahrenstechnik wieder:

> Bei der verfahrenstechnischen Auslegung eines Silos ist ähnlich vorzugehen wie bei der Auslegung eines Wärmetauschers. Die Stoffdaten der am Wärmeaustausch beteiligten Fluide und die Wärmeströme müssen bekannt sein, um den Wärmeaustauscher, insbesondere die Wärmeübertragungsflächen, auszulegen. Die Vorgehensweise ist Stand der Technik. Die benötigten Daten liefern der VDI-Wärmeatlas oder Laborversuche. Ähnlich ist bei der Siloauslegung vorzugehen. Hierzu gibt es eine Theorie, nur leider keinen „VDI-Schüttgutatlas". Desto wichtiger ist die Ermittlung der relevanten Schüttguteigenschaften. Sind diese bekannt, wird die Silogeometrie den gemessenen Schüttguteigenschaften angepasst, sodass ein sicherer Silebetrieb erreicht wird.

Voraussetzung ist, dass die in Laborversuchen gemessenen Schüttguteigenschaften repräsentativ sind. (Schulze 2009: VI)

Im Blick auf Merkmale der Wortbildung lassen sich zwar graduelle Unterschiede zwischen den Fachsprachen in Natur- und Geisteswissenschaften feststellen, insgesamt kann jedoch keine klare Trennung der beiden Wissenschaftsbereiche ausgehend von fachsprachlichen Kriterien vorgenommen werden (Fluck 2011, Kretzenbacher 1991). So ist etwa die Verwendung abkürzender Symbole zwar typisch für die Mathematik, Physik und Chemie und findet sich seltener in den Geisteswissenschaften, tritt dort aber ebenfalls in Fachgebieten wie der Linguistik oder der Philosophie auf. Ein ähnlicher Befund ergibt sich für die im Folgenden dargestellten syntaktischen Merkmale von Fachsprachen, die ebenfalls fachübergreifend vorgefunden werden können.

2.4.4 Syntaktische Strukturen von Fachsprachen

Ebenso wie die morphologischen Strukturen der fachsprachlichen Lexik sind auch die in schriftlichen Fachtexten auftretenden syntaktischen Strukturen gut beschrieben. Die häufigste Satzform bildet der Aussagesatz (Roelcke 2010: 86); in einigen Texttypen (z.B. Betriebsanleitungen, Anleitungen zu Laborversuchen, Fragebögen etc.) kommen auch Aufforderungen oder Fragen vor. Häufige Nebensatzformen sind Konditionalsätze und Finalsätze, entweder mit oder ohne einleitender Konjunktion, sowie kontrastbezeichnende Nebensätze mit *während*.

Charakteristisch für die deutsche Fachsprache ist die zentrale Rolle des Nomens, weshalb auch vom Nominalstil der Fachsprachen gesprochen wird (Fluck 2011). Ausgesprochen häufig finden sich komplexe Nominalphrasen, die um adjektivische Attribute und z.T. mehrfach geschachtelte Partizipial- und Präpositionalphrasen erweitert sind, z.B. „vermindertes Ansprechen der Körperzellen auf Insulin" (Ylönen 2011: 470). Typisch sind auch feste Adjektiv-Substantiv-Verbindungen in terminologischer Funktion, die z.B. einzelne Fachbereiche und fachliche Wissensbestände voneinander differenzieren (*organische, anorganische, aquatische, technische Chemie; feste, flüssige, gasförmige Körper* etc.). Ein weiteres Charakteristikum der fachsprachlichen Syntax ist die häufige Verwendung von Funktionsverbgefügen (*zur Anwendung kommen, in Rechnung stellen* etc.) anstelle einfacher Verben (*anwenden, berechnen* etc.). Aus den genannten Kennzeichen ergibt sich die für Fachsprachen typische erhöhte Satzkomplexität (Roelcke 2010: 87 f.).

Die oft hervorgehobene Anonymität fachsprachlicher Texte geht mit einem weitgehenden **Verzicht auf die Agensnennung** einher. Festzustellen ist insbesondere ein häufiger Gebrauch des Passivs, von Passiversatzformen oder -umschreibungen (*ist zu ...*), insbesondere in den Naturwissenschaften (Fluck 2011: 483).

Das meistens verwendete Tempus ist das Präsens, was dem fachlichen Interesse entspricht, allgemeingültige Sachverhalte darzustellen. Daneben findet sich ein häufiger Gebrauch des Konjunktivs zur Wiedergabe fremder Gedanken, in Fächern wie der Mathematik auch zur Aufforderung (*Man konstruiere ein Dreieck, ...*). Der Konjunktiv II findet Einsatz zum Ausdruck nicht realisierbarer oder unzutreffender Sachverhalte, ferner ist der Ausdruck der Modalität durch Kommentaradverbien (*vielleicht, angeblich, …*) häufig.

Insbesondere die komplexe Syntax fachsprachlicher Texte bildet eine Eigenschaft, die im Rahmen der Verständlichkeitsoptimierung in der technischen Redaktion angegangen wird (einführend dazu Göpferich 2011b).

2.4.5 Texte und Gespräche im fachlichen und beruflichen Umfeld *(Jörg Roche)*

Während in der Fachsprachenforschung lange Zeit die Lexik und Syntax fachsprachlicher Texte den Hauptuntersuchungsgegenstand bildete, wird in neuerer Zeit zunehmend die kommunikative Einbindung fachbezogener Texte und Gespräche in institutionelle und berufliche Praxen in den Vordergrund gestellt (vgl. Kap. 2.3.1).

Fachsprachliche Textsorten und -varianten sind unterschiedlich stark fachlich verdichtet und unterscheiden sich oft in der Begrifflichkeit. Der Fachdiskurs ist jedoch meist nicht ausschließlich von Fachthemen und Fachbegriffen bestimmt. Auch Aspekte der Arbeitssituation, der Fachpolitik, der Planung oder der logistischen Abstimmung bei Projekten, Tagungen oder Reisen sind darin wichtige Elemente. Aus der Vielschichtigkeit des Fachdiskurses entstehen daher unterschiedliche Mischformen von Allgemein- und Fachsprache. Bei so viel fachlicher und begrifflicher Normung darf es nicht verwundern, dass auch die Sprache selbst durch DIN-Normen standardisiert ist. Diese schreiben vor allem genau vor, nach welchen Kriterien Begriffe gebildet werden müssen und in welcher Hierarchie sie zueinander stehen.

Das Inhaltsverzeichnis der DIN 2330, der wichtigsten Sammlung relevanter **Sprachnormen** des Deutschen Instituts für Normung, verdeutlicht die Komplexität der sprachlichen Normung in Fachsprachen. Trotz ihrer Bestrebungen, Eindeutigkeit herzustellen, entsteht in Fachsprachen immer wieder ungewollter Interpretationsspielraum. So kommt es auch dort zur Fehlkommunikation und zu Problemen mit technischen Abstimmungen und Abläufen. Im Strafrecht sind beispielsweise die Begriffe „Raub" und „Diebstahl" zwar juristisch eindeutig definiert und klar voneinander zu unterscheiden, ihre Anwendung auf konkrete Fälle lässt jedoch einen erheblichen Interpretationsraum zu und kann deswegen zu Meinungsverschiedenheiten führen.

Wegen ihrer inhaltlichen Dichte und ihrer begrifflichen Standardisierung auch über Sprachgrenzen hinweg sind Fach- und Berufssprachen für Fremdsprachenlerner meist leichter verständlich und lernbar als allgemeinsprachliche Äußerungen und Texte. Die Lerner können vor allem durch einzelne, international oft ähnliche Begriffe (**Transferbasen**, *cognates*) an ihr Vorwissen anknüpfen und sich damit den Inhalt erschließen, selbst wenn sie nur einen geringen Teil der fremden Sprache wirklich verstehen. Das gilt besonders für Fachbegriffe in den Naturwissenschaften, in der Medizin und in den Agrarwissenschaften, die auf lateinischem und griechischem Wortschatz aufbauen, für Fachbegriffe in der Wirtschaft, der Technik oder der internationalen Flugsicherung, die sich stark an das Englische anlehnen, und für den Wortschatz der Musik, der Theologie und der Philosophie, die international auf Begriffe des Deutschen und Italienischen zurückgreifen. So eignen sich Fachsprachen, entgegen der verbreiteten Annahme, besonders gut für die Vermittlung von fremden Sprachen, und zwar gerade im Anfängerunterricht – zumindest dann, wenn die Lerner ein bestimmtes Sachwissen in einem Fachgebiet haben.

Fachsprachen erlauben eine möglichst eindeutige und effiziente Abbildung und Behandlung der Sachverhalte einer Fachdisziplin. Gäbe es diese nicht, ließen sich technische Instrumente und Teile, regelnde Verfahren oder genaue Bezeichnungen der Gegenstände nicht herstellen (Baumann/Kalverkämper 1992, Fluck 1996, Buhlmann/Fearns 1980). Die gerichtlichen Instanzen sprechen bezeichnenderweise Recht, Verwaltungsakte und -regelungen müssen schriftlich niedergelegt sein, um Gültigkeit zu besitzen, in den Bio- und Lebenswissenschaften gibt es hunderttausende Begriffe, um Pflanzen, Tiere, Krankheiten, Medikamente und vieles mehr zu benennen und in der Technik klären sprachliche DIN-Normen, wie Gegenstände gebaut sein oder gebildet werden müssen. Fachsprachen werden in verschiedene Komplexitätsstufen, je nach Sprecher- und Adressatengruppe, Kommunikationsfunktion oder Inhaltsdichte unterteilt. Hoffmann/Kalverkämper/Wiegand (1999) unterscheiden zum Beispiel die Sprache der theoretischen Grundlagenwissenschaften von der Sprache der experimentellen Wissenschaften, der Sprache der angewandten Wissenschaften und der Technik, der Sprache der materiellen Produktion und der Sprache der Konsumption. Die **disziplintypischen Sprachen** differenziert Göpferich (1995: 124) nach unterschiedlichen wissenschaftsfunktionalen (pragmatischen) Ebenen der Textsorten und Textvarianten. Die differenzierenden Kriterien und Textmerkmale ergeben sich aus dem Zweck eines Textes (aktuelle Forschung, Referenzmaterial, Unterricht /Lehre/Vermittlung, Normierung) und damit aus einer jeweils unterschiedlichen Konstellation von Textautor und -adressatengruppen. Aus diesen Konstellationen und Zwecken resultieren unter anderem der Grad der Fachlichkeit, Formalität, Komplexität, Anschaulichkeit und Verbindlichkeit. Tabellarisch lassen sich die wichtigsten Textkriterien folgendermaßen darstellen:

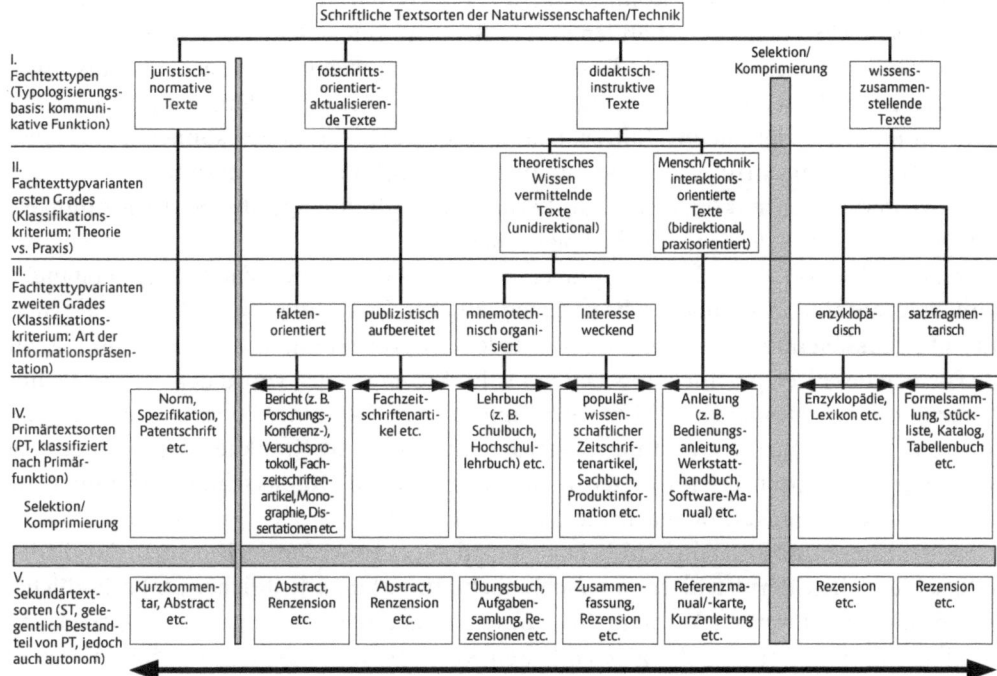

Abb. 2.9 Schematische Darstellung der Fachtexttypologie (Göpferich 1995: 124)

In pragmatischen Ansätzen wird die Unterscheidung zwischen „fachinterner" und „fachexterner" Kommunikation institutionsübergreifend aufgenommen und weitergehend differenziert. Systematisch unterschieden wird zwischen zwei Aktantenrollen: den Agenten, den Vertretern einer Institution, und ihren Klienten, Personen, die diese Institution in Anspruch nehmen. Das Agenten- und Klientenwissen über die Institution und ihre internen Abläufe ist unterschiedlich. Fachinterne Kommunikation lässt sich als **„Agent-Agent"**-**Interaktion** klassifizieren, wobei die Beteiligten derselben Institution oder verschiedenen Institutionen angehören können. Fachexterne Kommunikation umfasst sowohl Agent-Agent-Konstellationen (z. B., wenn ein Vertreter eines Autohauses Bestellungen an einen Autohersteller aufgibt oder der Vertreter eines Pharmakonzerns mit einem Arzt kommuniziert) als auch **Agent-Klient-Interaktionen** (z. B. im Verkaufsgespräch oder in der Arzt-Patienten-Kommunikation).

Einen besonderen Untersuchungsschwerpunkt der Fachtextforschung bildet die Verständlichkeit von Texten im fachlichen Umfeld für Laien.

Die Aufdeckung von Verständigungsproblemen steht auch im Mittelpunkt der Untersuchungen zu institutionellen Gesprächen. Während die Arbeiten zur Agent-Agent-Interaktion immer noch recht spärlich sind, liegen recht umfangreiche Dokumentationen und Analysen der Agent-Klienten-Interaktion vor, insbesondere zur Arzt-Patienten- und Krankenhauskommunikation, zur Kommunikation vor Gericht und in Beratungsgesprächen. Verschiedene Übersichtsartikel finden sich in Brinker/Antos/Heinemann/Sager (2002).

Die dokumentierten Gespräche lassen erkennen, dass weniger das Fachvokabular, sondern vielmehr die den Gesprächen zugrundeliegenden institutionellen Handlungsabläufe zu Kommunikationsproblemen führen. Die Agenten der Institutionen können diese Handlungsabläufe oft nur unzureichend verdeutlichen, alltägliche Handlungsmuster wie Frage-Antwort werden umfunktionalisiert und erfahren institutionsspezifische Ausformungen. Ein typisches Beispiel ist das ärztliche Fragen, das zur Abklärung von Symptomen dient, von Patienten jedoch oft als Aufforderung zu einer erzählenden Leidensdarstellung verstanden wird. Relevant sind insbesondere die unterschiedlichen Erwartungs- und Wissensbestände, die mit Krankheit und Gesundheit in verschiedenen Sprachkulturen verbunden sind, sowie die Formen ihrer Versprachlichung. Differente Praktiken reichen von anderen sprachlichen Bildern (z. B. *Leberschmerzen* als Umschreibung für eine *Depression*) über andere vom Arzt erwartete Handlungen (Bewertungen von Krankheiten und Krankheitssymptomen. Als äußerst problematisch erwiesen sich nicht professionelle Dolmetschkonstellationen im medizinischen Kontext (Pöchhacker 2000, Meyer 2004).

Für die Kommunikation im beruflichen Umfeld gilt es außerdem zu beachten, dass in den unterschiedlichen Berufsfeldern unterschiedliche Inventare schriftlicher und mündlicher Textsorten genutzt werden. Während in kaufmännischen Berufen z. B. die schriftliche Kommunikation sehr stark von der geschäftlichen Korrespondenz geprägt ist, dominieren in technisch-gewerblichen Berufen diskontinuierliche Textsorten wie z. B. Listen, Formulare, Tabellen, Protokolle.

2.5 Aufgaben

1. Werfen Sie einen Blick in das Inhaltsverzeichnis der systematischen Grammatik im Projekt „Grammis", der derzeit einzigen im Internet verfügbaren wissenschaftlichen Grammatik des Deutschen. Welcher grammatische Ansatz wird in Grammis gewählt?

Abb. 2.10 Auszug aus dem grammatischen Informationssystem des Ids (http://hypermedia.ids-mannheim.de/)

2. Welches Derivationssuffix wird in einer Lehrbuchübung wie der folgenden vermittelt?

Sprachen in den Nachbarländern von Deutschland. Ergänzen Sie.

Dänisch – Deutsch – Deutsch – Deutsch – Flämisch – Französisch – Französisch – Französisch – Fanzösisch – Italienisch – Letzeburgisch – Niederländisch – Polnisch – Tschechisch – ~~Rätoromanisch~~

Land	Sprache(n)
Frankreich	....
Belgien	....
Luxemburg	....
Dänemark	....
Polen	....
Tschechien	....
Österreich	....
Schweiz	*Rätoromanisch* ....
Niederlande (Holland)	....

Welche Sprachen spricht man in Ihrem Land?

Quelle: Studio d A1, Teilband 1, Cornelsen S. 56

3. Überprüfen Sie, ob es sich bei dem Fugenelement in den folgenden Determinativkomposita um ein paradigmatisches oder unparadigmatisches Fugen-s handelt.

Prüfungsordnung	
Schiffskapitän	
Versicherungsvertreter	

4. Betrachten Sie den folgenden Auszug aus einem Lehrwerk. Wieso heißt die Übung „Grammatiktest"? Was überprüft sie? Zwei der Aufgaben stellen die Lernenden vor besondere Schwierigkeiten. Welche sind das? Analysieren Sie bitte Satz für Satz, welches grammatische Wissen abgeprüft wird.

Ein Grammatiktest

a) Ergänzen Sie die Verben.

sprechen (2x) – kommen – wohnen – heißen – möchten – haben –
trinken – kennen – liegen – sein – finden

1. ■ M............................ du Kaffee? ● Nein, danke ich t..................... Tee.
2. ■ K............................ du aus Spanien? ◆ Nein, aus Italien.
3. ■ Wo .... Sie? ◆ In der Holzhausenstraße.
4. ■ Entschuldigung, wie .... „Balkon" auf Englisch? ● Balcony.
5. .... ihr am Samstag Zeit? Wir ziehen um.
6. ■ .... du Französisch? ◆ Nein, ich .... Polnisch und Deutsch.
7. ■ .... du Potsdam? Nein, wo .... das?
8. ■ Wie .... Sie die Wohnung, Frau Klein? ● Super! Sehr schön!
9. ■ .... du schon mal in Bremerhaven? ◆ Nein, wo ist das?

Abb. 2.11 Lehrwerksübung (Studio d, Teilband 1, Cornelsen S. 78)

5. Ordnen Sie die folgenden phonetischen Notationen ihren orthografischen Gegenstücken zu.

1	[vɪts]		Vater	A
2	[ˈfaːtɐ]		Rose	B
3	[fʁɔmt]		nicht	C
4	[nɪçt]		Witz	D
5	[ˈʁoːzə]		Freund	E

6. Bitte verschriftlichen Sie die folgenden Wörter in phonetischer Umschrift.

lieb _____

langsam _____

Sonne _____

Deutschland _____

Straßenschild _____

7. Stellen Sie die Möglichkeiten der Pluralbildung ausgehend von den Wortbeispielen zusammen und geben Sie jeweils ein weiteres Wortbeispiel!

PLURALANZEIGE DURCH	WORTBEISPIELE SINGULAR - PLURAL	WEITERE WORTBEISPIELE
-en	Student - Studenten	
	Kunde - Kunden	
	Freund - Freunde	
	Vater - Väter	
	Sohn - Söhne	
	Ei - Eier	
	Buch - Bücher	
	Auto - Autos	
	Arbeiter - Arbeiter	

8. Bitte versuchen Sie, die von Schlaefer (2009) genannten Beispiele den verschiedenen Stilschichten zuzuordnen: (Nicht für jede Stilschicht findet sich ein Wortfeld-Beispiel.)

> entschlafen, sterben, abkratzen, verrecken, krepieren; Gesicht, Visage, Fresse

	poetisch	heimgehen	Antlitz
SUPRASTANDARD	gehoben		
	bildungssprachlich		Physiognomie
STANDARD	unmarkiert		
SUBSTANDARD	salopp		
	derb		
	vulgär		

Abb. 2.12 Stilschichten im Deutschen (Schlaefer 2009, S. 54)

9. Reflexion: Worauf zielt folgende Lehrwerksübung ab? Führen Sie sie durch.

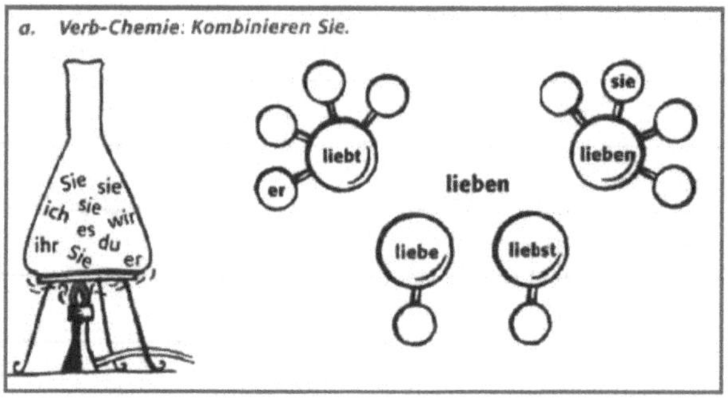

a. *Verb-Chemie: Kombinieren Sie.*

Sie sie ich sie wir ihr es du Sie er

er liebt sie lieben lieben liebe liebst

10. Welche Verfahren der Wortbildung liegen den unterstrichenen Wörtern in den folgenden Beispielen zugrunde? Ordnen Sie zu.

1) Das ist ein komplizierter <u>Bruch.</u>	a) Konversion eines Adjektives zu einem Verb
2) Für die Prüfung musste ich wirklich <u>büffeln.</u>	b) Konversion eines Verbs zu einem Substantiv
3) Die Sachen <u>trocknen</u> wirklich schnell.	c) Konversion eines Substantivs zu einem Verb
4) Die Zwiebeln leicht <u>anbräunen.</u>	d) Konversion eines Adjektives zu einem Verb

3 Grundlagenwissen zum Deutschunterricht mit Flüchtlingen

(Jörg Roche und Elisabetta Terrasi-Haufe)

Das folgende Kapitel befasst sich mit den Grundlagen einer modernen Sprachdidaktik. Es wird ausführlich und vertiefend dargestellt, welche Bedeutung und Konsequenzen die Ausrichtung der Sprachvermittlung auf Kompetenzen, besonders sprachliche Handlungskompetenzen und interkulturelle Kompetenzen, hat. Hierfür werden für die Zielgruppe zentrale curriculare Aspekte dargelegt und grundlegende Aspekte der Unterrichtsgestaltung illustriert. Prinzipien eines guten Fremdsprachenunterrichts werden ebenso dargestellt und erläutert wie die Rolle motivationaler Faktoren, der Einfluss des Inhalts und der Nutzung der Medien sowie die Prinzipien und Techniken der Sprach- und Kulturvermittlung (Methodik). Dies schließt Verfahren der Sprachstandsdiagnose, der Differenzierung und der Rückmeldung ein.

3.1 Curriculare Aspekte

3.1.1 Lehr-, Lernziele und Kompetenzen

Je nachdem, ob die Perspektive des Lerners oder des Lehrstoffes die Leitlinie des Unterrichtens darstellen soll, kann zwischen **Lernzielen** und **Lehrzielen** im Unterricht unterschieden werden. Traditionellerweise fassen Lehrpläne oder Curricula die Lehrziele einer Jahrgangsstufe oder eines Sprachniveaus zusammen und ordnen sie in Bezug auf die Spezifik unterschiedlicher Bereiche. Die Richtlehrziele (Leitziele) repräsentieren die grundsätzlichen pädagogischen und bildungspolitischen Zielvorgaben, die eine Gesellschaft und ihre Bildungsinstanzen für wichtig erachten. Für den Deutschunterricht mit erwachsenen Flüchtlingen gelten die curricularen Vorgaben des Integrationskurses, bzw. jene von Sprachmaßnahmen zur Berufsintegration. Für berufsschulpflichtige Flüchtlinge treffen je nach Bundesland in Bezug auf die Schulpflicht, die Ausbildungsreife und die Berufsausbildung unterschiedliche Regelungen zu. Die speziellen Integrationskurse des Bundesamts orientieren sich teilweise daran. Die Berufsschulpflicht greift bei Jugendlichen im Alter zwischen 16 und 21 Jahren (in begründeten Ausnahmen bis 25 Jahre), die noch keinen mittleren Schulabschluss oder eine Berufsausbildung nachweisen können. Für schulpflichtige Kinder (7 bis 15 Jahre) gelten die Vorgaben der Deutsch als Zweitsprache (DaZ)-Lehrpläne in den verschiedenen Bundesländern. Vorschulkinder werden im Rahmen der Richtlinien zur vorschulischen Sprachförderung unterstützt.

In den Groblehrzielen werden diese Leitziele nach relevanten fachspezifischen und pädagogischen Kriterien auf den institutionellen Rahmen des betreffenden Schulsystems zugeschnitten und schließlich in den Feinlehrzielen für die Fertigkeitsbereiche konkretisiert und operationalisiert. Das sind das Leseverstehen, Schreiben, Hörverstehen und Sprechen sowie die Grammatik und die interkulturelle Kompetenz.

Lehrziele sollen in der Regel durch bevorzugte didaktische und methodische Verfahren umgesetzt werden. Hieraus ergab sich traditionell eine zweifache Steuerung im Unterricht: durch eine kontrollierte sprachliche Eingabe sowie durch instruktionistisch steuernde Lehrmethoden. Da die sprachlichen und methodischen Steuerungsversuche der Komplexität des Sprachenerwerbs und -unterrichts nur bedingt gerecht werden können (vgl. Kap. 1), tritt in neueren Richtlinien und Standards eine Orientierung auf den Output der Lerner in den Vordergrund. Diese manifestiert sich vor allem in der Formulierung von Kompetenzen, Kriterien und Kompetenzstufen und verlangt folglich nach einer Lehrmethodik, die unterschiedliche – und somit individuelle – Zugänge zu den Zielen zulässt und autonomes Lernen fördert. Damit ist sie besonders mit Aufgaben und handlungsorientierten Verfahren vereinbar, die konstruktivistischen Lernmodellen verpflichtet sind. Kompetenzen werden als Qualifikationen definiert, die über verschiedene Lernwege erreicht werden können und die Bedingungen der jeweiligen Lernumgebung und die Interessen und Möglichkeiten der Lerner berücksichtigen.

Der **Gemeinsame Europäische Referenzrahmen** (GER), die einflussreichste Sammlung von Lehr- und Lernzielen für den Sprachenunterricht, weist die Kompetenzen sechs Niveaustufen (A1, A2, B1, B2, C1, C2) zu, formuliert sie als allgemeine und spezifische Kann-Bestimmungen (was soll der Lerner können?) und stimmt sie unter den Sprachen Europas ab. Dadurch entsteht eine Differenzierung und Vergleichbarkeit der Anforderungen unter den europäischen Sprachen, die der höheren Mobilität in Europa gerecht werden soll. Der GER umfasst die folgenden Kompetenzen:

Die Kompetenzen des Sprachverwenders und des Sprachenlernenden (GER: Kapitel 5)

1. Allgemeine Kompetenzen
    1.1. Deklaratives Wissen (savoir)
        1.1.1. Weltwissen
        1.1.2. Soziokulturelles Wissen
        1.1.3. Interkulturelles Bewusstsein
    1.2. Fertigkeiten und prozedurales Wissen (savoir-faire)
        1.2.1. Praktische Fertigkeiten
        1.2.2. Interkulturelle Fertigkeiten
    1.3. Persönlichkeitsbezogene Kompetenz (savoir-être)
    1.4. Lernfähigkeit (savoir-apprendre)
        1.4.1. Sprach- und Kommunikationsbewusstsein

Diese Anforderungen gelten für alle unterrichteten europäischen Sprachen, u. a. auch für die DaZ-Angebote der Erwachsenenbildung in Deutschland, werden aber auch außerhalb Europas angewandt. Daneben orientieren sich verschiedene Bildungsrichtlinien daran (z. B. Die Niveaubeschreibungen DaZ für die Primarstufe und jene für die Sekundarstufe I, aber auch der Deutsche Qualifikationsrahmen DQR). Der GER verfolgt damit mehrere strategische Ziele: bei **Kann-Bestimmungen** ist zweitrangig, wo und wie die Lerner die Kompetenzen erwerben. Wichtiger ist das individuelle Sprachenprofil eines Lerners. Der GER setzt dynamische Sprachkompetenzen an, die lebenslang erweiterbar sind und deshalb in einem Sprachenportfolio verwaltet werden sollten. Allgemeinverbindliche Standards sorgen für eine transparente Vergleichbarkeit der Kompetenzen verschiedener Sprachen. Die sechs Niveaustufen von der elementaren bis zur kompetenten Sprachverwendung fasst der Referenzrahmen folgendermaßen zusammen:

Elementare Sprach-verwendung	**A1**	Kann vertraute, alltägliche Ausdrücke und ganz einfache Sätze verstehen und verwenden, die auf die Befriedigung konkreter Bedürfnisse zielen. Kann sich und andere vorstellen und anderen Leuten Fragen zu ihrer Person stellen – z. B. wo sie wohnen, was für Leute sie kennen oder was für Dinge sie haben – und kann auf Fragen dieser Art Antwort geben. Kann sich auf einfache Art verständigen, wenn die Gesprächspartnerinnen oder Gesprächspartner langsam und deutlich sprechen und bereit sind zu helfen.
	A2	Kann Sätze und häufig gebrauchte Ausdrücke verstehen, die mit Bereichen von ganz unmittelbarer Bedeutung zusammenhängen (z. B. Informationen zur Person und zur Familie, Einkaufen, Arbeit, nähere Umgebung.) Kann sich in einfachen, routinemäßigen Situationen verständigen, in denen es um einen einfachen und direkten Austausch von Informationen über vertraute und geläufige Dinge geht. Kann mit einfachen Mitteln die eigene Herkunft und Ausbildung, die direkte Umgebung und Dinge im Zusammenhang mit unmittelbaren Bedürfnissen beschreiben.
Selbst-ständige Sprach-verwendung	**B1**	Kann die Hauptpunkte verstehen, wenn klare Standardsprache verwendet wird und wenn es um vertraute Dinge aus Arbeit, Schule, Freizeit usw. geht. Kann die meisten Situationen bewältigen, denen man auf Reisen im Sprachgebiet begegnet. Kann sich einfach und zusammenhängend über vertraute Themen und persönliche Interessengebiete äußern. Kann über Erfahrungen und Ereignisse berichten, Träume, Hoffnungen und Ziele beschreiben und zu Plänen und Ansichten kurze Begründungen oder Erklärungen geben.
	B2	Kann die Hauptinhalte komplexer Texte zu konkreten und abstrakten Themen verstehen; versteht im eigenen Spezialgebiet auch Fachdiskussionen. Kann sich so spontan und fließend verständigen, dass ein normales Gespräch mit Muttersprachlern ohne größere Anstrengung auf beiden Seiten gut möglich ist. Kann sich zu einem breiten Themenspektrum klar und detailliert ausdrücken, einen Standpunkt zu einer aktuellen Frage erläutern und die Vor- und Nachteile verschiedener Möglichkeiten angeben.
Kompetente Sprach-verwendung	**C1**	Kann ein breites Spektrum anspruchsvoller, längerer Texte verstehen und auch implizite Bedeutungen erfassen. Kann sich spontan und fließend ausdrücken, ohne öfter deutlich erkennbar nach Worten suchen zu müssen. Kann die Sprache im gesellschaftlichen und beruflichen Leben oder in Ausbildung und Studium wirksam und flexibel gebrauchen. Kann sich klar, strukturiert und ausführlich zu komplexen Sachverhalten äußern und dabei verschiedene Mittel zur Textverknüpfung angemessen verwenden.
	C2	Kann praktisch alles, was er/sie liest oder hört, mühelos verstehen. Kann Informationen aus verschiedenen schriftlichen und mündlichen Quellen zusammenfassen und dabei Begründungen und Erklärungen in einer zusammenhängenden Darstellung wiedergeben. Kann sich spontan, sehr flüssig und genau ausdrücken und auch bei komplexeren Sachverhalten feinere Bedeutungsnuancen deutlich machen.

Abb. 3.1 Formulierung der sechs Niveaustufen im Gemeinsamen Europäischen Referenzrahmen (GER)

Die **Kompetenzbeschreibungen** für die sechs Niveaus werden für jede Stufe für Lernende unterschiedlichen Alters (Grundschüler, Sekundarschüler und Erwachsene) weiter untergliedert. Durch die Bereitstellung von Alpha-Niveaus wird der Bereich der Nicht- oder Teilalphabetisierten Lerner abgedeckt (vgl. Kap. 5.2). Terrasi-Haufe (2004: 211) konnte feststellen, dass zumindest für den Erwerb von DaF die Progression der GER-Niveaus jener der beobachteten Erwerbssequenzen für die Bereiche Satzmodelle, Verbmorphologie, Kasus, lexematische und pragmatische Entwicklung entspricht.

Das Vorgehen des GER und anderer, ähnlicher Rahmenwerke ist nicht unumstritten. Die Formulierung von Kann-Bestimmungen und Niveaustufen ist nicht weniger von subjektiven Gewichtungen abhängig als die traditionelle Definition von Lehr- oder Lernzielen. Auch wenn keine Inhalte vorgegeben werden, fördert der GER eine Verengung auf die Alltagskommunikation, etwa zu Lasten literarischer Sprache. Die Rolle des thematischen Interesses beim Sprachenlernen und die Rolle von thematischen Vorkenntnissen beim Erreichen einer Niveaustufe werden ausgeblendet.

Problematisch ist auch die Orientierung an den traditionellen Fertigkeitsbereichen, also Lese- und Hörverstehen, Sprechen und Schreiben. In authentischer Kommunikation wirken verschiedene Bereiche zusammen und sind voneinander abhängig. Jemand der spricht, hat zuvor gehört und gelesen und er schreibt im Anschluss daran vielleicht etwas auf. Wer den Kontext nicht berücksichtigt, kann in der Regel auch nicht adäquat kommunizieren. Jemand, der eine gute Aussprache besitzt, kann noch nicht unbedingt sprechen oder reden.

Jemand, der die Orthographie beherrscht, kann noch nicht unbedingt Texte adäquat verfassen. Bei der Vermittlung sprachlicher und sprachkultureller (linguakultureller) Kompetenzen stehen daher nicht mehr nur einzelne Fertigkeiten, sondern **kommunikative Handlungskompetenzen** im Mittelpunkt, die auf verschiedenen Fertigkeiten aufbauen.

Daneben gilt es zu beachten, dass im Sprachenunterricht Sprache nicht als Selbstzweck zu betrachten ist, sondern zur Erreichung vielfältiger Kompetenzen dient. Zu den wichtigsten Lehr- und Lernzielen im Sprachenunterricht gehören die folgenden:

Wissenserwerb:

- ▶ Sach- und Fachwissen über Ausgangs- und Zielkultur
- ▶ Sprachwissen und Wissen über Konventionen, Normen, Texttypen und Textsorten
- ▶ Wissen über die Funktionsweise und kulturelle Verankerung von Texten
- ▶ Wissen über die Kultur (Landeskunde) und die Zwecke der Lehrinstitutionen und Bildungssysteme
- ▶ Theorie- und Methodenwissen

Sprachliche Kompetenzen und Fertigkeiten:

- ▶ Ausgangs- und zielsprachliche Kenntnisse
- ▶ Kulturkompetenzen
- ▶ Pragmatische Kompetenzen
- ▶ Textverstehens- und -verarbeitungskompetenzen
- ▶ Vermittlungsfertigkeiten
- ▶ Ausdrucksfähigkeit und Stilempfinden schriftlich und mündlich
- ▶ Produktive Kompetenz in Bezug auf Texttypen und Textsorten
- ▶ Kohärente und logische Gestaltung von Texten

Persönlichkeitsentwicklung:

- ▶ Emotionale Stabilität
- ▶ Kritik- und Reflexionsfähigkeit inklusive Selbstkritik
- ▶ Demokratische Kompetenz
- ▶ Konzentrationsfähigkeit
- ▶ Ausdauer
- ▶ Flexibilität
- ▶ Verantwortungsbewusstsein
- ▶ Intuition, Aufgeschlossenheit, Empathie
- ▶ Kreativität

Berufs- und Schlüsselqualifikationen:

- ▶ Analyse-, Urteils- und Entscheidungsfähigkeit (kritische Kompetenz)
- ▶ Analogie- und Kontextualisierungsfähigkeit
- ▶ Erschließungs- und Einarbeitungsfähigkeit

▶ Recherchefertigkeiten
▶ Medienkompetenzen
▶ Interpersonale und interkulturelle Vermittlungskompetenzen.

3.1.2 Inhalte

Dass solche Wissensbestände und Kompetenzen nicht inhaltslos vermittelt werden können, leuchtet ein. Um die Inhalte des Unterrichts zu bestimmen, sollte auf die kommunikativen Bedürfnisse der Zielgruppe eingegangen werden. Im Fall von Flüchtlingen geht es erstmal darum festzulegen, welche Funktionen die deutsche Sprache für sie erfüllen soll.

Neben einer zentralen kommunikativen und sozialen Bedeutung hat Sprache für Flüchtlinge auch eine kognitive und konstituierende. Flüchtlingen dient die deutsche Sprache dazu, schnell Kontakt mit anderen Menschen aufzunehmen und diese zur Erfüllung der eigenen Bedürfnisse für sich zu gewinnen. Dank der Interaktion mit ihrer Umgebung werden sie allerdings nicht nur im Alltag unterstützt, sondern auch in die Lage versetzt, sich die neue Umgebung zu erschließen. Dies betrifft nicht nur Faktenwissen, sondern auch gesellschaftlich relevantes Wissen, das als angemessen betrachtetes Verhalten zwischenmenschliche Beziehungen regelt. Sprache erlaubt die Tradierung von solchem Wissen sowie die individuelle Konstruktion von Wirklichkeit über Bezugnahme (sprachliche Darstellung von sinnlich wahrnehmbaren Sachverhalten) oder Konstitution (Erzeugung von sozialen Tatsachen wie Geld, Gesetzen usw.). Hierbei geht es darum, Situationen zu meistern, die für das eigene Wohlbefinden und jenes von Familienangehörigen und nahestehenden Personen von zentraler Bedeutung sind: Unterbringung, ärztliche Versorgung, seelischer Beistand, Registrierungsverfahren, rechtliche Lage, Asylantrag, Verarbeitung der Fluchterfahrung, Mobilität, Beschulung der Kinder, Ausbildung, Positionierung auf dem Arbeitsmarkt und vieles mehr. Ganz wichtig ist es aber auch, Menschen kennen zu lernen, die einen bei diesen Aufgaben unterstützen können. Ansprechpartner ausfindig machen, Termine vereinbaren, Informationen einholen, Entscheidungen treffen, Ratschläge annehmen, Empfehlungen umsetzen aber auch Rückmeldungen geben, Ausreden durchschauen, Missverständnisse aufklären, Entschuldigungen verstehen, Dank aussprechen, Ängste verarbeiten, Hilfe annehmen, Trost spenden, Trauerarbeit leisten. Bei der Befriedigung kommunikativer und sozialer Bedürfnisse spielt die deutsche Sprache auch für Flüchtlinge eine zentrale Rolle.

Die neue Umgebung wirkt für Flüchtlinge erstmal fremd und die sprachlichen Anforderungen bei der Wissensgewinnung und -verarbeitung sind hoch. Erste Schwierigkeiten können durch eine **Lingua Franca** wie Englisch oder Französisch genauso wie durch die Hilfe von Übersetzern überwunden werden. Auch entwickeln sich Hörverstehen und Sprechen schnell, wenn man auf freundliche Interaktionspartner in eindeutigen Situationen trifft. Doch rasch wird Flüchtlingen klar, dass auch das Lesen und Schreiben beherrscht werden müssen und Kenntnisse der Umgangssprache nicht für jede Situation ausreichen. Der Vertrag für einen Handytarif muss genauso gut verstanden werden wie der Beipackzettel eines Medikaments, Formulare sind auszufüllen, Anträge zu stellen. Wer das Glück hat, eine Ausbildung anzufangen, muss sich mit Fachtexten beschäftigen und Prüfungen ablegen, wer eine Anstellung bekommt, hat sich intensiv mit Anweisungen und Vorschriften, Arbeitsplänen und Gehaltsabrechnungen auseinanderzusetzen. Eltern müssen sich um die Ausbildung und Gesundheit ihrer Kinder kümmern und alle müssen sich erstmal grundlegend in ihrer neuen Lebenswelt auch sprachlich orientieren.

In Abhängigkeit von ihrem Alter müssen Flüchtlinge in unterschiedlichen **Institutionen** handeln, und sich die kommunikativen Kompetenzen aneignen, die dafür benötigt werden. Für Erwachsene sind es die Ämter der sozialen Versorgung und die Ausländerbehörde, für Kinder und schulpflichtige Jugendliche die unterschiedlichen Bildungsinstitutionen. Auch dort gilt es, immer differenziertere Situationen zu bewältigen und neben der Alltagssprache weitere **Register** zu entwickeln: Jugendsprache, Bildungssprache, Fremdsprachen, Fach- und Berufssprachen.

Wie viel Sprache ausmacht, erkennt man erst dann, wenn sie nicht vorausgesetzt werden kann. Das kann man sich am besten veranschaulichen, wenn man die Einschränkungen nicht alphabetisierter Menschen in unserer medialisierten Informationsgesellschaft betrachtet. Unter Flüchtlingen gibt es eine hohe Anzahl davon, v. a. Frauen und ältere Menschen. Daneben hat die Aneignung der deutschen Sprache für Flüchtlinge auch identitätsbildende Funktion. Ohne sie ist Integration nicht zu schaffen und ohne Integration kann man keine neue Heimat finden, wenn man die alte verloren hat.

Aus diesem Grund orientieren sich die Inhalte für die Vermittlung von Deutsch für Flüchtlinge an den Lernfeldern, die für den Integrationskurs für Jugendliche und den Alphakurs gelten.

Abb. 3.2 Handlungsfelder übergreifende Kommunikation und Kommunikation in Handlungsfeldern nach dem Curriculum für Integrationskurse (BAMF 2007: 11)

Daneben sind die Empfehlungen zu berücksichtigen, die für die berufliche Qualifizierung von Migranten in den unterschiedlichen dafür vorgesehenen Maßnahmen ausgesprochen werden. In der Berufsbildung gelten die Vorgaben des Berufsbildungsgesetzes und, wenn vorhanden, der DaZ-Curricula für die Berufsbildung. Für die unterschiedlichen Schularten gelten die Vorgaben von Willkommensklassen (sofern diese eingerichtet wurden, wie z. B. in Berlin) und Übergangs- oder Sprachlernklassen, die das Ziel verfolgen, eine schnellstmögliche Integration in den Regelunterricht zu erlauben. Im Anschluss daran soll anhand passgenauer Angebote der Sprachlernprozess weiter begleitet werden. Genauso ist im Vorschulbereich der Übergang vom Kindergarten in die Schule anhand der vorhandenen Sprachförderkonzepte zu unterstützen. Welche Konzepte in den verschiedenen Bundesländern existieren bzw. anhand welcher bereits positive Erfahrungen gesammelt werden konnten, behandelt Kapitel 5.

Einen praktischen, von den verbreiteten Verfahren der Lehrzielbestimmung abweichenden Ansatz vertritt der Lehrplan Deutsch als Zweitsprache (2002) für Grund- und Hauptschulen in Deutschland, der Schweiz und Österreich. Er stellt **Handlungskompetenzen** und interkulturelle Kompetenzen in den Mittelpunkt, bezieht sich auf das aktive Lernen der Lerner (Lernziele, Interessen, Themen), berücksichtigt Erkenntnisse der Spracherwerbsforschung zum Wortschatzerwerb und ist denkbar knapp formuliert. Allgemeine Entwicklungen in der Gesellschaft, neue Arbeitsweisen in den Schulen, differenzierte Interessen und Bedürfnisse der Lehrkräfte und Lerner sowie die Erkenntnisse pädagogischer und zweit- beziehungsweise fremdsprachendidaktischer Forschung gaben Anstöße für eine Neugestaltung des früheren Lehrplans. Das Konzept setzt eine offene, handlungs- und aufgabenorientierte Unterrichtsgestaltung voraus, die auf die Lernerfahrungen und Perspektiven der Lernenden eingeht und den Lernprozess im Sinne autonomer und konstruktivistischer Verfahren in den Mittelpunkt stellt und so zum Lernplan wird.

Lernfeld 1	Grundschule Grundkurs	Ich und du

Mögliche Schüleraktivitäten zum Erwerb der Sprache

Individuelles Lernen

Wortschatzkartei/Wörterheft anlegen
Gegenstände und Buchstaben/Wörter mit Knetmasse darstellen
Großen Personenumriss auf Tapete mit Fotos und Zeichnungen ergänzen
Bildertagebuch anlegen (Ich, Familie, Freizeit, Lieblingsessen, …)
Einfache Steckbriefe zusammenstellen
Zahlendomino herstellen
Glückwunschkarten gestalten

Gemeinsames Lernen

Sich mit Liedern und Spielen kennen lernen
Das Hören und Sprechen durch Stimmmodulation trainieren (laut/leise, hell/dunkel)
Wortschatz mit allen Sinnen lernen
Gegenstände und Wortkarten zuordnen
Gegenstände tasten und Wörter raten (Kimspiele)
Tätigkeiten pantomimisch darstellen
Wichtige Zahlen austauschen (Altersangabe, Telefonbuch erstellen, …)
Mit Zahlen spielen (Klopf- und Horchspiele, Würfelspiele, …)
Hitliste erstellen (Lieblingsfiguren, Essen, Tiere, Hobbys, …)
Bei Rätselspielen mitmachen
Den eigenen Personenumriss der Klasse vorstellen
„Wir"-Collage herstellen
Wandfries gestalten (Selbstdarstellungen, Herkunftsländer, Vorlieben, …)
Geburtstagskalender anfertigen
Geburtstage feiern
Einladungen entwerfen und gestalten
Spiel- und Bewegungslieder hören und nachgestalten
Minidialog mit Handpuppen hören und sich einschalten
Gemeinsam essen (mit Eltern vorbereiten)

Abb. 3.3 Lernfelder DaZ-Lehrplan Bayern (https://www.isb.bayern.de/download/8944/5.pdf)

Daneben muss beachtet werden, dass Sprache und Kultur untrennbar zusammen gehören. Sprache erwächst aus kulturellen Gegebenheiten und ist gleichzeitig daran beteiligt, sie zu schaffen. Mit Sprache benennen wir die für uns wichtigen Elemente und Perspektiven der Welt und erzeugen so mentale Bilder, die den weiteren Sprachenerwerb und Gebrauch von Sprachen bestimmen. Wie sehr Sprache und Kultur in einem **linguakulturellen System** verwoben sind, lässt sich an Beispielen aus verschiedenen Sprachen zeigen, die jeweils andere Perspektiven ausdrücken, als im Deutschen konventionalisiert sind. Im Türkischen etwa hat die Leber als bildspendendes Körperorgan (**Somatismus**) eine ähnliche Bedeutung wie *Herz* oder *Magen* im Deutschen (*Liebe geht durch den Magen, Herzblatt*). Um große Wertschätzung auszudrücken, wird im Türkischen gerne *Cigerim* (wörtlich *meine Leber, mein Schatz*) benutzt. Dementsprechend finden bildhafte Bezeichnungen auch zum Ausdruck eines großen Schmerzes oder zum Ausdruck großer Sorge Verwendung (*Cigerlerim büyüdü – die Leber wird groß/mir bricht das Herz*). Im marokkanischen Arabisch wird derselbe Somatismus verwendet (*meine Leber, mein Schatz, die Leber zerschneiden*). Die Kulturbedingtheit, die sich lexikalisch im Bereich der Metaphern gut darstellen lässt, betrifft alle Bereiche der Sprache. Höflichkeit etwa wird in Sprachen sehr unterschiedlich ausgedrückt: Während im Amerikanischen eine ablehnende Position oft direkt kenntlich gemacht wird (*no means no!*), wird Ablehnung in anderen Sprachkulturen oft nur indirekt und ohne die Verwendung von *nein* ausgedrückt. Auch das Gesprächsmanagement regeln Sprachkulturen auf unterschiedliche Art: In den nordamerikanischen indianischen

(First Nations) Kulturen ist die Sprechgeschwindigkeit zum Beispiel im Vergleich zum nordamerikanischen Englisch oder den mittel- und südeuropäischen Sprachen betont langsam, wie im Finnischen versehen mit langen Pausen. Langsames und pausenhaltiges Sprechen signalisiert in manchen Sprachen aber zum einen Langeweile und zum anderen die Absicht des Redners, das Rederecht schnell abzugeben. Nicht so in den First Nations-Sprachen oder dem Finnischen. So gilt in den indianischen Sprachkulturen (zum Beispiel Inuit im Norden Kanadas oder Musqueam und Squamish an der Westküste) das langsame und pausenreiche Sprechen als Standard und das zeit-, atem- und pausenlose Sprechen im nordamerikanischen Englisch als lästig. Umgekehrt erscheinen Englischsprachigen die Pausen und die langsamere Sprechgeschwindigkeit oft als Ausdruck der Unverbindlichkeit und Unentschiedenheit. Ähnliche sprachliche Mittel (Wörter, Betonungen, Fragen, Pausen) werden also in Sprachen unterschiedlich genutzt. In vielen Fällen fehlen auch Äquivalente für eine funktional adäquate Übertragung. Sprachliche und außersprachliche Mittel werden von Sprechern stets vor dem Hintergrund der eigenen Sprach- und Konzeptwelt interpretiert. Die Folge: es kommt im Kulturkontakt selbst durch einfache Begriffe und gewohntes Gesprächsmanagement zu gravierenden **Kommunikationsproblemen**. Vieles, was in Lerneräußerungen als Fehler erscheint, lässt sich auf fehlerhafte konzeptuelle Übertragungen zurückführen (Conceptual Transfer Theory, vergleiche hierzu Groot/Kroll 1997, Langacker 1999, Matlock/Gibbs 2001, Hashemian/Talebinezhad 2007, Danesi 2008, Odlin 2008, Littlemore 2012).

Zum Beispiel die Übertragung von **Anredeformen** in verschiedene Sprachen: In manchen Sprachen, wie dem Englischen, gibt es praktisch nur eine (für Außenstehende erkennbare) Anredeform. Deutsch und Französisch unterscheiden dagegen zwischen *du* (*tu*) und *Sie* (*vous*) – und den abgeleiteten Varianten – zur Markierung des Status einer Person und in wieder anderen Sprachen, wie dem Koreanischen, dem Japanischen oder dem Singhalesischen, gibt es eine ganze Reihe unterschiedlicher Anredeformen, je nach Sozial- und Berufsstatus, Verwandtschaftsgrad und Alter der angesprochenen Person (Ehrbezeichnungen, Honorifika). Das Arabische kennt verschiedene Anredeformen. Es wird zwischen zwei Anredeformen im Singular unterschieden, eine feminine (أنتِ/anti) und eine maskuline Form (أنتَ/anta), die Anredeform (أنتم/antum) Ihr, die Höflichkeit bzw. Distanz ausdrückt, wird nur in extremen Formen der konzeptionellen Mündlichkeit (z. B. als majestätische Anrede) verwendet. Distanz und Höflichkeit werden hingegen durch mannigfaltige Anredeformeln ausgedrückt, die sich hinsichtlich unterschiedlicher Aspekte unterscheiden (Geschlecht, Alter, religiöser Status, Sozial- und Berufsstatus). Die falsche Verwendung dieser Formen kann nicht nur zu großen Kommunikationsproblemen führen, sondern auch folgenreiche Kommunikationskonflikte auslösen. Auch im Englischen lässt sich bei genauerer Betrachtung unter der einfach erscheinenden Anrede ein – zum Beispiel im beruflichen Bereich – sehr differenziertes Anredesystem feststellen, das unterschiedliche akademische, politische, rechtliche, soziale Titel, die Vor- und Nachnamen und die Anredeformen Mr./Mrs./Ms. und andere umfasst, kombiniert und alterniert.

An mechanischen Übersetzungen, wie sie elektronische Übersetzungsmaschinen produzieren, lässt sich gut zeigen, wie wichtig die Berücksichtigung kultureller Faktoren in interkultureller Kommunikation ist. Auch in Beipackzetteln sowie Bedienungs- und Reparaturanleitungen ausländischer Produkte finden sich ähnliche Beispiele mangelnder Kenntnis der fremden Sprache und Kultur in erschreckender Anzahl. Wie umfangreich die kulturellen Bezüge der Sprache sind, illustriert das folgende, sehr einfache, aber im Kontext interkultureller Kommunikation gerne zur Veranschaulichung der **Abhängigkeiten kultureller Bezüge** herangezogene Eisbergschema. Nur der obere Teil einer Kultur ist überhaupt sichtbar. Das ist der Bereich des Essens, Tanzens, der Kleidung und Rituale, kurz der Folklore. Zur Verdeutlichung der Bezüge der Sprache zur Kultur könnte man in dieser Oberfläche die wahrnehmbaren sprachlichen Oberflächenstrukturen ergänzen. Was sich darunter verbirgt, hat tragenden Einfluss darauf, ist aber in der Regel nicht unmittelbar zu erkennen: Einstellungen, Werte, Konzepte.

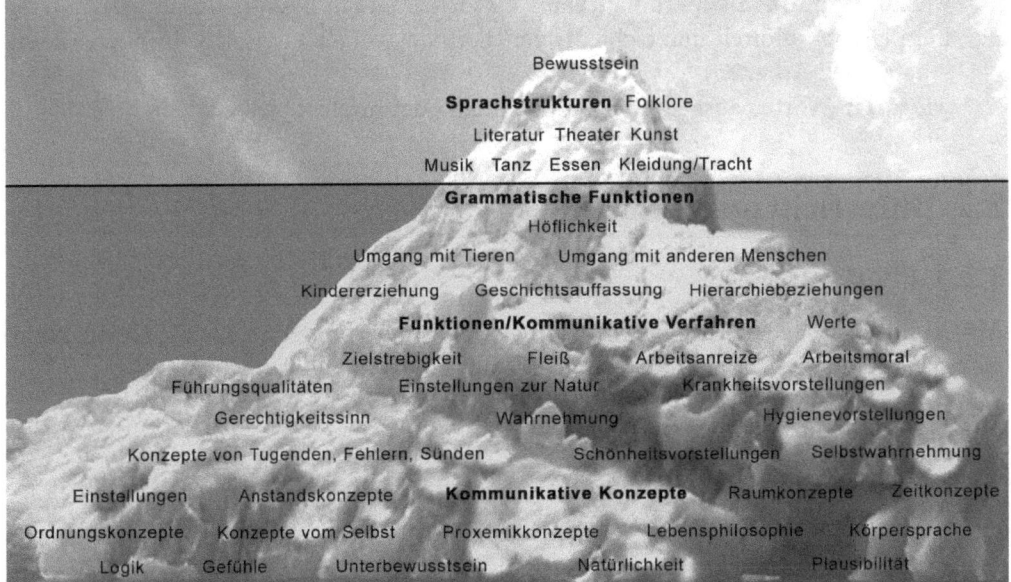

Abb. 3.4 Eisbergschema der kulturellen Einflüsse auf die Wahrnehmung und die Sprache (Roche 2013a:288)

Diese Einflussgrößen machen sich unter anderem folgendermaßen bemerkbar:

- ► in der Neigung einer Kultur zum Individualismus oder Kollektivismus
- ► in der Rolle von Macht und Autorität in einer Kultur
- ► in Bezug auf Akzeptanz, Toleranz und Erwartung von Kritik
- ► durch Einstellungen zur Höflichkeit
- ► durch die Vermeidung von unsicherem Verhalten/Auftreten
- ► in einer spezifischen Auffassung von Geschlechterrollen
- ► durch die Bedeutung der Religion in einer Kultur
- ► in Zeit-, Raum-, Selbstkonzepten.

Auch wenn vieles davon nur implizit durch Sprache ausgedrückt wird, sind zahlreiche kulturspezifische Einstellungen und Werte in den **Diskurs- und Denkkonzepten** einer Linguakultur festgeschrieben. Die Sprache wird dabei bestimmt von konzeptuellen Schemata und mentalen Modellen, die über den Gebrauch und über Abstimmungsprozesse in Kommunikationskonventionen verstetigt (konventionalisiert) werden, zudem ist sie von außersprachlichen Zeichensystemen begleitet. Textsorten und Diskursmuster sowie Grammatik und Lautkonventionen sind die Folge. Die Konventionen legen unter anderem fest,

- welche Themen ausgewählt oder besser vermieden werden
- wie mit Tabuthemen umzugehen ist (zum Beispiel Liebe, Religion, Politik)
- in welcher Form kommunikative Stile erscheinen (zum Beispiel formelle oder informelle Stile für verschiedene Adressatengruppen)
- wie kulturspezifische Merkmale eine Textsorte oder ein Diskursmuster prägen (zum Beispiel die kulturell unterschiedlichen Formen von Zeitungsartikeln oder wissenschaftlichen Arbeiten)
- wie viel in Worten ausgedrückt werden muss oder implizit bleiben kann.

3.2 Unterrichtsgestaltung

3.2.1 Phasierung

Als Grundschema eines Fremdsprachenunterrichts, der von der Steuerung (Instruktion) zum selbstständigen Lernen führt, empfiehlt sich ein 5-stufiger Aufbau aus:

1. Aktivierung/Vorentlastung/Einführung
2. Thematische Differenzierung
3. Strukturelle Differenzierung
4. Erweiterung/Expansion
5. Integration/Reflexion

Aufgabe von Phase 1 ist die **Aktivierung des Vorwissens**. Lernen ist immer dann effizient, wenn es an bestehendes Wissen anknüpfen kann, auch wenn dieses unvollständig oder stereotyp ist. Wird das Vorwissen mit Blick auf die anstehenden Aufgaben erweitert, kann diese Phase der Vorentlastung (*advance organizer*) dienen. Aktivierungen und Vorentlastungen können zum Beispiel durch Assoziationsübungen geschehen. In dieser Phase finden unter Umständen stärkere Steuerung und Moderation statt (unter anderem auch durch explizite Einführungen). Diese sind jedoch nicht mit lehrerzentriertem Vorgehen zu verwechseln. Vielmehr ist es sinnvoll, die Lerner aktiv in jede Aktivität einzubeziehen (Plenum, Partnerarbeit, Gruppenarbeit).

Nach der Aktivierungsphase setzt in diesem Grundschema die eigentliche Beschäftigung mit dem ausgewählten Thema ein (**thematische Differenzierung**). Das geschieht meist mit mündlichen oder schriftlichen Texten oder Redemitteln. Entdeckende Verfahren können dabei sehr gut zum Zuge kommen, sofern die Lerner mit Methoden eigenständigen Lernens vertraut sind. Am besten lassen sich die in Frage stehenden Aspekte in ihrer authentischen Umgebung, das heißt im Text illustrieren. Geeignet für diese Aufgaben sind Unterstreichungen von Bekanntem und Neuem oder die Formulierung von Suchfragen, die dann von der Lerngruppe weiterverfolgt werden. In dieser Phase geht die wesentliche Steuerung von den Texten und Aufgaben aus. Je nach Lernniveau, Lerntradition, Lerntyp, Schwierigkeit und Aufgabenstellung beteiligen sich die Lerner aktiv an der Entwicklung des Unterrichts.

In der folgenden Phase der **strukturellen Differenzierung** werden die gewonnenen Ergebnisse aufgenommen und systematisch vertieft, erklärt, an weiteren Beispielen illustriert und gegebenenfalls gesteuert geübt. In dieser Phase geht es auch gezielt um die Grammatik und den Wortschatz sowie Arbeits- und Lernstrategien und Techniken zur Behaltenssteigerung. Naturgemäß ist in dieser Phase auch das Expertenwissen der Lehrkraft besonders gefragt. Die Lerner sollen Expertenwissen schrittweise selbst herstellen und sich beschaffen lernen. Das geschieht durch die Vermittlung von Strategien, Techniken und Methodenwissen.

Das so Vertiefte wird in der **Expansionsphase** an einen weiteren, etwas schwierigeren Text zurückgetragen oder in eine komplexere Aufgabe integriert, zum Beispiel als Projektarbeit. So können auch die verschiedenen Kompetenzen der Lerner in gegenseitiger Ergänzung am besten genutzt werden. Das vorher Erarbeitete soll in diesem zyklischen Modell erprobt, gefestigt und erweitert werden. Auch können einzelne grammatische Grundregeln im Laufe der Arbeit vertieft und verfeinert werden. Die Aktivitäten gehen stärker auf die Lerner über. Die Lehrkraft tritt in die Rolle eines Moderators zurück und leistet Hilfestellungen, wo diese noch nötig sind.

In der letzten Phase, der **Integrations- und Reflexionsphase**, stehen die Integration in die Wissensstrukturen und die Anwendung und Übertragung des Gelernten auf neue Kontexte im Mittelpunkt. Für diese Phase eignen sich Texte und Aufgaben, die die Lerner fordern, aber nicht überfordern. Die Lehrkraft wirkt idealerweise nur in der Rolle eines Tutors oder Gesprächspartners mit. Interessante Themen können auch außerhalb des Unterrichts selbstständig fortgesetzt werden.

Nicht immer gelingt es, ideale Bedingungen oder Abläufe im Unterricht herzustellen. Im Unterricht mit Flüchtlingen gilt es, genauso wie in jeder anderen Unterrichtsform, teilnehmerorientiert vorzugehen (vgl. Kap. 3.1.2). Bezüglich der Phasierung gilt es zu beachten, dass Flüchtlinge meist Lernkulturen angehören, denen Lerneraktivierung und selbstbestimmtes, selbstständiges Lernen genauso wie Reflexionsphasen unvertraut sind. Diese Lernformen müssen ihnen erst nach und nach vermittelt werden. Durch die aktive Beteiligung der Lerner, die auch die Übernahme von Verantwortung impliziert, gelingt das meist am besten.

3.2.2 Methodische Grundlagen der Kompetenzvermittlung

Welche methodischen Verfahren im Unterricht verwendet werden, hängt von der jeweiligen Zielsetzung des Unterrichts und den Ausgangsbedingungen der Lerner ab. Die Wahl der Methoden ist also nicht willkürlich, sondern steht im Zusammenhang mit den angestrebten

Kompetenzen, den Lernzielen, den Lernerfaktoren und den Lernbedingungen (Curriculum, Umfeld, Institution). Eine Lehrkraft muss daher immer überprüfen, ob die gewählte Methode dem Zweck tatsächlich entspricht und in der betreffenden Lernphase angebracht ist, oder ob und wieweit die Lerner den Lernweg selbst gestalten können. Da diese Aufgabe gerade bei größeren Lerngruppen fast nicht so zu bewältigen ist, dass die individuellen Bedingungen aller Lerner berücksichtigt werden, empfehlen sich offenere Lernverfahren (siehe auch 3.6). Für jede Unterrichts- beziehungsweise Lernphase, die Orientierung oder Steuerung benötigt, gibt es eigene Methoden: vorbereitende, entdeckende, rezeptive, einführende, strukturelle, entdeckende Verfahren produzierende, automatisierende, reflektierende. Entsprechend soll Sprachenunterricht so aufgebaut werden, dass er vom Rezeptiven zum Produktiven führt.

3.2.2.1 Das Leseverstehen

Das Lesen ist ein besonders wichtiger Kompetenzbereich, da die Verschriftlichung von Texten auch ein gutes Hilfsmittel zum Verstehen von Hörtexten sein kann. Schriftliche Texte weisen durch ihre (nicht flüchtige) Darstellung eine Reihe von entscheidenden Verständnishilfen auf.

Bei der Vermittlung von Lesekompetenzen sind drei unterschiedliche Strategien zu beachten:

1. das globale Lesen zur ersten Groborientierung über das Thema und die Darstellung im Text (Globalverstehen)
2. das selektive Lesen zur Aufnahme einzelner spezifischer Informationen und
3. das totale oder intensive Lesen zur Aufnahme aller Detailinformationen eines Textes (Detailverstehen).

Zwei Techniken zur globalen Lektüre können Lernern die Aufgabe wesentlich erleichtern, fremde Texte schnell zu entschlüsseln:

▶ Das **Skimming** dient der ersten Orientierung des Lesers über Textsorte, Gliederung, grafische Präsentation und Kernbegriffe eines Textes (orientierendes Lesen). Es vermittelt durch ein „Absahnen" des Textes nur einen groben Eindruck von den wichtigsten Informationen im Text. Das geschieht zum Beispiel durch das Erkennen wichtiger Wörter wie etwa der (großgeschriebenen) Nomen im Deutschen.
▶ Das **Scanning** setzt voraus, dass der Leser bereits eine Idee von dem hat, was er liest. Das heißt, er versucht, bestimmte Begriffe wiederzufinden, die er aus einer Kontextsituierung heraus, zum Beispiel durch die Lehrkraft, erwartet oder die normalerweise zum Thema und Schema gehören (Lesen mit Suchfragen, suchendes Lesen). Bei der Lektüre eines Unfallberichtes in der Zeitung sucht ein Leser erwartungsgemäß nach Angaben zu den Ursachen, Folgen und dem Ablauf des Geschehens. Sie gehören zum Schema eines Unfalls und zu den grundlegenden Elementen der Textsorte. Mit der Suche nach der Information füllt der Leser also vorhandene Leerstellen.

Aus dieser Skizzierung von Lesestrategien und -techniken ergibt sich, dass das selektive und totale Lesen in der Regel nicht mit einem Lesedurchgang zu bewältigen sind, und auch nicht wortweise von links nach rechts. Verschiedene Leseverfahren fassen daher die einzelnen Schritte programmartig zusammen. Eine der bekanntesten und erfolgreichsten Methoden ist die **SQ3R-Methode**, die aus den Schritten *Survey* (S), *Question* (Q), *Read, Recite* und *Review* (3R) besteht (Rampillon 1996, Robinson/Ellis 2008). In der Survey-Phase schaffen Lesende sich mittels der Techniken des orientierenden Lesens einen groben Überblick über Inhalt und Aufbau des Textes. In der Question-Phase ermitteln sie für sich selbst potenziell relevante Fragen an den Text, das heißt, sie bauen verschiedene Erwartungen und damit Fragen auf, die in der Read-Phase bestätigt, enttäuscht oder aber differenziert werden. Diese Phase des intensiven Lesens sollte bei längeren Texten in verschiedene Einzelschritte (nach Einzelfragen) unterteilt werden. Um das Gelesene zu behalten, sollten die Leser versuchen, den Argumentationsgang beziehungsweise die Thesen des Textes zu rekapitulieren. Dabei stellt sich oft heraus, dass im Textverständnis noch Lücken bestehen, die durch ein gezieltes Zurückgehen zum Text (Recite-Phase) gefüllt werden können. In der abschließenden Review-Phase sollte der Text nochmals überprüfend als Ganzes gelesen werden.

Im Unterricht lassen sich die hier dargestellten Prinzipien in gezielte Techniken zur Förderung des Leseverstehens umsetzen.

Globales Lesen

- ► Auf Großschreibung achten, sie erlaubt eine schnelle Identifikation der wichtigsten Elemente einer Äußerung.
- ► Ähnliches gilt auch für die Satzzeichen und die Einteilung von Textabschnitten
- ► Grundlegende Informationen eines Textes durch W-Fragen ermitteln: wer, was, wann, wo, wie, warum.
- ► Bei argumentativen Texten oder Erörterungen von Problemen kann es sinnvoller sein zu fragen: Was ist das Problem? Wodurch wurde es verursacht? Wie kann es gelöst werden?
- ► Konnektoren identifizieren, um die Argumentationsstruktur eines Textes zu erfassen. Sie können beispielsweise zeitliche Bezüge ausdrücken („bevor, danach, anschließend, …"), etwas begründen („denn, weil, …"), ein Ziel oder einen Zweck angeben („damit, um … zu, …").

Selektives Lesen

- ► Absuchen des Textes nach bestimmten Stichwörtern oder Inhalten (Scanning)
- ► Auffinden von passenden Textstellen
- ► Zuordnung von Aussagen
- ► Textgerüst entwerfen oder Text gliedern, Mind Maps erstellen
- ► Fragen zum Text beantworten
- ► Hypothesen überprüfen und belegen
- ► Vorgegebene Elemente aus einer Tabelle entnehmen.

Totales Lesen:

- ► Wichtige Elemente unterstreichen
- ► Überflüssiges herausstreichen, Fehlendes ergänzen, Texte aus Textteilen rekonstruieren lassen (zum Beispiel als Puzzle)
- ► Abbildungen zum Text zuordnen
- ► Genaues Flussdiagramm des Textverlaufs erstellen
- ► Tabelle mit Detailinformationen erstellen
- ► Texte vergleichen
- ► Richtig-Falsch-Fragen und andere Detailfragen beantworten
- ► Wichtige Elemente des Textes aus einem Schüttelkasten auswählen.

3.2.2.2 Das Hörverstehen

Auch beim Hörverstehen geht es wie beim Leseverstehen zunächst um die **Identifikation einzelner sinntragender Einheiten.** Bei einem wenig differenzierten, kontinuierlichen Lautfluss ist das ungleich schwieriger als beim Lesen, weil mündliche Sprache grundsätzlich flüchtiger ist als geschriebene. So kommen beim Hören weitere Schwierigkeiten hinzu, die durch schriftliche Paralleltexte als Hilfsmittel oder durch entsprechende Vorbereitung (Vorentlastung) bewältigt werden können. Dabei helfen auch eine verlangsamte Sprechweise oder die Betonung wichtiger Elemente einer Äußerung. Durch visuelle Parallelinformation wie Bilder oder Grafiken lässt sich in vielen Fällen das Verständnis ebenfalls verbessern. Die meisten der bei der Fertigkeit Lesen genannten Techniken können in abgewandelter Weise auch beim Hörverstehen eingesetzt werden.

- ► Globales Hörverstehen: Der Lerner muss nicht alles verstehen, sondern die zentralen Informationen eines Textes erfassen (beispielsweise Schlüsselbegriffe oder die Makrostruktur des Textes). Dieser Top-down-Prozess findet meist während des erstmaligen Hörens eines Textes statt. Globales Hören verhindert, dass der Hörer mit einer Informationsflut überfordert wird.
- ► Selektives Hörverstehen: Hier handelt es sich um ein zielgerichtetes, oft aufgabengesteuertes, Hören bezüglich bestimmter Informationen aus dem Text (wie etwa Namen, Daten, Zahlen, bestimmte Wörter, Definitionen, Argumente oder Thesen).
- ► Selegierendes Hörverstehen: Das Hörverstehen erfolgt aufgrund individueller Entscheidungen und persönlicher Relevanz. Dem Hörtext sollen wesentliche Inhaltsmomente entnommen werden, um ihn beispielsweise resümieren zu können. Inferenzen müssen wahrgenommen und verstanden werden.
- ► Detailliertes Hörverstehen: Hörtexte sollen im Detail erfasst werden. Es werden die Makro- und Mikrostruktur des Textes erfasst sowie logische Relationen.

Das Hörverstehen kann durch Folgendes unterstützt werden:

- ► Durch so genannte Bruchstellen, die Anfang und Ende einzelner Elemente markieren. Dies kann durch Pausen zwischen Begriffen und Sätzen oder durch Betonungen von

Anfangssilben und wichtigen Wörtern geschehen. Auch langsames Sprechen liefert Bruchstellen.

► Durch Parallelinformation, das heißt die Laute begleitende visuelle, taktile und andere Information. Auch die Verschriftlichung von Lauten kann diese Information liefern. Lautliche Begleitinformation kann dann helfen, wenn sie den Hörtext nicht überlagert, sondern koordiniert begleitet.

► Durch Strategien für die erfolgreiche lautliche Segmentierung zur Bewusstmachung von Wortbildungsprinzipien und zur Vermittlung von Instrumenten der Wortbildung (Flexion, Komposition, Derivation, Konversion, Reduktion vgl. Kap. 2).

► Durch deutliche Intonationskonturen und Intonationsmuster, wie zum Beispiel die Fragemarkierung durch steigende Intonation.

3.2.2.3 Schreiben

Schreiben umfasst das Verfertigen von Gebrauchstexten wie Notizen, Einkaufszetteln und Annoncen, aber auch Seminararbeiten, Protokollen oder literarischen Texten (Gedichte, Erzählungen), also das kreative Schreiben. Neben dem medialen Schreiben (also der feinmotorischen Realisierung von Graphemen) umfasst dies Textsortenwissen und Textkompetenz.

Beim Schreiben sind viele Sprachproduktions- und Verstehensprozesse aktiv (Hermanns 1988). Hierzu gehört vor allem das **innere Sprechen**, das der eigentlichen Verschriftlichung vorangeht und daher mehr sprachliche Aktivitäten verlangt, als die Zeilen an der Oberfläche vermuten lassen. Gerade das Schreiben bietet durch die zusätzlichen Möglichkeiten der sprachlichen Planung und die besseren Möglichkeiten der Kontrolle der Korrektheit eine Reihe von authentischen didaktischen Hilfestellungen beim Sprachenlernen. Die sprachliche Planung ist meist intensiv und durch die dauerhafte schriftliche Fixierung wird die Kontrolle begünstigt.

Grundlegende Schreibstrategien und -techniken sind:

► Zu Beginn hilft ein Überblick über die verschiedenen Textsorten und deren formale Besonderheiten beim Verfassen eines Textes.

► Außerdem ist es hilfreich, passende Redemittel zu sammeln. Es empfiehlt sich, eine thematisch sortierte Liste mit Redemitteln anzulegen, die kontinuierlich ergänzt wird.

► Die Gliederung des Textes in formale, inhaltliche und sprachliche Aspekte erleichtert das Verfassen eines Textes. Eine weitere Möglichkeit ist die Unterteilung einzelner Antworten in Abschnitte. Dabei sollte jeder neue Gedankengang einen neuen Abschnitt beginnen. Es muss in diesem Zusammenhang beachtet werden, dass Textsorten in der Regel einen spezifischen Aufbau haben, wie Gliederung/Inhaltsverzeichnis, Einleitung, Hauptteil, Schluss.

► Bei einem logischen Aufbau ist nicht nur die sinnvolle Abfolge der Aspekte wichtig, sondern auch deren gedankliche und argumentative Verknüpfung. Aneinander gereihte Einzelsätze ergeben keinen sinnvollen Text.

▶ Falls ein Wort nicht zur Verfügung steht oder Unsicherheit über die korrekte Verwendung besteht, hilft eine Umschreibung oder die Suche nach einer gleichbedeutenden Wendung oder einer einfacheren Konstruktion. Die Verwendung von Internationalismen ist eine weitere Möglichkeit.

▶ Wichtige formale Kriterien bei schriftlichen Texten sind Rechtschreibung und Zeichensetzung. Es ist sinnvoll, den Text am Ende daraufhin immer noch einmal zu kontrollieren. Es bietet sich auch an, den Lernern Verfahren der elektronischen Grammatik- und Rechtschreibprüfung zu vermitteln.

3.2.2.4 Sprechen

Die Vorgehensweise bei der Vermittlung von Kompetenzen im Bereich Sprechen ähnelt in vieler Hinsicht den Aufgaben zum Schreiben. Mündliche Textsorten sind jedoch nach eigenen Kriterien strukturiert. Je nach Ausgangssprache der Lerner muss beim Sprechen zudem verstärkt auf lautliche Schwierigkeiten eingegangen werden. Als Stütze bei der Bearbeitung von Aufgaben zum Sprechen können die unter den rezeptiven Kompetenzen beschriebenen Techniken angewendet werden. Das Anfertigen von Notizen, das Lesen von Verlaufsdiagrammen und Ähnliches können gleichzeitig als Ausgangspunkte für das Sprechen und Schreiben dienen. Die **elektronischen Medien** spielen beim Sprechen durchaus eine zentrale Rolle. In Lernprogrammen bieten sie Lernern die Möglichkeit, die eigene Sprache aufzunehmen, mit Musterlösungen zu vergleichen, zu modellieren und auswerten zu lassen. Die individuelle Geschwindigkeit des Lernens kann so gesteuert werden, ohne dass sich die Lerner zum Beispiel durch Mithören falscher Äußerungen gegenseitig negativ beeinflussen. Über die **sozial-kommunikativen Medien** (Social Media, Voice-Chat, Skype) lassen sich zudem leicht weniger gesteuerte Möglichkeiten für die mündliche Kommunikation schaffen und sowohl in den Unterricht integrieren, als auch außerunterrichtlich nutzen.

Unter den grundlegenden Sprechstrategien und -techniken sind zu nennen:

▶ Wichtige formale Kriterien beim mündlichen Ausdruck sind Aussprache und Intonation. Jede Gelegenheit für Gespräche mit anderen Lernern und Sprechern der Zielsprache sollten Lerner nutzen. Das Nachsprechen und Aufnehmen eines Textes ist eine Alternative für Übungszwecke.

▶ In gesprochenen Texten ist die inhaltliche Gliederung nicht sichtbar, aber hörbar. Dies geschieht mit Hilfe von Wörtern und Ausdrücken wie „erstens/zweitens", „zum einen/zum anderen", „als Einleitung", „zum Schluss", „im Allgemeinen". Eine Sprechpause kann beispielsweise auf den Beginn eines neuen Sinnabschnitts hinweisen.

▶ Umschreibungen und das Ausweichen auf eine einfachere Konstruktion sowie die Verwendung von Internationalismen sind Ausweichmöglichkeiten, wenn einem Lerner ein Wort nicht einfällt oder Unsicherheit über die korrekte Verwendung besteht.

▶ Im Gespräch hilft auch der Gesprächspartner: Er kann durch sein Welt- und Situationswissen Lücken füllen. Wörter und Wendungen, die eine Denkpause verschaffen, geben Zeit, über eine geeignete Antwort, das passende Wort oder dessen Verwendung nachzudenken. Beispiele hierfür sind: „in meinen Augen ist das so, dass ...", „Also, was ich meine, ist Folgendes: ", „Sehen Sie, meiner Ansicht nach ...".

▶ Auch durch das Aufgreifen und Umformulieren von Fragen lässt sich Zeit zum Nachdenken schaffen. Verzögerungsstrategien durch Nachfragen oder Pausenfüller (*gell?*, *oder?, äh, quasi, sozusagen, also irgendwie/irgendwo/irgendwas*) sind dagegen ungeeignet, weil sie die Aufmerksamkeit auf eine lästige Angewohnheit des Sprechers lenken.

3.3 Grammatikvermittlung

Die Bezeichnung Grammatik findet sich verbreitet nicht nur als sprachwissenschaftlicher Begriff, sondern auch als Kategorie für verschiedene Gebrauchsformen. Die für Lehrwerke aufgearbeitete Form von Grammatik wird **Lehrbuchgrammatik** genannt, egal nach welchem Beschreibungssystem sie sich richtet. In Übungsgrammatiken wird der Gebrauchsaspekt der Wiederholung und des Trainings hervorgehoben (z. B. in Dreyer/Schmitt (2009). **Übungsgrammatiken**, die meist mit einer kurzen Regelwiederholung versehen sind und Aufgaben mit Lösungsschlüsseln für alle wichtigen grammatischen Phänomene enthalten, gibt es zu verschiedenen grammatischen Ansätzen und für verschiedene Lehrbücher. Übungsgrammatiken reduzieren die Erklärungen in der Regel auf ein Minimum und geben dann eine Reihe von Übungsformen zur Illustration und Einübung der herausgegriffenen Aspekte.

Als **Lernergrammatik** gilt dagegen das interne, unbewusste Grammatikverständnis, das sich ein Lerner im Laufe des Erwerbs aufbaut, aber auch die Grammatik, die Lerner für sich selbst bewusst entwickeln, indem sie Hypothesen über die fremde Sprache bilden und diese notieren. Darüber hinaus bezeichnen Lernergrammatiken auch solche Grammatiken, die von Autorinnen speziell für Lernzwecke konzipiert werden, d. h. **pädagogische Grammatiken.** Solche pädagogischen Grammatiken können Grammatiken in Lehrbüchern oder Übungsgrammatiken sein. Sie stellen keinen linguistischen Ansatz der Grammatikbeschreibung (vgl. Kap. 2) dar. Sie sind Gebrauchsgrammatiken. Die *Grammatik mit Sinn und Verstand* gehört als Lehr- und Übungsgrammatik dazu. Sie ist von einem deutschsprachigen Autorenteam für fortgeschrittene Lerner des Deutschen geschrieben worden, die bereits mit grammatischer Terminologie vertraut sind. Die Darstellung von Tempus beginnt die Grammatik mit dem funktionalen Aspekt, nämlich der Frage, wie Zeit überhaupt ausgedrückt werden kann. Dafür liefert sie sodann eine Liste von alternativen Ausdrucksformen, die den Lesern aus ihrem Unterricht bekannt sein müssten. In der folgenden Tabelle wird versucht, den funktionalen Bezug des Zeitausdrucks mit den formalen Elementen des sprachlichen Ausdrucks zu kombinieren. Diese funktionale Orientierung, die grafische Darstellung, die Wahl des ungewöhnlichen Beispiels, das in einer zusammenhängenden Sequenz angeordnet ist, sowie die funktionale Generalisierung der Regeln der *haben/sein*-Verwendung bei der Darstellung des Perfekts im Deutschen machen deutlich, dass diese Grammatik für Lehr- und Lernzwecke konzipiert worden ist. Auf die Erklärung oder eine Variation der Terminologie im Sinne verschiedener linguistischer Ansätze wird in der Grammatik verzichtet.

Grammatik im Kasten

1. Wie man Zeit ausdrücken kann

Zeit kann im Deutschen auf vielfache Weise ausgedrückt werden: durch

1. Tempus-Formen des Verbs	Es *war* einmal ...
2. Adverbien oder adverbiale Ausdrücke	Es war *einmal* ...
	Eines Morgens sollte Rotkäppchen ...
3. Adjektive oder PI/PII	die *frühere* Zeit, ide *kommende* Woche, das *vergangene* Jahr
4. Nomen	die *Vergangenheit*, die *Antike*, meine *Jugendzeit*
5. Konjunktionen	*Wenn* du mich mal wieder besuchst ...
	Nachdem der Wolf die Großmutter ...
6. Verben	Es *dauert* noch Wochen bis ...

2. Zeit und Tempus

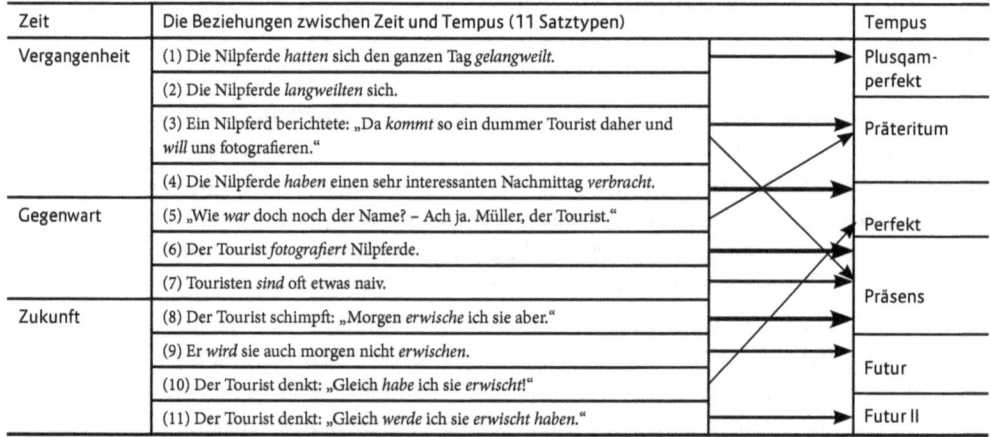

Beziehungen zwischen Zeit und Tempus

Die einzelnen Tempusformen (rechte Spalte) sind den drei Zeitvorstellungen (linke Spalte) zugeordnet:

➤ Hauptverwendung
➤ Hauptverwendungen, die nicht so häufig vorkommen
➤ besondere Verwendungen

Zeit	Die Beziehungen zwischen Zeit und Tempus (11 Satztypen)	Tempus
Vergangenheit	(1) Die Nilpferde *hatten* sich den ganzen Tag *gelangweilt*.	Plusqam-perfekt
	(2) Die Nilpferde *langweilten* sich.	
	(3) Ein Nilpferd berichtete: „Da *kommt* so ein dummer Tourist daher und *will* uns fotografieren."	Präteritum
	(4) Die Nilpferde *haben* einen sehr interessanten Nachmittag *verbracht*.	
Gegenwart	(5) „Wie *war* doch noch der Name? – Ach ja. Müller, der Tourist."	Perfekt
	(6) Der Tourist *fotografiert* Nilpferde.	
	(7) Touristen *sind* oft etwas naiv.	Präsens
Zukunft	(8) Der Tourist schimpft: „Morgen *erwische* ich sie aber."	
	(9) Er *wird* sie auch morgen nicht *erwischen*.	Futur
	(10) Der Tourist denkt: „Gleich *habe* ich sie *erwischt*!"	
	(11) Der Tourist denkt: „Gleich *werde* ich sie *erwischt haben*."	Futur II

3. Die Grundverben haben/sein für Perfekt/Plusquamperfekt

Die meisten Verben bilden Perfekt/Plusquammperfekt mit hat/hatte + P II; auch Verben mit sich (Kap. 9; A 11-14) und die Grundverben müssen/können etc. (Kap. 1, A 13-15):

hat/hatte	fotografiert
hat/hatte	sich geärgert
haben/hatten	nicht gewollt/nicht mitspielen wollen

Abb. 3.5 *Grammatik mit Sinn und Verstand* als Beispiel einer funktional und didaktisch ausgerichteten Grammatik (Tomaszewski/Rug 2005: 26)

Didaktische oder pädagogische Grammatiken sind das Verbindungsstück zwischen Lernergrammatiken und wissenschaftlichen Grammatiken. Ihnen geht es darum, die komplexen Beschreibungen systematischer Grammatiken auf ein handhabbares Maß zu vereinfachen, ohne dabei stereotype oder falsche Generalisierungen zu produzieren. Didaktische Grammatiken konzentrieren sich auf die wichtigsten Funktionen eines grammatischen Phänomens und vernachlässigen die Ausnahmen. Da sie nicht an einen bestimmten theoretischen Ansatz gebunden sind, können sie sich das Wichtigste aus verschiedenen

Ansätzen heraussuchen und die Defizite der einzelnen theoretischen Ansätze ausgleichen. So kommen verschiedene linguistische Perspektiven zum Zuge, die jede für sich nur jeweils bestimmte Aspekte behandeln. Didaktische Grammatiken orientieren sich stark an funktionalen Gesichtspunkten der Sprachbeschreibung und kognitiven Aspekten der Sprachverarbeitung. Sie fungieren als Lernergrammatiken, indem sie die Entwicklungsperspektive der Lerner berücksichtigen, und wachsen mit dem Sprachstand des Lerners mit. Das schließt Brückenkonstruktionen zur Ausgangssprache und zur konzeptuellen Welt der Lerner ein. Didaktische Grammatiken zeichnen sich durch eine Reihe von Merkmalen in der Darstellung und Vermittlung aus (sekundäre Merkmale):

- ► Einfache Formulierungen
- ► Reduktion metasprachlicher Erklärungen
- ► Anbindung an die Begriffswelt der Lerner
- ► Anschauliche Beispiele (Exemplifizierungen)
- ► Einprägsame Formeln
- ► Visualisierungen
- ► Übersichtlichkeit
- ► Benutzerfreundlichkeit
- ► Entdeckendes Lernen
- ► Gegebenenfalls Verwendung der Sprache der Lerner.

Der Begriff der didaktischen Grammatik wird in der Literatur unterschiedlich gefasst (Thurmair 1997, Königs 1999, Helbig/Buscha 1999, Götze 2001, Weinrich 2007, Eppert 2008, Olejarka 2008). In Anlehnung an den englischen Begriff der *pedagogical grammar* wird auch in der deutschsprachigen Didaktik von pädagogischen Grammatiken gesprochen. Kognitive Aspekte des Sprachenerwerbs und systematische Aspekte von kognitiver, funktionaler, pragmatischer oder textlinguistischer Grammatik finden darin bisher kaum Berücksichtigung. Daher ist es sinnvoll, das Konzept um die Ebenen 1. linguistische Perspektiven, 2. Prozesse und Prinzipen des Sprachenerwerbs, 3. Darstellungsebene und 4. Vermittlungsebene (Unterricht) neu zu fassen und systematisch zu erweitern. Dieses Modell bezeichnet Roche (2013b) in Anlehnung an die kognitive Linguistik als **kognitive Didaktik**. Eine der bekanntesten Anwendungen kognitionslinguistischer Prinzipien auf die Sprachvermittlung sind Grammatikanimationen, die von Roche/Suñer Muñoz (2014) schon für einige Bereiche der deutschen Grammatik wie das Passiv, die Wechselpräpositionen oder die Modalverben exemplarisch erfolgreich eingesetzt werden.

Am Beispiel des **Tempussystems** im Deutschen lässt sich der Ansatz der didaktischen Grammatik durch die Mini-Grammatik Deutsch als Fremdsprache (Roche/Webber 2009) illustrieren (vgl. Abb. 3.6). Die wichtigsten Elemente für Lerner der Grundstufe werden hier funktional und sprachlich einfach dargestellt. Die Ausnahmen von der Regel werden zusammengefasst, sofern sie für die betreffenden Lerner überhaupt eine Rolle spielen. Im Unterricht und in weiterführenden Grammatiken können die Regeln später ergänzt und erweitert werden.

Bei der systematischen Behandlung der Grammatik im Unterricht werden meist zwei Verfahren unterschieden: die regelgeleiteten (deduktiven) Verfahren und die entdeckenden (induktiven) Verfahren. In Lehrwerken wird Grammatik oft anhand von Regeln, also normativ und deduktiv eingeführt, an Beispielen in Lehrbuchtexten illustriert und schließlich eingeübt. Die Regel steht zuerst. Die Übungen beginnen als geschlossene Übungen mit einfachen Einsetz- oder Umstellungsaufgaben und nehmen an Komplexität durch wachsende Offenheit zu. Bei induktiven Verfahren sind die Lerner am Finden der Regeln selbst beteiligt. Ihre Aufgabe ist es, anhand von Texten Strukturen zu beobachten, über die Regelhaftigkeit der Beobachtungen Hypothesen zu bilden, diese Hypothesen zu prüfen und zu festigen und schließlich zu einer arbeitsfähigen Lösung zu gelangen. Lehrkräfte und Lehrmaterialien liefern dazu Hilfestellungen, geben die Regeln aber nicht vor. Ziel ist es, die Lerner (wie im L1-Erwerb und wie beim Chunk-Bearbeiten in Kapitel 1 dargestellt) zu autonomem Lernen und aufmerksamem Beobachten anzuleiten. Sie sollen die Regeln später selbst weiter verfeinern, anwenden und übertragen. Geübt wird anhand von strukturierten Übungen oder offenen Aufgaben und weiteren Texten.

Perfekt: *sein* oder *haben*

Das Perfekt besteht aus *sein* oder *haben* und Partizip II. Die wichtigsten Regeln:

1. Die meisten Verben bilden das Perfekt mit *haben* (ca. 80%), besonders alle Verben mit *sich* und normalerweise die Verben mit Akkusativ-Objekt.
2. Folgende Verben nehmen *sein*:
   - Die Verben der Ortsveränderung, wenn sie kein Akkusativ-Objekt haben: *ich bin gegangen, gefahren, geflogen ...* 
   - Die Verben der Zustandsveränderung, wenn sie kein Akkusativ-Objekt haben: *sie ist gewachsen, aufgestanden, eingeschlafen, aufgewacht, gestorben ...*
   - Die Verben:
     sein – ist gewesen
     werden – ist geworden
     *passieren, geschehen (*und ähnliche Verben mit dieser Bedeutung) *– ist passiert/geschehen*
     bleiben – ist geblieben.
3. Einige Verben können das Perfekt mit *haben* und mit *sein* bilden.

Abb. 3.6 Auszug aus „Minigrammatik Deutsch als Fremdsprache" (Roche/Webber 2009: 20)

3.4 Interkulturelle Vermittlung

Sprache kann nie losgelöst von ihrem kulturellen Hintergrund vermittelt werden. Die Aneignung unterschiedlicher Konzept- und Zeichensysteme kann allerdings nicht durch einfache Gegenüberstellung erreicht werden. Die kontrastive Linguistik und die aus ihr abgeleiteten Lehrverfahren haben das genauso deutlich gezeigt wie frühe Lehrwerksversuche mit einfachen Kulturvergleichen. Auch die **Wahrnehmung** kultureller Unterschiede führt nicht automatisch zu gegenseitigem Verstehen, wie etwa Schüleraustauschprogramme demonstrieren (Sato-Prinz 2011). Es müssen **Vermittlungsprozesse** in Gang gesetzt und gestaltet werden, die zu einem solchen Verstehen führen, das dem Fremden gerecht wird, die eigene Wahrnehmung aber nicht aufgibt. Diese Ansätze verbinden sich mit Konzepten wie Horizontverschmelzung (Gadamer 1960), dritte Kultur/dritter Ort (Bennett 1993, Kramsch 1993), **Perspektivenwechsel** und anderen aus dem Umfeld der interkulturellen Hermeneutik (Krusche 1985). Bei interkultureller Vermittlung geht es nicht nur um das Vermitteln von Wissen über eine fremde Kultur, sondern auch um grundlegende Konzepte, Denkweisen und Lern- und Arbeitsmethoden. Reine Wissensvermittlung ist problematisch, da das Wissen aus der „einen Kultur" in die Begriffswelt der „anderen" übertragen werden muss, um es verständlich zu machen. Es existiert nicht unabhängig von der Sprache. Außerdem gerät Wissen über fremde Kulturen leicht zu einer klischeehaften Wahrheit oder erstarrt zu Stereotypen. Wie weit die dort gegebenen Informationen zutreffen, kann jeder selbst entscheiden, der eine Deutsche oder einen Deutschen kennt. Die **Generalisierungen und Klischees** reflektieren eine subjektive Sicht der fremden Kultur, die unter Umständen mehr über den Betrachter (Autorin/Autor) sagt, als über die fremde Kultur.

Besonders kritisch ist der Anspruch auf Allgemeingültigkeit, der in der Literatur und in Programmen zum interkulturellen Training meist erhoben wird. Er suggeriert kulturelle Einheitlichkeit und weckt damit Erwartungen, die der kulturellen Vielfalt, wie der Plurizentrik der deutschsprachigen Kulturen, und den Entwicklungsprozessen von Kulturen nur schwer gerecht werden können und daher wenig praxistauglich sind. Um derartige Generalisierungen und Klischees zu vermeiden, versuchen der hermeneutische Fremdsprachenunterricht (Hunfeld 2004) und die interkulturelle Sprachdidaktik (Lorey/Plews/Rieger/Prokop 2007, Caspari/Schinschke 2007, Kaunzner 2008, Reeg 2009, Petermann/Jürgens 2009, Esselborn 2010, Roche 2013b) Lerner für Fremdheit zu sensibilisieren und auf einen nicht unnötig vereinfachenden oder nivellierenden Umgang damit vorzubereiten. Das geschieht, indem die Aufmerksamkeit auf die Einflussfaktoren und Prinzipien von interkultureller Kommunikation und auf die Bedeutung des Fremden als notwendige Bedingung für Verstehenszuwachs (und Lernen) gelenkt wird. Die vorgeschlagenen (durchaus unterschiedlichen) Verfahren streben nicht nur tiefgehende Einsichten in die fremde Kultur und Sprache an, sondern wollen gleichzeitig neue Einblicke in die eigene eröffnen. Diese Reflexion ist für interkulturelle Kommunikation unabdingbar, weil alles Verstehen auf Vorwissen aufbaut und neues Wissen daran anschließt. Es zeigt sich dabei immer deutlicher, dass eine Trennung in Eigenes und Fremdes und der postulierte Perspektivenwechsel zwar orientierende Konzepte für Lehrpläne sein können, bei der praktischen Umsetzung Lerner und Lehrkräfte aber häufig überfordern. Das liegt vor allem daran, dass die angestrebten Perspektivenwechsel, wie beim Übersetzen, umfangreiche Kenntnisse und Kompetenzen voraussetzen und dass psychologisch und kommunikationstheoretisch schwer zu klären ist, wie die unterschiedlichen Perspektiven im selben kognitiven System der Lerner verarbeitet und verwaltet werden können. **Das Modell der Skeptischen Hermeneutik** (Hunfeld 2004) und der Transdifferenz-Ansatz (Allolio-Näcke/Kalscheuer/Manzeschke 2005, Hildebrandt 2005, Lösch 2005, Breinig/Lösch 2006, Roche 2013a) gehören zu den für die Landeskunde wichtigen Versuchen, Fremdheit nicht auflösen zu wollen, sondern das daraus entstehende Problem der kognitiven Dissonanz durch eine **Betonung und Akzeptanz von Fremdheit** zu lösen. Verschiedene, sich mehr oder weniger stark verändernde Positionen können somit ohne den Zwang zur Auflösung nebeneinander stehen. Interkulturelle Kompetenz bedeutet, in der Lage zu sein, die Kommunikation adäquat, mit verschiedenen Varietäten und kreativ zu gestalten und kulturadäquat zu vermitteln. Dazu sind umfangreiche kulturelle Kenntnisse und interkulturelle Fertigkeiten nötig, die im Fremdsprachenunterricht schrittweise, aber nur partiell vermittelt werden können.

3.5 Bilder und Medien

Im Sprachenunterricht und bei der Entwicklung von Lehrmaterialien werden zunehmend Bilder, Animationen und grafische Elemente verwendet. Wie aber verhindert man dabei visuellen Aktionismus, der die Lerner ablenkt oder überfordert? Wie muss man sich genau die Verarbeitung visueller und sprachlicher Information vorstellen, wenn sie einen **Mehrwert** produzieren soll? Diese und andere Fragen treten seit dem **Vormarsch der neuen Medien** in der Wissensvermittlung zunehmend in den Vordergrund. In Theorien zum multimedialen Lernen wird daher versucht, konkrete Empfehlungen für das Design von Lernmaterialien zu geben.

Visualisierungen sind immer dann sinnvoll, wenn sie einen Bezug zur sprachlichen Information haben beziehungsweise bereits vorhandene mentale Schemata aufrufen. Sie sind hingegen unproduktiv, wenn sie mehr der Unterhaltung oder Ablenkung dienen. Zuordnendes Lernen kann durch Überflutungen mit visuellen Reizen (wie oft in den elektronischen Medien gegeben) geradezu verhindert werde.

Statische Bilder eignen sich besonders als Orientierungshilfe, zur Verständlichmachung komplexer Inhalte, zur Aufmerksamkeitsfokussierung und zur Behaltensförderung. Sie sind hilfreich, wenn sie Vorwissen aktivieren und zur Entlastung des Arbeitsspeichers beitragen. Prozessinformationen können sie dagegen nur bedingt abbilden, zum Beispiel durch Pfeile oder andere Symbole der Dynamik, da ihnen die zeitliche Komponente fehlt. Sie sind auch da vorzuziehen, wo die Komplexität der Aufgabe eine schrittweise Verarbeitung durch die Lerner erfordert. Dynamische Wissensrepräsentationen könnten hier zu einer Überforderung der Aufmerksamkeitskapazitäten führen oder zu einer nur oberflächlichen Verarbeitung verleiten. Eine scheinbar problemlose Verständlichkeit der Lerninhalte durch

Animationen führt nicht notwendigerweise zu einer intensiveren Auseinandersetzung mit den Inhalten.

Dynamische Bilder eignen sich zur Darstellung sequenzieller oder kausaler Sachverhalte, aber nur solange dies nicht zu einer Reizüberflutung oder Ablenkung führt. Bewegungen, Farbänderungen und Ähnliches lenken automatisch die Aufmerksamkeit auf sich. An der falschen Stelle eingesetzt, ziehen sie daher wichtige Aufmerksamkeitsressourcen von anderen essenziellen Verarbeitungsaufgaben ab. Auch muss die Präsentationsgeschwindigkeit der Verarbeitungsgeschwindigkeit der Lerner angepasst sein. Eine schnelle Abfolge von Informationseinheiten verlangt zusätzliche Ressourcen und kann daher die Verarbeitung der eigentlichen Aufgabe sogar erschweren. Es ist daher grundsätzlich ratsam, bei Animationen Steuerungsmechanismen zur Verfügung zu stellen, die auf die Lernbedürfnisse flexibel reagieren können. Animationen sind dann effizient, wenn die Lerner über das nötige Vorwissen zur Verankerung der neuen Information verfügen. Sonst wird die präsentierte Information nur oberflächlich interpretiert und schafft damit den subjektiven Eindruck, das Material gut verstanden zu haben, verhindert aber in Wirklichkeit eine stärkere kognitive Aktivierung. Ungeeignet sind Animationen auch, wenn es um die Verarbeitung von Detailinformationen geht. Hier eignen sich eher statische Bilder oder gegebenenfalls auch bildlose Präsentationen.

Visuelle Information, ob bewegt oder statisch, sollte stets der entsprechenden Aufgabe angepasst, mit der Textverarbeitung **koordinierbar** sein und mit Bedacht eingesetzt werden. Die Masse macht es nicht.

In Unterrichtsmaterialien werden Bilder, Grafiken, Karikaturen und andere Arten der Visualisierung meist zu illustrativen Zwecken eingesetzt, die kommunikative Situationen in der Zielkultur abbilden sollen. Autorinnen und Lehrwerksproduzenten gehen in der Regel von der Annahme aus, dass Bilder an sich eine verständliche Sprache sprechen, so wie die Musik, und dass es genügt, Zeichnungen oder Fotos von den Gegenständen der fremden Kultur abzubilden, um deren Bedeutung an Fremde zu vermitteln. Die Wahrnehmung ändert sich jedoch von Betrachter zu Betrachter und ist kulturspezifisch geprägt. Selbst einfache Darstellungen von Objekten repräsentieren eine kulturspezifische Semiotik, deren Prinzipien für Lerner besonders dann schwer zu erschließen sind, wenn die Symbole in den Sprachen unterschiedlich besetzt sind. Hierzu ein Beispiel: In Malereien, Cartoons, Comics und Filmen betreten die positiv dargestellten Charaktere (Protagonisten) die Szene in westlichen Kulturen von links nach rechts, analog zur Leserichtung. Die Antagonisten betreten die Szene dagegen von rechts nach links, also mit Widerstand entgegen der Leserichtung. In asiatischen Cartoons erfolgt die Darstellung trotz gleicher Leserichtungen dagegen oft genau umgekehrt. Fehlinterpretationen sind also vorprogrammiert. Als die amerikanischen Fernsehstationen beim Einmarsch der amerikanischen Truppen im Irak ostentativ das *thumps up* der Bevölkerung in Bagdad zeigten und damit ein uneingeschränktes Willkommen der Invasoren suggerieren wollten, verschwiegen sie den westlichen Zuschauern die gegenteilige Nebenbedeutung des Zeichens im Irak. Darstellungen in Lehrmaterialien nehmen auf die kulturspezifischen Wahrnehmungsgewohnheiten bisher kaum Rücksicht. Daher wird auch der Tabucharakter von Bildern in der Sprach- und Kulturvermittlung unterschätzt. Als kulturelle Symbole eröffnen Bilder wichtige Einblicke in die Denkweisen anderer Menschen und Kulturen. Wer den Zeichencode nicht kennt, kann ähnliche Probleme erleben, wie sie in der sprachlichen Kommunikation auftreten können. Bemerkenswert ist in diesem Zusammenhang auch die Überflutung mit visuellen Reizen durch das Internet, das weitgehend bildgestützt arbeitet und dabei zunehmend Animationen und Videos verwendet. Da das Internet grundsätzlich über Grenzen hinweg operiert, müsste dort besonders auf die interkulturelle Vermittelbarkeit visueller Nachrichten geachtet werden, vor allem natürlich in virtuellen Lehrangeboten. Gerade das ist aber nicht der Fall. Missverstehen ist damit gerade in einem Bereich vorprogrammiert, der besonders für grenzüberschreitende Kommunikation hilfreich sein soll.

Die elektronischen Medien können aber gute Dienste beim Erzielen eines Lernmehrwertes im Sprachenerwerb und im Sprachunterricht leisten. Die großen Vorteile liegen hauptsächlich in der Individualisierung, Intensivierung und Interaktivitätssteigerung des Lernens. Je nach Funktionstyp lassen sie sich unterschiedlich einsetzen. Zunehmend treten jedoch **offene und kreative Lernumgebungen** in den Vordergrund, da sie den Lernern reiches Material zu selbstständigem (Weiter-)Lernen bieten. Besonders wichtig ist der Einsatz der Medien als authentisches Werkzeug im Sinne des Sprachhandelns. Mit Blended Learning-Verfahren wird versucht, Modelle des Medienmixes mit unterschiedlichem Anteil von Unterricht (Präsenzphasen) und elektronisch vermittelten Phasen zu entwickeln und damit die Vorteile des Präsenzunterrichts und des selbstständigen Lernens zu kombinieren. Die durch die Medien neu geschaffenen Möglichkeiten erfordern eine weitgehende **Umorganisation** des Lernens und Unterrichtens und damit auch der traditionellen Rollen der Lehrkräfte, Lerner und Lehrmaterialien.

Wenn im Bereich des Sprachunterrichts von Medien die Rede ist, sind in der Regel die elektronischen Medien gemeint. Dabei wird leicht übersehen, dass es auch andere sinnvolle Medien gibt: gedruckte (Bilder, Poster, Bücher) und menschliche (zum Beispiel die Schall- und Lichtwellen in direkter persönlicher Kommunikation). Technische Medien werden schon länger im Fremdsprachenunterricht eingesetzt, aber der Neuigkeitscharakter der jeweils neuen Medien hat sich immer schnell abgegriffen. Die Sprachlabortechnologie in den 1960er Jahren etwa war schneller veraltet, als sie entwickelt wurde.

Sprachlehr- und Sprachlernsoftware kann auf unterschiedliche Art eingeteilt werden, zum Beispiel nach Medium oder technischem System, nach Funktion, nach Unterrichtsmethode und didaktischem Verfahren oder nach Bezug zu Lerntheorien. Das eigentlich Interessante an den elektronischen Medien ist ihr Potenzial, Mehrwerte zu erzielen. Etwas aufschlussreicher ist daher die Klassifikation nach den Funktionen, zum Beispiel nach tutorieller, situativer, konstruktiver oder sozial-kommunikativer Ausrichtung. Zu den **tutoriellen Programmen** gehören die stark gesteuerten Lehr- oder Wiederholungsprogramme, mit denen ein Lerner selbstständig grammatische, lexikalische oder phonetische Themen erarbeiten oder üben kann. In diesem Sinne ersetzen die elektronischen Programme traditionelle Übungsformen gedruckter Lehr- und Arbeitsmaterialien.

Auch **situativ ausgerichtete Programme** weisen in der Regel Übungssequenzen auf. Allerdings sind diese meist an ein kurzes Video oder eine Audioaufnahme angeschlossen.

Wortschatz und Strukturen sind somit situiert. Die Situationen unterscheiden sich in Art und Ziel jedoch wenig von Kassetten- oder Filmaufnahmen in anderen Medien. An der Oberfläche entsteht leicht der Eindruck, diesen Programmen liege ein kommunikativer Ansatz zu Grunde. Die Bearbeitungsverfahren zeigen aber, dass es sich häufig um stark gesteuerte und geschlossene Übungen und oft um bekannte Drillmethoden handelt. Das kommunikative Prinzip der Authentizität der Materialien wird in den meisten Fällen nicht beachtet. Geschlossene Programme haben nur eine begrenzte Reichweite. Zwar bieten sie einen Schutzraum, verzichten aber auf die lernfördernden Effekte der Interaktion und bereiten nur bedingt auf authentische Kommunikation vor. Meistens sind ihre Inhalte schnell erschöpft und ihre Übungsverfahren werden zur Routine.

Konstruktive Programme betonen dagegen den authentischen, kommunikativen Nutzen elektronischer Werkzeuge bei der Umsetzung von Sprachhandlungen. Zu diesen Werkzeugen gehören Rechtschreibprüfungen, Thesauri, Webeditoren, Textverarbeitungsprogramme, elektronische Wörterbücher, Arbeitsressourcen, Fragebögen, Spiele, E-Schreibassistenten, digitale Werkzeuge für den Beruf und vieles mehr.

In der Kategorie der konstruktiven Programme kann man zwei weitere Gattungen unterscheiden: die offenen Online-Programme, die mit mehr oder weniger starker Steuerung auskommen, und die Spiel- und Literaturprogramme, die in sich komplett und geschlossen sein können, dabei aber verschiedene Bearbeitungswege erlauben. Zu dieser Gruppe gehören die Internet-Literatur (Hyperfiction), Spielprogramme und virtuelle Welten wie *Second Life* oder *Xtranormal: Storytelling*. Mit konstruktiven Programmen können Lerner nicht nur Strukturen üben und Aufgaben bearbeiten, sondern auch kreativ mit Sprache umgehen (Szenarien). So auch in neueren Online-Schreibtrainingsprogrammen, so genannten *Online Training Labs* (OWL). Im Online-Medium bestehen die besten Möglichkeiten, offene und kreative Lernumgebungen zu schaffen und die Lerner gleichzeitig gezielt mit wichtigen Werkzeugen und Informationsquellen zu versorgen. Derartige elektronisch vermittelte Programme eignen sich für einen handlungsbezogenen, entdeckenden Sprachunterricht. Navigationshilfen und Ressourcen verhindern, dass die Lerner von der Weite des Internets und schwierigen Texten überwältigt werden.

Zunehmend werden auch sozial-kommunikative Medien (*Social Media*) für Tandemoder andere Unterrichtsprojekte eingesetzt, oder Lerner nutzen sie selbstständig (Facebook, Twitter, Blogs, Foren, Chats etc.), unabhängig von der Sprache im Alltag. Wegen ihrer Alltagstauglichkeit bedarf es kaum einer gesonderten Einführung im Unterricht. Eher bedarf es sinnvoller kommunikativer, persönlich relevanter Aufgaben, der Kontaktvermittlung und der Begleitung.

Die Erwartungen an die Wunderkräfte der neuen Medien sind die eine Seite der Medaille. Die Realität bei der Erzielung eines Mehrwertes die andere. Ein Blick auf die Erfahrungen mit dem Einsatz von Online-Sprachlernprogrammen zur Erzielung eines Lernmehrwertes kann das illustrieren. Zwei wesentliche Vorteile der neuen Medien gegenüber traditionellen Unterrichtsverfahren zeigen sich jedoch deutlich: die **Individualisierung und Intensivierung des Lernens**. Durch verschiedene Angebote (Lernwege) können sie geschickter auf individuelle Interessen und Anlagen der Lerner eingehen und ihnen die Möglichkeit geben, intensiv, selbstständig und, wo nötig, in Verbindung mit ihren Tutoren am Lernmaterial zu arbeiten. Wichtig für deren Einsatz im Unterricht mit Flüchtlingen ist, dass der Umgang mit ihnen z.T. erst eingeführt werden muss, bzw. nicht vorausgesetzt werden kann. Ähnliches gilt für deren Verfügbarkeit außerhalb des Unterrichts.

3.6 Handlungsorientierung

Ein interessegesteuerter Unterricht, das heißt ein Unterricht, in dem Lerner eigene (intrinsische) Zielperspektiven entwickeln, lässt sich am besten mit einer Aufgaben- und Handlungsorientierung verbinden. Wenn Lerner in die Entwicklung der Aufgaben und ihre Umsetzung direkt eingeschlossen sind, übernehmen sie **Verantwortung** und erfahren die Reaktionen der Umgebung auf ihre Handlungen und Sprache unmittelbar. Damit werden die Lerner so weitreichend wie möglich beteiligt, zu selbstständigen Entscheidungen (kritischem reflexivem Denken) angeleitet und zu einer Fortsetzung des Lernens **über die Grenzen des Klassenzimmers hinaus** motiviert. Versuche, Lerner vor allem mit extrinsischen Mitteln zu motivieren, wie bunten Fotos in Lehrbüchern oder Zusatzmedien im Unterricht, führen dagegen nicht unbedingt zum Erfolg, zumal dann nicht, wenn dadurch kein Übergang von einer rein extrinsischen Motivation zur Generierung eines eigenen Interesses gelingt.

Ein handlungsorientierter Unterricht ist immer ein interaktiver, weil sich ein interaktiver Sprachenerwerb grundlegend von einer unidirektionalen Sprachvermittlung vom Sprachlehrer an den Sprachlerner unterscheidet. Das rein rezeptive Aufnehmen von Wissen über die zu erwerbende Sprache erfordert eine sehr hohe Abstraktionsfähigkeit des Lerners und führt im Unterricht nicht selten zu „Eintrichtern" und anschließendem „Abfragen" grammatischer Strukturen. Aktive Sprachproduktion, geschweige denn **bedarfsgerechte kommunikative Sprachkompetenz**, kann hieraus nicht erfolgen, denn ein interaktiver Sprachenerwerb beinhaltet die tatsächliche Beteiligung des Lerners am Lehr-Lern-Diskurs. Im Unterricht ist es daher notwendig, auf den Lerner einzugehen, ihm die Gelegenheit zu geben sein Vorwissen einzubringen und die individuelle Progression des Sprachenzuwachses zu berücksichtigen und zu fördern. Der Lerner soll also nicht nur in der rezeptiven Lernerrolle am Unterricht teilnehmen, sondern gerade auch als Person/Individuum mit eigenen Interessen wahrgenommen werden. Hierzu gehört die Übernahme verschiedener relevanter kommunikativer Rollen.

Das wichtigste Element des handlungsorientierten Unterrichts ist daher, solche kommunikativen Konstellationen im Unterricht abzubilden, die den jeweiligen Lernern bekannt sind – oder sein sollten – und ihnen etwas bedeuten, und zwar inhaltlich und in Bezug auf die kommunikative Aufgabe.

Der sensible Lerner wird immer dann sprachliche Mittel aufgreifen oder auch freiwillig recherchieren und erfragen, wenn sie in einem kommunikativen Zweck sinnvoll und effektiv eingebunden sind. Die Einsicht in Gesetzmäßigkeiten und Strukturen der Sprache, gewonnen an tatsächlichem Sprachhandeln, fördert das Sprachwachstum nur, wenn die so reflektierten Mittel sofort für erkennbare Zwecke kommunikativ eingesetzt werden können. Sprachliches Wachstum ist immer ein **kreativer Prozess** des einzelnen Lerners, der durch Begleitung und Anregungen von außen gefördert werden kann.

Genau die Erkenntnis, dass Lernern die Bedeutung meistens wichtiger ist als die Form, bildet den Kern moderner handlungsorientierter Verfahren. Die von konstruktivistischen Modellen ausgehende Mehrdeutigkeit im sprachlichen Gebrauch führt in der Lehrpraxis verbreitet zu Unsicherheit und wird oft als Bedrohung und Überforderung von Lehrenden und Lernenden gesehen. Die Vermeidung von Mehrdeutigkeit durch selektiertes Lehrmaterial und formorientierten Unterricht kann das Dilemma aber nicht wirklich lösen. Sie verdeckt es nur temporär. Spätestens wenn Lerner aus einem übermäßig geschützten Raum in die reale Kommunikation eintreten sollen, werden sie die Nachteile der Simplifizierung erfahren. Stattdessen ist zu berücksichtigen, dass der Wahrnehmungsprozess je nach Disposition, Zweck und Umgebung zu unterschiedlichen Ergebnissen führen und diese Unterschiedlichkeit den Unterricht und Sprachenerwerb durchaus befruchten kann.

Durch gezielt eingesetzte Handlungszusammenhänge, Aufgaben und Spiele können bei jeder Sprachaktivität in einem Lernszenario auch besondere grammatische Strukturen integriert gefördert werden. Ausschlaggebend sind die Sprachanwendung und der Sprachkontakt in einer authentischen Situation. Wenn Sprachaustausch nicht zugelassen wird, kann auch schwerlich ein „voneinander Lernen" stattfinden. Hierfür sind besonders kommunikative Situationen geeignet, die eine echte Aufgabe enthalten, deren Lösung reale Relevanz für die Lerner und „die Öffentlichkeit" haben. Es zeigt sich immer wieder, dass Lerner besonders motiviert, interessiert, diszipliniert und nachhaltig lernen, wenn sie den Sinn dessen erkennen, was sie da in der Schule machen. Das aber kann ihnen am besten vermittelt oder bestätigt werden, wenn die Ergebnisse ihres Tuns einen gesellschaftlichen Nutzen haben. Dieser „öffentliche" Nutzen ist oft schon dadurch gegeben, dass Kinder stolz eine Bastelarbeit, ein Bild, ein Schauspiel, ein Lied und anderes präsentieren. Auch das Durchführen eines Experimentes, die Teilnahme an einem Wettbewerb das Verfassen eines Einladungsschreibens zu einer Schulveranstaltung, die Gestaltung eines Internet-Auftritts und viele Spiele oder auch alltägliche Szenarios können diesen Nutzen generieren. Daraus folgt meist **Anerkennung** und damit die Förderung von Selbstwertgefühl, Selbstbewusstsein, Autonomie und Respekt für andere. Zudem führen die Rückmeldungen zu dem Geleisteten zu weiterer Sprachverwendung (Sprachverstehen und Sprachproduktion).

Im handlungsorientierten Unterricht wird der Sprachzuwachs in mündlicher Erarbeitung mit Wortschatz und Strukturen beim konkreten (Sprach-)Handeln mit dem Kommunikationszweck und in schriftlicher Überarbeitung in Verbindung gebracht. Die Redaktion der schriftlichen Präsentation fördert daher die Entwicklung sowohl mündlicher als auch schriftlicher Ausdrucksweisen von Lernenden. Die stützende Funktion von Schriftsprache beim Vorbereiten mündlicher Vorträge und beim Entwickeln und Strukturieren der Gedanken selbst (und somit die Vernetzung sprachlicher Fertigkeiten) wird so ebenfalls ganz beiläufig deutlich. Die Lernenden üben dabei den produktiven Umgang mit dem Medium Schriftsprache.

In der handlungsorientierten Didaktik lassen sich unterschiedliche Lernervarietäten berücksichtigen, ohne einem starren Unterrichtsschema zu unterliegen. Denn wie im ungesteuerten Sprachenlernen stehen der kommunikative Zweck und die Sprachanwendung im Mittelpunkt des Unterrichtsgeschehens. Das Behalten der vermittelten Strukturen wird so in der Verzahnung von Handlungsbezug, Vermittlung sprachlicher Mittel und aktiver Sprachanwendung und der daraus entstehenden Rückmeldung wesentlich erleichtert.

In einem handlungsorientierten Unterricht, wie z. B. in einem Lernszenario, lässt sich eine weitgehend authentische Lernumgebung schaffen. Lernen ist somit nicht mehr abstrakt. Die konkrete Erfahrung und räumliche Nähe ermöglichen ein **ganzheitliches, multisensorisches Erfahren der Wirklichkeit** sowie das Erfahren der Wirkung eigenen Handelns. Dieses Handeln ist sowohl ein physisches, das sprachlich benannt und begleitet wird, als auch ein sprachliches Handeln, das sich im Dialog, durch direkte Aufforderungen und schließlich im Erzählen und Resümieren über das Erarbeitete darstellt. Wenn es dabei um relevante Inhalte für die Lerner geht, sind die besten Bedingungen für einen fächerübergreifenden Unterricht gegeben.

3.7 Differenzierung

Für die Zielgruppe der Flüchtlingen ist – wie in Kapitel 4 dargestellt wird – eine hohe **Heterogenität** zu registrieren, der man im Unterricht gerecht werden muss. Die Lerner können sich in all den in Kapitel 1.6.1 genannten Lernerfaktoren unterscheiden. Will man den unterschiedlichen fachlichen und sprachlichen Vorkenntnissen sowie Lernerdispositionen gerecht werden, bzw. die Lerner dort abholen, wo sie sich befinden, gilt es den Unterricht differenziert zu gestalten.

Es existieren unterschiedliche **Arten der Differenzierung**. Äußere Differenzierung oder Außendifferenzierung beinhaltet die Zusammenführung von Lernenden in (vermeintlich) homogenen Lerngruppen, die über längere Zeit bestehen bleiben. Sie hat das Ziel, die Heterogenität der Schülerschaft aufzulösen und eben möglichst wenige Angebote der inneren Differenzierung in den Unterricht zu integrieren. Die Kriterien zur Zusammensetzung homogener Lernergruppen können sich auf ihre Erstsprache, ihr Herkunftsland, ihr Alter, ihr Geschlecht, ihr Bildungsniveau oder ihre Sprachkenntnisse beziehen. Nicht immer allerdings führt die äußere Differenzierung zu den gewünschten Erleichterungen für Lerner oder Lehrkräfte, denn die einzelnen Lerner entwickeln sich häufig unterschiedlich schnell oder positiv und im Handumdrehen steigt die Heterogenität der Gruppe wieder an. Daneben wird in Lernergruppen mit der gleichen Erstsprache weniger häufig Deutsch gesprochen und in gleichgeschlechtlichen Gruppen kann es leicht zu inhaltlichen Verengungen kommen.

In schulischen Kontexten besteht die Möglichkeit, Lernschienen einzurichten. So werden Schüler in bestimmten Unterrichtsfächern in eine Anfängergruppe und eine Fortgeschrittenengruppe geteilt. Hierbei handelt es sich um eine fachliche Differenzierung mit dem Ziel, Schüler durch Fachunterricht zu motivieren. Genauso ergeben Lernschienen Sinn, wenn Lernende in der lateinischen Schrift unterschiedlich weit alphabetisiert sind.

Mit innerer Differenzierung, auch Binnendifferenzierung genannt, bezeichnet man Formen der Unterrichtsgestaltung, die das Ziel haben, innerhalb von heterogenen Lernergruppen **individualisierte Angebote** für die unterschiedlichen Lernenden zu machen. Die konvergente Binnendifferenzierung setzt sich das Ziel, Lerner von verschiedenen Ausgangssituationen zum gleichen Kompetenzniveau zu führen. Dies erzeugt für Lehrkräfte großen Druck und schwächere oder langsamere Lerner geraten oft in die Situation, Unterrichtszielen hinterher eilen zu müssen, die sie im vorgesehenen Zeitraum nicht erreichen können. Bei der divergenten Differenzierung wird vom gleichen Ausgangsniveau der Lerner ausgegangen, der Unterricht aber so gestaltet, dass je nach Lerntempo die Progression angepasst wird und die Lerner je nach Niveau verschiedene Anforderungsstufen erreichen. Zu Beginn führen alle die gleichen Aufgaben aus, schnelle Lerner erreichen die nächste Übungs- und damit Lernstufe früher und kommen am Ende weiter, langsamere Lernende arbeiten länger an einer Stufe oder bearbeiten leichtere Aufgaben. Ein bewährtes Modell ist es, eine Stunde gemeinsam zu beginnen und den Lernern dann offene Angebote in Form von Lerntheken, Stationen, Szenarien etc. zur Verfügung zu stellen, um auf ihrem ganz individuellen Niveau lernen zu können. Diese Form der Binnendifferenzierung kann allerdings auch zu Frustration unter den langsameren Lernern führen, die das Gefühl haben, immer nur die einfacheren, weniger interessanten oder relevanten Aufgaben und Materialien bearbeiten zu müssen.

Aus der individuellen Perspektive betrachtet, ist die Heterogenität von Lernergruppen auf die **Differenz** der einzelnen Lernenden zurückzuführen. Mit Differenz werden in Anlehnung an Terrasi-Haufe et al. (2016: 21) individuelle Wahrnehmungen und Wissenskonstruktionen sowie subjektiv unterscheidbare Einstellungen, Werte und Erwartungen bestimmt. Diese beziehen sich nicht ausschließlich auf sprachliche oder kulturspezifische Unterschiede, sondern eher auf die Einzigartigkeit eines jeden Individuums in Bezug auf Vorerfahrungen, Wissen, Stärken und Schwächen. Bezogen auf differenzierte Unterrichtsgestaltung umfasst diese Betrachtung zwei Arten von Verfahren: einmal die Individualisierung im Sinne einer individuellen Passung von Lernzielen, Aktivitäten, Unterrichtsmaterialien und -ressourcen, und einmal die Nutzung des Potenzials von Differenz zur Förderung kommunikativer Kompetenzen und kollaborativen Lernens.

Grundsätzlich kann Unterricht nach Leistung und Lerntempo, Interessen, Motivation und Arbeitsformen individualisiert werden. Dafür werden den Lernern unterschiedlich zu bearbeitende Handlungssituationen und zu erstellende Sprachprodukte vorgeschlagen. Möglichkeiten der Selbstbestimmung tragen dazu bei, die Motivation der Lerner zu erhöhen. Die einzelnen **Unterrichtsphasen** (vgl. Kap. 3.2.1) können mit unterschiedlichen Materialien und Hilfestellungen ausgestattet werden. Durch die Wahl der Sozialformen können Lernerkonstellationen zusammengestellt werden, die eben durch die vorhandene Differenz den kommunikativen Austausch zwischen den Lernenden fördern. Daneben sollen die vorhandene unterschiedliche Expertise und das gemeinsame Bearbeiten einer Aufgabe bzw. eines Sprachprodukts mit dem sich die Lerner stark identifizieren, die Kooperation untereinander unterstützen. So wird nicht nur sprachliches oder fachliches Wissen im Peer-to-peer-Verfahren geteilt, sondern auch Recherche- und Arbeitstechniken.

Eine weitere Form der Individualisierung betrifft den Bereich der Rückmeldung (vgl. hierzu auch Kap. 3.9). Ihre Inhalte und Verfahren müssen dem Kompetenzniveau und der Verarbeitungskapazität der einzelnen Lerner angepasst werden, damit diese ihre Aufmerksamkeit darauf richten und sie produktiv verarbeiten können.

3.8 Sprachstandsdiagnose

Die Erfassung des Sprachstands erfüllt im Rahmen von Sprachunterricht im Wesentlichen zwei Funktionen:

▶ **Summativ:** Das Ergebnis einer Sprachstandsmessung entscheidet darüber, in welche Klasse ein Schüler eingestuft wird bzw. ob er in eine höhere übertreten kann.
▶ **Formativ:** Die Feststellung des Lernfortschritts gibt Aufschluss über das weitere Vorgehen, es werden das Erreichen von Lernzielen überprüft und Förderbereiche identifiziert. Daneben gewinnt der Lehrende Aufschluss über den Erfolg seines Unterrichts.

Während eine summative Evaluation für Flüchtlinge v. a. zu Beginn und Abschluss des Besuchs von Sprachkursen, Sprachfördermaßnahmen und zum Zeitpunkt des Übertritts in den Regelunterricht eine zentrale Rolle spielt, finden formative Lernfortschrittkontrollen innerhalb des Unterrichts regelmäßig statt.

In Abhängigkeit ihrer Funktion (Selektion, Zertifizierung, Zuweisungsfunktion, Soziale Bezugsnorm, Individuelle Bezugsnorm, Dokumentation, Motivation, Optimierung des Unterrichts, Überprüfung von Bildungsstandards) und den Rahmenbedingungen ihrer Durchführung sind verschiedene Verfahren zu unterscheiden.

3.8.1 Einstufungstest

Im Rahmen eines Spracheinstufungstests werden traditionell die Kompetenzniveaus in den Fertigkeiten Hör- und Leseverstehen, Sprechen und Schreiben eingeschätzt, um möglichst homogene Lernergruppen zu bilden. Der Einschätzung der mündlichen Kompetenz wird da eine besondere Rolle zugesprochen, da sie die Grundlage für die Kommunikation im Unterricht bildet. Daneben sind viele Flüchtlinge nicht im lateinischen Schriftsystem alphabetisiert, so dass Schreib- und Lesekompetenz zur Einstufung nicht vorausgesetzt werden können. Eine mündliche Einstufung erfolgt meist über Interviews, bei denen persönliche Daten erfragt werden oder Interviewer und Kandidat über **Bildimpulse** ins Gespräch kommen. Zur Bewertung werden die GER-Kriterien zu den Bereichen Spektrum, Korrektheit, Flüssigkeit, Interaktion und Kohärenz für die Niveaus A1 und A2 herangezogen.

Abb. 3.7 Beispiel für Bildimpuls

	Spektrum	Korrektheit	Flüssigkeit	Interaktion	Kohärenz
A2	Verwendet elementare Satzstrukturen mit memorierten Wendungen, kurzen Wortgruppen und Redeformeln, um damit in einfachen Alltagssituationen begrenzte Informationen auszutauschen	Verwendet einige einfache Strukturen korrekt, macht aber noch systematisch elementare Fehler	Kann sich in sehr kurzen Redebeiträgen verständlich machen, obwohl er/sie offensichtlich häufig stockt und neu ansetzen oder umformulieren muss.	Kann Fragen stellen und Fragen beantworten sowie auf einfache Feststellungen reagieren. Kann anzeigen, wann er/sie versteht, aber versteht kaum genug, um selbst das Gespräch in Gang zu halten.	Kann Wortgruppen durch einfache Konnektoren wie 'und', 'aber' und 'weil' verknüpfen
A1	Hat ein sehr begrenztes Repertoire an Wörtern und Wendungen, die sich auf Informationen zur Person und einzelne konkrete Situationen beziehen.	Zeigt nur eine begrenzte Beherrschung von einigen wenigen einfachen grammatischen Strukturen und Satzmustern in einem auswendig gelernten Repertoire.	Kann ganz kurze, isolierte, weitgehend vorgefertigte Äußerungen benutzen; braucht viele Pausen, um nach Ausdrücken zu suchen, weniger vertraute Wörter zu artikulieren oder um Verständigungsprobleme zu beheben	Kann Fragen zur Person stellen und auf entsprechende Fragen Antwort geben. Kann sich auf einfache Art verständigen, doch ist die Kommunikation völlig davon abhängig, dass etwas langsamer wiederholt, umformuliert oder korrigiert wird.	Kann Wörter oder Wortgruppen durch einfache Konnektoren wie 'und' oder 'dann' verknüpfen

Abb. 3.8 Zusammenstellung aus den GER-Kriterien zur Bewertung von Mündlichkeit auf den Niveaus A1 und A2 (http://www.europaeischer-referenzrahmen.de/sprachkenntnisse.php)

Aus Gründen der Zeitökonomie und Vergleichbarkeit werden zur Einstufung oder Zulassung von Lernern auch häufig sogenannte **C-Tests** eingesetzt, da diese automatisch zu generieren und auszuwerten sind. Die Teilnehmer bekommen mehrere kurze Texte, in denen die letzten Buchstaben jedes zweiten oder X-ten Wortes oder ein bestimmter Satzteil fehlen und ergänzt werden müssen. Sie haben dafür eine begrenzte Zeit für jeden der Texte. Der erste und letzte Satz werden jeweils vollständig angegeben. Dieses Verfahren wird auch beim OnDaF Test (https://www.ondaf.de/ondaf/teilnehmer/cTestBeispiel.do) angewendet, der jederzeit per Internet am einfachsten und schnellsten durchgeführt werden kann:

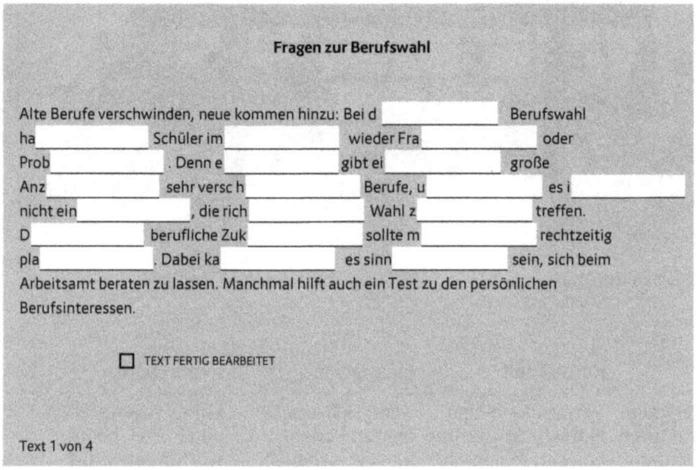

Fragen zur Berufswahl

Alte Berufe verschwinden, neue kommen hinzu: Bei d___ Berufswahl ha___ Schüler im___ wieder Fra___ oder Prob___. Denn e___ gibt ei___ große Anz___ sehr versc h___ Berufe, u___ es i___ nicht ein___, die rich___ Wahl z___ treffen. D___ berufliche Zuk___ sollte m___ rechtzeitig pla___. Dabei ka___ es sinn___ sein, sich beim Arbeitsamt beraten zu lassen. Manchmal hilft auch ein Test zu den persönlichen Berufsinteressen.

☐ TEXT FERTIG BEARBEITET

Text 1 von 4

Abb. 3.9 Beispiel-Text aus dem C-Test OnDaF

Für Flüchtlinge, die in Deutschland ein Studium aufnehmen möchten, steht online der Test „onSet für Flüchtlinge" zur Verfügung (https://refugees.onset.de/).

Der **Alpha-Test** des Goethe Instituts sieht Aufgaben zur Einstufung von Lernern vor, die nicht mit dem lateinischen Schriftsystem vertraut oder überhaupt nicht bzw. wenig alphabetisiert sind. Während der Durchführung wird überprüft, ob die Teilnehmer mit der Verschriftlichung des deutschen Lautsystems vertraut sind, indem sie Silben oder Wörter laut vorlesen oder schreiben müssen.

Abb.3.10 zeigt ein Beispiel aus dem Alpha-Test aus dem Bereich „Silbenebene":

Lesen - Silben

| ie | ei | sch | st- | ich | ach | sp- | chs |
| qu | äch | üch | äch | äuch | euch | iech | |

Abb. 3.10 Beispiel Silbenebene aus dem Alpha-Test

An Grundschulen wird die Einstufung auf der Grundlage des Alters der Kinder vorgenommen. An weiterführenden Schulen und Berufsschulen wird in der Regel ein Eingangstest gemacht, der einen schriftlichen Deutsch-, einen Mathematik- und einen Gesprächsteil beinhaltet. Dabei wird der Gesprächsteil, der eine zentrale Rolle einnimmt, mit Hilfe eines Leitfadens durchgeführt. Beispiele hierfür stellt die Stadt München unter: http://www.ue-klasse.musin.de/index.php/klassenzimmer/daz/einstufungstests bereit.

3.8.2 Lernzielkontrollen

Lernzielkontrollen sind informelle Tests, d. h. konstruierte unterrichtliche Verfahren zur punktuellen Überprüfung von Kenntnissen.

Im Rahmen von Sprachkursen, Übergangs- und Sprachlernklassen werden **Lernzielkontrollen** am Ende von Lerneinheiten durchgeführt, um zu überprüfen, ob die Lerner die Lernziele der Sequenz erreicht haben. Dabei sollte darauf geachtet werden, dass Form und Durchführung der Lernzielkontrolle möglichst an den im Unterricht bereits eingeübten und angewendeten Verfahren orientiert sind. Aus den Ergebnissen der Lernzielkontrolle lassen sich weitere individuelle Förderziele für die einzelnen Lerner ableiten.

Der Vorteil von Lernzielkontrollen besteht in deren Ökonomie in Durchführung und Korrektur. Ein Nachteil ist die klar definierte Testsituation. Auf einige Lerner kann die Testsituation einschüchternd wirken. Daher ist es besonders in einer Übergangsklasse wichtig, eine vertrauensvolle Atmosphäre zu schaffen, in der es jederzeit möglich ist, Fragen zu stellen, wenn eine Aufgabe nicht verstanden wird. Eine Möglichkeit besteht darin, die Lernzielkontrolle adaptiv zu gestalten. Zum einen können die Lernzielkontrollen so aufgebaut werden, dass die Aufgaben zum Schluss hin immer anspruchsvoller werden. Zum anderen kann den Schülern erlaubt werden, Hilfsmittel zu nutzen, z. B. ein individuelles Wörterbuch (vgl. Roche et al. 2016b).

In schulischen DaZ-Angeboten bilden Lernzielkontrollen die Grundlage zur Benotung. Dort besteht allerdings die Möglichkeit, die pädagogische Freiheit hinsichtlich der Notengebung zu nutzen. Da die Klassen altersgemischt sind und die Kinder zu ganz verschiedenen Zeitpunkten im Schuljahr in die Klasse kommen, muss individuell benotet werden. Mündliche und schriftliche Noten können im Verhältnis 1:1 gezählt werden. Die Benotung selbst erfolgt zum Schulhalbjahr und an Schuljahresende in Form eines **Wortgutachtens**. Dieses bietet die Möglichkeit, die Leistung der Schüler etwas aussagekräftiger aber immer noch einheitlich zu gestalten.

Bescheinigung des Leistungsstandes zum Ende des Schuljahres 2014/15

für «Vornamen» **«Familienname»** geboren am «Geburtsdatum»

Klasse: BIJ V (Vorklasse zum Berufsintegrationsjahr)

Anforderungsniveau A2

Kann Sätze und häufig gebrauchte Ausdrücke verstehen, die mit Bereichen von ganz unmittelbarer Bedeut... zusammenhängen (z. B. Informationen zur Person und zur Familie, Einkaufen, Arbeit, nähere Umgebung). K... sich in einfachen, routinemäßigen Situationen verständigen, in denen es um einen einfachen und direkten A... tausch von Informationen über vertraute und geläufige Dinge geht. Kann mit einfachen Mitteln die eigene H... kunft und Ausbildung, die direkte Umgebung und Dinge im Zusammenhang mit unmittelbaren Bedürfnissen schreiben.

Niveau A2 wurde erreicht ☐☐☐☐☐ nicht erreicht.

Deutsch

Anwachsen des Wortschatzes
schnell und sicher ☐☐☐☐☐ *langsam*

Rechtschreibung
sicher ☐☐☐☐☐ *fehlerhaft*

Lesen
sicher ☐☐☐☐☐ *unsicher*

Hörverständnis
sicher ☐☐☐☐☐ *unsicher*

Berufsvorbereitung

Fachpraktische Arbeitshaltung
aktiv, sucht Aufgaben ☐☐☐☐☐ *passiv, braucht Aufforderungen*

Ziel-Ergebnisorientierung
erarbeitet Ziele selbst ☐☐☐☐☐ *benötigt Hilfen und Anleitung*

Sorgfalt und Ausdauer
sorgfältig, zügig, ausdauernd ☐☐☐☐☐ *geringe Sorgfalt und Ausdauer*

Verlässlichkeit
pünktlich und organisiert ☐☐☐☐☐ *unpünktlich, vergisst viel*

Rechnen ☐☐☐☐☐

Landes- und Sozialkunde ☐☐☐☐☐

Abb. 3.11 Beispiel für ein Wortgutachten in der Flüchtlingsbeschulung an bayerischen Berufsschulen

3.8.3 Sprachprüfungen

Sprachprüfungen ermöglichen die Zertifizierung von Kompetenzen anhand formeller Tests. Diese sind theoretisch und empirisch fundierte Messverfahren zur kontrollierten Auslösung von diagnostisch relevantem Verhalten durch standardisierte Reize. Relevant für Flüchtlinge ist eine Zertifizierung auf Niveau B1, das als sogenanntes „Schwellenniveau" als Voraussetzung für Integration und Berufstätigkeit in Deutschland betrachtet wird. Die anerkannte Zertifizierung hierfür liefert der Deutschtest für Zuwanderer (DTZ).

3.8.4 Beobachtung

Neben den in Lernzielkontrollen erbrachten Leistungen sollen im Sinne der formativen Evaluation immer auch Beobachtungsdaten in die Beurteilung des Sprachstands und Lernfortschitts eines Lerners einfließen. Kompetenzen können oft nur prozessual und nicht am Produkt beobachtet werden. Für den Bereich der Vorschule und Schule (1.–4. Klasse) existieren die Beobachtungsverfahren *sismik* und *selsa* (http://www.ifp.bayern.de/veroeffentlichungen/beobachtungsboegen/index.php). Sie erlauben die Beobachtung von Kindern und Schülern in Kommunikationssituationen, die für den Kita- und Schulalltag zu bewältigen sind, und zwar bezüglich mündlicher und schriftlicher ebenso wie rezeptiver und produktiver Sprachkompetenzen. Besondere Berücksichtigung erfahren die sprachlichen Anforderungen bei der Wissensgewinnung und -verarbeitung.

Zu den Beobachtungssituationen zählen:

- ▶ Strukturierte Gesprächsrunden (z. B. Kinderkonferenzen, Planungsgespräche, Abschluss-runden)
- ▶ Vorlesen/Erzählen/Berichten
- ▶ Freie Gesprächssituationen unter Kindern, Gespräche beim Essen, offene Gespräche
- ▶ Kommunikative Kompetenzen (allgemein)
- ▶ Spielerischer Umgang mit Sprache (in freien Spielsituationen)
- ▶ Umgang mit Printmedien/Büchern
- ▶ Hausaufgaben – Allgemeine sprachliche Fähigkeiten
- ▶ Hausaufgaben – Schreiben
- ▶ Hausaufgaben – Lesen
- ▶ Selbstinitiatives Schreiben/Interesse an Schrift (außerhalb der Hausaufgabensituation)
- ▶ Selbstinitiatives Lesen (außerhalb der Hausaufgabensituation).

Für jede dieser Situationen werden **Bögen mit Bewertungsskalen** zur Verfügung gestellt. Dazu gibt es Auswertungsanweisungen, die zur Berechnung numerischer Werte dienen. Die einzelnen Beobachtungsbereiche können quantitativ und qualitativ ausgewertet werden. Dabei können die Beobachtungsbereiche von einer Lehrkraft bearbeitet werden oder im Team unter den Lehrkräften aufgeteilt werden. Je nach Kooperationsmöglichkeiten in Kita und Kollegium, ist ein Austausch über die verschiedenen Beobachtungssituationen und -ergebnisse möglich. So kann ein ganzheitliches Bild vom Sprachverhalten und der Sprachentwicklung eines Kindes gewonnen werden, das die **Entwicklung individueller Förderansätze** unterstützt. Erfasst werden soll damit folglich nicht der Entwicklungsstand, sondern der individuelle Fortschritt.

In der Kooperation von Kindergarten- und Grundschullehrkräften sowie Hortpädagogen können die Bögen sehr gut als Grundlage für den Austausch über den individuellen Förderbedarf und Förderansätze eingesetzt werden. Im Schulkontext eignet sich selsa insbesondere für die Sprachbeobachtung in der Szenariendidaktik (vgl. Roche et al. 2016). Die Vielfalt von Aufgaben und Zugängen zu einem Thema, die in einem Lernszenario zum Einsatz kommen, ermöglicht die Beobachtung von Sprachverhalten in ganz unterschiedlichen Kommunikationsformen wie Einzel-, Partner- oder Gruppenarbeit.

Insgesamt überwiegen bei der Beobachtung die Vorteile: es können Daten zu allen sprachlichen Handlungsfeldern eines Lerners erhoben werden und zwar durch unterschiedliche Beobachter, die sich entsprechend auch über die besten Fördermöglichkeiten und Bildungswege für ihn/sie austauschen können. Die Dokumentation dieser Beobachtungen ist natürlich aber auch arbeitsintensiv.

3.8.5 Portfolioarbeit

Auch die Arbeit mit Portfolios ist eine gute Methode, um die **individuelle Entwicklung und Mehrsprachigkeit der Lerner zu beobachten und zu dokumentieren.** Sie eignet sich besonders für berufsvorbereitende Maßnahmen und Übergangsklassen, in denen aufgrund der Heterogenität der Schülerschaft individuell gearbeitet und bewertet werden sollte. Entwickelt wurde die Arbeit mit Portfolios in den USA, um sie standardisierten Tests zur Beurteilung von Lernfortschritten entgegenzusetzen. Im Bereich des Sprachenerwerbs sind Portfolios seit Beginn des 20. Jahrhunderts populärer geworden. Inzwischen gibt es zahlreiche Formen. Das Europäische Sprachenportfolio (ESP) des Europarates wurde 1998 in 15 Ländern erprobt und 2006 im Europarat akkreditiert. Über 100 verschiedene Versionen des ESP sind seitdem für gültig erklärt worden. Das ESP basiert auf dem Gemeinsamen Europäischen Referenzrahmen (vgl. Kap. 3.1.1)(GER) und zeichnet sich vor diesem Hintergrund durch *Kann*-Beschreibungen aus, die dem Lerner zur besseren Selbsteinschätzung dienen. Feste Bestandteile eines Sprachenportfolios sind ein Sprachenpass, eine Sprachlernbiographie und ein Dossier. Eine geeignete, sehr strukturierte Vorlage für junge Flüchtlinge ist das Kinderportfolio für das erste Fremdsprachenlernen vom Goethe Institut (http://www.goethe.de/lhr/pro/Kinderportfolio/Kinderportfolio_ds.pdf).

Ein Portfolio für Zugewanderte ist das Milestone-Portfolio, das auf dem ESP basiert (http://www.themenpool-migration.eu/download/dmulti20.pdf). Es ist besonders geeignet für Jugendliche und Erwachsene im Übergang zum Arbeitsmarkt.

Ein Portfolio für nicht alphabetisierte Lerner ist das arbeitsplatzorientierte Alpha-Portfolio, (http://www.uni-muenster.de/imperia/md/content/germanistik/alphaportfolio/alphaportfolios/portfolio_a1_deutsch.pdf). Es richtet sich an nicht alphabetisierte Lerner, die eine Berufstätigkeit anstreben, und ist eng gekoppelt an Unterrichtsmaterialien.

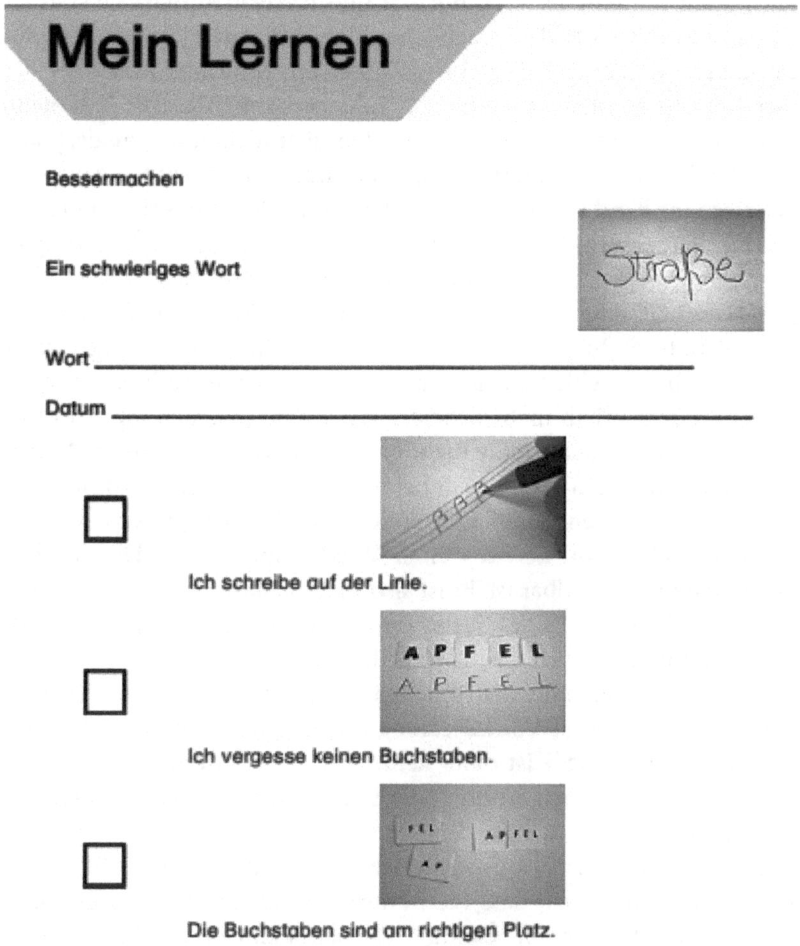

Mein Lernen

Bessermachen

Ein schwieriges Wort

Wort _____

Datum _____

☐
Ich schreibe auf der Linie.

☐
Ich vergesse keinen Buchstaben.

☐
Die Buchstaben sind am richtigen Platz.

Abb. 3.12 Auszug aus dem Alpha-Portfolio

Die Vor- und Nachteile der Arbeit mit Portfolios ähneln jenen der Beobachtung, allerdings mit dem Unterschied, dass die Portfolioarbeit sich eher positiv auf das Selbstwertgefühl der Lerner auswirkt. Hier können sie nämlich selbst nachvollziehen und zeigen, was sie in einem bestimmten Zeitraum alles gelernt haben und nun tatsächlich können.

3.9 Umgang mit Fehlern

Der Unterricht sollte sich von der Fehlersuch-Kultur distanzieren, denn das ständige Suchen nach und Korrigieren von Fehlern kann dazu führen, dass Lerner gehemmt werden, eigenständig Sprache zu produzieren und entmutigt sind, neue Konstruktionen auszuprobieren und mit Sprache kreativ zu arbeiten.

Fehler sind beim Sprachenerwerb normal und unvermeidlich. Sie sind Übergangsformen auf dem Weg zur Norm der sprachlichen Umgebung und können Erkenntnisse zum Lernfortschritt liefern. „Fehler" sind eine Möglichkeit, Informationen über den Sprachstand des Schülers zu erhalten. Mithilfe von Fehlern können gezielt Hilfestellungen zur Verbesserung der Fertigkeiten bereitgestellt werden, aber nicht nur formale, grammatische. Lassen Sie sich hierbei von der Unterhaltung einer Mutter mit ihrem Kind inspirieren, denn eine Mutter würde ihr Kind vermutlich nie auf einen Fehler aufmerksam machen und das Kind einfach nur verbessern. In der Regel hört sich die Mutter die Äußerung des Kindes an und nimmt das Thema auf, um es grammatisch korrekt zu wiederholen.

Im Gegensatz zu flüchtigen Fehlern in der mündlichen Sprachproduktion, muss normabweichenden Strukturen im schriftlichen Ausdruck mehr Gewicht beigemessen werden. Das bedeutet, dass die sprachliche Leistung einer mündlichen Äußerung mehr **Anerkennung** verdient und dem Inhalt mehr Beachtung geschenkt werden muss, wohingegen bei schriftlichen Äußerungen auch auf die Richtigkeit der Form zu achten ist. Allerdings sollte man sich nicht dazu verleiten lassen, sich bei der Bewertung des schriftlichen Ausdrucks allein auf die Fehler zu konzentrieren. Es muss auch berücksichtigt werden, dass spontanes Sprechen oder Schreiben von Lernern einer Wiedergabe von Gedanken gleicht, deren Unvollkommenheit unvermeidbar ist. Es ist also wichtig, dass Schriftlichkeit im Unterricht gezielt genutzt und die Qualität des Textes durch längere Planungsphasen und Möglichkeiten zur Variation in den Vordergrund gestellt wird.

Die Würdigung des Inhalts der schriftlichen Äußerungen sollte bei der Rückmeldung nicht zu kurz kommen. Sie ist Voraussetzung für eine Bearbeitung der Texte im Sinne einer Redaktion. Die Korrektur ist dann kein Vorwurf, sondern Hilfe zur Optimierung des Textes. Ein solches Vorgehen ermutigt die Schüler, sich mit wachsendem Engagement schriftlich zu äußern.

Der schriftliche Ausdruck ist also eine effektive Möglichkeit, die sprachliche Genauigkeit zu reflektieren. Zu beachten ist, dass die Bewertung fair und transparent bleibt. Häufig muss man den Mut der Lernenden belohnen, die sich schön ausdrücken wollen und damit neue Strukturen ausprobieren und etwas wagen, indem sie ihre Sicherheitszone verlassen und dadurch zwangsläufig Fehler riskieren. Eine zu starke Fehlerbetonung kann auch hier Hemmungen und Ängste hervorrufen. Es muss also darum gehen, den Schülern zu helfen, ihr Potenzial realistisch zu beurteilen und sich nicht mit mangelhaften Texten zufrieden zu geben.

Bei Rückmeldungen zu Lerneräußerungen sollte es v. a. um die **Verständlichkeit** gehen. Das ist vergleichsweise einfach, wenn im Unterricht authentische Situationen und Szenarien behandelt werden. Damit signalisiert man Interesse für das Geäußerte und die Bereitschaft, den Sprecher beim Erreichen seiner kommunikativen Ziele zu unterstützen. Das motiviert die Lernenden weiter zu sprechen (oder Schriftliches zu überarbeiten). Auch die Angemessenheit und Effektivität von Äußerungen sollte im Blick behalten werden. Unterschiedliche Adressaten und Situationen verlangen nach unterschiedlichen Formen. „Gib mal her!" ist z. B. in manchen Situationen nicht so effektiv wie „Würden Sie mir das bitte geben?".

3.10 Aufgaben

1. Welche curricularen Aspekte ergeben sich für den Deutschunterricht mit Flüchtlingen?
2. In welchem Verhältnis stehen Sprache und Kultur im Fremdsprachenunterricht?
3. Wie lassen sich Bilder lernfördernd im Unterricht einsetzen?
4. Welche Mehrwerte lassen sich durch die Nutzung verschiedener (offener und geschlossener) Medien im Sprachenerwerb und Sprachunterricht erzielen? Was ist dabei zu berücksichtigen?
5. Was sind die Merkmale handlungsorientierten, kommunikativen und interkulturellen Fremdsprachenunterrichts und wie könnten sie umgesetzt werden?
6. Welche Formen der Differenzierung gibt es?
7. Was gehört zu einer modernen Fehlerkorrektur?

4 Grundwissen zu Flucht und Asyl

von Mirjana Šimić

In diesem Kapitel wird zunächst ein Überblick über Hauptgründe für Fluchtbewegungen und die Entwicklung der fluchtbedingten Zuwanderungszahlen nach Deutschland gegeben. Im Folgenden werden die verschiedenen Verfahrensschritte und Zuständigkeiten dargestellt, die für das Asylverfahren in Deutschland bis 2015 galten. Die Entwicklung effizienterer Verfahren, die durch die hohen Zuzugszahlen im Herbst 2015 erforderlich wurde, wird derzeit (Frühjahr 2016) noch erprobt. Die sprachliche und soziale Integration von Asylbewerbern erfordert für die verschiedenen Zielgruppen unterschiedliche Ansätze und Schwerpunkte (z. B. Familien, unbegleitete Minderjährige etc.). Die Unterstützungsmöglichkeiten für diese Integration durch die staatliche/ kommunale Infrastruktur hängen stark von der Bleibeperspektive ab, die je nach Herkunftsland sehr unterschiedlich ist. Welche Leistungen und Angebote allen Asylbewerbern und welche nur jenen aus bestimmten Herkunftsländern zustehen, wird in diesem Kapitel vorgestellt. Schließlich werden Strukturen, Beweggründe und Handlungsfelder der zahlreichen seit 2014 entstandenen ehrenamtlichen Asylhelferkreise aufgezeigt.

4.1 Grundlegendes zum Asylverfahren in Deutschland

Infolge unterschiedlicher **Fluchtursachen** wie (Bürger-)Kriege, Umweltkatastrophen, Hungersnöte, politische Verfolgung und Menschenrechtsverletzungen aber auch aus wirtschaftlicher Not gab es in den vergangenen Jahrhunderten immer wieder (große) Fluchtbewegungen (vgl. Oltmer 2015: 19). Bei den Migrationsbewegungen wird dabei zwischen Binnenmigranten, die innerhalb ihres Herkunftslandes in anderen Landesteilen Zuflucht suchen, und jenen Migranten unterschieden, die außer Landes in sichere und reichere Länder fliehen. Ebenso vielfältig wie die Richtungen der **Fluchtbewegungen** sind die Fluchtursachen. Seit 1953 stellten rd. 4,6 Millionen Menschen in Deutschland einen Asylantrag, davon rd. 3,7 Millionen seit 1990 (BAMF 2015b: 7). Seit den letzten größeren Fluchtbewegungen in deutschsprachige und skandinavische EU-Mitgliedsstaaten aufgrund des Zerfalls des Vielvölkerstaates Jugoslawien – bei dem rd. 440.000 Menschen allein in Deutschland aufgenommen wurden – waren die Antragszahlen zwischen 1995 und 2012 stetig zurückgegangen (a. a. O.). Seit 2012 ist wieder ein merklicher Anstieg der Asylbewerberzahlen in Deutschland zu verzeichnen. So haben 2012 insgesamt 64.539, 2013

109.580 und 2014 173.072 Menschen in Deutschland einen Erstanstrag auf Asyl gestellt.[8] 2015 wurden 442.000 Erstanträge verzeichnet. Dies weist auf eine gewaltige Zunahme hin. Daneben gilt es aber zu beachten, dass im Lauf dieses Jahres etwa doppel so viele Asylbewerber nach Deutschland eingereist sind, den Asylantrag aber nicht zeitnah stellen konnten. Die Infrastruktur in den Erstaufnahmeeinrichtungen und das Bundesamt für Migration waren auf diese hohen Zuzugszahlen innerhalb weniger Monate nicht vorbereitet. Die nicht vorhersehbaren politischen Entwicklungen hinsichtlich kriegerischer Auseinandersetzungen einerseits, wie auch die ebenso wenig vorhersehbare Entwicklung der Asyl- und Flüchtlingspolitik der einzelnen Mitgliedsstaaten der europäischen Union, wirken sich auf die Gesamtzahl der Asylbewerber in Deutschland aus. Unbestritten ist aber, dass es weiterhin Zuwanderung durch Schutzsuchende und Wirtschaftsmigranten geben wird (vgl. Hanewinkel 2015: 6), die einen Asylantrag in Deutschland stellen werden.

In der monatlich erscheinenden **Asylgeschäftsstatistik des BAMF** werden die aktuellen Antragszahlen und Anerkennungsquoten (wie viele Asylanträge von Antragstellern aus einem Herkunftsland positiv beschieden werden) veröffentlicht. Dort wird auf der Grundlage von Antragszahlen und positiven Bescheiden eine Gesamtschutzquote berechnet, nach der die 10 stärksten Herkunftsländer (die 10 Ländern, aus denen die meisten Antragsteller stammen) gereiht werden. Asylbewerber aus Ländern, aus denen mehr als 50% der Anträge positiv beschieden werden, und die Antragsteller, die einen Flüchtlingsstatus oder subsidiären Schutz bekommen, haben eine **„hohe Bleibeperspektive"**. Im Februar 2016 waren das Antragssteller aus Syrien und dem Irak.

In Deutschland kann ein Asylantrag nur beim Bundesamt für Migration und Flüchtlinge (BAMF) gestellt werden. Bis zum Sommer 2015 verlief das Asylverfahren in Deutschland in folgenden Schritten (vgl. BAMF 2014b):

▶ Nach der Einreise meldete sich die Person als Asylsuchende/r bei einer Polizeidienststelle oder Ausländerbehörde und begab sich dann – sofern die Meldung nicht schon direkt in dieser erfolgte – in die zuständige/ ihr zugewiesene Erstaufnahmeeinrichtung. Im Herbst/Winter 2015 wurden aufgrund der immens hohen Grenzübertrittszahlen direkt an den Grenzübergängen provisorische Registrierungszentren eingerichtet, zu denen die Menschen von der Bundespolizei/Grenzpolizei gebracht wurden. Von diesen Einrichtungen aus erfolgte dann die Weiterverteilung auf reguläre Erstaufnahmeeinrichtungen

▶ Die Erstaufnahmeeinrichtung war zuständig für die Unterbringung und Versorgung (durch Sachmittel oder Auszahlung von Geldleistungen) und die medizinische Erstuntersuchung des/r Asylsuchenden.

▶ Hier erfolgte auch die Registrierung der persönlichen Daten. Bei Personen ab 14 Jahren wurden zusätzlich Fingerabdrücke genommen und ein Foto gemacht.

---

8   Zu den Erstanträgen kommen rund 10–15 % Folgeanträge dazu.

Die 10 stärksten Herkunftsländer im Jahr 2016* (TOP-TEN)	ASYLANTRÄGE			ENTSCHEIDUNGEN ÜBER ASYLANTRÄGE							
	insgesamt	davon Erstanträge	davon Folgeanträge	insgesamt	davon Rechtsstellung als Flüchtlinge	darunter Anerkennung als Asylberechtigte (Art. 16a u. Fam. Asyl)	davon subsidiärer Schutz gem. §4 Abs. 1 AsylG	davon Abschiebungsverbot gem. §60 Abs. 5/7 AufentG	Gesamtschutzquote	davon Ablehnungen (unbegr. abgelehnt o.u. abgelehnt)	davon sonstige Verfahrens-erledigungen
1 Syrien, Arabische Republik	60.993	60.661	332	52.381	51.677	167	39	95	98,9 %	14	556
2 Irak	16.765	16.621	144	4.867	4.060	49	148	28	87,0 %	154	477
3 Afghanistan	12.467	12.404	63	1.523	410	8	99	210	47,2 %	376	428
4 Ungeklärt	6.419	6.350	69	2.701	2.579	6	5	2	95,7 %	58	57
5 Iran, Islamische Republik	2.766	2.719	47	555	293	28	5	13	56,0 %	127	117
6 Albanien	2.686	2.470	216	10.221	2	-	15	11	0,3 %	8.531	1.662
7 Pakistan	1.705	1.669	36	728	37	-	2	5	6,0 %	508	176
8 Eritrea	1.582	1.556	26	4.222	4.060	40	19	1	96,6 %	24	118
9 Staatenlos	1.158	1.148	10	825	802	2	-	-	97,2 %	11	12
10 Serbien	1.873	1.032	841	5.779	-	-	-	3	0,1 %	3.877	1.899
Summe Top 10	108.414	106.630	1.784	83.802	63.920	300	332	368	77,1 %	13.680	5.502
Herkunftsländer gesamt	**120.642**	**117.392**	**3.250**	**100.977**	**64.670**	**340**	**465**	**555**	**65,1 %**	**25.038**	**10.249**

*Reihung entsprechend der Top-Ten-Liste der Erstanträge im Berichtszeitraum Januar bis Februar 2016

Tab. 4.1 BAMF- Asylgeschäftsstatistik für den Monat Februar 2016

► Über die Eingabe der Daten in einem bundesweiten Computersystem wurde geprüft, ob bereits ein Asylantrag in Deutschland oder in einem anderen EU-Land gestellt worden war. Seit 01. 01. 2014 war die Dublin-Verordnung in dritter Fassung in Kraft. Sie war eine weitere Fortschreibung des Dubliner Übereinkommens aus dem Jahr 1990. Die Dublin-Verordnung regelte im Kern, dass jeder Asylantrag, der im „Dublin-Raum" gestellt wurde, inhaltlich nur durch einen Mitgliedstaat der Europäischen Union sowie Norwegen, Island, der Schweiz oder Liechtenstein geprüft werden sollte. Im „Dublin-Verfahren" wurde also festgestellt, welcher Mitgliedstaat für die Durchführung eines Asylverfahrens zuständig war. Damit war das Dublin-Verfahren ein Zuständigkeitsverfahren, das vor der eigentlichen Prüfung des Asylantrags stattfand (BAMF 2014b: 5).

► Noch bevor die Asylsuchenden auf Kommunen und Landkreise weiterverteilt wurden, konnten sie bei den Außenstellen des BAMF ihren Asylantrag stellen. War dies aufgrund des hohen Arbeitsaufkommens nicht möglich, wurde eine Bescheinigung über die Meldung als Asylsuchender (BÜMA) ausgestellt.

► Über einen Verteilungsschlüssel (Königsteiner Schlüssel) wurden die Asylsuchenden auf Kommunen und Landkreise verteilt, wohin sie je nach Reisemöglichkeit und Zuweisungsraten selbstständig anreisten oder mit Bussen gebracht wurden. Den Kommunen wurde pro Woche eine bestimmte Anzahl Asylsuchender zugewiesen, für die die Kommune Unterkunft und Versorgung bereitstellen musste. Der Königsteiner Schlüssel berücksichtigt Steueraufkommen und Bevölkerungszahl der Bundesländer und wird jährlich von der Bund-Länder-Kommission ermittelt.

► Unbegleitete Minderjährige (uM[9]) wurden vom örtlich zuständigen Jugendamt in Obhut genommen.

► In den Kommunen untergebracht, erhielten die Asylsuchenden von der zuständigen Ausländerbehörde ein Ausweisdokument (Aufenthaltsgestattung) und warteten auf einen Anhörungstermin in der zuständigen Außenstelle des Bundesamts (BAMF).

► Die Entscheidung über den Asylantrag erfolgte nach den folgenden möglichen Vorgehensweisen[10]:

  ▷ Zuerkennung der Flüchtlingseigenschaft, gegebenenfalls zusätzlich eine Asylberechtigung → Aufenthaltserlaubnis für 3 Jahre

  ▷ Zuerkennung von subsidiärem Schutz → Aufenthaltserlaubnis für 1 Jahr (+ 2 Jahre bei Verlängerung)

  ▷ Feststellung eines Abschiebungsverbots → Aufenthaltserlaubnis für 1 Jahr

---

9 Die Minderjährigen, die ohne für sie verantwortliche Erwachsene in Deutschland angekommen sind, wurden bisher als „unbegleitete minderjährige Flüchtlinge" (kurz: umF) bezeichnet. Inzwischen wird für diese Personengruppe die Abkürzung „uM", für „unbegleitete Minderjährige" verwendet.

10 Siehe auch „Schema-Ablauf-Asylverfahren", URL: http://www.bamf.de/SharedDocs/Anlagen/DE/Downloads/Infothek/Asyl/schema-ablauf-asylverfahren.pdf?__blob=publicationFile; Der Asylbewerber kann gegen die Entscheidung klagen, eine ausführliche Darstellung der Kriterien für die Entscheidung findet sich in BAMF 2014b.

> ▷ Ablehnung der Flüchtlingseigenschaft, des subsidiären Schutzes und Abschiebungs-
>   verbots → Ausreiseaufforderung bzw. Abschiebung
> ▶ Bei einer positiven Entscheidung (Flüchtlingseigenschaft oder subsidiärer Schutz)
>   erhielt der Asylsuchende eine Aufenthaltserlaubnis und wurde Kunde des örtlichen
>   Jobcenters, das ab diesem Zeitpunkt für seine Versorgung und die Arbeitsmarkt-
>   integration zuständig war.

Dieses Verfahren war nicht auf die hohen Antragszahlen ausgerichtet, wie sie sich seit dem
Sommer 2015 entwickelt haben. Die Folge des immensen Anstiegs an Asylanträgen war
eine immer weiter wachsende Anzahl nicht bearbeiteter Anträge. So wurde im Verlauf der
Herbstmonate des Jahres 2015 für Asylsuchende aus Syrien und Eritrea vorübergehend das
sogenannte **„vereinfachte/verkürzte Verfahren"** ohne persönliche Anhörung eingeführt.
Parallel dazu wurde am BAMF an einer effizienteren Organisation gearbeitet, um die Ver-
fahrensdauer abzukürzen. Derzeit (Frühjahr 2016) wird ein neues verkürztes Verfahren
erprobt. Neben dem Ziel, das gesamte Asylverfahren (Antragstellung, Anhörung, Infor-
mationsbeschaffung und Entscheidung) soweit möglich unter einem Dach durchzuführen,
ist die Einteilung der Asylsuchenden vor der Antragstellung in vier Gruppen (Cluster) das
wesentliche Prinzip der Verfahrensverkürzung. Kriterien sind dabei das Herkunftsland
(Cluster A: Schutzquote Herkunftsland > 50 % und Cluster B: sichere Herkunftsländer/
Westbalkan), die zu erwartende Komplexität (Cluster C: komplexe Fälle) oder die Reiserou-
te (Cluster D: Prüfung Dublin)[11]. Im Zuge dieses Verfahrens wurde auch die Erstellung und
Ausgabe eines „Ankunftsnachweises" erprobt, der neben den persönlichen Daten nun auch
Informationen zur bisher erworbenen Qualifikation enthält: die Identifikationsnummer,
Personen-, Identitäts- und Kontaktdaten wie Name, Geburtsdatum, Fingerabdrücke sowie
Daten zur Schulbildung und beruflicher Qualifikation sind hier zu finden. Für Personen mit
guter Bleibeperspektive (Cluster A) wird so noch vor dem Asylbescheid mittels Befragung
ein Qualifikations- bzw. Arbeitsmarktprofil des Antragstellenden angefertigt, um möglichst
schnell passende Sprachkurs- und Qualifizierungsangebote zusammenzustellen und die
Arbeitsmarktintegration zu beschleunigen.[12]
    Abbildung 1 veranschaulicht die drei Phasen, die die Geflüchteten nach ihrer Ankunft
in Deutschland durchlaufen. Auch die unterschiedlichen Verfahrensweisen je nach zu-
treffendem Cluster des/r Asylsuchenden sind hier dargestellt.

---

11   http://www.bamf.de/DE/Migration/AsylFluechtlinge/Asylverfahren/BesondereVerfahren/Modellver-
    fahrenErprobungszentren/modellverfahren-erprobungszentren.html?nn=1363214
12   Das Konzept des „Integrierten Flüchtlingsmanagements" des Bundesamts für Migration und Flücht-
    linge (BAMF) wird unter folgender URL vorgestellt: http://www.bamf.de/SharedDocs/Videos/DE/
    BAMF/integriertes-fluechtlingsmanagement.html?nn=1363214. In drei Kapiteln zeigt der Film mit
    ansprechenden Illustrationen die verschiedenen Phasen, die Asylsuchende in Deutschland bis zum
    Abschluss ihres Asylverfahrens durchlaufen und wie die Arbeitsabläufe der beteiligten Behörden in-
    einandergreifen.

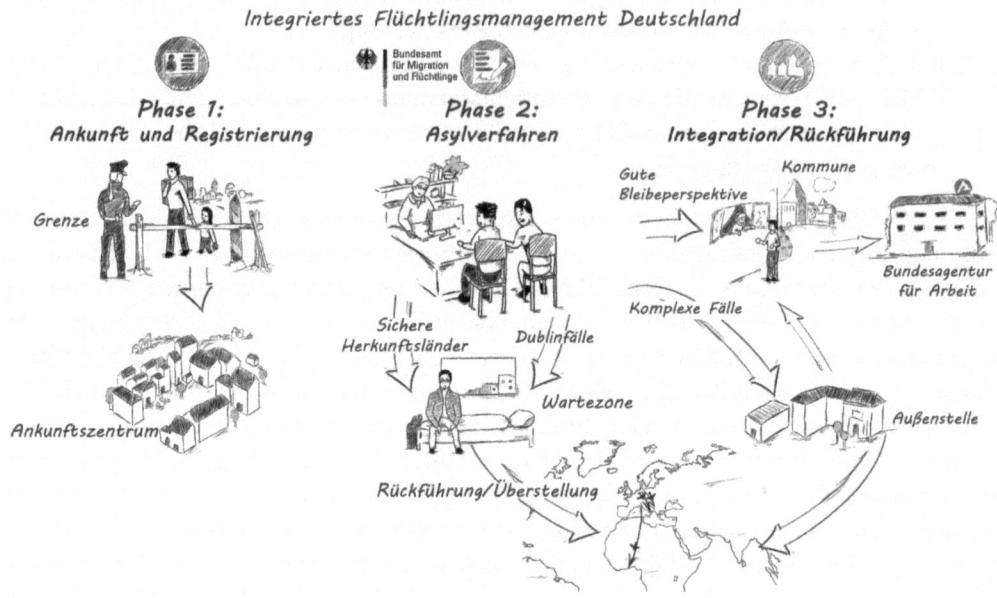

Abb. 4.1 Integriertes Flüchtlingsmanagement in Deutschland (BAMF)

Wie sich das Aufnahmeverfahren und die Antragstellung auf Asyl in Zukunft entwickeln wird und welche der einzelnen Verfahrensschritte, Regelungen und Zuständigkeiten erhalten bleiben, wie sie hier dargestellt sind, hängt von der künftigen Entwicklung von Wanderungsbewegungen nach Europa und Deutschland einerseits wie auch von den politischen Entscheidungen der betroffenen Zuwanderungsländer ab.

4.2 Rückkehrförderung und Reintegrationsprogramme

Die freiwillige Rückkehr abgelehnter Asylbewerber wird durch verschiedene Programme gefördert. Auf der BAMF-Homepage werden mit der Zentralstelle für Informationsvermittlung zur Rückkehrförderung (ZIRF) umfangreiche Informationen für Beratungsstellen und Rückkehrinteressierte zur Verfügung gestellt, z. B. über nationale und internationale Rückkehrförderprogramme, **Rückkehrberatungsstellen** im Bundesgebiet sowie Informationen zu den Herkunftsländern.[13]

Humanitäre Hilfsprogramme dieser Art, die zur Steuerung von Migrationsbewegungen dienen sollen, und rückkehrwillige Asylbewerber unterstützen, sind das *Reintegration and Emigration Programme for Asylum-Seekers in Germany* (REAG) und das *Government Assisted Repatriation Programme* (GARP). Sie werden von der Internationalen Organisation für Migration (IOM) im Auftrag des Bundesministeriums des Innern (BMI) und den

---

13   http://www.bamf.de/DE/Rueckkehrfoerderung/Rueckkehrberatung/rueckkehrberatung.html

zuständigen Ministerien der Bundesländer gemeinsam durchgeführt.[14] Je nach Herkunftsland und nach Alter werden die Rückreisenden mit Reisebeihilfen und Starthilfen in
unterschiedlicher Höhe unterstützt.

Coming Home ist ein kommunales Projekt der Landeshauptstadt München zur **Rück-
kehr- und Reintegrationsförderung** und eine Anlauf- und Beratungsstelle für die gesamte
Region (Großraum München mit umliegenden Landkreisen). Das EU-geförderte und
ausgezeichnete Projekt hat seit seiner Gründung im Jahr 2016 insgesamt 13.000 Rückkehrwillige unterstützen können und trägt auch mit der Fortbildung und Qualifizierung von
Beratern/innen zum Ausbau von Beratungsangeboten bei.[15]

4.3 Angekommen im neuen Lebensumfeld, Versorgung und Integration

Nach den ersten Tagen oder Wochen in der Erstaufnahmeeinrichtung werden die Asylsuchenden den Kommunen zur sogenannten „dezentralen Unterbringung" zugewiesen,
wo sie in **Asylbewerberunterkünften** untergebracht werden. Je nachdem, ob sie Kommunen in Ballungsgebieten oder in ländlichen Regionen zugewiesen werden, stehen freie
Wohnungen (wenn auch meist in älteren Gebäuden) oder im schlimmsten Fall nur ein Bett
in einer Turnhalle oder Traglufthalle zur Verfügung. Die Bezeichnung „dezentral" wird
hier in Abgrenzung zur „zentralen" Unterbringung in den Erstaufnahmeeinrichtungen
verwendet, wo bis zu 1.500 Menschen vorübergehend aufgenommen werden, bevor sie
nach der Registrierung auf die Kommunen weiterverteilt werden. Bis Herbst 2014 konnten
selbst in Ballungsgebieten noch über Liegenschaften der Kommunen oder über den freien
Wohnungsmarkt kleinere Wohneinheiten gefunden werden, die der Bezeichnung „dezentral" gerecht werden. Mit dem Anstieg der Asylbewerberzahlen im Herbst 2015 mussten
die Menschen vor allem in den Ballungsgebieten zunehmend in Turnhallen, Traglufthallen
und Containeranlagen untergebracht werden.

Auch die **medizinische Versorgung** wird über die kommunalen Verwaltungen koordiniert und abgerechnet. So wird bei Erkrankung ein Krankenschein ausgegeben oder
z. B. bei Notfällen oder stationären Aufenthalten direkt mit den Krankenhäusern abgerechnet. Vor dem Hintergrund der stark gestiegenen Asylbewerberzahlen in den Jahren
2014 und 2015 wurde die Umstellung der medizinischen Versorgung auf das System der
Versicherungskarte bei Krankenkassen – analog zum System für Bürger mit deutscher
Staatsangehörigkeit oder mit einer Aufenthaltserlaubnis – diskutiert, um den Verwaltungs-
aufwand zu reduzieren. Eine abschließende Entscheidung hierzu durch den Gesetzgeber
ist bis jetzt (Stand April 2016) noch nicht gefallen. Die Kommunen sind neben der Unterbringung und Sicherstellung der medizinischen Versorgung auch für die Auszahlung der

---

14 http://www.bamf.de/SharedDocs/Anlagen/DE/Downloads/Infothek/Rueckkehrfoerderung/reag-
    garp-merkblatt-foerderung.pdf?__blob=publicationFile [03. 04. 2016]
15 Weitere Informationen unter folgender URL: http://www.muenchen.de/rathaus/Stadtverwaltung/
    Sozialreferat/Wohnungsamt/rueckkehrhilfen/Buero_fuer_Rueckkehrhilfen.html

Geldleistungen nach dem Asylbewerberleistungsgesetz oder aber die Versorgung mit Sachleistungen zuständig. Die Höhe der Leistungssätze orientiert sich an den §§ 5 bis 8 des Regelbedarfs-Ermittlungsgesetzes. Demnach werden zwischenzeitlich für Leistungsberechtigte nach dem AsylbLG und nach dem SGB XII und SGB II grundsätzlich dieselbe Datengrundlage verwendet. Somit werden auch beim AsylbLG die Regelbedarfsstufen nach § 28 SGB XII angewandt. Ob die Versorgung über Geld- oder Sachleistungen erfolgt, hängt von der Regelung in der jeweiligen Kommune ab. Bei der Auszahlung von Geldleistungen beträgt der monatliche Auszahlungsbetrag für eine alleinstehende, erwachsene Person (Regelbedarfsstufe 1) EUR 359,–, wovon EUR 216,– für das physische Existenzminimum und EUR 143,– für das soziokulturelle Existenzminimum veranschlagt sind. Die Regelbedarfsstufen 1 bis 6[16] unterscheiden sich je nach Alter und Personenstand bzw. gemeinsamer Unterbringung mit Familienmitgliedern in einer Bedarfsgemeinschaft. Weitere Leistungen stehen werdenden Müttern für den Mehrbedarf bei Schwangerschaft und die Erstlingsausstattung von Neugeborenen zu und – aus dem Bildungs- und Teilhabepaket – Unterstützung für Schulbedarf und soziale Teilhabe (z. B. gemeinsames Mittagessen in Kita und Schule, Mitgliedsbeiträge für Sportvereine, Nachhilfe etc.).

4.4 Verschiedene Lebensphasen – verschiedene Voraussetzungen und Bedarfe

Rund 30 % der in den ersten drei Monaten des Jahres 2016 nach Deutschland eingereisten Asylbewerber waren Kinder, insgesamt 26 % waren im Alter zwischen 18 und 25 Jahren und weitere 25 % zwischen 25 und 35 Jahren. Zwei Drittel aller Anträge wurden von Männern gestellt (BAMF 2016a: 7). Je nach Verteilung werden in manchen Kommunen viele Familien untergebracht, in anderen sind es fast nur Männer oder – vor allem in Grenznähe – besonders viele unbegleitete Minderjährige, wie es zum Beispiel in den Landkreisen Rosenheim und Passau der Fall ist. Hier ist das Jugendamt für besonders viele unbegleitete Minderjährige verantwortlich, da zunächst die Kommune zuständig ist, in der die unbegleiteten Minderjährigen aufgegriffen wurden. Es hat einige Monate gedauert, bis die Umverteilung nach dem Königsteiner Schlüssel auch für die Personengruppe der unbegleiteten Minderjährigen angewandt wurde. Im Folgenden werden die Ausgangslagen und Integrationsbedarfe der verschiedenen Altersgruppen ab dem Zeitpunkt der Unterbringung in den Kommunen dargestellt, und zwar basierend auf der Annahme, dass dieser Aufenthalt, wenn auch nicht dauerhaft, in den meisten Fällen doch ein langfristiger ist. Wenn auch davon auszugehen ist, dass Asylbewerber aus den von Wohnraummangel geprägten Ballungsräumen wegziehen müssen, um (bezahlbaren) Wohnraum zu finden, verbringen sie doch mindestens einige Monate, in der Regel sogar etwa zwei Jahre in den Kommunen, denen sie zugewiesen wurden.

---

16 Vgl. http://www.gesetze-im-internet.de/asylblg/

Unbegleitete Minderjährige sind eine besondere Gruppe unter den Asylsuchenden. Diese Gruppe steht unter besonders starker Belastung, obwohl sie nach dem Jugendhilfestandard durch Inobhutnahme intensiv durch die zuständigen Jugendämter der Kommunen betreut wird: „Grundsätzlich garantiert § 42 SGB VIII den unbegleiteten Kindern und Jugendlichen den Schutz der Jugendhilfe durch Inobhutnahme. Die Frage der Altersfeststellung bzw. -festsetzung ist hier von zentraler Bedeutung. Nur Minderjährige haben Anspruch auf diesen besonderen Schutz." (Päritätischer Gesamtverband 2012). Sie sind alleine in Deutschland angekommen, weil sie entweder ihre Familie auf der Flucht verloren haben oder – der häufigere Fall – von ihren Familien alleine „voraus" geschickt wurden[17]. In letzterem Fall sollen diese jungen Menschen eine Aufenthaltserlaubnis in Deutschland erlangen und dann per Familiennachzug, ihre nächsten Verwandten nachholen. Oder aber es wird von ihnen erwartet, dass sie schnell Arbeit finden und ihre Familien in den Herkunftsländern finanziell unterstützen[18]. Aufgrund ihres Alters sind sie bereits auf der Flucht besonders gefährdet und haben häufig mit traumatischen Erfahrungen zu kämpfen, die u. U. erst nach einer gewissen Zeit aufbrechen (a. a. O.). Darüber hinaus müssen sie in dieser sensiblen Entwicklungsphase die Hürden des Zweitsprachenerwerbs und der schulischen und beruflichen Qualifizierung bewältigen.

Bei **Familien**, die im Familienverbund (meist komplett) gemeinsam in Deutschland ankommen, ergibt sich ein anderer Unterstützungsbedarf für die Kinder und ihre Eltern. Mit dem Anspruch auf Kindertagesbetreuung ab dem ersten Lebensjahr[19] haben die Kinder sehr gute Chancen, das Deutsche auf weitgehend natürliche, dem Erstspracherwerb nahe Weise zu erwerben, gekoppelt an die kognitive Entwicklung, den Wissenserwerb und die soziale Interaktion mit Peers und Bezugspersonen.

Für den Deutscherwerb der Eltern gibt es je nach Herkunftsland Zugang zu professionellen Sprachkursen oder solchen mit ehrenamtlichen Kursleitern. In vielen **Helferkreisen** haben sich auch Sprachpaten- oder Lesepatensysteme gebildet, die ebenso wie die Sprachkursleiter gerade die Themen rund um das Aufwachsen und die Entwicklung der Kinder, das Bildungssystem in Deutschland, pädagogische Konzepte zur Kinderbetreuung und Kinderrechte in der Konversation aufgreifen könnten. Diese Themen betreffen die Orientierung und das Ankommen der Familien und ihr neues Leben in der deutschen Gesellschaft unmittelbar. So birgt die Bildungs- und Erziehungspartnerschaft, die in Kindertageseinrichtungen und Schulen in unserem Bildungssystem die Einbindung von und die Zusammenarbeit mit Eltern umfasst, für beide Seiten große Herausforderungen. Pädagogische Fachkräfte und Lehrkräfte sehen sich bei dieser Zusammenarbeit häufig mit sehr traditionellen Rollen- und Familienbildern konfrontiert. Die Eltern wiederum können sich schnell überfordert fühlen und es kann – selbst wenn ein **Dolmetscher** bei (Entwicklungs-)Gesprächen unterstützen kann – zu Missverständnissen kommen. Wenn es ein (Laien-)Dolmetschernetzwerk oder

---

17   http://www.bamf.de/DE/Migration/AsylFluechtlinge/UnbegleiteteMinderjährige/unbegleitete-minderjährige-node.html
18   Zur Lage unbegleiteter Minderjähriger siehe Noske (2015) und Espenhorst (2013).
19   http://www.bmfsfj.de/BMFSFJ/kinder-und-jugend,did=118992.html

ein Gemeindedolmetschernetzwerk gibt, so ist das Hinzuziehen von Dolmetschern unbedingt zu empfehlen, um – im Sinne der Entwicklung des Kindes – eine gute Zusammenarbeit zwischen pädagogischen Fachkräften und Lehrkräften einerseits, und den (in diesem Gesellschaftssystem ankommenden) Eltern andererseits zu schaffen. Es sollte auf jeden Fall verhindert werden, dass Kinder als Übersetzer eingesetzt werden. Eine solche Situation führt zur Belastung des Kindes und hemmt es in der sozialen und damit in der sprachlichen Integration. Je mehr die Eltern über das Bildungssystem und das Aufwachsen in Deutschland wissen, umso vertrauensvoller können sich die Kinder auf ihr neues Lebensumfeld einlassen[20]. Wenn der Kontakt mit anderen, deutschsprachigen Eltern (unabhängig von deren Staatsangehörigkeit) gefördert und unterstützt wird, ergeben sich für Kind und Eltern wichtige Sprachkontakte an außerschulischen Lernorten, wie dem Spielplatz, rund um die Trainingszeiten in Sportvereinen oder schlicht auf dem Weg zur Kita oder Schule.

Anders als zugewanderte Familien, die nicht aus Krisenregionen und nicht auf teils lebensgefährlichen Fluchtrouten nach Deutschland gekommen sind, haben Asylbewerberfamilien oft **belastende Erfahrungen** gemacht. Wie gut Eltern und Kinder diese Erfahrungen bewältigen können und ob es traumatische Erfahrungen sind, können bei Bedarf nur Experten feststellen, die im Bedarfsfall hinzuziehen sind. Selbst wenn die Kinder nicht selbst traumatisiert sind, können Sie unter den Belastungen der Eltern leiden und nicht aufnahmefähig für die neue Sprache und die Lerninhalte sein. Im Sinne einer Bildungs- und Erziehungspartnerschaft für die besten Lernbedingungen der Kinder ist es wichtig, auch diesen Aspekt vonseiten der Bildungsinstitutionen zu bedenken. Unterstützung können auch in solchen Fällen Experten und interkulturelle Erziehungsberatungsstellen bieten.[21]

Während des Asylverfahrens sind die Familien ebenso wie andere Personengruppen in Unterkünften untergebracht, die von den Kommunen gestellt werden. Wie weiter oben beschrieben, kann insbesondere in Ballungsräumen nur selten Wohnraum für eine Familie allein zur Verfügung gestellt werden. Die finanzielle Versorgung der Familie ist ausreichend, vor allem durch den Zugang zu Tafeln und durch hohe Spendenbereitschaft aus der ansässigen Bevölkerung. Die Belastung durch die Enge, durch gemeinsam zu nutzende Küchen und Sanitärräume sind gerade für Familien besonders groß, noch größer als für alleinstehende Personen. Nicht selten führt die Unterbringung von zwei oder drei Familien in einer Wohnung zu Spannungen und ernstem Streit. So kann es vorkommen, dass Kinder in derselben Wohnung leben, dieselbe Kita oder Schule, sogar dieselbe Gruppe oder Klasse besuchen, und zuhause erleben, wie sich die Eltern anfeinden. Die fehlende Möglichkeit, sich auszuweichen, konfrontiert die Kinder täglich mit dieser verstörenden Situation. Für Lehrkräfte und pädagogische Fachkräfte ist es schwer, solche Konstellationen aufzudecken.

---

20 Eine Handreichung für pädagogische Fachkräfte, erstellt im Auftrag des Bayerischen Sozialministeriums, ist unter folgender URL abrufbar: http://stmas.bayern.de/imperia/md/content/stmas/stmas_internet/kinderbetreuung/150312_asylhandreichung_kita.pdf

21 Z. B. http://www.kommunale-integrationszentren-nrw.de/griffbereit-1
http://www.bildungsserver.de
http://www.kolibri-stiftung.de

Sie können die Situation lediglich aufmerksam beobachten und sollten diese Möglichkeit als belastenden Faktor für die Kinder nicht außer Acht lassen.

Aus den Gesamtzahlen der Antragsteller (s. o.) ist abzulesen, dass ein sehr großer Teil zwischen 18 und 25 Jahre alt ist, darunter vor allem junge Männer. Die meisten Asylbewerber in dieser Altersgruppe, wie auch jene zwischen 25 und 35 Jahren, sind alleine nach Deutschland gekommen. Wie auch für die anderen Altersgruppen, ist für die Jüngeren die Chance auf eine schnelle sprachliche und soziale Integration stark vom Bildungsangebot abhängig (s. Abschnitt 4.6), aber auch vom Vorhandensein bzw. der Intensität der sozialen Betreuung durch hauptamtliche oder ehrenamtliche Helfer. Anders als die unbegleiteten Minderjährigen haben diese jungen Menschen keinen rechtlichen Anspruch auf Betreuung nach Jugendhilfestandard. Die erste Hürde liegt in der Orientierung und der Suche nach einem Schulplatz, sofern diese überhaupt in ausreichender Menge vorhanden sind. Bei den hohen Zuwanderungszahlen in dieser Altersgruppe ist es selbst bei höchstem Engagement von hauptamtlich Zuständigen und Ehrenamtlichen nicht immer möglich, Plätze für alle jungen Asylbewerber an Schulen oder in Sprachkursen zu finden, insbesondere vor dem Hintergrund kurzfristiger Zuweisungen in die Kommunen. Ob es den Jugendlichen, die einen Schulplatz bekommen konnten, dann auch gelingt, den Unterricht regelmäßig und ausgeruht zu besuchen und das Klassenziel (z. B. die Ausbildungsreife) zu erreichen, hängt wiederum von der Unterkunftsart – z. B. kleine Wohneinheiten oder Turnhallen –, Rückzugsmöglichkeiten und dem Vorhandensein betreuender Sozialpädagogen oder unterstützender Netzwerke (Sprachpaten, Lesepaten etc.) ab.

Für die über 25-jährigen stehen andere Probleme im Vordergrund. So sind viele zunächst alleine nach Deutschland gekommen und hoffen auf den Nachzug von Frau und Kind(ern). Die Sorge um die Familie belastet häufig so sehr, dass die Konzentration auf das Deutschlernen – sofern sie Möglichkeiten zum Sprachkursbesuch bekommen – doch sehr beeinträchtigt wird.

4.5 Unterstützungssysteme, soziale Betreuung und Asylhelferkreise

Mit dem Anstieg der Asylbewerberzahlen haben sich seit 2012 verschiedene Hilfs- und Unterstützungssysteme etabliert. So gibt es neben den staatlichen und kommunalen Unterstützungsangeboten wie der Asylsozialberatung oder sozialer Betreuung von Amtsseite (Jugendamt, Sozialamt) auch die Unterstützungssysteme aus der Zivilgesellschaft. Vor allem in den Jahren 2014 und 2015, in denen Asylbewerber auf eine zunehmende Zahl von Gemeinden verteilt wurden, haben sich zahlreiche Asylhelferkreise gebildet.[22] Darüber hinaus wurden mit der Entwicklung von Bildungs- und Qualifizierungsangeboten für Asylbewerber auch weitere, auf bestimmte Altersgruppen spezialisierte Unterstützungs-

---

22 Vgl. dazu die Ergebnisse zur Bereitschaft zur Unterstützung von Asylbewerbern (Robert Bosch-Stiftung 2014: 34f.)

systeme eingerichtet, so zum Beispiel im Rahmen der Beschulung berufsschulpflichtiger Asylbewerber und Flüchtlinge.[23]

Die Organisation wie auch die Standards für die Umsetzung der **sozialen Betreuung** von Asylbewerbern ist in den Bundesländern unterschiedlich geregelt (vgl. Wendel 2014: 75f). Neben der Betreuung durch Sozialpädagogen der zuständigen kommunalen Verwaltung, die auch für die Unterbringung und Versorgung von Asylbewerbern zuständig ist, ist auch die Betreuung durch Sozialpädagogen der Asylsozialbetreuung möglich. Letztere ist bei Wohlfahrtsverbänden angesiedelt und arbeitet bei Schnittstellenfragen mit den Mitarbeitern der Verwaltung zusammen. Der Betreuungsschlüssel, welcher definiert, wie viele Asylbewerber ein Sozialpädagoge betreut bzw. betreuen soll, bewegt sich zwischen 1:96 in Mecklenburg-Vorpommern und 1:150 in Bayern (a. a. O.: 79f). Dieser Betreuungsschlüssel konnte mit der steigenden Zahl der Asylbewerber seit Jahresbeginn 2014 nicht mehr eingehalten werden. Ob sich der Betreuungsschlüssel in Zukunft positiver darstellen wird, hängt von der Entwicklung der Asylanträge einerseits, und der Verfügbarkeit einer ausreichenden Anzahl an Fachkräften andererseits ab.

Die wesentlichen Aufgaben der sozialen Betreuung[24] umfassen die Hilfestellung in der ersten Orientierung im neuen Lebensumfeld (Informationen über Einkaufsmöglichkeiten, medizinische Versorgung und Freizeitmöglichkeiten), Unterstützung bei der sozialen Integration in den Gemeinden sowie der Vermeidung von und Vermittlung bei Konflikten innerhalb und im Umfeld der Unterkunft. Je nachdem, welche Altersgruppen betreut werden, ergeben sich hieraus Aufgaben wie Anmeldung in Kindertageseinrichtungen, Schulen und Horten, Sportvereinen und Angeboten von Jugendeinrichtungen. Die Sozialpädagogen sind damit Ansprechpartner für Asylbewerber, pädagogische Fachkräfte, Lehrkräfte und auch für Nachbarn. Die frühe Kontaktaufnahme mit den Nachbarn einer künftigen Asylbewerberunterkunft – noch vor der Belegung – ist einer der wichtigsten Schritte für eine erfolgreiche Integration im sozialen Umfeld. Im Idealfall stellen sich die betreuenden Sozialpädagogen als Ansprechpartner vor und informieren über die neuen Nachbarn, sofern sie schon wissen, welche Asylbewerber einziehen werden. Das hängt davon ab, wie kurzfristig die Kommunen selbst über die zuzuweisenden Asylbewerber informiert werden – dies kann eine Woche im Voraus sein, aber auch erst sehr kurzfristig am Tag der Ankunft – und wie lange im Voraus die Unterkünfte von den Kommunen angemietet werden.

Die Sozialpädagogen, ob von der Kommune (Sozialamt, Jugendamt bei unbegleiteten Minderjährigen) oder von Wohlfahrtsverbänden (Asylsozialbetreuung) angestellt, sind nicht nur für die oben beschriebenen hauptamtlich eingebundenen Personengruppen und Nachbarn Ansprechpartner, sondern auch für die ehrenamtlich Engagierten in Asylhelferkreisen. Die Unterstützung aus der Zivilgesellschaft ist in der Betreuung von Asylbewerbern

---

23 Vgl. dazu exemplarisch die Übersicht zu Unterstützungsangeboten in der Handreichung für Berufsschulpflichtige Asylbewerber und Flüchtlinge des Staatsinstituts für Schulqualität und Bildungsforschung München, S. 37ff., URL: http://www.isb.bayern.de/schulartspezifisches/materialien/baf_beschulung/.

24 Hier geht es um die soziale Betreuung nach Zuweisung in die Kommunen, in denen die Asylbewerber über eine längere Zeit bzw. bis zum Abschluss ihres Asylverfahrens untergebracht werden.

einer der wichtigsten Faktoren für die soziale Integration. Da mit den genannten Betreuungsschlüsseln eine Einzelbetreuung selbst im besten Fall nicht umsetzbar ist, stellen Asylhelferkreise eine wesentliche Unterstützung für die Verwaltungsmitarbeiter und Sozialpädagogen dar. Asylhelferkreise gibt es in nahezu jeder Gemeinde, in der Asylbewerber untergebracht wurden. Diese Helferkreise sind unterschiedlich streng organisiert und haben meist eine eigene Internetseite, auf der sie sich und ihre Arbeit vorstellen.[25] So finden sich auf Internetseiten von Asylhelferkreisen Unterstützungsangebote (in Form von Themenkreisen oder Arbeitsgruppen) wie Sprachkurse, Kinderbetreuung, Nachhilfe, Sport, Technik, Spenden, Wohnungssuche, Begleitung (Behörden, medizinische Versorgung) und Freizeit. In vielen Helferkreisen gibt es Patensysteme, z. B. Sprachpaten oder Lesepaten, die sich regelmäßig mit einem Asylbewerber treffen und diesen durch Konversation oder gemeinsames Lesen beim Deutschlernen unterstützen (vgl. dazu Mutz et al. 2015: 21). Einen sehr wichtigen Beitrag zur sprachlichen und sozialen Integration leisten Ehrenamtliche, indem sie Deutschkurse für Asylbewerber anbieten (vgl. auch 5.3). Bis November 2015 war der Zugang zu Sprachkursen unter Leitung von ausgebildeten DaF-Lehrkräften nur in wenigen Fällen möglich bzw. standen nur wenige Plätze zur Verfügung (vgl. Abschnitt 4.6). Daher waren die „Ehrenamtssprachkurse" fast die einzige Möglichkeit, einen Sprachkurs zu besuchen. Das **Sprachkursangebot für Asylbewerber** (noch während des Asylverfahrens) ist in den Bundesländern unterschiedlich geregelt, abhängig von der Finanzierung durch Länder oder Kommunen. In jedem Fall aber war das Angebot – sofern es ein solches finanziertes überhaupt gab – in allen Bundesländern auf wenige Plätze begrenzt.

Ziel der Unterstützung durch Asylhelferkreise ist das selbstständige Zurechtfinden und die selbstständige Lebensführung in der deutschen Gesellschaft. Ehrenamtliche Helfer sind ideale Vermittler beim Kennenlernen des neuen Lebensumfelds, der Gesellschaft und der Kultur. Die Hilfe zur Selbsthilfe sollte dabei immer Leitmotiv sein. Die Willkommenskultur spielt dabei eine zentrale Rolle (Heckmann 2012: 2). Im Kontext der ehrenamtlichen Unterstützung von Asylsuchenden findet sie auf individueller, interpersonaler Ebene statt (a. a. O.: 3). Die Bereitschaft dazu bringen v. a. gut gebildete, (gesellschafts-)politisch interessierte Frauen mittleren Alters ein (vgl. Mutz et al. 2015: 3; Karakayali/Kleist 2015: 5f.). Zu den Beweggründen für das Engagement für Asylbewerber konnten Mutz et al. fünf Motivtypen herausarbeiten, die sie wie folgt benennen: „Humanistisches Lebensprinzip", „Religiöse Grundhaltung", „Pädagogische Beweggründe", „Interkulturelle Geselligkeit" und „Es tut mir gut". Der humanitäre und gesellschaftspolitische Aspekt überwiegt hierbei (a. a. O.).

Trotz aller hauptamtlicher wie ehrenamtlicher Anstrengung hat das Ausmaß der Flüchtlingsströme zu einer Überforderung der Infrastruktur in Deutschland geführt: „In Deutschland entwickelte sich der starke Zuzug von Asylsuchenden ab Sommer 2015 zu einer Verwaltungs- und Infrastrukturkrise, die sich auf allen Ebenen – vom Bund, über die Länder bis zu den Kommunen – manifestiert" (Hanewinkel 2015: 5). Diese Überforderung hat neben dem quantitativen Aspekt vor allem auch mit der kurzfristigen Zuteilung Asylsuchender an die

---

25   Eine Gesamtübersicht über Asylhelferkreise in Deutschland mit zentralen Übersichtsseiten nach Bundesländern ist unter folgender URL zu finden: https://www.proasyl.de/ehrenamtliches-engagement/.

Kommunen zu tun, welche die Menschen dann unterbringen und versorgen müssen. Die Zusammenarbeit aller ist gefragt und gefordert: Mitarbeiter der öffentlichen Verwaltung, von Wohlfahrtsverbänden und engagierten Personen aus der Zivilgesellschaft (Asylhelferkreisen). Die Organisation von Fortbildungsangeboten oder die Information über entsprechende regionale Angebote ist ein weiterer wichtiger Bestandteil für vertrauensvolle, konstruktive Zusammenarbeit zwischen den genannten Akteuren (vgl. Mutz et al. 2015: 34). Dazu zählen beispielsweise Angebote von Landesarbeitsgemeinschaften der Freiwilligenagenturen, Wohlfahrtsverbänden oder anderer Institutionen, die relevante Fortbildungen anbieten.[26] Bei dem Thema Sprachkurse kann dies z. B. durch regelmäßige Austausch- und Informationstreffen für ehrenamtliche Sprachkursleiter oder Sprach- und Lesepaten unterstützt werden. Für alle Themen förderlich ist eine effiziente Kommunikationsstruktur zwischen den Akteuren. Die Ergebnisse einer Befragung von Freiwilligenagenturen zeigen, dass diese ihre Zusammenarbeit mit anderen zivilgesellschaftlichen Organisationen (genannt wurden Wohlfahrtsverbände, Vereine, freie Initiativen, Asylhelferkreise und Kirchengemeinden) und der öffentlichen Verwaltung im Bereich Flüchtlinge und Asyl mehrheitlich mit „gut" bewerten (Knüvener/Kemnitzer 2016: 8,11). Der Ausbaubedarf von Koordinationsstrukturen (vgl. Mutz et al. 2015) und Fortbildungsangeboten für Ehrenamtliche ist eine logische Schlussfolgerung und Forderung aus den genannten Studien.

Neben den Ehrenamtlichen, die in Initiativen oder Asylhelferkreisen eingebunden sind, wird auch die Bedeutung von gar nicht oder in sehr kleinen Einheiten organisierten Unterstützern im sozialen Umfeld von Asylsuchenden für deren soziokulturelle Integration hervorgehoben (Allensbachstudie 2014: 7)[27]. Diese sehen allerdings die Zusammenarbeit zwischen den Akteuren in den Unterstützungssystemen deutlich kritischer und äußern mehr Unzufriedenheit: „Große Organisationen werden kritisch betrachtet. Zum einen machen nicht wenige Interessierte die Erfahrung, dass auf Anfragen sehr spät oder gar nicht reagiert wird; zum anderen wird von Freiwilligen berichtet, dass große Organisationen mit ihren Autonomie- und Mitgestaltungsbedürfnissen nichts anfangen können." (Mutz et al. 2015: 5). Für diesen Motivtypus, den die Forschergruppe „Es tut mir gut" benennt, geht es auch um „fachliche, soziale und emotionale Anerkennung, und das Gebrauchtwerden (…)" (a. a. O.: 3). Und nicht zuletzt geht es auch um das „Dabei sein" bei dieser als wichtige gesellschaftliche Intervention betrachteten Bewegung.

Nur indirekt thematisiert wird eine mögliche Problematik durch das asymmetrische Verhältnis von Helfern gegenüber den Asylsuchenden. So können mit besten Absichten persönliche Lebensvorstellungen auf die betreuten Personen übertragen werden, ohne dass sich diese dagegen wehren könnten.

---

26 Vgl. z. B. www.lagfa-hessen.de, www.lagfa-nrw.de oder www.lagfa-bayern.de.
27 Es handelt sich um die Ergebnisse einer repräsentativen Umfrage, durchgeführt vom Institut für Demoskopie Allensbach im Auftrag der Robert Bosch-Stiftung.

4.6 Bildungs- und Qualifizierungsangebote

Der Zugang zu Bildungsangeboten ist vom Alter der Asylbewerber, von ihrer Staatsangehörigkeit und vom regionalen Angebot abhängig. So gilt für Kinder aus Asylbewerberfamilien ab dem Alter von einem Jahr der Anspruch auf einen Betreuungsplatz in einer Kindertagesbetreuung ab dem Zeitpunkt, ab dem das Kind mit seiner Familie in einer dezentralen Einrichtung in einer Kommune untergebracht ist (d. h. noch nicht während der vorübergehenden Unterbringung in einer Erstaufnahmeeinrichtung direkt nach der Einreise). Zur Unterstützung von pädagogischen Fachkräften sind verschiedene Informationsmaterialien erstellt worden, die zu allgemeinen und rechtlichen Aspekten und zu länderspezifischen Angeboten und Konzepten informieren[28]. Mit der Zusammenstellung und Übersetzung der wichtigsten Informationen für die Eltern wird auch ihnen die Orientierung im **Kinderbetreuungssystem** erleichtert. Wenn beiden Seiten – Eltern und pädagogischen Fachkräften – identische Informationen vorliegen, kann ein guter Einstieg und eine positive Eingewöhnungsphase für die Kinder gelingen. Es bietet sich an, Informationsmaterial in den Sprachen der Asylbewerberfamilien zusammenzustellen und zur Verfügung zu stellen.

Über die Informationsmaterialien hinaus wurden auch Projekte entwickelt, wie zum Beispiel das Modellprojekt „Willkommenskitas", das 2014 in Sachsen startete. In diesem erhalten Kindertageseinrichtungen fachliche Unterstützung durch ein Einrichtungscoaching vor Ort, praxisnahen Austausch im Netzwerk und bedarfsorientierte Fortbildungen zur Kompetenzerweiterung im Umgang mit Flüchtlingskindern und ihren Familien.[29]

Für Kinder ab 6 Jahren[30], die mit ihren Eltern als Asylbewerber in Deutschland leben, gilt die Schulpflicht, nachdem sie in dezentralen Unterkünften untergebracht werden, also außerhalb einer Erstaufnahmeeinrichtung, an einem Wohnort, an dem sie voraussichtlich über längere Zeit leben werden. Bei der Anmeldung in der Schule werden die Familien von Sozialpädagogen (s. Abschnitt 4.5) unterstützt und begleitet. Die Angebote für Kinder, die das Deutsche als Zweitsprache erwerben müssen, variieren je nach Bundesland, Region und Anzahl der DaZ-Kinder insgesamt.[31] In Ballungsgebieten werden aufgrund der hohen Zahlen von Kindern mit Fluchthintergrund eher eigene Übergangsklassen oder Sprachlernklassen eingerichtet, meist schon gut nach Alter und Vorwissen eingeteilt. Diese Differenzierung schon bei der Einrichtung von Klassen ist in ländlichen Gegenden nicht

---

28 Eine Zusammenstellung von bundesweit gültigen und länderspezifischen Informationen und Materialien ist auf dem Bildungsserver zu finden: http://www.bildungsserver.de/Fluechtlingskinder-in-Kitas-11436.html.

29 https://www.dkjs.de/themen/alle-programme/willkommenskitas/

30 Je nach Bundesland kann der Stichtag (der 6. Geburtstag) und damit die Schulpflicht zwischen dem 30. Juni bis zum 30. September eines Jahres variieren.

31 Informationen zu allgemeinen, rechtlichen Fragen und länderspezifischen Sprachförderangeboten sind unter folgender URL abrufbar: http://www.bildungsserver.de/Schulbesuch-von-Fluechtlingen-in-den-Bundeslaendern-11428.html; Ein erster Überblick über die jüngsten Entwicklungen zur Beschulung von Kindern mit Fluchthintergrund ist unter folgender URL zu finden: http://www.mercator-institut-sprachfoerderung.de/fileadmin/Redaktion/PDF/Publikationen/MI_ZfL_Studie_Zugewanderte_im_deutschen_Schulsystem_final_screen.pdf.

so leicht möglich. So ist die Zusammenstellung einer DaZ-Klasse durchaus mit Kindern von der ersten bis zur vierten Klasse oder von der fünften bis zur achten oder neunten Klasse möglich. Aus diesen Übergangs- oder DaZ-Klassen wechseln die Kinder in der Regel nach spätestens zwei Jahren, bei guten Fortschritten im DaZ-Erwerb aber auch früher, in die Regelklassen. Wo insgesamt nur wenige Kinder mit DaZ-Förderbedarf an einer Schule sind, werden anstatt eigener DaZ-Klassen auch Förderstunden angeboten, die parallel zu Unterrichtsstunden der Regelklasse oder auch zusätzlich zu diesen angeboten werden.

Wie im Elementarbereich ist auch im Primar- und Sekundarbereich für Lehrkräfte und Eltern von Schulkindern Informationsmaterial verfügbar, das den Einstieg und die Zusammenarbeit erleichtert.[32]

Seit dem Schuljahr 2015/16 wurden auch an **weiterführenden Schulen** Klassen für sogenannte Quereinsteiger eingerichtet, in denen Kinder mit guter schulischer Vorbildung, die aber noch nicht über ausreichende oder über keine Deutschkenntnisse verfügen, an Realschulen oder Gymnasien unterrichtet werden können[33].

Ein besonderes Bildungsangebot gibt es bereits seit dem Jahr 2000 für junge Asylbewerber, insbesondere für unbegleitete Minderjährige, die zwischen 16 und 21 Jahre alt sind (bzw. zum Zeitpunkt ihrer Ankunft so alt waren). Sie hatten bis vor kurzem keine Schulpflicht und damit keinen regulären Zugang zur Schulbildung. Mit der SchlaU-Schule wurde für diese Jugendlichen die Möglichkeit eines ganzheitlichen Schulkonzepts geschaffen, in dem sie Deutsch lernen und einen Schulabschluss erlangen konnten[34].

Die Bildungsangebote für junge Asylbewerber sind mit der Entwicklung der vergangenen zwei Jahre immens ausgebaut worden (vgl. Mercator-Institut 2015). So gilt zum Beispiel die **Berufsschulpflicht** für junge Menschen in Bayern von 16 bis 21 Jahren, sofern sie keine andere weiterführende Schule besuchen oder eine Ausbildung absolvieren.[35] Für junge Asylbewerber und Flüchtlinge wurde mit einem zweijährigen Unterrichtsmodell der Zugang zum Erwerb des Deutschen und grundlegender Kenntnisse in den Fächern Mathematik und Sach- und Sozialkunde ermöglicht. Ziel dieser zweijährigen intensiven Deutschförderung und der Sachfächer ist das Erreichen der Ausbildungsreife. Dieses Angebot steht in Ausnahmefällen auch Personen bis zum Alter von 25 Jahren offen.

Auch im Bereich der **Hochschulausbildung** sind Gasthörerprogramme und Deutschkurse für junge Menschen mit Fluchthintergrund entstanden.[36] Bundesweit wurden Beratungs-

---

32   http://www.isb.bayern.de/download/16080/willkommenskultur.pdf; http://www.isb.bayern.de/download/16081/flyer_fluechtlingseltern.pdf

33   http://www.km.bayern.de/allgemein/meldung/4111/modellprojekt-sprint-wird-ausgeweitet.html

34   http://www.schlau-schule.de

35   Handreichungen für diese Zielgruppe wurden z.B. in Berlin (http://gfbm.de/wp-content/uploads/handreichung_titel.pdf) und Bayern (http://www.isb.bayern.de/download/16573/handreichung_asylbewerber_und_fluechtlinge.pdf) erstellt.

36   http://www.muk.uni-frankfurt.de/58714798/287; http://www.tum.de/studium/internationale-studierende/fluechtlinge/; http://www.ruhr-uni-bochum.de/fluechtlingshilfe/

stellen und Webseiten mit Informationssammlungen zu Hochschulangeboten für junge Asylbewerber eingerichtet.[37]

Die Nutzung und die Erfolgsquote dieser erst jüngst entstandenen Angebote werden erst in den nächsten Jahren zu dokumentieren und auszuwerten sein. Festzuhalten bleibt schon jetzt, dass sich die Bildungslandschaft vom Elementarbereich bis zur Ausbildung an Hochschulen auf die hohe Zahl von Asylbewerbern eingestellt hat und mit hoher Flexibilität auf die Bedarfe von Kindern, Jugendlichen und jungen Erwachsenen eingeht. Aktuelle Informationen über Bildungsangebote für die verschiedenen Altersgruppen sind daher auf den Webseiten der Kultus- und Sozialministerien (letztere für den Elementar- und Hortbereich) der Bundesländer zu recherchieren. Darüber hinaus bieten der Bildungsserver (www.bildungsserver.de), das BAMF (www.bamf.de) sowie das Jugendhilfeportal (https://www.jugendhilfeportal.de/startseite/) Übersichten zu Bildungsangeboten[38].

Für Asylbewerber, die über 21 bzw. über 25 Jahre alt sind, stellt sich der Zugang zu **Bildungs- und Qualifizierungsangeboten** wesentlich schwieriger dar. Sie haben, sofern ausreichend Plätze vorhanden sind, meist die Möglichkeit an Sprachkursen und Qualifizierungsprogrammen (z. B. von der Bundesarbeitsagentur) teilzunehmen. Für Asylbewerber aus manchen Herkunftsstaaten gibt es allerdings nur eingeschränkten oder sogar gar keinen Zugang zu diesen Angeboten.

Das wesentliche Kriterium für den Zugang zu Integrationskursen (vom Bundesamt für Migration finanzierte Sprachkurse, vgl. Kap. 4.1) ist die **Bleibeperspektive**. Diese wird über die Anerkennungsquote definiert (vgl. Kap. 4.1). Für vier Herkunftsländer wird derzeit eine sehr hohe Bleibeperspektive angenommen: Syrien, Irak, Iran und Eritrea. Asylbewerber aus diesen Herkunftsländern haben direkten Zugang zu Integrationskursen, noch während des Asylverfahrens. Wenn sie noch im Asylverfahren sind, müssen sie allerdings zusätzlich einen Antrag auf Zulassung zum Integrationskurs stellen. Das ist eine Formalie, aber sie müssen – je nach Bearbeitungsdauer – mit mehreren Wochen Wartezeit rechnen, bevor sie mit einem Kurs beginnen können. Für Asylbewerber aus anderen Herkunftsländern steht dieses Kursangebot erst nach positivem Bescheid (vgl. Kap. 4.1) offen. Bis dahin haben sie die Möglichkeit in Ehrenamtskursen (s. o.) oder in einem der wenigen Kursangebote einen Platz zu bekommen, die von ausgebildeten DaF-Lehrkräften durchgeführt werden (z. B. Erstorientierungskurse[39] oder Berufsbezogene DaF-Kurse[40]).

Asylbewerbern aus sicheren Herkunftsstaaten – derzeit sind das die Westbalkanstaaten, Senegal und Ghana) ist der Zugang zu offiziellen, geförderten Sprachkursen und Bildungsangeboten verwehrt (außer zu Ehrenamtskursen). Für diese Gruppe gilt auch ein Arbeits-

---

37 http://www.bildungsserver.de/Fluechtlinge-in-Deutschland-Bildungsaspekte-im-Fokus-11422.html#Studium

38 Die genannten Webseiten sind nur eine Auswahl, darüber hinaus bieten sich Webseiten von Stiftungen, Lehrerverbänden etc. für die Recherche aktueller Bildungsangebote an.

39 http://stmas.bayern.de/imperia/md/content/stmas/stmas_internet/asyl/informationsmaterial_erstorientierungskurse_stmas_2016.pdf

40 http://www.bamf.de/DE/Infothek/ESFProgramm/Foerderperiode_2014-2020/foerderperiode_14-20-node.html

verbot, während alle anderen Asylbewerber nach drei Monaten ab Einreise bereits arbeiten können, sofern sie über ausreichende Deutschkenntnisse verfügen.

4.7 Aufgaben

1. Bei welchen Informationsquellen können Sie sich über die Dynamik der Entwicklung (aktuelle Zahlen, Bildungsangebote für Asylbewerber, ...) informieren?
2. Nennen Sie mögliche Konfliktpotenziale/-gründe in Unterkünften. Wie würden Sie sie vermeiden oder beheben helfen?
3. Welche Unterschiede im Zugang zu Sprachkursen/Bildungsangeboten gibt es? Zählen Sie mögliche Gründe auf.

5 Ressourcen für den integrativen Sprachunterricht

Dieses Kapitel gibt einen Überblick zu den verfügbaren Konzepten und Materialien für den Unterricht mit Flüchtlingen. Der Schwerpunkt liegt auf berufs- und sozialintegrativen Modellen, denn den Hauptanteil an Flüchtlingen stellen Jugendliche und Erwachsene. Ihr Ziel ist es, sich schnell auf dem Arbeitsmarkt zu positionieren, um die eigenen Bleibeperspektiven zu erhöhen. Wie bereits dargestellt, handelt es sich bei dieser Zielgruppe um eine sehr heterogene, nicht nur wegen ihres Lernhintergrundes, sondern auch wegen der Situationen, in denen sie lernen. Genauso vielfältig ist die Ausbildung der Akteure, die sich um die Betreuung und Bildung von Flüchtlingen kümmern.

Der Überblick umfasst Materialien für die Fortbildung von Lehrkräften sowie Materialien für den Präsenz- und Onlineunterricht, für den Unterricht in Schulen, in Sprachkursen und durch Ehrenamtliche. Die Materialien selbst betreffen nicht nur den Lerngegenstand Sprache, sondern auch grundlegende Informationen zum Leben in Deutschland.

5.1 Berufs- und sozialintegrative Modelle

(Jörg Roche und Elisabetta Terrasi-Haufe)

Berufsintegrativen Modellen liegen die folgenden Annahmen zugrunde:

1. Eine Erwerbstätigkeit oder ein ähnliches Engagement in der Gesellschaft gibt der Integration eine Zielrichtung, die gerade Flüchtlingen und Asylbewerbern im fremden Land oft fehlt. Folge der Ziellosigkeit sind Leerlauf, Frustration und Resignation.
2. Über eine Erwerbstätigkeit, und sei sie anfangs noch so gering, entstehen Kontakte, Interaktionen, neue Verbindungen, Motivation, die Sprache zu lernen und sich weiterzubilden.
3. Eine berufliche Ausbildung und Erwerbstätigkeit sichern Selbstständigkeit und Unabhängigkeit und eröffnen Chancen. Sie sind wichtige Elemente der Identitätsbildung und Selbstverwirklichung.
4. Die berufliche Ausbildung wird den Talenten, Fähigkeiten und Interessen bestimmter Zielgruppen besser gerecht als eine rein schulische.

Im Folgenden werden unterschiedliche Modelle vorgestellt, die in unterschiedlichen Kontexten und mit unterschiedlichen Zielgruppen eine ähnliche Ausrichtung aufweisen und ähnliche Zielsetzungen verfolgen. Sie eignen sich zur Nachahmung.

5.1.1 Das berufs- und sozialintegrative Modell einer Nachbarschaftshilfe

Das berufs- und sozialintegrative Modell der Nachbarschaftshilfe Ostermünchen geht von der Annahme aus, dass soziale Integration von Neubürgern, Flüchtlingen und Asylbewerbern am besten dann gelingen kann, wenn eine Erwerbstätigkeit als Motor fungiert. Um Flüchtlingen und Asylbewerbern den Einstieg in die berufliche und soziale Integration zu ermöglichen, werden im persönlichen Austausch mit ihnen Interessen, Talente, Kompetenzen und Ziele identifiziert, um dazu nach Möglichkeit passende Tätigkeiten zu finden. Keinesfalls handelt es sich dabei um die Vermittlung billiger Arbeitskräfte. Im Gegenteil: Ziel ist es, **Perspektiven zu eröffnen** und den Weg so gut es geht zu begleiten. Die Handelnden sollen die Betroffenen selber sein. Aus einem ersten Arbeits- oder Ausbildungsverhältnis entstehen sodann zielgerichtete neue Aspekte und Fragen, die zu lösen sind: die Gewährleistung von Mobilität, der Erwerb der nötigen Sprachkenntnisse, Wohnungssuche, Versicherungsfragen, kulturelle Etikette, Vertrautheit mit dem Bildungssystem, Verkehrsregeln und vieles mehr. Alle relevanten Domänen werden individuell thematisiert und begleitet bzw. je nach den örtlichen Möglichkeiten initiiert und umgesetzt. Daran können beliebig viele Helferinnen und Helfer beteiligt werden und es ist nicht nötig, deren Einsatz zentralistisch zu planen. Vielmehr sind **Spontaneität, Flexibilität und Natürlichkeit** wichtige Bedingungen für die Motivation der Helferinnen und Helfer und damit für den nachhaltigen Erfolg des Verfahrens. Die organische und dynamische Struktur des Modells schließt eine angemessene Koordination je nach örtlichen Bedingungen nicht aus, setzt aber auf die selbstorganisierenden Kräfte von Gruppen. Ziel ist eine möglichst ungezwungene Beteiligung interessierter Helferinnen und Helfer in Bezug auf einzelne Aktivitäten (Unterstützung bei Arztbesuchen, Behördengängen, Sprachunterricht etc.) oder übergreifende Aufgaben (zum Beispiel Mentorenfunktion, Kontakt zu Firmen, Koordination mit Ämtern). Dabei ist Platz für die unterschiedlichsten Talente, die sich in den Gemeinden finden, und für unterschiedliche, flexible Verfügbarkeit. Manche Aufgaben können, je nach Größe der zu betreuenden Gruppe, von Koordinatorinnen/Koordinatoren übernommen werden, für andere Aufgaben (z. B. Fahrten zu Behörden, Arztterminen etc.) genügt ggf. auch ein einmaliger Einsatz. Das System funktioniert am besten auf Basis individuellen Engagements mit dem klaren Ziel der beruflichen Integration der Neubürger. Die Umsetzung zielt darauf ab, Hilfestellungen möglichst bald hinfällig werden zu lassen (**Hilfe zur Selbsthilfe**). Dann können die, denen geholfen wurde, selbst anderen helfen (zum Beispiel bei Übersetzungen, Beratung, Sprachunterricht). Redundanzen im System schaden ebenfalls nicht.

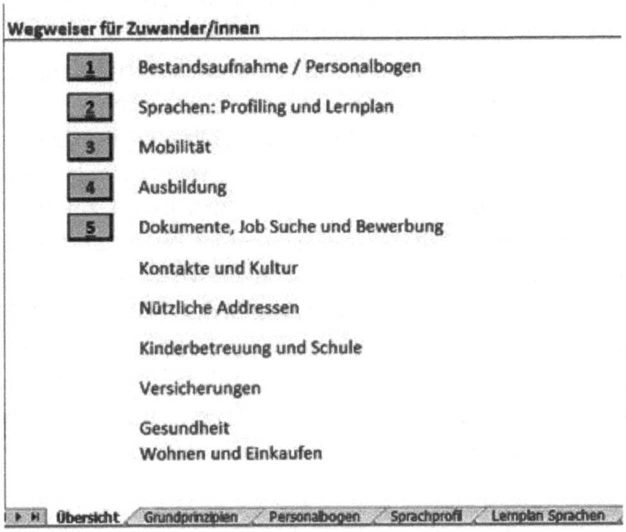

Wegweiser für Zuwander/innen

1 Bestandsaufnahme / Personalbogen

2 Sprachen: Profiling und Lernplan

3 Mobilität

4 Ausbildung

5 Dokumente, Job Suche und Bewerbung

Kontakte und Kultur

Nützliche Adressen

Kinderbetreuung und Schule

Versicherungen

Gesundheit
Wohnen und Einkaufen

Übersicht Grundprinzipien Personalbogen Sprachprofil Lernplan Sprachen

Abb. 5.1 Wegweiser für Zuwanderer als Exceltabelle zur Erstellung eines individuellen Profils des Asyl-Helfer-kreises der Nachbarschaftshilfe Ostermünchen

Das Modell besteht aus unterschiedlichen Ebenen, deren Aktivierung vom individuellen Bedarf des Einzelnen abhängen. In Abhängigkeit vom individuellen Bedarf werden zum gegebenen Zeitpunkt die weiteren Bereiche behandelt oder realisiert. Dabei geht es nicht um Vollständigkeit, Formalität oder einheitliche vorgefertigte Ziele: die verschiedenen Bereiche des Modells sollen eher als **dynamischer Ablaufplan** oder Portfolio (vgl Abb 5.1) angesehen werden. Das wichtigste Element sind dabei die **beruflichen Ziele** bzw. die Ausbildung. Auf dem Weg dorthin sind zunächst Fragen der Grundversorgung (inklusive dem Vertrautmachen mit Verkehrsregeln, Behördenkultur, gesundheitlicher Versorgung, Einkaufen u.v.m.) und der sprachlichen Ausbildung zu klären. Welche Kenntnisse bringen die Neubürger bereits mit, worauf kann aufgebaut werden? Was sind die nächsten Schritte auf dem Weg zur Erreichung der Ziele? In welchen Bereichen können die Neubürger selbst Beiträge für die Gemeinschaft leisten, wo gibt es möglicherweise gute Schnittstellen für die Integration (Sport, Hobbys)?

Das hier dargestellte Modell der Nachbarschaftshilfe sieht vor, dass es für jeden der Bereiche ein Team/eine Person oder mehrere verantwortliche Teams gibt, die sich um die Betreuung, die nötigen Ressourcen, die Einsatzpläne und alles weitere kümmern. Z. B. gibt es 2 Koordinatorinnen, die sich um die sprachliche Einstufung der Flüchtlinge und die Organisation der Räumlichkeiten für den Unterricht sowie die Koordination des Einsatzes der ca. 10 Deutschlehrkräfte kümmern. Gemeinsam wird zweiwöchentlich in den zentralen Räumen, die die Gemeinde an einer Schule zur Verfügung gestellt hat, nach dem Unterricht ein Sprachcafé organisiert, für das Gäste, Teilnehmer, Lehrkräfte die nötigen Essenssachen mitbringen. Andere Teams kümmern sich vor allem um Fahrdienste und die Betreuung bei Behörden- und Arztbesuchen. Mehrere Teams kümmern sich um „Hausmeisterdienste" und Mentorentätigkeiten bei den dezentralen Unterkünften in den zahlreichen Teilgemeinden des Flächenortes. Die Vermittlung in Praktika, Ausbildungsbetriebe und Berufe übernehmen verschiedene Personen oder Teams mit entsprechender fachlicher und Personalerfahrung in Betrieben. Von Vorteil erweisen sich hier die vielen unterschiedlichen Kompetenzen der Mitglieder und ihre Kontakte zu Firmen, Einzelpersonen, Vereinen und anderen gesellschaftlichen Gruppen. Gemeinsam trifft sich die Gruppe, die aus zahlreichen engagierten Helferinnen und Helfern unterschiedlicher Berufe besteht, im 14-tägigen Rhythmus zur Besprechung aller anliegenden Fragen. An diesen Treffen nehmen auch der Bürgermeister, Angestellte der Gemeindeverwaltung, der Ortspfarrer, Vereinsvertreter und neugierige Gäste regelmäßig teil. Die Neugierde interessierter Neu-Helferinnen und -Helfer lässt sich erfahrungsgemäß am besten fokussieren, indem sie eines der Teams bzw. die Verantwortlichen im direkten Kontakt mit den Flüchtlingen begleiten und so aus erster Hand die Menschlichkeit, Nützlichkeit und Dankbarkeit eines Engagements erleben.

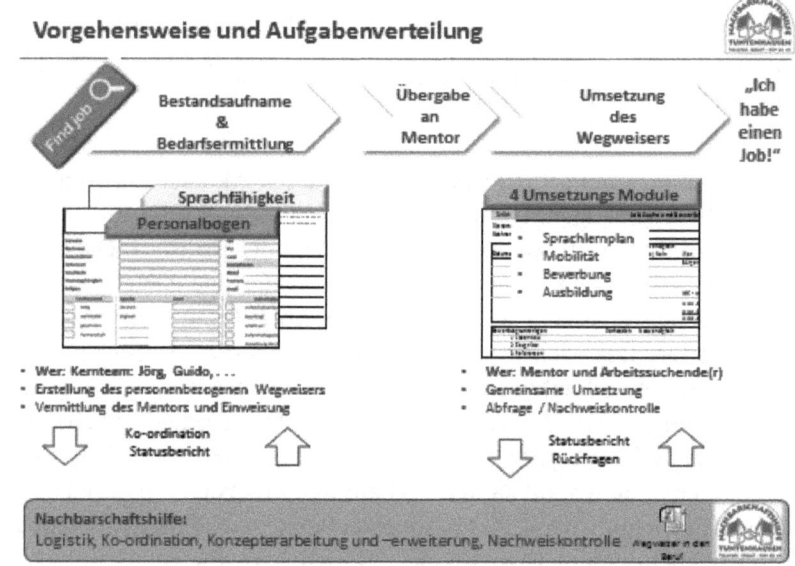

Abb. 5.2 Vorgehensweise und Aufgabenverteilung im Modellprojekt Asylhelferkreis der Nachbarschaftshilfe Ostermünchen

5.1.2 Beschulung von Flüchtlingen an Berufsschulen nach dem Bayerischen Modell

Durch den Anstieg an berufsschulpflichtigen Asylbewerbern und Flüchtlingen (BAF), die ca. 2/3 der neu zugewanderten Schüler darstellen, wurde die Einrichtung von Klassen für BAF an Berufsschulen stark ausgebaut. Die Beschulungsmaßnahmen für BAF werden in

Form von **Berufsintegrationsklassen** (BIK) und **Berufsintegrationsvorklassen** (BIK/V) organisiert. Im BIK/V werden Teilnehmer auf GER-Niveau A1 beschult, die nach Bedarf auch weiter alphabetisiert werden müssen. Im BIK wird A1.2 vorausgesetzt und der Schwerpunkt liegt auf der Berufsorientierung und -vorbereitung. Im ersten Jahr geht es um die integrierte Vermittlung grundlegender Sprachkenntnisse und Fertigkeiten sowie allgemeinbildender Inhalte. Das zweite Jahr bereitet verstärkt auf eine Berufsausbildung oder eine berufliche Tätigkeit vor. Ziel ist die Anbahnung beruflicher Handlungskompetenzen, die in einer Lehre erforderlich sind. Neben Deutschunterricht finden dort berufsvorbereitender Fachunterricht und Praktika statt (vgl. Terrasi-Haufe/Baumann 2016: 3ff). Die BAF werden von Fach- und DaZ-Lehrkräften unterrichtet sowie von Sozialpädagogen begleitet. Zu beachten ist dabei, dass an Berufsschulen der DaZ-Unterricht keine lange Tradition vorweisen kann, denn Sprachfördermaßnahmen wurden bislang hauptsächlich im Rahmen von ausbildungsbegleitenden Maßnahmen ausgegliedert, bzw. nur an einzelnen Standorten angeboten (vgl. Terrasi-Haufe/Baumann 2016: 2).

Aufgrund der geschilderten Sachlage bilden eine handlungs- und lernerorientierte sowie fachübergreifende und stark binnendifferenzierende Unterrichtsgestaltung die zentrale Voraussetzung für den Erfolg dieser Beschulungsmaßnahmen. Es wird ein Unterricht gefordert, der die Teilnehmer in wenigen Jahren sprachlich und fachlich in die Lage versetzt, Alltag und Ausbildung in Deutschland zu meistern. Neben einer Handreichung mit Empfehlungen (https://www.isb.bayern.de/download/16573/handreichung_asylbewerber_und_fluechtlinge.pdf) wurde in Bayern eine erste Reihe an Unterrichtsmaterialien für den fach- und praktischen Unterricht entwickelt (s. Kap. 5.4.4). Daneben wurde ein **Lehrplan für Deutsch** eingeführt (https://www.isb.bayern.de/berufsschule/lehrplan/berufsschule/fachlehrplan/1625/). Dieser beinhaltet eine explizite Berücksichtigung von DaZ- und allgemeinbildenden Inhalten sowie einen Schwerpunkt auf Methoden des autonomen Lernens. Darüber hinaus werden Bezüge zu den sprachlichen Kompetenzen hergestellt, die in den Lehrplanrichtlinien der Ausbildungsberufe als Ziele beschrieben werden. Trotz der stärkeren Orientierung an Fachinhalten der Ausbildung soll der Deutschunterricht weiterhin seine Funktion als Schnittstelle zu anderen Welten, wie jene der Literatur, des Films und der Gesellschaftskunde, beibehalten. Der neue Lehrplan für Deutsch sieht eine engere Einbindung in die didaktische Jahresplanung durch eine Lernfeldanalyse der Fachlehrpläne vor. Er umfasst einen **Regel**- und einen **Basislehrplan**, der in Berufsintegrationsklassen verbindlich ist und die grundlegenden Kompetenzen für die zielgerichtete Sprachbildung in Klassen der Berufsorientierung/-vorbereitung und in der Berufsausbildung darstellt.

In Anlehnung an das Konzept der handlungsorientierten Sprachdidaktik, wie es nach Hölscher, Roche und Piepho (2006) für die Szenariendidaktik ausformuliert wird, gilt es auch im Deutschunterricht an Berufsschulen, solche kommunikativen Konstellationen zu erzeugen, die den jeweiligen Schülern bekannt sind – oder sein sollten – und ihnen etwas bedeuten, und zwar inhaltlich und in Bezug auf die kommunikative Aufgabe. Schüler können dabei in Rollenspielen, Szenarios, Fallstudien und Spielen unterschiedliche Rollen und im Sinne des Mottos „Lehren ist effizienter als Lernen" auch selbst Lehrrollen übernehmen (hierzu Riedl 2012). Folgende Elemente sind dafür entscheidend:

- ▶ Integrierte Lernzielbestimmung: Förderung sprachlicher, fachlicher und methodischer Kompetenzen (anhand relevanter Lernfelder und dem neuen Lehrplan)
- ▶ Einbindung in problembasierten Ausgangs-Handlungssituationen mit echten Inhalten und Aufgaben (fallbasiertes Lernen, Szenarios)
- ▶ Systematische Planung der Abläufe in den Phasen der vollständigen Handlung
  - ▷ orientieren und informieren
  - ▷ planen und durchführen
  - ▷ präsentieren und dokumentieren
  - ▷ bewerten und reflektieren
- ▶ Bereitstellung von Hilfsmitteln für selbstständiges Arbeiten und Recherchen
- ▶ Authentische und ansprechende Visualisierung
- ▶ Multimedialität (angemessen in Bezug auf die kommunikative Situation) zur Förderung aller Fertigkeiten (kein Medienaktionismus)
- ▶ Keine pseudo-handlungsorientierten Übungen (z. B. Partner-Diktate, Chorsprechen, Abschreiben etc., es sei denn, sie sind kommunikativ begründbar)
- ▶ Keine rein formbasierten, sondern integrierte zweckgerichtete Grammatik- und Orthographieübungen.

Das Potenzial von Differenz kann hier in vollem Maße ausgeschöpft werden, weil durch die unterschiedlichen Konstellationen von Sprechern und Adressaten in unterschiedlichen Situationen und mit unterschiedlichen Kommunikationszwecken eine variantenreiche Auseinandersetzung entsteht.

5.1.3 Ausbildungsvorbereitung nach dem Modellversuch TRIUMF

Das Modellprojekt zur talentfördernden, rapiden und berufsqualifizierenden Integration von Unbegleiteten Minderjährigen Flüchtlingen (TRIUMF) setzt sich die sprachliche, soziale und bildungsreife Vorbereitung auf eine erfolgreiche Ausbildung im deutschsprachigen Dualen System zum Ziel. Das Projekt basiert auf dem bewährten lerntheoretischen, linguistischen und sprachdidaktischen Konzept der Handlungsorientierung und dem erfolgreichen pädagogischen Konzept des ‚**Capability Ansatzes**' (Baros 2014). Auf der Grundlage der Analyse und Förderung der von jungen Flüchtlingen mitgebrachten Talente (capabilities) und Interessen sollen diese trotz averser Bedingungen (Bildungsferne, mangelnde Bildungsreife und rudimentäre Sprachkenntnisse) effizient im Zeitraum von 9 Monaten auf den Eintritt in den Arbeitsmarkt vorbereitet werden.

Die Durchführung der Maßnahme ähnelt den Zielsetzungen von **Jugendwerkstätten**. Diese sind ein bewährtes Konzept der arbeitsweltbezogenen Jugendsozialarbeit zur Unterstützung von Jugendlichen im Prozess der beruflichen Bildung und Integration in den Arbeitsmarkt (§ 13(1) KJHG). Als Einrichtungen der berufsbezogenen Jugendhilfe nehmen sie die größten sozialen und pädagogischen Herausforderungen an und bieten sozial benachteiligten und individuell beeinträchtigten Jugendlichen ohne oder mit nur unterdurchschnittlichem Schulabschluss Hilfestellung beim Übergang von der Schule zum Beruf sowie bei der Entwicklung einer realitätsnahen Lebensplanung. Mehr als die Hälfte der Jugendwerkstatt-Besucher sind ausländischer Nationalität bzw. haben einen Migrationshintergrund, davon leben ca. 50 % kürzer als vier Jahre in Deutschland. Mehr als 60 % haben keinen Schulabschluss. Die Vermittlung in Ausbildungs- und Arbeitsstellen sowie das Nachholen von Schulabschlüssen in den Jugendwerkstätten werden als mittel- oder langfristige Zielsetzungen angestrebt. Jugendwerkstätten kombinieren berufliche Qualifizierung und arbeitsmarktnahe Beschäftigung mit Bildungsangeboten zur persönlichen Stabilisierung von Jugendlichen mit einem besonderen individuellen Unterstützungsbedarf. Angebote sind niedrigschwellig, u. a. leisten sie: sozialpädagogische Unterstützung, Unterricht (allgemeinbildend und arbeitsbezogen), berufspraktische Qualifizierung in modularen Einheiten, Vermittlung in Praktika etc. In dem hier skizzierten Projekt geht es jedoch nicht um eine Mischung der Gruppen oder eine Beteiligung an den Werkstätten, sondern um eine Weiterentwicklung der bewährten Elemente des Modells, und zwar mit dem Schwerpunkt auf der Vermittlung von Sprachkenntnissen und Bildungskompetenzen, die für eine erfolgreiche berufliche Ausbildung Grundlagen sind.

Ergänzt werden soll das Projekt durch ein **Mentoren-/Patenprogramm**, bei dem etwa gleichaltrige Jugendliche den Teilnehmern mit fachlichem Rat und soweit möglich auch sozialintegrativ begleiten („Buddy-System" wie es etwa in kanadischen Schulen üblich ist). Die Leitidee ist, dass diese Jugendlichen als Lernpaten die an dem Projekt beteiligten Flüchtlinge in ihre lebensweltliche Sprache einführen und sie dabei beim Lernen der deutschen Sprache unterstützen.

Im Rahmen des Projektes findet im Umfang von ca. 20 Std. pro Woche eine handlungsorientierte, auf die Lebenswelt der Flüchtlinge und ihre beruflichen Talente und Interessen ausgerichtete, Eigeninitiative und Eigenverantwortung fördernde Sprachausbildung statt, und zwar

1. in Sprachkursen
2. durch integrierte online-Materialien und -komponenten (Blended Learning)
3. durch berufsbezogene Erfahrungen (Werkstätten, Job-Begleitungen, Schnupperangebote und dergleichen)
4. durch motivierende Rahmenveranstaltungen und
5. durch ein integriertes interkulturelles Sensibilisierungsprogramm für differente Werte, Bildungskulturen und -traditionen und für zivilgesellschaftliche Prinzipien und Spielregeln
6. durch die Begleitung von Beraterinnen und Beratern und gleichaltrigen Mentorinnen und Mentoren.

5.2 Alphabetisierung von Jugendlichen und Erwachsenen

(Mohcine Ait Ramdan)

5.2.1 Handlungsbedarf

Eine Besonderheit bei der Beschulung von Flüchtlingen stellt die Arbeit mit nicht oder nur zum Teil alphabetisierten Lernergruppen dar. Ein grundlegendes Ziel bei der Arbeit mit Zugewanderten, die nicht ausreichend schreiben und lesen können, ist die Vermittlung von elementaren schriftsprachlichen Kompetenzen. Die Zielgruppe der Lernungewohnten ist erst durch die Etablierung des Integrationsgesetzes und die im Zuge dessen entstandenen Sprachförderungsprogramme für Zugewanderte in den Blick der Fachdiskussion geraten. Als Konsequenz der ersten umfassenden Evaluation der durchgeführten Integrationskurse des BAMF, in der auf Lücken und Defizite der Sprachförderung von Migranten in Deutschland hingewiesen wurde, wurde bereits der curriculare Rahmen „Konzept für einen bundesweiten Alphabetisierungskurs" entwickelt (BAMF 2015c). Die Ermittlung der Schwierigkeiten, die bei der Beschulung von Zugewanderten mit geringen schriftsprachlichen Kompetenzen in den herkömmlichen allgemeinen Integrationskursen auftreten, führte zu einer Erweiterung des Angebots mit speziellen Kursen für nicht und unzureichend alphabetisierte Zuwanderer.

Auf Grund der Etablierung von Alphabetisierungskursen mit einem eigenständigen Rahmenkonzept richtete sich erstmals die Aufmerksamkeit vermehrt auf die **Alphabetisierung** in der Zweitsprache Deutsch. Die gesetzliche Förderdauer von max. 1262 UE soll die Teilnehmerinnen möglichst auf das Niveau A2/2 des Gemeinsamen Europäischen Referenzrahmens für Sprachen (GER) und somit auch dem Ziel der **funktionalen Alphabetisierung** nahe bringen. Durch diese Maßnahmen wurde der Rahmen der Fachdiskussion erweitert. Gleichzeitig ist damit der Bedarf nach geeigneten Unterrichtsmaterialien und Lehrwerken für Alphabetisierungskurse gestiegen.

Genaue Informationen zum Analphabetismus unter Flüchtlingen gibt es nicht. Wie wichtig aber die Alphabetisierung in den Sprachförderungskonzepten für neuzugewanderte Flüchtlinge ist, illustrieren die Ergebnisse der im Januar 2016 erschienenen Studie zur „Integration von Asylberechtigten und anerkannten Flüchtlingen", die im Auftrag des Bundesamts für Migration und Flüchtlinge im Jahr 2014 durchgeführt wurde. Die Zahlen zur schulischen Qualifikation der Flüchtlinge in dieser Studie liefern Anhaltspunkte zur steigenden Zahl der Menschen, die einen Alphabetisierungsbedarf aufweisen.

Herkunftsland	Keine Schule besucht	Bis zu 4 Jahre	5 bis 9 Jahre	10 bis 14 Jahre	15 Jahre oder mehr	Sonstige/ Keine An- gabe	Gesamt
Afghanistan	18,3	7,1	20,7	48,9	2,8	2,2	100,0
Irak	25,9	10,5	30,9	25,7	3,5	3,5	100,0
Syrien	16,1	6,6	28,9	41,5	4,3	2,6	100,0
Alle sechs HKL	16,4	6,9	22,7	47,9	3,5	2,6	100,0

Tab. 5.1 Dauer des Schulbesuches der Flüchtlinge nach ausgewählten Ländern (BAMF 2016c: 4)

Aus den abgebildeten Zahlen zum Anteil von Flüchtlingen aus den inzwischen am meisten vertretenen Herkunftsländern (Afghanistan, Irak und Syrien vgl. BAMF 2016a), die eine geringe bis gar keine Schulbildung in ihrem Leben genossen haben, lassen sich Schlüsse zum großen Handlungsbedarf bei der Alphabetisierung ableiten. Hinzu kommt die Anzahl der Menschen, die durch diese Studie nicht erfasst sind, und die trotz eines Schulbesuchs nicht im lateinischen Schriftsystem alphabetisiert wurden. Allgemein zeigt sich aufgrund der schriftsprachlichen Herkunft der Teilnehmer, dass die meisten nicht im lateinischen System alphabetisiert sind (vgl. Rother 2010: 63). Die Faktoren *Alphabetisierungsstand* und *Erstsprache* spielen bei der Vermittlung von schriftsprachlichen Kompetenzen eine sehr wichtige Rolle. Die Förderangebote müssen diese Aspekte unbedingt berücksichtigen.

5.2.2 Alphatypen und Lernerprofile

Viele der unzureichend alphabetisierten Lerner stammen aus bildungsfernen Schichten und hatten nicht die Möglichkeit, kontinuierlich eine schulische Bildungseinrichtung zu besuchen. Bezeichnend ist, dass der Analphabetismus sich mit der Karte der Krisenherde und der Armut in der Welt deckt. Insofern ist es nicht verwunderlich, dass viele Flüchtlinge, die aus diesen Gebieten kommen, das Problem des Analphabetismus mit sich bringen. Wie der Weltbericht „Bildung für alle 2013/14" zeigt, steigt die Analphabetismusrate aufgrund der schnellen demographischen Entwicklung besonders rasant in den von Krieg betroffenen arabischen Ländern und in der Region Subsahara-Afrika. Bedingt durch Flucht und Zuwanderung sind auch die Aufnahmeländer mit diesem Problem konfrontiert.

Lerner mit geringer Schulbildung finden sich häufig in regulären Deutschkursen wieder. Bezeichnend für sie sind Defizite bei der Rezeption und Produktion von Schriftsprache. Kursleiter verschiedener Kursangebote und Altersgruppen berichten außerdem von fehlenden basalen Schultechniken, wie z. B. dem Umgang mit Lehrwerken, Wörterbüchern und Computern, sowie unzureichenden Kenntnissen im Umgang mit schriftsprachlichen Anforderungen, die ein Kurs normalerweise voraussetzt. Dennoch lassen sich unterschiedliche Ausprägungen diverser schriftsprachlicher Kenntnisse bei unzureichend alphabetisierten Lernern in ihrem Umgang mit Schriftsprache und Lernen beobachten. Diese Diskrepanz wird in der Fachdiskussion auf die verschiedenen Arten des Analphabetismus zurückgeführt (vgl. Hammann et al. 2013: 23f).

Der Begriff *Analphabet* erweckt den Eindruck, dass es sich dabei um Personen handelt, die über keine Kenntnisse der Schriftsprache verfügen. Die Wirklichkeit ist jedoch komplexer und kann durch die Vermittlung von grundlegenden Kenntnissen der Schriftsprache nicht beseitigt werden. Obwohl die UNESCO unter Analphabetismus andere funktionale Kompetenzen, wie z. B. Rechnen können auflistet, wird das Alphabetisiert-Sein meistens mit dem Erwerb von Schreiben und Lesen in Verbindung gebracht (vgl. Linde 2008: 50). Für eine terminologisch präzise Differenzierung schlägt Linde (2008: 50f) eine Unterscheidung von vier gängigen Formen von unzureichend alphabetisierten Menschen vor, die ausgehend von zwei Ebenen bestimmt werden können: einer Zeit- und einer Kenntnisebene.

Ausgehend von der Zeitebene wird die Gruppe der primären Analphabeten definiert. Man spricht vom **primären Analphabetismus**, wenn die Betroffenen gar keine Schulbildung genossen haben und die Schrifterfahrung äußerst gering ist. Dieses Phänomen tritt vor allem in Entwicklungsländern auf, in denen die Schulpflicht nicht streng eingehalten wird. Darüber hinaus gehört die Gruppe von **sekundären Analphabeten** zu dieser zeitmotivierten Bestimmung. **Sekundärer Analphabetismus** liegt vor, wenn schriftsprachliche Grundlagen zu einem bestimmten Zeitpunkt, typischerweise in der Kindheit, erlernt wurden, jedoch aufgrund der kurzen Dauer des Schulbesuchs abhandenkommen. Wenn die schriftsprachlichen Anforderungen in der Gesellschaft nicht notwendig sind, werden die erlernten Grundlagen häufig nach und nach vergessen. Der Vorteil bei dieser Gruppe ist, dass sie durch die kurze Erfahrung eine gewisse Sprachbewusstheit entwickelt hat, die im Unterricht wieder aktiviert werden kann.

Die Beschreibung unzureichend alphabetisierter Menschen kann auch ausgehend von deren schriftsprachlichen Kenntnissen erfolgen. Für die Unterrichtspraxis ist diese Bestimmung relevanter, da sie sich an der Erfassung der tatsächlichen vorliegenden Kompetenzen und Einzelfertigkeiten orientiert. Darunter fällt die Gruppe von Lernenden, die **totalen Analphabetismus** aufweisen. Das bedeutet, dass die von dieser Art des Analphabetismus betroffenen Lerner keinerlei schriftsprachliche Kompetenzen haben und gleichzeitig über „eine sehr geringe Sprach(lern)bewusstheit in ihrer eigenen Muttersprache verfügen" (BAMF 2015c: 34).

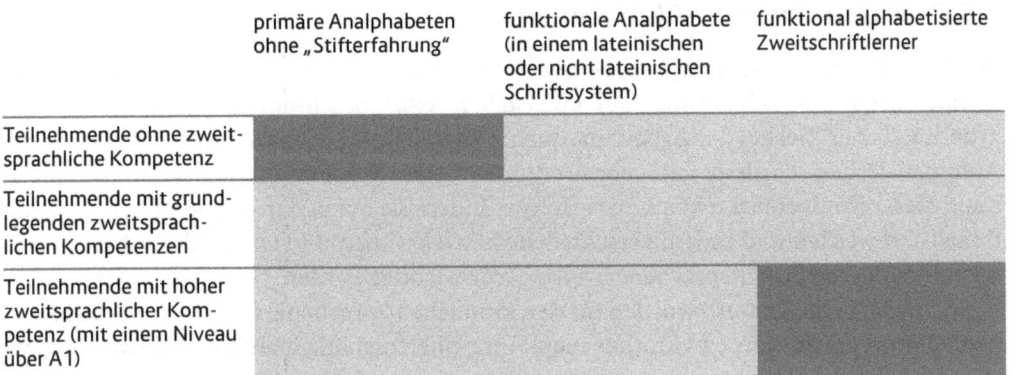

Tab. 5.2 Matrix der sprachlichen Heterogenität in Alphabetisierungskursen (BAMF 2013: 34)

Eine weitere Subkategorie bildet der **funktionale Analphabetismus**. Dieser liegt laut Hubertus vor, „[w]enn die individuellen Kenntnisse niedriger sind als die erforderlichen und als selbstverständlich vorausgesetzten Kenntnisse" (Hubertus 1991: 5). Der Alphabetisierungsstand wird hier an den gesellschaftlichen Lese- und Schreibanforderungen gemessen. Eine weitere Gruppe, die der Kenntnisebene zugeordnet wird und für den Bereich der Alphabetisierung in der Zweitsprache wesentlich ist, sind **funktional alphabetisierte Zweitschriftlerner**. Bei dieser Gruppe handelt es sich um Lerner, die in anderen Schriftsystemen, wie zum Beispiel dem arabischen, persischen etc. alphabetisiert wurden, der lateinischen Schrift jedoch nicht mächtig sind. Diese Lerner verfügen, je nachdem wie automatisiert ihre Schreib- und Lesekompetenzen in ihren Erstsprachen sind, über eine gewisse Sprach(lern)bewusstheit, die sich beschleunigend auf den Erwerb des lateinischen Schriftsytems auswirken kann.

Je nachdem, welche Art des Analphabetismus vorliegt und wie stark unterschiedliche Fertigkeiten in der Zielsprache Deutsch ausgeprägt sind, variieren die Kompetenzprofile der Lerner. So könnten Lerner, die unzureichend alphabetisiert sind, Kenntnisse über dem Niveau A1 im mündlichen Bereich in den Unterricht mitbringen. Vor allem im Bereich der mündlichen Kompetenz im Deutschen können die Kenntnisse der Lerner sehr unterschiedlich sein. So haben einige Lerner durch einen längeren Aufenthalt in einem deutschsprachigen Land und die Alltagskommunikation bereits sehr gute mündliche Kenntnisse im Deutschen erworben. Die in der Matrix (siehe Abbildung 5.2) hervorgehobenen Felder verdeutlichen zwei mögliche extreme Lernerprofile, die in einem Kurs vertreten sein können. Es ist daher wichtig zu eruieren, welche Lernerprofile in einer Gruppe vertreten sind um eine adäquate Förderung zu leisten.

5.2.3 Was umfasst die Alphabetisierung?

Die Vermittlung von schriftsprachlichen Kenntnissen umfasst eine breite Palette an Teilkompetenzen, die nicht primär auf Buchstabenwissen beschränkt werden können. Ein grundsätzliches Ziel bei der Arbeit mit unzureichend alphabetisierten Menschen ist es, die Automatisierung schriftsprachlicher Produktion sowie Rezeption auszubauen. Die Aneignung dieser Kompetenzen kann nur erfolgen, indem sie auf verschiedenen Ebenen operationalisiert werden und indem verschiedene Erwerbsstufen und entwicklungspsychologischen Phasen des Schriftsprachenerwerbs berücksichtigt werden. Die meisten Modelle für den Schriftsprachenerwerb wurden für den kindlichen Sprachenerwerb in der Erstsprache konzipiert (vgl. Valtin 1997, Günther 1995). Ihre Übertragbarkeit auf den Schriftsprachenerwerb in der Zweitsprache, vor allem von Erwachsenen, ist jedoch umstritten (Feldmeier 2010: 29, Pracht 2013: 45).

Für den Schriftspracherwerb in der Zweitsprache Deutsch von Erwachsenen kann man auf das LEA-Kompetenzmodell zurückgreifen, das eigens für die Alphabetisierung erwachsener Lerner des Deutschen als Erstsprache konzipiert wurde und das einige Orientierungspunkte bietet. Das LEA-Modell geht bei der Entwicklung von Schreib- und Lesekompetenzen von 6 Erwerbsstufen aus (siehe Alpha-Levels Abbildung 5.3). Im Mittelpunkt der Kann-Beschreibungen der verschiedenen Alpha-Levels stehen die zu erlernenden sprachlichen Einheiten (z. B. Buchstabenebene, Wortebene, Satzebene etc.) sowie die jeweiligen dominierenden Lese- und Schreibstrategien (z. B. alphabetische und orthographische Strategie). Jede Ebene ist in mehrere Kompetenzen unterteilt, die den Erwerbsprozess in Form von Kann-Beschreibungen kleinschrittig beschreiben. Dabei erfolgt die Entwicklung von einer feingliedrigen (Buchstabenebene) bis hin zu einer gröberen Rasterung (Textebene). Mit dem Alpha-Level 6 wird der Alphabetisierungsprozess als abgeschlossen betrachtet. Diese Ebene integriert sämtliche orthographische Strategien sowie die Beherrschung von wichtigen Zeichensetzungsregeln und entspricht ungefähr den Schreib- und Lesekompetenzen des B1-Niveaus des GER (Heinemann/Schepers/Grotlüschen 2009: 27).

	Lesen	Schreiben
Alpha 1	Buchstabenebene, prä- und paraliterales Lesen	vom Buchstaben zum Wort, überwiegend logographische Strategie
Alpha 2	Wortebene, überwiegend konstruierendes Lesen	vom Wort zum Satz, alphabetische Strategie
Alpha 3	Satzebene, überwiegend konstruierendes Lesen, lexikalisches Lesen von Standardwörtern	vom Satz zum Text, alphabetische und beginnende orthographische Strategie
Alpha 4	Textebene (kurz/einfach), gleichermaßen konstruierendes und lexikalisches Lesen	vom einfachen zum komplexen Text, orthographische Strategie
Alpha 5	Textebene (mittelschwer/illustriert), gleichermaßen konstruierendes und lexikalisches Lesen	komplexer Text, orthographische und beginnende morphematische Strategie
Alpha 6	Textebene (mittelschwer), überwiegend lexikalisches Lesen mit häufigen Rückgriffen auf die konstruierende Strategie	komplexer Text, wortübergreifende Strategie

Abb. 5.3 Alpha-Levels zum Lesen und Schreiben aus dem LEA-Projekt (Grotlüschen/Riekmann 2010)

Kann-Beschreibung Alpha-Level 1 für die Fertigkeit Lesen (LEA-Projekt)
Zentrale Anforderung: Buchstabenebene, prä- und paraliterales Lesen

▶ Kann Grapheme zutreffend benennen
▶ Kann KVK-Wörter mit bis zu 5 Graphemen phonologisch segmentieren
▶ Kann KVK-Wörter mit bis zu 5 Graphemen phonologisch synthetisieren (recodieren)
▶ Kann KVK-Wörter mit bis zu 5 Graphemen konstruierend decodieren

Wie die Kann-Beschreibungen des Alphalevels 1 zum Lesen zeigen, beziehen sich die ersten Schritte des Erwerbs auf die Buchstabenebene. Diese Kompetenz impliziert die Vermittlung des zugrundeliegenden Funktionsprinzips der deutschen Schriftsprache als Alphabetschrift, nämlich die so genannte **Phonem-Graphem-Zuordnung.** So muss den Lernenden im Unterricht vermittelt werden, dass einzelnen Lauten bestimmte Buchstaben bzw. Grapheme zugeordnet werden und umgekehrt. Angesichts der Tatsache, dass die deutsche Schriftsprache kein Abbild der Lautsprache ist und dass die phonologische Regelhaftigkeit der **alphabetischen Strategie** nicht ausreicht, um fehlerfrei zu schreiben, müssen auch die Besonderheiten der deutschen Orthographie berücksichtigt werden. Diese sollten jedoch erst in einer späteren Phase eingeführt werden. Entscheidend ist dabei, dass beim Erwerb der Schreibkompetenz die alphabetischen Vorrang vor der **orthographischen Strategien** haben sollten.

Für Lerner aus anderen Schriftsystemen stellt das alphabetisch-phonetische Funktionsprinzip des Deutschen eine große Herausforderung dar. Das Arabische gilt beispielsweise nicht als konsequente Alphabetschrift, da es vorwiegend nur Konsonanten verschriftet, Vokale hingegen nur dann, wenn es kontextuell notwendig ist. Diese und weitere Merkmale des Arabischen, wie sein phonetisches Inventar oder seine schriftsystembedingten Besonderheiten, können bei Zweitschriftlernern zu einem negativen Transfer führen, wie die Schreibungen von Lernenden zeigen (vgl. Buschfeld/Schöneberger 2010).

Sehr eng mit dem Erlernen der Phonem-Graphem-Zuordnung ist der Aufbau der **phonologischen Bewusstheit** der Lerner verbunden. Dabei „geht es darum, sich der Struktur phonologischer Repräsentationen bewusst zu werden" (Schnitzler 2008: 9). Unzureichend alphabetisierte Menschen verfügen nicht über die Fähigkeit, zwischen semantisch inhaltlichen und formalen Aspekten der Sprache zu unterscheiden. Ein erster Schritt zum Schreiben Lernen ist daher die Bewusstmachung formaler Strukturen durch die Wahrnehmung verschiedener lautlicher Elemente (Silben, Anlaute, Endungen), wobei die Wortbedeutung zunächst eine sekundäre Rolle spielt. Dies bedarf einer hohen Abstraktionsleistung und kann durch den Einsatz von verschiedenen Übungstypen, wie z.B. das Erkennen von An- und Endlauten, von Reimen oder Silben durch Klatschen angebahnt werden.

Neben der Vermittlung von schriftsprachlichen Kompetenzen ist die Definition von weiteren Zielen im Alphabetisierungsunterricht erforderlich. Die meisten Konzepte und Curricula zur Alphabetisierung in der Zweitsprache Deutsch (vgl. Sprenger/Rieker 2006, BAMF 2015c, Rahmencurriculum für eine abschlussorientierte Alphabetisierung DVV 2014) setzen neben der Vermittlung von Buchstabenkenntnissen zahlreiche weitere Ziele. Diese können verschiedenen Kompetenzbereichen zugeordnet werden. So wird neben dem

Ausbau der phonologischen Bewusstheit auch die Vermittlung von Wortschatz, die Verbesserung der Aussprache, die Förderung der Lernerautonomie und der Mehrsprachigkeit sowie natürlich die Förderung der vier Fertigkeiten, Lesen, Schreiben, Hören und Sprechen im Sinne des GER verfolgt. Die Differenzierung zwischen Alphabetisierungskursen und anderen speziellen Sprachkurstypen soll nun aber nicht den Eindruck erwecken, dass das einzige Ziel des Alphabetisierungsunterrichts die Förderung von schriftsprachlichen Kompetenzen ist. Den genannten Konzepten zufolge muss die Förderung schriftsprachlicher und zweitsprachlich mündlicher Kompetenz sowie der Lernerautonomie den gleichen Stellenwert haben (vgl. Feldmeier 2009: 14).

Kritisch ist bei der Einbindung der Kompetenzbeschreibungen des GER, dass diese in der Regel von bereits alphabetisierten Lernern ausgehen, die über Basiskompetenzen des Schreibens und Lesens verfügen. So setzt der GER bei der Vermittlung aller Fertigkeiten gut ausgebaute schriftsprachliche Kenntnisse voraus. Bei der Planung von Sprachlernprogrammen für Menschen ohne vorausgegangene Sprachlernerfahrungen in einer Lateinschrift bietet das Kompetenzmodell des GER den Lehrenden keine ausreichende Orientierung.

Hinzu kommt, dass der Erwerb der Kompetenzen des GER generell schriftsprachliche Kompetenzen als Stütze für die Vermittlung der Fertigkeiten Lesen, Sprechen und Hören voraussetzt. Dies bringt weitere Schwierigkeiten mit sich: Da es das Ziel eines Alphabetisierungskurses ist, parallel zum Erwerb im schriftlichen Bereich auch Kompetenzen in der Produktion, Rezeption, Interaktion und Sprachmittlung im mündlichen Bereich voranzubringen, müssen in der Unterrichtspraxis neue Zugänge geschaffen werden. Ausgehend von der Beobachtung, dass sich mündliche Sprachkompetenzen und Kompetenzen im Bereich Hören schnell und unabhängig von den schriftsprachlichen Fertigkeiten entwickeln, sollten im Unterricht Methoden eingesetzt werden, die gezielt die mündlichen Kompetenzbereiche schulen, ohne dass die Lernenden dabei gleich mit Schrift konfrontiert werden. Dies kann mit didaktisiertem Filmmaterial, Bildern und gemeinsamen Erlebnissen erreicht werden (vgl. Mempel et al. 2013: 51).

5.2.4 Methodenvielfalt in der Alphabetisierung

Ein Blick auf die diversen Materialien zeigt, dass zahlreiche Methoden zur Alphabetisierung erwachsener Lerner existieren (siehe Rokitzki et al./BAMF 2015). Diese gehen jeweils von unterschiedlichen sprachlichen Einheiten zur Vermittlung von schriftsprachlichen Kompetenzen aus, was sich vor allem in den verschiedenen Lehrwerken widerspiegelt. Die meisten Lehrwerke greifen dabei auf 5 Methoden zurück.

Die **Lautiermethode** oder **synthetische Methode**, die von den kleinsten Einheiten der Sprache ausgeht und auf der Basis des phonographischen Prinzips der deutschen Schriftsprache versucht, durch die Zuordnung von Lauten zu Graphemen alphabetisches Wissen zu vermitteln. Diese Methode ist insofern problematisch, als dass die deutsche Schriftsprache nur bedingt auf dem phonographischen Prinzip basiert, d.h. eine 1:1-Phonem-Graphem-Zuordnung ist nicht immer möglich. Der Vorteil bei der Arbeit mit dieser Methode besteht darin, dass den Lernenden aus anderen Schriftsystemen damit das zugrundeliegende Funktionsprinzip des Deutschen nahe gebracht werden kann. Mögliche Anwendungsmethoden der Lautiermethode sind: Die **Anlautmethode**, die **Sinnlautmethode**, die **Artikulationsmethode** und die **Arbeit mit Lautgebärden** (einen Überblick zu Anwendungsbeispielen bietet: Rokitzki/Nestler/Sokolowsky 2013: 91–98)

Die **Silbenanalytische Methode** geht von den Silben als Grundeinheiten der gesprochenen Sprache aus. Dieser Ansatz zielt darauf ab, die Aufmerksamkeit der Lerner auf typische Betonungsmuster des Deutschen zu lenken. „Silben werden als phonologische Einheiten begriffen, die systematisch aufgebaut sind" (Rokitzki/Nestler/Sokolowsky 2013:102). Typisch für die deutsche Sprache ist die trochäische Struktur: Auf eine betonte Silbe folgt eine unbetonte Reduktionssilbe. Durch Visualisierungen dieser Betonungsstruktur, z. B. das Häuschenmodell oder Kastenmodell, werden die Prinzipien der deutschen Orthographie vermittelt (vgl. Pracht 2010: 104–105).

Neben diesen gibt es eine Reihe von weiteren Methoden, die sich auf weitere Aspekte der Wortstruktur konzentrieren und diese als Ausgangspunkt für die Erstellung von Lernmaterialien nehmen. In der **Silbenmethode** (vgl. Boulanger 2001) beispielsweise werden die zu erlernenden Buchstaben in Silben präsentiert, da diese ein hohes Perzeptionspotential haben. Im Gegensatz dazu geht die **Morphemmethode** bei der Vermittlung von schriftsprachlichen Kompetenzen von Morphemen als bedeutungtragenden sprachlichen Einheiten aus (vgl. Heyn 2012). Allerdings stößt jede Methode an Grenzen und in den Lehrwerken werden sie meistens miteinander kombiniert. Das Konzept für einen bundesweiten Alphabetisierungskurs empfiehlt eine Reihe von Lehrwerken, die in den Alphabetisierungskursen eingesetzt werden können (BAMF: 2016b). Wichtig bei dem Einsatz dieser Methoden ist, dass sie im Rahmen eines effektiven handlungsorientierten Unterrichts gezielt angewendet werden müssen.

5.2.5 Handlungsorientierung in der Alphabetisierungsarbeit

Für Lerner mit geringen Lese- und Schreibkompetenzen stellt Schriftsprache eine neue mediale Kommunikationsform dar, die für die soziale Teilhabe wichtig ist. Nicht in allen Herkunftsländern wird dieser Kommunikationsform im Alltag dieselbe Relevanz beigemessen. Lernende, die im Verlauf ihres Lebens wenig Kontakt mit Schriftsprache hatten, müssen nun in vielen Lebensbereichen schriftsprachlich handeln. Unzureichend alphabetisierte Lerner vermeiden oft Alltagssituationen, in denen sie schreiben oder lesen müssen. Dies belegt beispielsweise die Beobachtung, dass Nicht-Alphabetisierte häufig Zettel bei sich tragen, die wichtige Informationen, wie Name, Adresse, Fahrpläne, Wegskizzen etc. beinhalten (Kucharenko/Noack 2010). Die **Inhalte dieser Notizzettel** können als geeignete Ausgangssituationen für Lernprozesse dienen, da sie auf Situationen verweisen, in denen die Lernenden schriftsprachlich handeln müssen. Die Vermittlung von schriftsprachlichen Kompetenzen sollte sich daher stets an den Bedürfnissen und Interessen der Lerner orientieren. Das bedeutet, dass die Lerner Schriftsprache nicht nur als bloßen Lernstoff, losgelöst von jeglicher Funktion im Unterricht erfahren, sondern indem sie eine Brücke zu ihrem Alltag schlagen können. Auch bei einer **berufsorientierten Alphabetisierung** sollte der Gedanke im Vordergrund stehen, gezielt mit authentischen Materialien (Maschinen, Figuren, Realien) und Arbeitssituationen zu arbeiten. Dadurch kann ein nachhaltiger und autonomer Umgang mit Schriftsprache erzielt werden.

Die handlungsbezogene Ausrichtung der Vermittlung von Schreib- und Lesekompetenzen wird in der Fachliteratur in verschiedenen Formen betrieben (einen Überblick hierzu bieten Hrubesch et al. 2013). Die meisten Lehrwerke im Bereich der Alphabetisierung in der Zweitsprache Deutsch fokussieren jedoch die Vermittlung von Phonem-Graphem-Korrespondenzen, lexikalischen und syntaktischen Strukturen. Wortschatz- und Sprechübungen dienen dann als Übungsgegenstand für bekannte oder neu zu übende Buchstaben. Somit ist die Konzentration der Lerner auf die Formebene fokussiert. Durch den Einsatz von handlungsorientierten Konzepten in der Alphabetisierung, wie Lernen an Szenarien, Alpha-Portfolio oder Werkstattunterricht, steht hingegen die Semantisierung des Lernpensums in allen Unterrichtsschritten im Zentrum des Lernens. Das bedeutet, dass das Verhältnis von Form und Bedeutung nie gänzlich aus den Augen verloren werden darf.

Darüber hinaus sind handlungsorientierte Unterrichtsformen (s. Kap. 3.6) eine geeignete Methode, Analphabeten in das Unterrichtsgeschehen stark **heterogener Lerngruppen** einzubinden. Die Ermutigung der Teilnehmer, ihre eigenen Gedanken zu realen Situationen schriftlich oder mündlich zum Ausdruck zu bringen, kann durch das Anpassen von Szenarien erreicht werden, welche die Vermittlung von schriftsprachlichen Kompetenzen fokussieren. Je nach Alphabetisierungsgrad werden die Lerner in Teilaufgaben aufgefordert, unterschiedliche schriftliche oder mündliche Produkte zu erstellen. Bislang wird in stark heterogenen Gruppen im Sinne der Binnendifferenzierung den unzureichend Alphabetisierten meistens Lernmaterial zur Verfügung gestellt, das losgelöst vom Unterrichtsgeschehen ist, was häufig deren Ausgrenzung aus dem Unterricht zur Folge hat. Es gibt bislang wenige Szenarien, die Analphabeten berücksichtigen.

5.2.6 Handlungsorientierte Alphabetisierung: ein Praxisbeispiel

Eine Möglichkeit, sämtliche Prinzipien des handlungsorientierten Unterrichts (vgl. Kap. 3.6) bei der Arbeit mit unzureichend alphabetisierten Lernern umzusetzen, ist der Einsatz von Portfolioarbeit. Ein Beispiel aus der Praxis ist das berufsbezogene Alpha-Portfolio das im Rahmen eines Projekts an der Universität Münster entwickelt wurde (http://www.uni-muenster.de/Germanistik/alphaportfolio/). Die Materialien der berufsbezogenen Portfolios bestehen aus drei aufeinander abgestimmten Teilen: dem Alpha-Portfolio, dem Wochenplan und den Lernstationen. Die Standardisierung des Alpha-Portfolios ist an das Europäische Sprachenportfolio und das Milestone-Portfolio angelehnt. Zusätzlich zu den Bereichen „Ich", „Meine Sprachen", „Mein Kurs", „Mein Lernen" und „Dossier", die den herkömmlichen Teilen der Sprachenportfolios entsprechen (Sprachenpass, Sprachbiographie und Dossier), enthält das Alpha-Portfolio folgende arbeitsbezogene Bearbeitungsbereiche: „Meine Arbeit" und „Meine Ziele". Daraus ergibt sich folgende Gesamtstruktur:

1. Ich
2. Meine Sprachen
3. Mein Kurs
4. Mein Lernen
5. Meine Arbeit
6. Meine Ziele
7. Dossier

Diese Bearbeitungsbereiche ermöglichen es, die Kompetenzen der Lerner und deren Fortschritt transparent zu dokumentieren. Ein weiterer Vorteil des Alpha-Portfolios ist die Bereitstellung von übersetzten Kann-Beschreibungen in den Erstsprachen der Teilnehmerinnen und die sprachliche Vereinfachung der Kompetenzbeschreibungen durch Vermeiden von komplexen sprachlichen Strukturen. Zudem erleichtern Symbole und Visualisierungen für die Selbstbeurteilung das Verständnis (Abbildung 5.4). Somit nimmt das Alpha-Portfolio Rücksicht auf sämtliche Lernerprofile, die in einem Kurs vertreten sein können. Insgesamt umfasst das Alpha-Portfolio über 100 Seiten, es muss jedoch nicht zwingend zusammenhängend bearbeitet werden. Die Kopiervorlagen können je nach Bedürfnissen der Lerner zusammengestellt werden.

Sprechen: Ich kann ...

	Deutsch	...
meinen Namen sagen 		
meinen Wohnort sagen 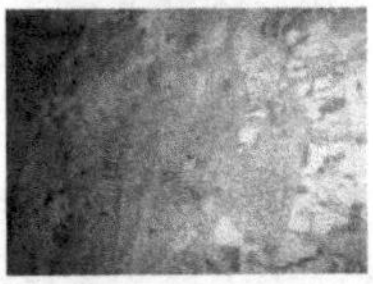		
meine Straße sagen 		

Abb. 5.4 Visualisierung von Kompetenzbeschreibungen (Alpha-Portfolio)

Neben der Erfassung von schriftsprachlichen und mündlichen Kompetenzen ermöglicht das Portfolio auch die Dokumentation von individuellen beruflichen Interessen.

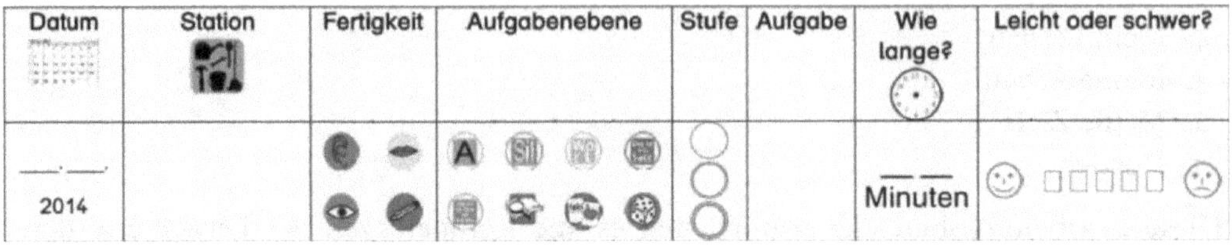

Datum	Station	Fertigkeit	Aufgabenebene	Stufe	Aufgabe	Wie lange?	Leicht oder schwer?
2014						Minuten	

Abb. 5.5 Struktur des Wochenplans (Alpha-Portfolio)

Eng mit dem Portfolio verzahnt ist ein Wochenplan, in dem die zu bearbeitenden Lernstationen festgelegt werden. Stationen liegen für verschiedene Arbeitsfelder vor. Die Stationen stellen situationsbasierte Arbeitseinheiten dar, auf deren Basis Aufgaben für verschiedene Ebenen (Buchstaben-, Silbenebene etc.) entwickelt wurden. Ausgehend von den im Portfolio festgelegten Kompetenzbeschreibungen können die Lerner ihren Wochenplan selbst erstellen, indem sie eine Fertigkeit auf einer Aufgabenebene (Buchstaben, Silben, bis hin zur Textebene) mit der zugehörigen Schwierigkeitsstufe bestimmen können, an denen sie arbeiten möchten.

Um die Orientierung der Lerner zu erleichtern, weisen die Stationen die gleiche Struktur auf, und die Arbeitsanweisungen werden ebenfalls von Icons unterstützt.

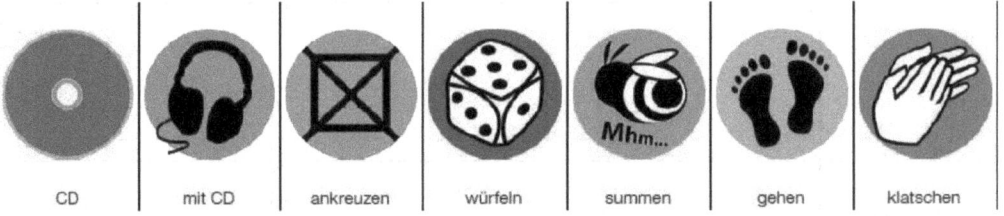

| CD | mit CD | ankreuzen | würfeln | summen | gehen | klatschen |

Abb. 5.6 Icons zur Unterstützung der Arbeitsanweisungen (Alpha-Portfolio)

Der Einsatz des Alpha-Portfolios in der Arbeit mit unzureichend alphabetisierten Lernergruppen dient der Individualisierung des Unterrichts. Somit finden auch eine Teilnehmerorientierung und eine prozessorientierte Evaluation statt, durch die die Lernerautonomie stark gefördert wird. Außerdem wird dadurch die Eigeninitiative der Lernenden stimuliert, ihren Lernprozess im Privaten voranzutreiben. Insgesamt sollte jedoch berücksichtigt werden, dass Alphabetisierung ein lange währender Prozess ist.

5.3 Materialien für Ehrenamtliche

(Anne Biedermann)

Flüchtlinge verbringen nach Ankunft in Deutschland in der Regel mehrere Monate in einer Asylbewerberunterkunft, bevor sie an offiziellen Deutschkursen bzw. Integrationskursen teilnehmen. Während dieser Überbrückungs- und Wartezeit bieten **Helfergruppen** in vielen Unterkünften Deutschkurse an. Die finanzielle, organisatorische und fachliche Unterstützung solcher Initiativen ist zurzeit eher bescheiden. In Bayern unterstützt das Projekt „Sprache schafft Chancen" der lagfa Bayern (Landesarbeitsgemeinschaft der Freiwilligenagenturen) die Einrichtung und Durchführung von Deutschkursen durch Ehrenamtliche mit einer Pauschale von 500 Euro. Die Organisation, Koordination und Bereitstellung der Infrastruktur für diese Deutschkurse obliegt in der Regel den jeweiligen Einrichtungen bzw. den dort aktiven Helfergruppen. In einigen wenigen Asylbewerberunterkünften lassen sich inzwischen Ansätze zur Strukturierung von Deutschunterricht beobachten, zum Beispiel in Form von Stufen- oder Modulmodellen.

Der Unterricht mit Flüchtlingen stellt Lehrende vor ganz besondere Herausforderungen, u. a. aufgrund infrastruktureller Mängel in den Unterkünften, traumatisierter Lernerpersönlichkeiten sowie der extremen Lernerheterogenität, die von (primären) Analphabeten bis hin zu Akademikern mit perfekten Englischkenntnissen reicht. Die ehrenamtlichen Kursleiter, zum Großteil ohne fremdsprachendidaktische Ausbildung, sind in ihrer Arbeit weitgehend auf sich selbst gestellt und in vielen Fragen verständlicherweise überfordert. Etwas Unterstützung erhalten sie von verschiedener Seite größtenteils über Internetangebote, z. B. von Initiativen der Flüchtlingshilfe, Institutionen und Verlagen.

Seit dem Herbst 2015 sind vermehrt **Leitfäden und Handreichungen** entstanden, die sich an an zwei Zielgruppen richten. Einerseits wollen Ratgeber wie „Refugee-Guide" oder „Deutschland – erste Informationen für Flüchtlinge" die Flüchtlinge über das Leben in Deutschland informieren. Sie enthalten Hinweise und Tipps in Bezug auf das Leben in Deutschland, Sitten und Gebräuche, Verbote und Gebote etc. und sind in mehreren Sprachen verfasst. Mit derselben Zielsetzung werden auch Video-Blogs wie „Deutschland für Anfänger" publiziert. Da der Sprachunterricht stets auch kulturelles Lernen impliziert, sind diese Ratgeber auch aufschlussreich für die ehrenamtlichen Helfer im Deutschunterricht.

Andererseits existieren aber auch Handreichungen, die sich direkt an die ehrenamtlichen Helfer richten, um sie bei der Planung und Durchführung des Deutschunterrichts zu unterstützen. Ein erstes Curriculum wurde vom BAMF in Zusammenarbeit mit dem Land Bayern 2013 entwickelt, das als Kurskonzept „Erstorientierung und Deutsch lernen für Asylbewerber in Bayern" den Lehrkräften und ehrenamtlich Tätigen als Grundlage für ihre Arbeit dienen kann. Broschüren vom Goethe Institut, den Lehrbuchverlagen, aber auch z. B. von kirchlichen Einrichtungen geben Ratschläge zum Lehrerverhalten, zu Methoden und Übungen und sind kostenfrei herunterladbar. Neben Ratgebervideos von DaF-Experten mit grundlegenden Tipps existieren auch etwas umfangreichere Fortbildungskurse online, wie die Webinarreihe vom Goethe Institut oder von SAP.

Einige Institutionen wie „Bildungswerk", die lagfa Bayern oder die studentische Flüchtlingshilfe-Initiative der KU Eichstätt-Ingolstadt „tun-starthilfe" bieten auch kostenfreie Einführungskurse in Präsenz-Form an. Unter Förderung des Bayerischen Staatsministeriums für Arbeit und Soziales, Familie und Integration (StMAS) werden aktuell im Projekt „Lernen – Lehren – Helfen" ehrenamtliche Kursleiter in Bayern geschult, um das Online-Sprachlernprogramm DUO (Deutsch-Uni Online) als **multimediales Lernangebot** für Asylbewerber zu nutzen.

Die Kursleiter können in den Unterkünften in der Regel nicht von einer kontinuierlichen Anwesenheit ihrer Schützlinge ausgehen, so dass jede Unterrichtsstunde idealerweise eine thematische Einheit bildet, die progressionsunabhängig einen Lerneffekt erzielt. Der Schwerpunkt der **Einstiegskurse** sollte auf der Wortschatzvermittlung und der Mündlichkeit liegen, um eine grundlegende Kommunikationskompetenz für den Alltag zu schaffen. Aufgrund der heterogenen Lerngruppen sollte der Unterricht möglichst viele Ansätze zur Binnendifferenzierung anbieten, vor allem aber eine steile Progression vermeiden. Bei der Unterrichtsvorbereitung greifen die Ehrenamtlichen entweder auf das ihnen zur Verfügung gestellte Unterrichtsmaterial oder auf das Internet zurück und vervielfältigen die Arbeitsblätter für ihre Lerngruppen. Online zugängliche Plattformen, Materialsammlungen und Praxishilfen wie die von den Initiativen Asylplus e. V., tun e. V., Equal oder das Wiki-Portal „Willkommen in Deutschland" bieten Lernprogramme, Unterrichtsideen und Arbeitsblätter zu verschiedenen Themen, teilweise auch in multimedialen Formaten.

Viele Ehrenamtliche in Deutschland nutzen das Arbeitsheft „Deutschkurs für Asylbewerber – Thannhauser Modell". Dieses wurde von pensionierten Schulleitern im schwäbischen Thannhausen in Anlehnung an das Konzept „Erstorientierung und Deutschlernen für Asylbewerber in Bayern" entwickelt und enthält in ca. 40 Kapiteln Redemittel zu wichtigen Alltagssituationen. Das Heft, das über den Auer-Verlag erworben werden kann, folgt einer flachen Progression und ist neben der deutschen Ausgabe ohne Untertitel auch mit Untertiteln in Englisch, Französisch, Persisch (Farsi/Dari) und Tigrinisch erhältlich. Ähnlich wie das „Thannhauser Modell" ist das Arbeitsheft der Münchener Flüchtlingshilfe e. V. aufgebaut, das inzwischen in neun Sprach-Versionen heruntergeladen kann. Beide Arbeitshefte legen den Schwerpunkt auf die Mündlichkeit, allerdings werden Wörter und Redemittel oft isoliert präsentiert und Übungen und Aufgaben zur Anwendung finden sich kaum. Solche müssen durch den Kursleiter ergänzt werden.

Auch Schulbuchverlage und DaF-Verlage haben inzwischen Arbeitshefte für den Deutschunterricht im Erstkontakt herausgegeben, die zu einem Preis von ca. 5 Euro erworben werden können. „Erste Hilfe Deutsch" wird außerdem durch eine App mit Audio-Dateien begleitet.

Als Ergänzung zu den bestehenden Materialien erstellt aktuell eine studentische Arbeitsgruppe des Instituts Deutsch als Fremdsprache der Ludwig-Maximilians-Universität ein pdf-Arbeitsheft mit Leitfaden und konkret einsetzbaren Materialien für Helfer, die im Erstkontakt mit Flüchtlingen tätig sind. Die stark bebilderten Kopiervorlagen mit relevantem Wortschatz, situativ eingebetteten Redemitteln und vorwiegend rezeptiv ausgerichteten Übungen bieten eine erste sprachliche und kulturelle Vorbereitung für das Leben in Deutschland. Durch den Fokus auf Handlungsfelder und Mini-Szenarien aus dem deutschen Alltag, die für Flüchtlinge relevant sind und sein können, ist das Konzept stärker als andere interkulturell ausgerichtet.

Links:

Leitfäden und Ratgeber für das Leben in Deutschland (Auswahl):
  „Refugee-Guide" (Orientierungshilfe für das Leben in Deutschland von Studenten und Doktoranden aus Hamburg, online oder als Broschüre in 17 Sprachen): http://www.refugeeguide.de/
  „Deutschland – Erste Informationen für Flüchtlinge" (Leitfaden von der Konrad-Adenauer-Stiftung auf Deutsch und Arabisch, als App oder Buch über den Herder-Verlag kostenfrei erhältlich)
  „Deutschland für Anfänger" (Video-Blog auf Deutsch und Arabisch): https://www.youtube.com/channel/UChEFKxiQ6KIZfc7C1klRp2Q

Leitfäden und Ratgeber für den Deutschunterricht (Auswahl):
  „Erstorientierung und Deutsch lernen für Asylbewerber in Bayern" (Kurskonzept, 2013 vom Land Bayern in Zusammenarbeit mit dem BAMF entwickelt, das Lehrkräften und ehrenamtlich Tätigen als Grundlage für ihre Arbeit dienen kann): http://www.bamf.de/SharedDocs/Anlagen/DE/Downloads/Infothek/Integration/Sonstiges/konzept-kurse-asylbewerber.html
  „Zehn Praxistipps für einen erwachsenengerechten Deutschunterricht mit Flüchtlingen und Asylsuchenden" (vom Hueber Verlag): https://www.hueber.de/media/36/Hueber_Erste_Hilfe_Deutsch_10_Praxistipps.pdf
  „Handreichung für die Gestaltung von Deutschkursen mit Flüchtlingen" (vom Erzbistum Köln, mit Übungen und Spielen): https://bildung.erzbistum-koeln.de/.content/.galleries/downloads/SPRACHANKER-Handreichung.pdf
  „Weiterführende Links zum Einsatz in Unterricht und Beratung mit Asylsuchenden" (vom Goethe Institut): http://www.goethe.de/mmo/priv/15280204-STANDARD.pdf

Fortbildungen für ehrenamtliche Kursleiter:
  „Sprache schafft Chancen" (Projekt der LAGFA Bayern, das Deutschkurse von Ehrenamtlichen unterstützt): http://www.lagfa-bayern.de/projekte-der-lagfa/sprache-schafft-chancen/)
  Webinarreihe Lernbegleiter Deutsch (Online-Informationsreihe mit praktischen Tipps und Hilfestellungen in 5 Webinarsitzungen vom Goethe Institut; kostenlos, Registrierung nötig) : https://www.goethe.de/de/spr/flu/esd.html
  „Auch du kannst das. Deutsch für Asylbewerber. Ehrenamtlich." (Kostenloser Online-Kurs für ehrenamtliche Lehrkräfte von SAP): https://open.sap.com/courses/than1

„DaF Grundlagen und Konzepte" (Fernstudienkurs am Goethe Institut mit Zertifikat der Ludwig-Maximilians Universität München

„Lernen – Lehren – Helfen." (Fortbildungen von Ehrenamtlichen zum Einsatz der Online-Materialien der Deutsch-Uni Online): http://www.lernen-lehren-helfen.de

Unterrichtsmaterialien Online und zum Download (Auswahl):

„Willkommen! Die deutsche Sprache –erste Schritte" (Arbeitsheft der Münchner Flücht-lingshilfe e. V., in neun Sprachversionen erhältlich): http://fluechtlingshilfe-muenchen. de/?p=550)

Deutschkurs Klosterneuburg (Übungshefte nach Levels sortiert, mit Übungen zum Schreiben und Grammatik): http://deutsch.fit/Deutschkurs/

„Materialien für den Deutschunterricht" (Arbeitsblätter zu einzelnen kommunikativen und grammatischen Themen): http://www.tun-starthilfe.de/plattform-ehrenamt/ma-terialien-deutschunterricht/

„Praxishilfen: Deutsch für Flüchtlinge" (Materialsammlung mit Unterrichtsideen, aber auch Dokumente für die Organisation des Unterrichts und Erfahrungsberichte): http:// www.equal-sepa.de/material/Produkte/start_Praxishilfen.htm

ZUM-Willkommen.de (Wiki bzw. offenes Portal für ehrenamtliche Deutschlehrende mit Materialien und Ideen für den Deutschunterricht mit Flüchtlingen und Asylbewer-bern): http://www.zum.de/willkommen

Asylplus e. V. (Internetplattform für computergestütztes Deutschlernen mit Sammlung von Online-Lernprogrammen und Materialien): www.asylplus.de

„Refugees Welcome. Erste-Hilfe-Wortschatz für den Start" (Wortschatz- und Redemittel-listen in Deutsch, Englisch, Französisch, Arabisch vom Klett-Verlag): http://www. klett-sprachen.de/download/8638/W100255_Refugees_Welcome_Wortschatz.pdf

Unterrichtsmaterialien zum Erwerb (Auswahl):

„Deutschkurs für Asylbewerber –Thannhauser Modell" (Arbeitsheft mit alltagsrele-vantem Wortschatz und Redemitteln, in sechs Sprachversionen erhältlich, über Auer Verlag bestellbar): http://www.deutschkurs-asylbewerber.de/, http://www.auer-verlag. de/deutschkurs-asylbewerber

„Erste Hilfe Deutsch. Kursmaterial für Flüchtlinge und Asylsuchende" (knapp gehaltenes Arbeitsheft vom Hueber Verlag, mit App inkl. Audiodateien)

„Herzlich willkommen! Einstiegskurs Deutsch" (umfangreiches Lehrwerk von Cornel-sen, mit Progression, viele abwechslungsreiche Übungen)

5.4 Unterrichtsmaterialien (Auswahl)

Auf der Seite des BAMF (Bundesamt für Migration und Flüchtlinge) findet sich eine Liste aller zugelassener Lehrwerke in Integrationskursen, die regelmäßig aktualisiert wird: http:// www.bamf.de / SharedDocs / Anlagen / DE / Downloads / Infothek / Integrationskurse / Lehr-kraefte / liste-zugelassener-lehrwerke.pdf?__blob=publicationFile

Die folgenden Auflistungen stellen eine Auswahl an ergänzenden Materialien für verschiedene Zielgruppen und Medien dar.

5.4.1 Vorschule

- Babbe, Karin et al. (2003). *Werkstatt Deutsch als Zweitsprache*. Braunschweig: Schroedel. (4 Bände + Einstufungshilfen).
- Bauer, Inge et al. (2004). *Das bin ich. Materialien zur ganzheitlichen Sprachförderung im Kindergarten*. Oberursel: Finken.
- Hack, Mariann et al. (2008). *Die Sprachschatzkiste. Deutsch als Fremdsprache. Kindergarten und Vorschule*. Braunschweig: Westermann.
- Hölscher, Petra / Staatsinstitut für Schulqualität und Bildungsforschung (Hg.) (2003). *Lernszenarien. Ein neuer Weg, der Lust auf Schule macht, Teil 1: Vorkurs – Deutsch lernen vor Schulbeginn*. Oberursel: Finken.
- Kniffka, Gabriele (2014). *Meine Freunde und ich. Deutsch als Zweitsprache für Kinder*. Stuttgart: Klett.
- Rösch, Heidi (Hg.) (2003). *Deutsch als Zweitsprache. Grundlagen, Übungsideen und Kopiervorlagen zur Sprachförderung*. Braunschweig: Schroedel.
- Schlösser, Elke (2007). *Wir verstehen uns gut. Spielerisch Deutsch lernen*. Münster: Ökotopia.

5.4.2 Grundschule

- BMW Group / ISB (Hg.) (1997). *Grundwerk LIFE – Ideen und Materialien für interkulturelles Lernen*. München: BMW Group.
- BMW Group / ISB (Hg.) (1999). *LIFE – Die erste Ergänzungslieferung. Verstehen und Verständigung*. München: BMW Group.
- Fischer, Andreas (2007). *Deutsch lernen mit Rhythmus. Der Sprechrhythmus als Basis einer integrierten Phonetik im Unterricht Deutsch als Fremdsprache. Methode und Material*. Leipzig: Schubert.
- Hölscher, Petra / Piepho, Hans-Eberhard (2005). *DaZ-Lernkoffer: Ich und du*. Oberursel: Finken.
- Roche, Jörg / Terrasi-Haufe, Elisabetta (Hg.) (2015). *33 Methoden: DaZ im Deutschunterricht*. Augsburg: Auer.
- Roche, Jörg / Terrasi-Haufe, Elisabetta (Hg.) (2016). *33 Methoden: DaZ im Mathematikunterricht*. Augsburg: Auer.
- Roche, Jörg / Terrasi-Haufe, Elisabetta (Hg.) (2016). *33 Methoden: DaZ im Sachunterricht*. Augsburg: Auer.
- Roche, Jörg / Terrasi-Haufe, Elisabetta (Hg.) (2016). *DaZ fachfremd unterrichten. Basiswissen, Unterrichtsstunden und Praxismaterial für Vorbereitungsklassen und Förderstunden*. Augsburg: Auer.

▶ Roche, Jörg / Terrasi-Haufe, Elisabetta (Hg.) (2016). *DaZ-Schüler im Regelunterricht fördern. Hintergrundwissen, Kopiervorlagen und Praxistipps zu den häufigsten Knackpunkten. 1. und 2. Klasse.* Augsburg: Auer.

▶ Roche, Jörg/Terrasi-Haufe, Elisabetta (Hg.) (i. Vorber.). *Daz-Schüler im Regelunterricht fördern. Hintergrundwissen, Kopiervorlagen und Praxistipps zu den häufigsten Knackpunkten. 3. und 4. Klasse.* Augsburg: Auer.

5.4.3 Sekundarstufe I

▶ BMW Group / ISB (Hg.) (2000). *LIFE – Die zweite Ergänzungslieferung. Sprachen der Kulturen.* München: BMW Group.

▶ Daschiel, Angelika / Döhler, Ute / Roche, Jörg / Zangerl, Martin (2012). *Orientierungslauf für die Schule. Von den Basics bis zum Lauf im Gelände. Orientierungsaufgaben und Ausdauertraining mit Spaß!* Augsburg: Auer.

▶ Europäisches Portfolio der Sprachen. *Aufbauportfolio* (Sekundarstufe I): http://www.sprachenportfolio.de / PDF / AufbauportfolioOnline.pdf

▶ ISB / LISUM (2005). *Lernszenarien. Ein neuer Weg, der Lust auf Schule macht. Teil 3: Sprachhandeln in den Klassen 5 bis 9 interkulturell – integrativ – interaktiv.* Oberursel: Finken.

▶ Rösch, Heidi (Hg.) (2005). *Mitsprache. Deutsch als Zweitsprache. Sprachförderung in der Sekundarstufe 1. Grundlagen – Übungsideen – Kopiervorlagen.* Braunschweig: Schroedel.

▶ Rösch, Heidi (Hg.) (2006–2007). *Mitsprache. Arbeitsheft zur Sprachförderung.* (5 / 6, 7 / 8, 9 / 10). Braunschweig: Schroedel.

5.4.4 Berufsschulen / berufliche Bildung

▶ DaZ Alp Dillingen: Zweitspracherwerb und Sprachförderung. Unterrichtsbeispiele für die Berufsschule: https://daz.alp.dillingen.de / index.php?option=com_content&view=article&id=42&Itemid=157&jsmallfib=1&dir=JSROOT / unterrichtsbeispiele / Berufsschule_Unterricht

▶ Dirschedl, Carlo (Hg.) (2012). *Berufsdeutsch.* Berlin: Cornelsen. (Reihe mit Handreichungen, Schülerbüchern und Arbeitsheften für verschiedene Fachbereiche). http://www.cornelsen.de / cbb / reihe / r-6647 / ra / titel/9783064505490

▶ Goethe Institut: Deutsch am Arbeitsplatz. Online-Übungen zur Kommunikation im Beruf: https://www.goethe.de / de / spr / ueb / daa.html

▶ ISB (Staatsinstitut für Schulqualität und Bildungsforschung): Berufssprache Deutsch. Berufsspezifische Sprachförderung für Jugendliche in Ausbildung und in Klassen der Berufsorientierung und Berufsvorbereitung (Unterrichtsmaterialien): http://www.isb.bayern.de / schulartspezifisches / materialien / berufssprache-deutsch / unterrichtsmaterialien/

- ISB (Staatsinstitut für Schulqualität und Bildungsforschung): Lehrerhandreichung und Materialien für den Unterricht in Berufsintegrationsklassen an beruflichen Schulen: https://www.isb.bayern.de / berufsschule / uebersicht / baf_beschulung / materialien/
- Portal Deutsch am Arbeitsplatz: http://www.deutsch-am-arbeitsplatz.de / berufsorientierendo.html (Materialien für verschiedene Zielgruppen, hauptsächlich berufsorientiert).
- Schallenberg, Julia / GFBM / SWI (2015). *Angekommen! Handreichung für den Unterricht mit Flüchtlingen an Schulen der beruflichen Bildung in Berlin.*

5.4.5 Angebote zum Sprachenlernen (mobil und online)

Alle Apps sind sowohl für Apple- als auch für Android-Geräte verfügbar.

5.4.5.1 Apps speziell für Geflüchtete

- Ankommen. Ein Wegbegleiter für Ihre ersten Wochen in Deutschland: https://www. ankommenapp.de/ (Integrationshilfe und Mini-Sprachkurs Ersthilfe A1, einzelne Aufgaben aus »Erste Schritte in Deutschland«).
- Deutsch für Flüchtlinge: https://itunes.apple.com / app / deutsch-fur-fluchtlinge / id1050924256?mt=8 (Wortschatztraining nach Karteikarten-Prinzip).
- Erste Schritte in Deutschland (Goethe Institut): https://play.google.com / store / apps / details?id=net.appsynth.goethe&hl=de (Quizspiel zur Landeskunde).
- German for Refugees: https://play.google.com / store / apps / details?id=com.diakonie. de (Wortschatztraining).
- Lern Deutsch – Die Stadt der Wörter: https://www.goethe.de / de / spr / ueb / led. html?wt_sc=lerndeutsch (Lernspiel zum situierten Wortschatztraining).
- Phase6 hallo Deutsch Erwachsene: https://play.google.com / store / apps / details?id=de. phase6.hallo_erwachsene (Wortschatztraining nach Karteikarten-Prinzip).
- Phase6 hallo Deutsch Kinder: https://itunes.apple.com / de / app / phase6-hallo-deutsch-kinder / id1052706979?mt=8 (Wortschatztraining nach Karteikarten-Prinzip).
- Unterwegs Deutsch lernen (Goethe Institut): https://www.goethe.de / de / spr / ueb / vok. html (Wortschatztraining nach Karteikarten-Prinzip).

5.4.5.2 Online-Angebote zum Deutschlernen

- Arbeitsblätter Grundstufe DaF (Schubert-Verlag): http://www.schubert-verlag.de / aufgaben / arbeitsblaetter_a1_z / a1_arbeitsblaetter_index_z.htm
- Community Deutsch für dich – Sammlung von verschiedenen Online-Materialien für unterschiedliche Fertigkeiten und Niveaustufen (Goethe Institut): https://www.goethe. de / prj / dfd / de / home.cfm
- Deutsch für Flüchtlinge (Gemeinschaftsinitiative Equal): http://www.equal-sepa. de / material / Produkte / start_Praxishilfen.htm

▶ DUO – Deutsch-Uni Online: http://www.deutsch-uni.com (Online-Sprachkurse mit optionaler tutorieller Betreuung).

▶ DW Deutschkurse (Deutsche Welle): http://www.dw.com / de / deutsch-lernen / lern-angebote-f%C3 %BCr-das-niveau-a1 / s-13212 (verschiedene unbetreute Online-Sprachkurse).

▶ Mein Weg nach Deutschland (Goethe Institut): http://www.goethe.de / lrn / prj / wnd / deindex.htm (Internetportal zum Selbstlernen ab A1).

6 Literatur

Adamzik, Kirsten (Hg.) (2000). *Textsorten. Reflexionen und Analysen.* Tübingen: Stauffenburg.

Aguado, Karin/Grotjahn, Rudiger/Schlak, Torsten (2005). Erwerbsalter und Sprachlernerfolg. Theoretische und methodologische Grundlagen eines empirischen Forschungsprojekts. *Zeitschrift für Fremdsprachenforschung* 16 (3), 275–293.

Allensbachstudie (2014). Asyl und Asylbewerber – Wahrnehmungen und Haltungen der Bevölkerung 2014, URL: http://www.bosch-stiftung.de/content/language1/downloads/RBS_SVR_Expertise_Lebenssituation_Fluechtlinge.pdf [18.04.2016].

Allolio-Näcke, Lars/Kalscheuer, Britta/Manzeschke, Arne (Hg.) (2005). *Differenzen anders denken. Bausteine zu einer Kulturtheorie der Transdifferenz.* Frankfurt/M., New York: Campus.

Ammon, Ulrich et al. (2004): *Variantenwörterbuch des Deutschen. Die Standardsprache in Österreich, der Schweiz und Deutschland sowie in Liechtenstein, Luxemburg, Ostbelgien und Südtirol.* Berlin/New York: de Gruyter.

Androutsopoulos, Jannis K. (2003). HipHop im Weg – zur Stilanalyse jugendkultureller Websites. In: Habscheid, Stephan / Fix, Ulla (Hg.): *Gruppenstile.* Frankfurt a. M.: Peter Lang, Internationaler Verlag der Wissenschaften, S. 271–292.

Aronin, Larissa/Ó Laoire, Muiris (2001). Exploring multilingualism in cultural contexts: towards a notion of multilinguality. *Proceedings of the Second International Conference on Third Language Acquisition and Trilingualism* (CD-ROM). Leeuwarden, Netherlands.

Aronin, Larissa/Ó Laoire, Muiris (2004). Exploring multilingualism in cultural contexts: towards a notion of multilinguality. In: Hoffmann, Charlotte/Ytsma, Jehannes (Hg.). *Trilingualism in Family, School and Community. Bilingual Education and Bilingualism.* Clevedon/Buffalo: Multilingual Matters, 11–29.

Auer, Peter (1998). Hamburger Phonologie. Eine variationslinguistische Skizze zur Stadtsprache der Hansestadt heute. *Zeitschrift für Dialektologie und Linguistik.* 65, Stuttgart: Franz Steiner Verlag, S. 179–197.

Auer, Peter (2003). „Türkenslang" – ein jugendsprachlicher Ethnolekt des Deutschen und seine Transformationen. In: Häcki-Buhofer, Annelies (Hg.). Spracherwerb und Lebensalter. Tübingen: Francke, 255–264.

Austin, John L. (1972). *Zur Theorie der Sprechakte.* Stuttgart: Reclam [engl. 1962].

Austin, Peter K. (Hg.) (2009). *1000 Sprachen: lebendig, gefährdet, vergangen.* Heidelberg: Spektrum Verlag.

Aurnague, Michel/Hickmann, Maya/Vieu, Laure (Hg.) (2007). *The categorization of spatial entities in language and cognition.* Amsterdam/Philadelphia: Benjamins.

Baddeley, Alan D. (2007). *Working memory, thought, and action.* Oxford, New York: Oxford University Press.

Baddeley, Alan D./Eysenck, Michael W./Anderson, Michael C. (2009). *Memory.* Hove [England], New York: Psychology Press.

Baddeley, Alan D./Hitch, Graham J. (2007). Working Memory: Past, Present and Future? In: Osaka, Naoyuki/Logie, Robert H./D'Esposito, Mark (Hg.). *The cognitive neuroscience of working memory.* Oxford, New York: Oxford University Press.

BAMF (2016a). Asylgeschäftsstatistik für den Monat Februar 2016. URL: http://www.bamf.de/ SharedDocs/Anlagen/DE/Downloads/Infothek/Statistik/Asyl/201602-statistik-anlage-asyl-ge-schaeftsbericht.pdf?__blob=publicationFile [17. 03. 2016].

BAMF (2016b). Liste der zugelassenen Lehrwerke in Integrationskursen (Stand März 2016) http:// www.bamf.de/SharedDocs/Anlagen/DE/Downloads/Infothek/Integrationskurse/Lehrkraefte/ liste-zugelassener-lehrwerke.pdf?__blob=publicationFile

BAMF (2016c). Qualifikationsstruktur, Arbeitsmarktbeteiligung und Zukunftsorientierungen. Ausgabe 1|2016 der Kurzanalysen des Forschungszentrums Migration, Integration und Asyl des Bundesamtes für Migration und Flüchtlinge. Verfasser: Susanne Wobs und Eva Bund. https:// www.bamf.de/SharedDocs/Anlagen/DE/Publikationen/Kurzanalysen/kurzanalyse1_qualifikati-onsstruktur_asylberechtigte.pdf?__blob=publicationFile [11. 05. 2016].

BAMF (2015a). Asylgeschäftsstatistik für den Monat Dezember 2015 http://www.bamf.de/Shared-Docs/Anlagen/DE/Downloads/Infothek/Statistik/Asyl/201512-statistik-anlage-asyl-geschaefts-bericht.pdf?__blob=publicationFile [17. 03. 2016].

BAMF (2015b): Das Bundesamt in Zahlen 2015 – Asyl. URL: http://www.bamf.de/SharedDocs/ Anlagen/DE/Publikationen/Broschueren/bundesamt-in-zahlen-2015-asyl.pdf?__blob=publica-tionFile [18. 04. 2016].

BAMF (2015c). Konzept für einen bundesweiten Alphabetisierungskurs. Überarbeitete Neuauf-lage. http://www.bamf.de/SharedDocs/Anlagen/DE/Downloads/Infothek/Integrationskurse/ Kurstraeger/KonzepteLeitfaeden/konz-f-bundesw-ik-mit-alphabet.pdf?__blob=publicationFile [11. 05. 2016].

BAMF (2014a). Asylgeschäftsstatistik für den Monat Dezember 2014. URL: http://www.bamf.de/ SharedDocs/Anlagen/DE/Downloads/Infothek/Statistik/Asyl/201412-statistik-anlage-asyl-ge-schaeftsbericht.pdf?__blob=publicationFile [17. 03. 2016].

BAMF (2014b). Ablauf des deutschen Asylverfahrens. Asylantragstellung – Entscheidung – Folgen der Entscheidung. URL: https://www.bamf.de/SharedDocs/Anlagen/DE/Publikationen/Flyer/ ablauf-asylverfahren.pdf?__blob=publicationFile [18. 04. 2016].

BAMF (2007). Rahmencurriculum für Integrationskurse Deutsch als Zweitsprache. http://www. bamf.de/SharedDocs/Anlagen/DE/Downloads/Infothek/Integrationskurse/Kurstraeger/Kon-zepteLeitfaeden/rahmencurriculum-integrationskurs.html [13. 04. 2016].

Bardovi-Harlig, Kathleen (1995). The Interaction of Pedagogy and Natural Sequences in the Acqui-sition of Tense and Aspect. In: Eckman, Fred R. (Hg.). *Second language acquisition theory and pedagogy. 22nd Linguistics symposium: Selected papers.* Mahwah, NJ [u. a.]: Erlbaum, 151–168.

Barros, Wassilios (2014): Gerechtigkeitstheoretische Überlegungen zu Migration und Bildung. *Bildung und Erziehung* 64 (2014), Heft 3, S. 331–347.

Baumann, Klaus-Dieter/Kalverkämper, Hartwig (Hg.) (1992). *Kontrastive Fachsprachenforschung. Forum für Fachsprachen-Forschung 20.* Tübingen: Narr.

Becker-Mrotzek, Michael/Brünner, Gisela (2006). Gesprächsanalyse und Gesprächsführung. Eine Unterrichtsreihe für die Sekundarstufe II. Radolfzell: Verlag für Gesprächsforschung. http:// www.verlag-gespraechsforschung.de

Bennett, Milton J. (1993). Towards ethnorelativism: A developmental model of intercultural sensiti-vity. In: Paige, R. Michael (Hg.). *Education for the intercultural experience.* Yarmouth: Intercul-tural Press, 21–71.

Berndt, Annette (2003). *Sprachenlernen im Alter.* Eine empirische Studie zur Fremdsprachengera-gogik. München: iudicium.

Bickes, Hannes/Pauli Ute (2009). *Erst- und Zweitspracherwerb*. Stuttgart: UTB.

Birdsong, David (2009). Age and the end state of second language acquisition. In: Ritchie, William C./Bhatia, Tej K. (Hg.). *The new handbook of second language acquisition*. Bingley: Emerald, 401–424.

Bot, Kees de (2004). The Multilingual Lexicon. Modelling Selection and Control. *The International Journal of Multilingualism* 1(1), 17–32.

Boulanger, Daniela (2001). Alphabetisierung als notwendiger Bestandteil der Integration. Ausländischer Frauen. *Interkulturell – Forum Für Interkulturelle Kommunikation, Erziehung und Beratung*, Heft ¾, S. 211–250.

Bournot-Trites, Monique/Reeder, Kenneth (2001). Interdependence revisited: Mathematics achievement in an intensified French immersion program. *The Canadian Modern Language Review* 58 (1), 27–43.

Breinig, Helmbrecht/Lösch, Klaus (2006). Transdifference. *Journal for the Study of British Cultures* 13 (2), 105–122.

Brinker, Klaus/Antos, Gerd/Heinemann, Wolfgang/Sager, Sven F. (Hgg.) (2002). *Text- und Gesprächslinguistik*. Ein internationales Handbuch zeitgenössischer Forschung. 2. Halbband, Berlin/New York: de Gruyter.

Bühler, Karl (1934). *Sprachtheorie*. Jena, Stuttgart: Fischer. (Taschenbuchauflage (1982) Stuttgart: UTB.)

Buhlmann, Rosemarie/Fearns, Anneliese (1980). *NTF – Hinführung zur naturwissenschaftlichen Fachsprache*. München: Hueber.

Buschfeld, Sarah/Schöneberger, Christiane (2010). Kontrastive Alphabetisierung am Beispiel Deutsch-Arabisch. In: Roll, Heike/Schramm, Karen (Hg.). *Alphabetisierung in der Zweitsprache Deutsch. Osnabrücker Beiträge zur Sprachtheorie* 77, 61–74.

Caspari, Daniela/Schinschke, Andrea (2007). Interkulturelles Lernen: Konsequenzen für die Konturierung eines fachdidaktischen Konzepts aufgrund seiner Rezeption in der Berliner Schule. In: Bredella, Lothar (Hg.). *Fremdverstehen und interkulturelle Kompetenz*. Tübingen: Narr, 78–100.

Clahsen, Harald/Meisel, Jurgen M./Pienemann, Manfred (1983). *Deutsch als Zweitsprache. Der Spracherwerb ausländischer Arbeiter*. Tubingen: Narr.

Clausner, Timothy/Croft, William (1999). Domains and image schemas. *Cognitive Linguistics* (10–1), 1–31.

Clyne, Michael (1991). Zu kulturellen Unterschieden in der Produktion und Wahrnehmung englischer und deutscher wissenschaftlicher Texte. *Info DaF* 18 (4), 376–384.

Crystal, David (1997): *The Cambridge Encyclopedia of Language*. Cambridge: Cambridge University Press.

Cummins, Jim/Swain, Merrill (1986). *Bilingualism in Education. Aspects of theory, research and practice*. Harlow, Essex: Longman.

Danesi, Marcel (2008). Conceptual errors in second-language learning. In: de Knop, Sabine/de Rycker, Teun (Hg.). *Cognitive Approaches to Pedagogical Grammar*. Berlin, New York: Mouton de Gruyter, 231–257.

Diehl, Erika/Christen, Helen/Leuenberger, Sandra/Pelvat, Isabelle/Studer, Therese (2000). *Grammatikunterricht, alles für der Katz? Untersuchungen zum Zweitsprachenerwerb Deutsch*. Tübingen: Niemeyer.

Dijk, Teun A. van/Kintsch, Walter (1983). *Strategies of discourse comprehension*. New York: Academic Press.

Donalies, Elke (2007). *Basiswissen Deutsche Wortbildung*. Tübingen/Basel: Francke/UTB.

Dreyer, Hilke/Schmitt, Richard (2009). *Lehr- und Übungsbuch der deutschen Grammatik*. München: Hueber Verlag.

Duden-Redaktion (Hg.) (2005). Bd. 6. *Das Aussprachewörterbuch*. Mannheim: Duden-Verlag.

Duden-Redaktion (Hg.) (2009). Bd. 4. *Die Grammatik*. Mannheim: Duden-Verlag.

Dulay, Heidi/Burt, Marina (1974). Natural Sequences in Child Second Language Acquisition. *Language Learning* 24, 37–53.

DVV (2014). Rahmencurriculum für eine abschlussorientierte Grundbildung. Rahmencurriculum Schreiben. http://www.grundbildung.de/fileadmin/redaktion/pdf/Unterricht/Schreiben/Rahmencurriculum/Rahmencurriculum_Schreiben_komplett.pdf [11.05.2016].

Edmondson, Willis J. (2010). Kritisches Alter, Frühbeginn und individuelle Unterschiede. In: Berndt, Annette/Kleppin, Karin (Hg.). *Sprachlehrforschung: Theorie und Empirie. Festschrift für Rüdiger Grotjahn*. Frankfurt/M.: Lang, 269–278.

Ehlich, Konrad (1986). Interjektionen. Tübingen: Niemeyer.

Ehlich, Konrad (2001). Standard zwischen Bühne und Regionalität. In: Ehlich, Konrad; Ossner, Jakob / Stammerjohann, Harro (Hgg.): *Hochsprachen in Europa. Entstehung, Geltung, Zukunft*. Freiburg i. Br.: Fillibach Verlag.

EFA Global Monitoring Report 2013/14. Deutsche Kurzfassung. Weltbericht Bildung für alle. https://www.unesco.de/fileadmin/medien/Dokumente/Bildung/GMR_Weltbildungsbericht_Kurzfassung_2013_2014.pdf [11.05.2016].

Engelberg, Stefan/Lemnitzer, Lothar (2009). *Lexikographie und Wörterbuchbenutzung*. Tübingen: Stauffenburg.

Eppert, Franz (2008). *Grammatik-ABC für Deutsch als Fremdsprache auf Zertifikatsniveau und Niveaustufen A1, A2, B1, B2. Ein kleines Handbuch für Lernende und Lehrende: einfach, klar, praktisch*. Frankfurt/M.: R. G. Fischer.

Espenhorst, Niels (2013). Kind zweiter Klasse – Bericht zur Lebenssituation junger Flüchtlinge in Deutschland an die Vereinten Nationen zum Übereinkommen über die Rechte des Kindes, URL: http://www.b-umf.de/images/parallelbericht-bumf-2013-web.pdf [18.04.2016].

Esselborn, Karl (2010). *Interkulturelle Literaturvermittlung zwischen didaktischer Theorie und Praxis*. München: iudicium.

Esser, Hartmut (2006). *Sprache und Integration. Die sozialen Bedingungen und Folgen des Spracherwerbs von Migranten*. Frankfurt/M., New York: Campus.

Fandrych, Christian/Thurmair-Mumelter, Maria Luise (2011). *Textsorten im Deutschen. Linguistische Analysen aus sprachdidaktischer Sicht*. Tübingen: Stauffenburg.

Fandrych, Christian/Graefen, Gabriele (2010). Wissenschafts- und Studiensprache Deutsch. In: Krumm, Hans Jürgen/Fandrych, Christian/Hufeisen, Britta/Riemer, Claudia (Hg.) (2010): Deutsch als Fremd- und Zweitsprache. Ein internationales Handbuch. 1. Halbband, Berlin/New York: de Gruyter, S. 509–517.

Feldmeier, Alexis (2010). *Von A bis Z – Praxishandbuch Alphabetisierung. Deutsch als Zweitsprache für Erwachsene*. Stuttgart: Klett.

Fiehler, Reinhard (2009): Gesprochene Sprache. In: Duden-Redaktion (Hg.). Bd. 4. *Die Grammatik*. Mannheim: Duden-Verlag, S. 1175–1256.

Fix, Ulla / Habscheid, Stephan / Klein, Josef (Hg.) (2001). *Zur Kulturspezifik von Textsorten*. Tübingen: Stauffenburg.

Fluck, Hans Rüdiger (1996). *Fachsprachen: Einführung und Bibliographie*. Tübingen/Basel: Francke/ UTB.

Fluck, Hans Rüdiger (2011). Fach- und Wissenschaftssprachen in den Naturwissenschaften. In: Krumm, Hans Jürgen/Fandrych, Christian/Hufeisen, Britta/Riemer, Claudia (Hgg.) (2010): Deutsch als Fremd- und Zweitsprache. Ein internationales Handbuch. 1. Halbband, Berlin/New York: de Gruyter, S. 467–486.

Gadamer, Hans-Georg (1960). *Wahrheit und Methode. Grundzüge einer philosophischen Hermeneutik*. Tübingen: Mohr.

Givón, Talmy (1979). From Discourse to Syntax. Grammar as a Processing Strategy. In: Kimball, John P. / Givón, Talmy (Hg.): *Syntax and Semantics*. New York, San Francisco, London: Academic Press, Harcourt Brace Jovanovich, S. 81–112.

Göpferich, Susanne (2011a). Standardisierung von Kommunikation. In: Knapp, Karlfried et al. (Hg.): *Angewandte Linguistik. Ein Lehrbuch*. Tübingen/Basel: Francke/UTB, S. 513–536.

Göpferich, Susanne (2011b). Technische Kommunikation. In: Knapp, Karlfried et al. (Hgg.): *Angewandte Linguistik. Ein Lehrbuch*. Tübingen/Basel: Francke/UTB, S. 149–171.

Götze, Lutz (2001). Linguistische und didaktische Grammatik. In: Helbig, Gerhard/Götze, Lutz/ Henrici, Gert/Krumm, Hans-Jürgen (Hg.). *Deutsch als Fremdsprache. Ein internationales Handbuch*. Berlin: Mouton de Gruyter, 187–194.

Grady, Joseph E. (2005). Image schemas and perception. Refining a definition. In: Hampe, Beate/ Grady, Joseph E. (Hg.). *From perception to meaning*. Berlin, New York: Mouton de Gruyter, 35–56.

Grady, Joseph E. (2007). Metaphor. In: Geeraerts, Dirk/Cuyckens, H. (Hg.). *The Oxford handbook of cognitive linguistics*. Oxford: Oxford University Press, 188–213.

Graefen, Gabriele/Liedke, Martina (2012). *Germanistische Sprachwissenschaft*. Deutsch als Erst-, Zweit- und Fremdsprache. Tübingen: Francke/UTB.

Green, David W. (1993). Towards a model of L2 comprehension and production. In: Schreuder, Robert/Weltens, Bert (Hg.). *The Bilingual lexicon*. Amsterdam, Philadelphia: Benjamins, 249–277.

Grießhaber, Wilhelm (2006). Die Entwicklung der Grammatik in Texten vom 1. Bis zum 4. Schuljahr. In: Ahrenholz, Bernt (Hg.). *Kinder mit Migrationshintergrund. Spracherwerb und Fördermöglichkeiten*. Freiburg im Breisgau: Fillibach-Verlag, 150–167.

Groot, Annette M. B. de/Kroll, Judith F. (1997). Lexical and Conceptual Memory in the Bilingual: Mapping Form to Meaning in Two Languages. In: Groot, Annette M. B. de/Kroll, Judith F. (Hg.) *Tutorials in bilingualism. Psycholinguistic perspectives*. Mahwah: Erlbaum, 169–199.

Grosjean, Francois (2010). *Bilingual: Life and Reality*. Cambridge, Mass: Harvard University Press.

Grotjahn, Rudiger (Hg.) (2006). *Der C-Test: Theorie, Empirie, Anwendungen. The Ctest: theory, empirical research, applications*. Frankfurt/M.: Lang.

Grotlüschen, Anke/Riekmann, Wibke (2010). leo. – Level-One Studie. Literalität von Erwachsenen auf den unteren Kompetenzniveaus. *Magazin Erwachsenenbildung.at* 10. http://www.pedocs.de/volltexte/2013/7515/pdf/Erwachsenenbildung_10_2010_Grotlueschen_Riekmann_leo_Level_One_Studie.pdf [11. 05. 2016].

Günther, Klaus (1995). Ein Stufenmodell der Entwicklung kindlicher Lese- und Schreibstrategien. In: Balhorn, Heiko/Bügelmann, Hand (Hg.). *Rätsel des Schriftspracherwerbs. Neue Sichtweisen aus der Forschung*. Lengwil: Libelle, 98–121.

Haberzettl, Stefanie (2007). Konstruktionen im Zweitspracherwerb. In: Fischer, Kerstin/Stefa-nowitsch, Anatol (Hg.). *Konstruktionsgrammatik. Von der Anwendung zur Theorie.* Tubingen: Stauffenburg, 55–77.

Häcki Buhofer, Annelies/Hofer, Lorenz (Hg.) (2003). *Spracherwerb und Lebensalter.* Tübingen: Francke.

Hammann, Andrea et al. (2013). Rahmenbedingungen und Grundlagen der Alphabetisierungs-arbeit. In: Feick, Diana et al.: *Alphabetisierung für Erwachsene.* München: Klett-Langenscheidt. S. 19–32.

Handwerker, Brigitte (2008). Chunks und Konstruktionen. Zur Integration von lerntheoretischem und grammatischem Ansatz. *Estudios Filológicos Alemanes* 15, 49–64.

Hanewinkel, Vera (2015). Deutschland: Verwaltungs- und Infrastrukturkrise. Bundeszentrale für politische Bildung. URL: http://www.bpb.de/gesellschaft/migration/kurzdossiers/217376/ver-waltungs-und-infrastrukturkrise?p=all [19.04.2016].

Hashemian, Mahmood/Talebinezhad, Mohammad Reza (2007). The development of conceptual fluency & metaphorical competence in L2 learners. *Linguistik Online* 30 (1), 41–56. https://bop. unibe.ch/linguistik-online/article/view/548/925 [13.04.2016].

Heckmann, Friedrich (2012). Willkommenskultur was ist das, und wie kann sie entstehen und entwickelt werden? efms paper 2012–7, URL: http://www.efms.uni-bamberg.de/pdf/efms%20 paper%202012_7.pdf [18.04.2016].

Heeschen, Claus (1985). Agrammatism versus Paragrammatism. A Fictitious Opposition. In: Kean, Marie-Louise (Hg.). *Agrammatism.* Orlando: Academic Press, 207–248.

Heine, Antje (2011). Fach- und Wissenschaftssprachen in den Ingenieurwissenschaften, In: Krumm, Hans Jürgen/Fandrych, Christian/Hufeisen, Britta/Riemer, Claudia (Hgg.) (2010): *Deutsch als Fremd- und Zweitsprache. Ein internationales Handbuch.* 1. Halbband, Berlin/New York: de Gruyter, S. 487–492.

Heinemann, Alisha M.B./Schepers, Claudia/Grotlüschen, Anke (2009). Schriftsprachenkom-petenzen erkennen und fördern – von Anfang an. *Alpha-Forum. Zeitschrift für Alphabetisierung und Grundbildung* 72, 27–29.

Helbig, Gerhard/Buscha, Joachim (1999). *Deutsche Grammatik. Ein Handbuch für den Ausländer-unterricht.* Leipzig, Berlin, München: Langenscheidt, Verlag Enzyklopädie.

Herdina, Philip/Jessner, Ulrike (2002). *A dynamic model of multilingualism. Perspectives of change in psycholinguistics.* Clevedon, Buffalo: Multilingual Matters.

Hermanns, Fritz (1988). Überlegungen zur heuristischen Funktion des Schreibens. *Der Deutsch-unterricht* 40 (4), 69–82.

Heyn, Anne (2012). Vermittlung von orthographischen und grammatischen Phänomenen mit der Morphemmethode in der Alphabetisierung in *DaF. Deutsch als Zweitsprachen* 1, S. 26–34.

Hildebrandt, Mathias (2005). Von der Transkulturalität zur Transdifferenz. In: Allolio-Näcke, Lars/ Kalscheuer, Britta/Manzeschke, Arne (Hg.). *Differenzen anders denken. Bausteine zu einer Kul-turtheorie der Transdifferenz.* Frankfurt/M., New York: Campus, 342–354.

Hirschfeld, Ursula (Hg.). Phonetik International: Von Afrikaans bis Zulu. Kontrastive Studien für Deutsch als Fremdsprache. Waldsteinberg: Heidrun Popp. http://www.phonetik-international. de/

Hoffmann, Lothar / Kalverkamper, Hartwig / Wiegand, Herbert Ernst (1999). *Fachsprachen. Ein internationales Handbuch zur Fachsprachenforschung und Terminologiewissenschaft.* Berlin, New York: de Gruyter.

Hölscher, Petra/Piepho, Hans-Eberhard/Roche, Jörg (2006). *Handlungsorientierter Unterricht mit Lernszenarien. Kernfragen zum Spracherwerb.* Oberursel: Finken Verlag. https://www.isb.bayern. de/download/1015/handlungsorientierter-unterricht-mit-lernszenarien.pdf

Hrubesch, Angelika/Peuschel, Kristina/Pietzuch, Anja (2013). Lernabenteuer (offener) Unterricht. In: Feick, Diana et al.: *Alphabetisierung für Erwachsene.* München: Klett-Langenscheidt. S, 158–170.

Hubertus, Peter (1991). *Alphabetisierung und Analphabetismus. Eine Bibliographie.* Bremen: Schreibwerkstatt für neue Leser und Schreiber.

Hufeisen, Britta (2003). L1, L2, L3, L4, Lx – alle gleich? Linguistische, lernerinterne und lernerexterne Faktoren in Modellen zum multiplen Spracherwerb. *Zeitschrift für Interkulturellen Fremdsprachenunterricht* 8 (2/3), 97–109. http://zif.spz.tu-darmstadt.de/jg-08-2-3/docs/Hufeisen.pdf [11.05.2016].

Hufeisen, Britta (2010). Theoretische Fundierung multiplen Sprachenlernens – Faktorenmodell 2.0. *Jahrbuch Deutsch als Fremdsprache. Intercultural German Studies* 36, 200–208.

Hunfeld, Hans (2004). *Fremdheit als Lernimpuls. Skeptische Hermeneutik, Normalität des Fremden, Fremdsprache Literatur.* Meran, Klagenfurt: Drava/Alpha beta.

Jones, Randall L./Tschirner, Erwin (2006). *A Frequency Dictionary of German.* Core vocabulary for learners. New York: Routledge.

Kaplan, Robert B. (1966). Cultural thought patterns in intercultural education. *Language Learning* 16 (1–2), 1–20.

Karakayali, Serhat/Kleist, Olaf J. (2015). EFA-Studie Strukturen und Motive der ehrenamtlichen Flüchtlingsarbeit (EFA) in Deutschland. URL: http://www.fluechtlingshilfe-htk.de/uploads/infos/49.pdf [19.04.2016].

Kaunzner, Ulrike A. (Hg.) (2008). *Der Fall der Kulturmauer. Wie kann Sprachunterricht interkulturell sein?* Münster: Waxmann.

Keim, Inken (2011). *Sprachkontakt: Ethnische Varietäten.* In: Handbuch zur Sprach- und Kommunikationswissenschaft (HSK), S. 447–457.

Kellerman, Eric (1986). An eye for an eye. In: Kellerman, Eric/Sharwood Smith, Michael (Hg.). *Crosslinguistic influences in second language.* Oxford: Pergamon, 35–48.

Kern, Friederike/Simsek, Yazgül (2006). Türkendeutsch: Aspekte von Einheitenbildung und Rezeptionsverhalten. In: Wolff, Dieter (Hg.): *Mehrsprachige Individuen – vielsprachige Gesellschaft.* Frankfurt a. M.: Peter Lang, Internationaler Verlag der Wissenschaften, S. 101–119.

Keßler, Jörg-Ulrich (2006). *Englischerwerb im Anfangsunterricht diagnostizieren. Linguistische Profilanalysen am Übergang von der Primarstufe in die Sekundarstufe I.* Tübingen: Narr.

Kim, Karl H. S./Relkin, Norman R./Lee, Kyoung-Min/Hirsch, Joy (1997). Distinct cortical areas associated with native and second languages. *Nature* 388, 171–174.

Klein, Wolfgang (1984). *Zweitspracherwerb. Eine Einführung.* Königstein/Ts.: Athenäum.

Klein, Wolfgang/Perdue, Clive (1997). The Basic Variety (or: Couldn't Natural Languages Be Much Simpler?). *Second Language Research* 13 (4), 301–347.

Knapp, Karlfried et al. (Hg.) (2011). *Angewandte Linguistik.* Ein Lehrbuch. Tübingen/Basel: Francke/UTB.

Knüvener, Anne/Kemnitzer, Tobias (2016). Im Spiegel der Freiwilligenagenturen: Das Engagement für und mit Flüchtlinge(n). Herausforderungen und Gestaltungsmöglichkeiten. URL: http://www.bagfa.de/fileadmin/Materialien/Gefluechtete/2016_bagfa-analyse_Fluechtlingshilfe.pdf [18.04.2016].

Koffka, Kurt (1962). *Principles of gestalt psychology.* London: Routledge & Kegan Paul.

Köhler, Wolfgang (1971). *Die Aufgabe der Gestaltpsychologie.* Berlin: Mouton de Gruyter.

Kolb, David A. (1984). *Experiental Learning.* Englewood Cliffs, N. J.: Prentice-Hall.

Kolk, Herman H. J./Grunsven, Marianne M. F. van (1985). Agrammatism as a Variable Phenomenon. *Cognitive Neuropsychology* 2 (4), 347–384.

Königs, Frank G. (1999). Vom Grundsatz zum Einzelfall – und zurück. Überlegungen zur Diskussion um didaktische Grammatiken am Ende des Jahrhunderts. In: Freudenberg-Findeisen, Renate (Hg.). *Ausdruckgrammatik vs. Inhaltsgrammatik. Linguistische und didaktische Aspekte der Grammatik.* München: iudicium, 305–320.

Kramsch, Claire J. (1993). *Context and Culture in Language Teaching.* Oxford: Oxford University Press.

Krashen, Stephen D. (1980). The Input Hypothesis. In: Alatis, James E. (Hg.). *Current issues in bilingual education. Georgetown University Round Table on Languages and Linguistics 1980.* Washington, DC: Georgetown University Press, 168–180.

Krech, Eva-Maria/Stock, Eberhard/Hirschfeld, Ursula/Anders, Lutz-Christian (Hg.) (2009). Deutsches Aussprachewörterbuch. Berlin/New York: de Gruyter.

Kretzenbacher, Heinz L. (1991). Zur Linguistik und Stilistik des wissenschaftlichen Fachworts (1), *Deutsch als Fremdsprache,* 1991, S. 195–201.

Krumm, Hans-Jürgen (Hg.) (1997). Welches Deutsch lehren wir? In: Alois Wierlacher et al. (Hgg.): *Jahrbuch Deutsch als Fremdsprache* 23, München / Heidelberg: Julius Groos Verlag, Hueber Verlag, Iudicium Verlag, S. 133–349.

Krumm, Hans Jürgen/Fandrych, Christian/Hufeisen, Britta/Riemer, Claudia (Hg.) (2010). *Deutsch als Fremd- und Zweitsprache. Ein internationales Handbuch.* 1. Halbband, Berlin/New York: de Gruyter.

Krusche, Dietrich (1985). *Literatur und Fremde. Zur Hermeneutik kulturräumlicher Distanz.* München: iudicium.

Kucharenko, Elena/Noack, Christina (2010). „Wie im echten Leben" – alltägliche literale Praxen von Alphakursteilnehmenden als Basis für eine didaktische Handlungsorientierung. In: Roll, Heike/Schramm, Karen (Hg.). *Alphabetisierung in der Zweitsprache Deutsch.* Osnabrücker Beiträge zur Sprachtheorie 77, 75–90.

Lado, Robert (1957). *Linguistics across cultures. Applied linguistics for language teachers.* Ann Arbor: University of Michigan Press.

Lakoff, George (1987). *Women, Fire, and Dangerous Things. What Categories Reveal About the Mind.* Chicago: The University of Chicago Press.

Lakoff, George/Johnson, Mark (1980). *Metaphors we live by.* Chicago: The University of Chicago Press.

Langacker, Ronald W. (1999). *Grammar and conceptualization.* Berlin: Mouton de Gruyter.

Lehker, Marianne (1997). *Texte im chinesischen Aufsatzunterricht. Eine kontrastive Analyse chinesischer und deutscher Aufsatzsorten.* Heidelberg: J. Groos.

Lewis, M. Paul (Hg.) (2009). *Ethnologue: Languages of the World.* Dallas, Tex.: SIL International. http://www.ethnologue.com/

Liang, Yong (1991). Zur soziokulturellen und textstrukturellen Besonderheiten wissenschaftlicher Rezensionen. Eine kontrastive Fachtextanalyse Deutsch/Chinesisch. *Deutsche Sprache* 19 (4), 289–311.

Liedke, Martina (2013). Mit Transkripten Deutsch lernen. In: Moraldo, Sandro (Hg.). Gesprochene Sprache im DaF-Unterricht. Grundlagen – Ansätze – Praxis. Heidelberg: Universitätsverlag Winter, 243–266.

Liedke, Martina (2015). Sprache. Grundlagenbaustein 1. In: Roche, Jörg (Hg.), *Grundlagen und Konzepte des DaF-Unterrichts*. München: Goethe-Institut.

Liedke, Martina (2007). Was für eine Frage? In: Redder, Angelika (Hg.): *Diskurse und Texte. Festschrift für Konrad Ehlich zum 65. Geburtstag*. Tübingen: Stauffenburg, S. 517–526.

Linde, Andrea (2008). *Literalität und Lernen. Eine Studie über das Lesen- und Schreibenlernen im Erwachsenenalter*. Münster: Waxmann.

Lindstromberg, Seth/Boers, Frank (2008). *Teaching chunks of language. From noticing to remembering*. Esslingen: Helbling Languages.

List, Gudula (2004). Eigen-, Fremd- und Quersprachigkeit: psychologisch. In: Bausch, Karl-Richard et al. (Hg.). *Mehrsprachigkeit im Fokus. Arbeitspapiere der 24. Frühjahrskonferenz zur Erforschung des Fremdsprachenunterrichts. Frühjahrskonferenz zur Erforschung des Fremdsprachenunterrichts*. Tübingen: Narr, 132–138.

Littlemore, Jeannette (2012). *Metaphor and the foreign language learner. 4th International Conference of German Cognitive Linguistis Association. Deutsche Gesellschaft für Kognitive Linguistik*. Bremen, Vortrag am 07.10.2012.

Löffler, Heinrich (2002). Stadtsprachen-Projekte im Vergleich: Basel und Mannheim. In: Haß-Zumkehr, Ulrike/Kallmeyer, Werner/Zifonun, Gisela (Hg.): Ansichten der deutschen Sprache. Festschrift für Gerhard Stickel zum 65. Geburtstag. Tübingen: Narr, S. 477–499.

Longhi, Elisabetta (2010). Die Zahlungsaufforderung unter sprachvergleichender und kulturkontrastiver Perspektive. In: Foschi Albert, Marina/Hepp, Marianne/Neuland, Eva/Dalmas, Martine (Hg.). *Text und Stil im Kulturvergleich. Pisaner Fachtagung 2009 zu interkulturellen Wegen germanistischer Kooperation*. München: iudicium, 458–470.

Lorey, Christoph/Plews, John L./Rieger, Caroline L./Prokop, Manfred (Hg.) (2007). *Interkulturelle Kompetenzen im Fremdsprachenunterricht. Intercultural literacies and German in the classroom: Festschrift für Manfred Prokop*. Tübingen: Narr.

Lösch, Klaus (2005). Begriff und Phänomen der Transdifferenz: Zur Infragestellung binärer Differenzkonstrukte. In: Allolio-Näcke, Lars/Kalscheuer, Britta/Manzeschke, Arne (Hg.). *Differenzen anders denken. Bausteine zu einer Kulturtheorie der Transdifferenz*. Frankfurt/M., New York: Campus, 26–49.

Maas, Utz (2006). *Phonologie. Einführung in die funktionale Phonetik des Deutschen*. Göttingen: Vandenhoeck & Ruprecht.

Matlock, Teenie/Gibbs, Raymond W. (2001). Conceptual knowledge and polysemy. Psycholinguistic studies on meanings of the „make". *Communication and Cognition* 34, 234–256.

Mempel, Caterina/Ochs, Martina/Schramm, Karen (2013). Mündliche Kompetenz: – Grundlage für den Schriftspracherwerb. In: Feick, Diana et al. (Hg.). *Alphabetisierung für Erwachsene*. München: Klett-Langenscheidt, 34–48.

Mercator-Institut (2015). Bestandsaufnahme und Empfehlungen – Neu zugewanderte Kinder und Jugendliche im deutschen Schulsystem. URL: http://www.mercator-institut-sprachfoerderung.de/fileadmin/Redaktion/PDF/Publikationen/MI_ZfL_Studie_Zugewanderte_im_deutschen_Schulsystem_final_screen.pdf [19.04.2016].

Meyer, Bernd (2004). *Dolmetschen im medizinischen Aufklärungsgespräch*. Eine diskursanalytische Untersuchung zur Arzt-Patienten-Kommunikation im mehrsprachigen Krankenhaus. Münster: Waxmann.

Meyer-Ingwersen, Johannes (1977). *Zur Sprachentwicklung türkischer Schüler in der Bundesrepublik*. Kronberg: Scriptor-Verlag.

Molnár, Heike (2010). Der Einfluss des Faktors Alter auf die Aussprachekompetenz in der L2. Ergebnisse einer Pilotstudie mit DaZ-Lernern. *Zeitschrift für Interkulturellen Fremdsprachenunterricht* 15 (1), 42–60. http://zif.spz.tu-darmstadt.de/jg-15-1/docs/Molnar.pdf [29.03.2016].

Mutz, Gerd et al. (2015). *Engagement für Flüchtlinge in München. Ergebnisse eines Forschungsprojekts an der Hochschule München in Kooperation mit dem Münchner Forschungsinstitut miss.* URL: https://w3-mediapool.hm.edu/mediapool/media/dachmarke/dm_lokal/presse/pm/2015_4/Abschlussbericht_final_30092015.pdf [19.04.2016].

Neuland, Eva (2006). Variation im heutigen Deutsch: Perspektiven für den Unterricht. Zur Einführung. In: Neuland, Eva (Hg.): *Variation im heutigen Deutsch*. Frankfurt a. M.: Peter Lang, Internationaler Verlag der Wissenschaften, S. 9–26.

Noske, Barbara (2015). *Die Zukunft im Blick – Die Notwendigkeit, für unbegleitete minderjährige Flüchtlinge Perspektiven zu schaffen*; URL: http://www.b-umf.de/images/die_zukunft_im_blick_2015.pdf [18.04.2016].

Oakley, Todd (2007). Imaga schemas. In: Geeraerts, Dirk/Cuyckens, Hubert (Hg.). *The Oxford handbook of cognitive linguistics*. Oxford: Oxford University Press, 214–235.

Odlin, Terence (2008). Conceptual transfer and meaning extensions. In: Robinson, Peter/Ellis, Nick C. (Hg.). *Handbook of cognitive linguistics and second language acquisition*. Mahwah, NJ: Erlbaum Associates, 306–340.

Olejarka, Anna (2008). *Die Wortbildungsregularitäten des Verbs und ihre Umsetzung in didaktischen Grammatiken für Deutsch als Fremdsprache*. München: iudicium.

Oltmer, Jochen (2015). *Zusammenhänge zwischen Migration und Entwicklung*. URL: http://www.tdh.de/fileadmin/user_upload/inhalte/10_Material/Themeninfos/2015-07_Migrationsstudie-deu.pdf [19.04.2016].

Pagonis, Giulio (2009). *Kritische Periode oder altersspezifischer Antrieb. Was erklärt den Altersfaktor im Zweitspracherwerb?: Eine empirische Fallstudie zum ungesteuerten Zweitspracherwerb des Deutschen durch russische Lerner unterschiedlichen Alters*. Frankfurt/M., Berlin, Bern, Bruxelles, New York, Oxford, Wien: Lang.

Päritätischer Gesamtverband (2012). *Sozialleistungen für Flüchtlinge*. Berlin: deutscher paritätischer wohlfahrtsverband gesamtverband e. V.

Patten, Bill van/Sanz, Christina (1995). From Input to Output. Processing Instruction and Communicative Tasks. In: Eckman, Fred R. (Hg.). *Second language acquisition theory and pedagogy. 22nd Linguistics symposium: Selected papers:* Erlbaum, 169–185.

Petermann, Ulrike/Jürgens, Matthias (2009). Sprachliche, interkulturelle und didaktische Aspekte beim Einsatz von Werbung im DaF-Unterricht. In: Reeg, Ulrike (Hg.). *Schnittstelle Interkulturalität. Beiträge zur Didaktik Deutsch als Fremdsprache*. Münster, New York, München, Berlin: Waxmann, 65–92.

Pienemann, Manfred (1998). *Language processing and second language development. Processability theory*. Amsterdam, Philadelphia: Benjamins.

Pienemann, Manfred (2005). *Cross-linguistic aspects of processability theory*. Amsterdam, Philadelphia: Benjamins.

Plieger, Petra (2006). *Struktur und Erwerb des bilingualen mentalen Lexikons. Konzepte für die mediengestützte Wortschatzarbeit.* Berlin, Hamburg, Münster: LIT.

Pöchhacker, Franz (2000). Dolmetschen. Konzeptuelle Grundlagen und deskriptive Untersuchungen. Tübingen: Stauffenburg.

Pracht, Henrike (2010). *Alphabetisierung in der Zweitsprache als Schemabildungsprozess. Bedingungsfaktoren der Schemaetablierung auf der Grundlage der „usage-based theory".* Münster u. a.: Waxmann.

Pracht, Henrike (2013). Schriftlichkeit: Schrifttypen – Schriftspracherwerb. In: Feick, Diana et al. (Hg.). *Alphabetisierung für Erwachsene.* München: Klett-Langenscheidt, 34–48.

Rampillon, Ute (1996). Lerntechniken im Fremdsprachenunterricht. München: Max Hueber.

Reeg, Ulrike (Hg.) (2009). *Schnittstelle Interkulturalität. Beiträge zur Didaktik Deutsch als Fremdsprache.* Münster, New York, München, Berlin: Waxmann.

Riedl, Alfred (2012). Interaktive Lehr-Lern-Methoden: Fallstudie, Rollenspiel, Planspiel, Zukunftswerkstatt und Szenario. In: Korneeva, Larissa (Hg.). *Aktuelle Fragen des Fremdsprachenunterrichts, der interkulturellen Kommunikation und der Fachrichtung Übersetzung an der Hochschule. Sammlung von Beiträgen zur internationalen wissenschaftlich-praktischen Konferenz.* Jekaterinburg: UrFU (Uraler Föderale Universität), S. 104–114.

Riehl, Claudia Maria (2009). *Sprachkontaktforschung: eine Einführung.* Tübingen: Narr.

Robinson, Peter/Ellis, Nick C. (Hg.) (2008). *Handbook of cognitive linguistics and second language acquisition.* Mahwah, NJ: Erlbaum Associates.

Roche, Jörg (1986). *Deutsche Xenolekte. Struktur und Variation der Äußerung deutscher Muttersprachler in der Kommunikation mit Ausländern.* Berlin, New York: Mouton de Gruyter.

Roche, Jörg (2006). Natürliche Mehrsprachigkeit als Mittel der Integration. In: Neuland, Eva (Hg.). *Variation im heutigen Deutsch. Perspektiven für den Sprachunterricht.* Frankfurt/M.: Lang, 79–96.

Roche, Jörg (2013a). *Fremdsprachenerwerb Fremdsprachendidaktik.* Tübingen/Basel: Francke/UTB.

Roche, Jörg (2013b). *Mehrsprachigkeitstheorie. Erwerb – Kognition – Transkulturation – Ökologie.* Tübingen: Narr.

Roche, Jörg/Roussy-Parent, Melody (2006). Zur Rolle der kontrastiven Semantik in interkultureller Kommunikation. *Fremdsprachen Lehren und Lernen (FLuL)* 36, 228–250.

Roche, Jörg/Suñer Muñoz, Ferran (2014). Kognition und Grammatik: Ein kognitionswissenschaftlicher Ansatz zur Grammatikvermittlung am Beispiel der Grammatikanimationen. *Zeitschrift für Interkulturellen Fremdsprachenunterricht* 19 (2), 119–145. http://zif.spz.tu-darmstadt.de/jg-19-2/beitrag/Roche_Suner.pdf [15. 04. 2016].

Roche, Jörg/Terrasi-Haufe, Elisabetta/Gietl, Kathrin/Simic, Mirjana (2016a). *DaZ-Schüler im Regelunterricht fördern.* Augsburg: Auer APP Lehrerfachverlage.

Jörg Roche (Hg.)/Elisabetta Terrasi-Haufe (Hg.)/Kathrin Gietl/ Mirjana Šimić (2016b). *33 Methoden: DaZ im Deutschunterricht.* Augsburg: Auer APP Lehrerfachverlage.

Roche, Jörg/Webber, Mark (2009). *Mini-Grammatik Deutsch als Fremdsprache.* Stuttgart: Klett.

Roelcke, Thorsten (2010). *Fachsprachen.* Berlin: Erich Schmidt Verlag.

Römer, Christine (2006). *Morphologie der deutschen Sprache.* Tübingen: Narr/UTB.

Rokitzki, Christiane/Nestler, Doreen/Sokolowsky, Celia (2013). Lernabenteuer Schriftsystem. In: Feick, Diana et al.: *Alphabetisierung für Erwachsene.* München: Klett-Langenscheidt. S, 91–109.

Rokitzki, Christiane (2010). „Hilf mir, es selbst zu tun": Handlungsorientierung im Alphabetisierungsunterricht für erwachsene Einwanderer. In: Roll, Heike/Schramm, Karen (Hg.). *Alphabetisierung in der Zweitsprache Deutsch*. Osnabrücker Beiträge zur Sprachtheorie 77, 91–110.

Rosch, Eleanor/Lloyd, Barbara B. (1978). *Cognition and categorization*. Hillsdale, NJ: Erlbaum.

Rother, Nina (2010). *Das Integrationspanel. Ergebnisse einer Befragung von Teilnehmenden zu Beginn Ihres Alphabetisierungskurses*. Working Paper 29. Nürnberg: BAMF.

Sanders, Ruth (2010). *German*. Biography of a Language. Oxford: University Press.

Sato-Prinz, Manuela (2011). Zum Einfluss von Studienaustauscherfahrung auf das Deutschlandbild japanischer Studierender. Ergebnisse einer Querschnittstudie. *Zeitschrift für Interkulturellen Fremdsprachenunterricht* 16 (2), 185–203. http://zif.spz.tu-darmstadt.de/jg-16-2/beitrag/Sato-Prinz.pdf [14.04.2016].

Scheel, Harald (2007). Der konfrontative Textsortenvergleich in der Ausbildung von Übersetzern und Dolmetschern. In: Emsel, Martina / Cuartero Otal, Juan (Hg.). *Brücken. Übersetzen und interkulturelle Kommunikation*. Frankfurt / M.: Lang, 317–326.

Schlaefer, Michael (²2009). *Lexikologie und Lexikographie. Eine Einführung am Beispiel deutscher Wörterbücher*. Berlin: Schmidt.

Schmelter, Lars (2010). (K)eine Frage des Alters – Fremdsprachenunterricht auf der Primarstufe. *Zeitschrift für Interkulturellen Fremdsprachenunterricht* 15 (1), 26–41. http://zif.spz.tu-darmstadt.de/jg-15-1/docs/Schmelter.pdf [29.03.2016].

Schmitz, Klaus-Dirk (2011). Terminologiearbeit und Terminographie. In: Knapp, Karlfried et al. (Hg.): *Angewandte Linguistik. Ein Lehrbuch*. Tübingen/Basel: Francke/UTB, S. 491–512.

Schnitzler, Carola D. (2008). *Phonologische Bewusstheit und Schriftspracherwerb*. Stuttgart, New York: Thieme.

Schnotz, Wolfgang (2006). Was geschieht im Kopf des Lesers? Mentale Konstruktionsprozesse beim Textverstehen aus der Sicht der Psychologie und der kognitiven Linguistik. In: Bluhdorn, Hardarik / Breindl, Eva / Wasner, Ulrich H. (Hg.). *Text – Verstehen. Grammatik und darüber hinaus*. Berlin, New York: de Gruyter, 222–238.

Schottelius, Justus Georg (1663). *Ausführliche Arbeit Von der Teutschen HaubtSprache*. Deutsche Neudrucke, Reihe Barock. Berlin: De Gruyter.

Schulze, Dietmar (2009). *Pulver und Schüttgüter: Fließeigenschaften und Handhabung*. Berlin/Heidelberg: Springer.

Searle, John R. (1982). *Ausdruck und Bedeutung. Untersuchungen zur Sprechakttheorie*. Frankfurt: Suhrkamp [engl. 1969].

Selinker, Larry (1985). Attempting comprehensive and comparative empirical research in second language acquisition: a review of Second language acquisition by adult immigrants: a field manual. *Language Learning* 35 (4), 567–584.

Siebs, Theodor (1961). *Deutsche Hochsprache. Bühnenaussprache*. Berlin: de Gruyter.

Singleton, David/Ryan, Lisa (2004). *Language acquisition. The age factor*. Clevedon: Multilingual Matters.

Skutnabb-Kangas, Tove (1988). Multilingualism and the Education of Minority Children. In: Skutnabb-Kangas, Tove/Cummins, Jim (Hg.) *Minority education: from shame to struggle*. Clevedon, Avon: Multilingual Matters, 9–44.

Spiekermann, Helmut (2011). Variation in der deutschen Sprache. In: Krumm, Hans Jürgen/Fandrych, Christian/Hufeisen, Britta/Riemer, Claudia (Hgg.): *Deutsch als Fremd- und Zweitsprache. Ein internationales Handbuch*. 1. Halbband, Berlin/New York: de Gruyter, S. 343–359.

Sprenger, Rabia/Rieker, Yvonne (2006). *Curriculum für niederschwellige Deutschkurse*, Teil 1: *Lesen-Schreiben-Sprechen von Anfang an*. Herausgegeben von der Stadt Essen.

Stedje, Astrid (2007). Deutsche Sprache gestern und heute. Paderborn: Fink/UTB.

Stemmer, Brigitte (2010). A cognitive neuroscience perspective on learning and memory in aging. *Zeitschrift für Interkulturellen Fremdsprachenunterricht* 15 (1). http://zif.spz.tu-darmstadt.de/jg-15-1/beitrag/Stemmer1.htm [29.03.2016].

Szczepaniak, Renata (2009). *Grammatikalisierung im Deutschen. Eine Einführung.* Tübingen: Narr.

Storch, Günther (1999). *Deutsch als Fremdsprache – eine Didaktik.* München: Fink.

The International Phonetic Association (1999): *Handbook of the International Phonetic Association. A Guide to the Use of the International Phonetic Alphabet.* Cambridge: University Press.

Taylor, John R. (2008). Prototypes in Cognitive Linguistics. In: Robinson, Peter/Ellis, Nick C. (Hg.). *Handbook of cognitive linguistics and second language acquisition.* Mahwah, NJ: Erlbaum Associates, 39–65.

Terrasi-Haufe, Elisabetta (2004). *Der Schulerwerb von Deutsch als Fremdsprache. Eine empirische Untersuchung am Beispiel der italienischsprachigen Schweiz.* Tübingen: Niemeyer.

Terrasi-Haufe, Elisabetta/Baumann, Barbara (2016). „Ich will Ausbildung lernen damit im zukunft arbeiten kann" – Sprachvermittlung und Ausbildungsvorbereitung für Flüchtlinge an Berufsschulen. *Ö-DaF-Mitteilungen* 1, 45–62.

Terrasi-Haufe, Elisabetta/Roche, Jörg/Riehl, Claudia M. (2016). Heterogenität an beruflichen Schulen. Ein integratives, handlungsorientiertes Modell für Curriculum, Unterricht und Lehramt: didaktische, bildungs- und fachpolitische Perspektiven. *Materialien Deutsch als Fremdsprache.*

Thurmair, Maria (2010). Textsorten. In: Krumm, Hans Jürgen / Fandrych, Christian / Hufeisen, Britta / Riemer, Claudia (Hgg.): *Deutsch als Fremd- und Zweitsprache. Ein internationales Handbuch.* 1. Halbband, Berlin/New York: de Gruyter, S. 284–293.

Thurmair, Maria (1997). Nicht ohne meine Grammatik. In: Wierlacher, Alois (Hg.). *Jahrbuch Deutsch als Fremdsprache. Intercultural German Studies* 23. München: iudicium, 25–45.

Todorova, Dessislava (2009). *Einsatzmöglichkeiten der elektronischen Medien im interkulturellen DaF-Unterricht. Evaluation des Sprachlernprogramms www.unideutsch.de seitens bulgarischer und litauischer Studierender unter Berücksichtigung ihrer Lerndispositionen.* Berlin: Lit.

Tomasello, Michael (2006). Acquiring linguistic constructions. In: Kuhn, Deanna/Siegler, Robert (Hg.). *Handbook of Child Psychology. Cognition, perception, and language. Vol. 2.* New York: Wiley, 256–298.

Toukomaa, Pertti/Skutnabb-Kangas, Tove (1977). *Teaching migrant children's mother-tongue and learning the language of the host country in the context of the socio-cultural situation of the migrant family.* UNESCO-Report/Forschungsbericht. Tampere: Universitat Tampere.

Towse, John N./Hitch, Graham J. (2007). Variation in working memory due to normal development. In: Conway, Andrew/Jarrold, Chris/Kane, Michael/Miyake, Akira/Towse, John (Hg.). *Variation in Working Memory.* Oxford: Oxford University Press, 109–133.

Tschirner, Erwin (2008): Deutsch als Fremdsprache nach Themen. Berlin: Cornelsen Verlag.

Valtin, Renate (1997). Stufen des Lesen- und Schreibenlernens. Schriftspracherwerb als Entwicklungsprozess. In: Haarmann, Dieter (Hg.). *Handbuch Grundschule.* Weinheim, Basel: Beltz, 76–88.

Venohr, Elisabeth (2008). Wissenschaftliches Sprechen an deutschen Hochschulen: Indirekte Sprachhandlungen in verschiedenen Textsorten mündlicher Kommunikation. In: Chlosta, Christoph (Hg.). *Auf neuen Wegen. Deutsch als Fremdsprache in Forschung und Praxis. 35.*

Jahrestagung des Fachverbandes Deutsch als Fremdsprache 2007 an der Freien Universität Berlin. Göttingen: Universitäts-Verlag Göttingen, 305–322.

Wandruzska, Mario (1954). *Haltung und Gebärde der Romanen.* Tübingen: Niemeyer.

Weeber, Karl-Wilhelm (2008). RomDeutsch. Warum wir alle Lateinisch reden, ohne es zu wissen. München: Goldmann.

Wegmann, Johanna/Pomino, Jenny (2010). 60plus goes Web 2.0. Fremdsprachenlernen in einer medialgestützten Lernumgebung für Lerner im höheren Alter. *Zeitschrift für Interkulturellen Fremdsprachenunterricht* 15 (1). http://zif.spz.tu-darmstadt.de/jg-15-1/beitrag/Wegmann_Pomino1.htm [11. 05. 2016].

Weinrich, Harald (2007). *Textgrammatik der deutschen Sprache.* Darmstadt: Wissenschaftliche Buchgesellschaft.

Weinrich, Harald (2006). *Sprache, das heißt Sprachen.* Tübingen: Narr/Francke/Attempto.

Wendel, Kay (2014). *Unterbringung von Flüchtlingen in Deutschland – Regelungen und Praxis der Bundesländer im Vergleich.* URL: https://www.proasyl.de/wp-content/uploads/2014/09/Laendervergleich_Unterbringung_2014-09-23_02.pdf [18. 04. 2016].

Wertheimer, Max (1967). *Drei Abhandlungen zur Gestalttheorie.* Darmstadt: Wissenschaftliche Buchgesellschaft.

Wiese, Heike (2006). „Ich mach dich Messer": Grammatische Produktivität in Kiez-Sprache. *Linguistische Berichte* 207, S. 245–273.

Williams, Sarah/Hammarberg, Björn (1998). Language switches in L3 production: implications for a polyglot speaking model. *Applied Linguistics* 19 (3), 295–333.

Ylönen, Sabine 2011. Denkstil und Sprache/n in den Wissenschaften. Mit Beispielen aus der Medizin. *Zeitschrift für Angewandte Linguistik* 55, 1–22.

Zifonun, Gisela/Hoffmann, Ludger/Strecker, Bruno (1997). *Grammatik der deutschen Sprache.* Berlin: de Gruyter.

Abbildungs- und Quellenverzeichnis

Tab. 2.2   nach Ammon, Ulrich et al. (2004). *Variantenwörterbuch des Deutschen. Die Standardsprache in Österreich, der Schweiz und Deutschland sowie in Liechtenstein, Luxemburg, Ostbelgien und Südtirol.* Berlin / New York: de Gruyter, S. LXIII.

Abb. 2.2   Ammon, Ulrich et al. (2004). *Variantenwörterbuch des Deutschen. Die Standardsprache in Österreich, der Schweiz und Deutschland sowie in Liechtenstein, Luxemburg, Ostbelgien und Südtirol.* Berlin / New York: de Gruyter, S. 85.

Abb. 2.3   Duden-Redaktion (Hg.) (2009). Bd. 4. *Die Grammatik.* Mannheim: Duden-Verlag, S. 1165.

Abb. 2.4   Dreyer, Hilke / Schmitt, Richard (2009). *Lehr- und Übungsbuch der deutschen Grammatik.* München: Hueber Verlag, S. 19.

Tab 2.3   Liedke, Martina (2015). *Grundbaustein 1. Fernstudienkurs Grundlagen und Konzepte des DaF-Unterrichts.* München: LMU / Goethe-Institut, S. 31 f.

Tab. 2.4   Roche, Jörg / Webber, Mark (2009). *Mini-Grammatik Deutsch als Fremdsprache.* Stuttgart: Klett Verlag, S. 27f

Tab. 2.5   Roche, Jörg / Webber, Mark (2009). *Mini-Grammatik Deutsch als Fremdsprache.* Stuttgart: Klett Verlag, S. 31.

Tab. 2.6   Roche, Jörg / Webber, Mark (2009). *Mini-Grammatik Deutsch als Fremdsprache.* Stuttgart: Klett Verlag, S. 32.

Tab. 2.9   *Schritte Übungsgrammatik* (2010), Ismaning: Hueber, S. 4

Tab. 2.12   Imo, Wolfgang (2016). *Grammatik. Eine Einführung.* Stuttgart: Metzler, S. 161 ff.

Abb. 2.5   Duden-Redaktion (Hg.) (2009). Bd. 4. *Die Grammatik.* Mannheim: Duden-Verlag, S. 875.

Abb. 2.6   Becker-Mrotzek, Michael / Brünner, Gisela (2006). *Gesprächsanalyse und Gesprächsführung. Eine Unterrichtsreihe für die Sekundarstufe II.* Radolfzell: Verlag für Gesprächsforschung, S. 50.

Tab. 2.14   nach: Ehlich, Konrad (1986). *Interjektionen.* Tübingen: Niemeyer, S. 54.

Tab. 2.15   Quellen: Funk, Hermann; Bayerlein, Oliver; Demme, Silke; Kuhn, Christina (2005). *studio d* – Grundstufe: A1: Teilband 1 – Kurs- und Übungsbuch mit Lerner-Audio-CD. Berlin: Cornelsen.
Moll, Melanie (1997). Ein Vorschlag zum Umgang mit authentischen Diskursen im Fremdsprachenunterricht. In Ehlich, Konrad / Redder, Angelika (Hrsg.): „*Schnittstelle Didaktik". Empirische Untersuchungen zum DaF-Unterricht.* FaDaF (= Materialien Deutsch als Fremdsprache 45), Regensburg, 165–187.

Abb. 2.7   nach: Roelke, Thorsten (2010). *Fachsprachen.* Berlin: Erich Schmidt Verlag, 31.

Abb. 2.8   Schmitz, Klaus-Dirk (2011). Terminologiearbeit und Terminographie. In: Knapp, Karlfried et al. (Hgg.): *Angewandte Linguistik. Ein Lehrbuch.* Tübingen / Basel: Francke / UTB, S. 497.

Abb. 2.9   Göpferich, Susanne (1995). *Textsorten in Naturwissenschaft und Technik. Pragmatische Typologie – Kontrastierung – Translation.* Tübingen: Narr, S. 124.

Abb. 3.1   http://www.goethe.de/z/50/commeuro/303.htm

Abb. 3.2   http://www.bamf.de/SharedDocs/Anlagen/DE/Downloads/Infothek/Integrationskurse/Kurstraeger/KonzepteLeitfaeden/rahmencurriculum-integrationskurs.pdf?__blob=publicationFile

Abb. 3.3   https://www.isb.bayern.de/download/8944/5.pdf

Abb. 3.4	Roche, Jörg (³2013). *Fremdsprachenerwerb – Fremdsprachendidaktik*. Tübingen: A. Francke, S. 288.
Abb. 3.5	Tomaszewski, Andreas / Rug, Wolfgang (2005). *Grammatik mit Sinn und Verstand*. Stuttgart: Ernst Klett Sprachen GmbH, S. 26.
Abb. 3.6	Roche, Jörg / Webber, Mark (2009). Mini-Grammatik Deutsch als Fremdsprache. Stuttgart: Klett Verlag, S. 20.
Abb. 3.7	A-Digit © www.istockphoto.com
Abb. 3.8	http://www.europaeischer-referenzrahmen.de/sprachkenntnisse.php
Abb. 3.9	https://www.ondaf.de/ondaf/durchfuehrung/redirectAufgabe.do
Abb. 3.10	https://www.goethe.de/lhr/pro/mig/alphabetisierung/Vortrag_Dr.Perlmann-Balme_30.04.2010.pdf
Abb. 3.11	zur Verfügung gestellt von der Berufsschule Mühldorf (Pilichdorfstraße 4, 84453 Mühldorf a. Inn, Schulleiter: Wolfgang Gaigl).
Abb. 3.12	http://www.uni-muenster.de/imperia/md/content/germanistik/alphaportfolio/alphaportfolios/portfolio_a1_deutsch.pdf
Tab. 4.1	https://www.bamf.de/SharedDocs/Anlagen/DE/Downloads/Infothek/Statistik/Asyl/201602-statistik-anlage-asyl-geschaeftsbericht.pdf?__blob=publicationFile.
Abb. 4.1	http://www.bamf.de/SharedDocs/Videos/DE/BAMF/integriertes-fluechtlings management.html?nn=1363214
Abb. 5.1	zur Verfügung gestellt von der Nachbarschaftshilfe Ostermünchen
Abb. 5.2	zur Verfügung gestellt von der Nachbarschaftshilfe Ostermünchen
Tab. 5.1	https://www.bamf.de/SharedDocs/Anlagen/DE/Publikationen/Kurzanalysen/kurzanalyse1_qualifikationsstruktur_asylberechtigte.pdf?__blob=publicationFile.
Tab. 5.2	http://www.alphabetisierung.de/fileadmin/files/Dateien/Downloads_BV/Konzept_fuer_einen_bundesweiten_Alphabetisierungskurs.pdf
Abb. 5.3	http://www.pedocs.de/volltexte/2013/7515/pdf/Erwachsenenbildung_10_2010_Grotlueschen_Riekmann_leo_Level_One_Studie.pdf
Abb. 5.4	http://www.uni-muenster.de/imperia/md/content/germanistik/alphaportfolio/alphaportfolios/portfolio_a1_deutsch.pdf
Abb. 5.5	http://www.uni-muenster.de/imperia/md/content/germanistik/alphaportfolio/alphaportfolios/portfolio_a1_deutsch.pdf
Abb. 5.6	Icons zur Unterstützung der Arbeitsanweisungen (Alphaportfolio)

(Nicht in allen Fällen konnten die Rechteinhaber ermittelt werden. Rechtmäßige Ansprüche können beim Verlag geltend gemacht werden).

Jörg Roche

Fremdsprachenerwerb – Fremdsprachendidaktik

UTB basics
3., vollständig überarbeitete Auflage 2013
336 Seiten
€[D] 19,99
ISBN 978-3-8252-4038-7

Der Band führt in die Grundlagen der Fremdsprachenerwerbsforschung und -didaktik ein. Mit der Behandlung linguistischer, psycholinguistischer, kognitions- und lernpsychologischer, interkultureller und sprachdidaktischer Aspekte gibt er einen Überblick über die Parameter, die beim Erwerb fremder Sprachen eine Rolle spielen. Die theoretischen Grundlagen nehmen stets auf die Lern- und Lehrpraxis Bezug, zahlreiche Beispiele und Illustrationen erleichtern den Zugang zu einem Thema, das im Zeitalter von Migration, Mobilität und Kommunikation alle betrifft.

Die dritte, völlig überarbeitete Auflage bewertet nicht nur bekannte Positionen aus heutiger Sicht neu, sondern beleuchtet darüber hinaus aktuelle Aspekte der Kognitions-, Mehrsprachigkeits- und Interkulturalitätsforschung mit Blick auf das Entwicklungspotenzial der Fremdsprachendidaktik in der Zukunft.

Narr Francke Attempto Verlag GmbH+Co. KG • Dischingerweg 5 • D-72070 Tübingen
Tel. +49 (07071) 9797-0 • Fax +49 (07071) 97 97-11 • info@francke.de • **www.francke.de**